新基建丛书

朱雪田 邹勇 金超 熊小敏 冯毅 ◎ 编著

中国工程院院士 刘韵洁 ◎ 作序

NEW INFRASTRUCTURE

新基建

5G引领数字经济

电子工业出版社
Publishing House of Electronics Industry
北京·BEIJING

内 容 简 介

国家高度重视并积极推动新型基础设施的建设和发展。5G 作为新基建的排头兵，凭借其万物互联和泛在智能的优势，将为社会带来根本性的变革。本书从新基建的基本内涵出发，着眼于 5G 新基建中的网络规划建设和融合业务发展两条主线展开论述，详细介绍了 5G 网络架构和关键技术、5G 网络规划与建设及 5G 融合业务应用与实践案例等。

本书内容丰富且深入浅出，适用于通信运营商、规划设计院、业务集成解决方案提供商、5G 行业咨询机构等单位的相关技术人员参阅，同时也可以作为对口大专院校和科研机构研究生及教师的参考用书。

未经许可，不得以任何方式复制或抄袭本书之部分或全部内容。
版权所有，侵权必究。

图书在版编目（CIP）数据

新基建：5G 引领数字经济/朱雪田等编著. —北京：电子工业出版社，2021.1
（新基建丛书）
ISBN 978-7-121-40306-4

Ⅰ. ①新… Ⅱ. ①朱… Ⅲ. ①信息经济－基础设施建设－研究－中国 Ⅳ. ①F492.3

中国版本图书馆 CIP 数据核字（2020）第 264593 号

责任编辑：徐蔷薇
文字编辑：王凌燕
印　　刷：北京虎彩文化传播有限公司
装　　订：北京虎彩文化传播有限公司
出版发行：电子工业出版社
　　　　　北京市海淀区万寿路 173 信箱　　邮编：100036
开　　本：787×1 092　1/16　印张：20.75　字数：491 千字
版　　次：2021 年 1 月第 1 版
印　　次：2021 年 10 月第 2 次印刷
定　　价：108.00 元

凡所购买电子工业出版社图书有缺损问题，请向购买书店调换。若书店售缺，请与本社发行部联系，联系及邮购电话：（010）88254888，88258888。

质量投诉请发邮件至 zlts@phei.com.cn，盗版侵权举报请发邮件至 dbqq@phei.com.cn。
本书咨询联系方式：xuqw@phei.com.cn。

PREFACE 序言

2020年是疫情肆虐、艰苦卓绝的一年，又是硕果累累、极不平凡的一年。在这一年中，大力发展新型基础设施的各项政策密集部署，这既符合未来经济社会发展趋势，又适应中国当前社会经济发展阶段和转型需求，在补短板的同时必将成为社会经济发展的新引擎。在这一年中，中国有序推进5G网络建设和应用，新增5G基站近60万座，5G终端连接数超过2亿个，并与云计算、大数据和人工智能等数字技术相结合，相互赋能，在智能制造、医疗、能源等热点应用领域呈现出蓬勃发展的态势。在这一年中，实体经济利用数字经济的广度和深度不断扩展，新模式、新业态持续涌现，数字经济迅速发展，成为促进我国经济发展的新动能。

委内瑞拉著名演化经济学家卡洛塔·佩雷斯（Carlota Perez）的《技术革命与金融资本》中提到："每次技术革命都提供一种由通用技术、基础设施和经济组织原则所构成的新的技术经济范式。"基础设施在经济社会中具有战略性、基础性、先导性和公共性的基本特征，传统基础设施带来"乘数效应"，新型基础设施带来"幂数效应"。区别于以"铁公机"（铁路、公路和机场）为物理基础设施代表的工业经济时代，随着数据成为当今数字经济时代推动经济发展的关键生产要素，基础设施的形态相应改变，数字基础设施成为新型基础设施。以5G、物联网、大数据、云计算、AI和区块链等为代表的新型基础设施在不断构建的同时，数字化技术也在对传统基础设施进行全方位、全角度、全链条的数字化改造，推动产业结构优化升级，实现对经济发展的放大、叠加和倍增效果。5G作为全球科技革命中的引领性技术，作为新基建的排头兵，成为各国政府发展数字经济和打造未来国际竞争优势的战略选择。

《新基建——5G引领数字经济》一书从新基建基本内涵出发，大处着眼于新型基础设施赋能数字经济高质量发展的时代背景，小处着手于5G新型基础设施中大家普遍关心的问题，从5G网络规划建设和融合业务发展两条主线展开，详细介绍了5G网络架构和关键技术、5G 网络规划与建设及 5G 融合业务应用与实践案例，力求为读者绘制一幅 5G 使能数字经济的全景蓝图。本书编著者由来自国内运营商、设备商和研究所的专业技术骨干和专家组成，具有多年移动通信技术研发、标准制定和业务推广的丰富经验。全书内容较为全面且深入浅出，但又处处可见作者对 5G 通信技术和数字经济发展的深入思考，相信会给读者带来很好的启发。

刘韵洁

中国工程院院士

2021 年 1 月

FOREWORD 前言

　　一代技术革命构建一代基础设施，一代基础设施推进一代产业革命。从 2018 年开始，国家持续密集部署新型基础设施，相关政策路线图日趋清晰。新型基础设施建设（简称"新基建"）是以新发展理念为引领，以技术创新为驱动，以信息网络为基础，面向高质量发展需要，提供数字转型、智能升级、融合创新等服务的基础设施体系。

　　新基建之所以"新"，相比传统基建，主要原因在于其根植于数字经济时代，科技创新驱动、数字化、信息网络三个要素是所有关于新基建认知中的最大公约数，也是中国下一步经济发展的主要路径。在这个时代，"数据"成为与土地、劳动力、资本、技术并列的新兴生产要素，新一代数字技术发挥重要引擎作用的同时，数字技术也在对传统基础设施进行全方位、全角度、全链条的数字化改造，推动产业结构优化升级，实现对经济发展的放大、叠加和倍增效果。以数据在企业生产和运营的每个流动环节为导向，围绕着数据的感知、传输、分析和决策等方面，新一代数字技术各负其责、协同融合，构成一个以"5G 和安全"为基础保障，"云大物智"为核心能力的数字技术解决方案框架。如果把物联网、大数据、云计算和人工智能等看作"高速列车"，那么 5G 就相当于"高速轨道"。5G 发挥连接行业底层和上层数据的作用，成为行业数字化转型和孵化转型的催化剂与连接器，成为数字技术解决方案框架中承上启下的关键一环。

　　5G 作为全球科技革命中的引领性技术，成为各国政府发展数字经济和打造未来国际竞争优势的战略选择。中国高度重视并大力推动 5G 发展，5G 标准必要专利份额位居全球第一，网络建设持续稳步推进，中国的移动通信产业历经"2G 跟随、3G 突破"，也实现了"4G 同步""5G 引领"的历史性跨越。5G 网络不仅构筑万物互联和泛在智能的基础设施，同时也是数字技术解决方案中承上启下的中枢纽带。5G 与云计算、大数据、人工智能、虚拟增强现实等技术的深度融合，将连接人和万物，在增强信息消费有效供给的同时，推动各行各业数字化转型。

　　5G 新基建涵盖领域广泛。从狭义来看，其主要聚焦在网络建设，涵盖标准体系、芯片、器件、系统设备、终端、运营等关键领域；从广义来看，5G 作为重要的工具性产业，包括大量基于 5G 衍生的服务和应用。5G 的网络规划建设与融合创新应用将形成双促进共提升的发展格局，也将是 5G 新基建的应有之义。

　　本书从新基建基本内涵出发，着眼于 5G 新基建中大家关心的问题，针对 5G 网络规划建设和融合业务发展两条主线展开，详细介绍了 5G 网络架构和关键技术、5G 网络规划与建设及 5G 融合业务应用与实践案例。本书内容较为全面且深入浅出，适用于通信运营商、规划设计院、5G 业务集成解决方案提供商、5G 行业咨询机构等单位的相关技术人员参阅，同时也可以作为对口大专院校和科研机构研究生及教师的参考用书。

全书分为发展篇、技术篇、建设篇和业务篇，共 7 章。第 1~2 章作为发展篇，重点围绕 5G 新基建的内涵和发展现状进行论述。其中，第 1 章为 5G：新基建的排头兵，重点从数字经济时代转型、产业互联网发展和 5G 重要引领价值等方面，对新基建的驱动力和重大意义进行分析，力求读者对新基建的内涵有所了解；第 2 章为 5G 特征与发展现状，从 5G 定义与特征出发，在论述 5G 总体远景、技术指标体系、应用场景及标准化进程的基础上，重点介绍了 5G 产业最新发展现状。第 3~4 章作为技术篇，主要包括 5G 网络架构及大规模天线、边缘计算、网络切片、网络云化等 5G 关键技术，旨在为读者理解 5G 网络基础建设和业务应用奠定基础。第 5~6 章作为建设篇，重点围绕 5G 网络规划和建设的关键问题展开，从 5G 两种基本组网架构开始，在明确 5G 网络架构演进思路的基础上，对 5G 网络规划和建设中涉及的"五高一地"典型场景、规划基本流程、网络参数规划、共建共享等关键问题和要点进行分析。第 7 章为业务篇，重点从 5G 通用业务和垂直行业应用两个维度展开介绍。一方面，通用业务既是运营商垂直行业赋能的基础，也是 5G 业务生态圈合作的核心竞争力。本章选取边缘计算业务、网络切片业务和蜂窝车联网（自动驾驶）三个典型通用业务进行介绍，内容涵盖应用场景、业务需求、体系架构和实现案例等多个方面。另一方面，5G 与云计算、大数据、人工智能等基础技术相互融合，提供应用于智慧城市、智慧生产、智慧生活的应用场景解决方案，实现数字化转型。本章选取智能制造、智慧医疗和智慧交通等垂直行业，结合案例介绍业务场景与解决方案。

本书编著者由来自国内运营商、设备商和研究所的专业技术骨干和专家组成，具有多年移动通信技术研发、标准制定和业务推广的丰富经验，具体是金超（参与编写第 5 章、第 6 章）、邹勇（参与编写第 5 章）、熊小敏（参与编写第 7 章）、冯毅（参与编写第 7 章）、王旭亮（参与编写第 3 章）、张志荣（参与编写第 6 章）、朱雪田（参与编写第 1~4 章和第 7 章），全书由朱雪田统稿并校对。在本书的撰写过程中，得到了中国联通研究院各级领导和同事的大力支持，在此表示衷心感谢。同时，还要感谢我的家人，感谢电子工业出版社各位同仁的高效工作，使得本书能够尽早与读者见面。

本书是基于编著者的主观视角和有限学识对 5G 新基建中的网络规划建设与融合业务发展的理解，观点难免有欠周全。此外，无论是 5G 网络技术自身、5G 网络规划和建设及 5G 融合业务应用，仍在持续的发展和完善之中。对于本书中的不足和谬误之处，敬请各位读者及专家批评和指导。

CONTENTS 目录

第 1 篇 发 展 篇

第 1 章　5G：新基建的排头兵 3

1.1　新基建的内涵与外延 3
1.2　新基建驱动力与意义 5
  1.2.1　新基建是数字经济时代的原动力 5
  1.2.2　新基建为产业互联网发展铺平道路 8
1.3　5G 成为新基建的排头兵 11
  1.3.1　战略价值 12
  1.3.2　经济价值 12
  1.3.3　社会价值 13
1.4　小结 14

第 2 章　5G 特征与发展现状 16

2.1　5G 定义与特征 16
2.2　5G 标准化 18
  2.2.1　ITU 18
  2.2.2　3GPP 20
2.3　5G 部署现状 24
  2.3.1　中国 5G 部署进展 24
  2.3.2　国外 5G 部署进展 25
2.4　小结 27

第 2 篇 技 术 篇

第 3 章　5G 网络关键技术 31

3.1　概述 31
3.2　5G 频谱规划与使用 34

3.2.1　5G频谱规划 34
　　　3.2.2　各国5G频段使用情况 37
　3.3　5G大规模天线技术 39
　　　3.3.1　技术特点 39
　　　3.3.2　5G大规模天线方案设计 40
　3.4　5G网络云化技术 43
　　　3.4.1　软件定义网络（SDN）技术 44
　　　3.4.2　网络功能虚拟化（NFV）技术 51
　　　3.4.3　虚拟化技术 54
　　　3.4.4　云管理技术 57
　3.5　5G边缘计算技术 63
　　　3.5.1　需求分析与应用场景 63
　　　3.5.2　系统架构与功能 67
　　　3.5.3　5G边缘计算架构 71
　3.6　5G网络切片技术 81
　　　3.6.1　网络切片定义 81
　　　3.6.2　5G网络切片参考架构 82
　　　3.6.3　核心网切片 83
　　　3.6.4　无线网切片 88
　　　3.6.5　传输网切片 90
　　　3.6.6　网络切片管理 92
　3.7　小结 96

第4章　5G网络架构 98

　4.1　无线网架构 98
　　　4.1.1　无线网架构与功能划分 98
　　　4.1.2　CU/DU架构 102
　4.2　核心网架构 105
　　　4.2.1　功能实体要求 107
　　　4.2.2　接口要求 110
　4.3　5G组网架构 114
　　　4.3.1　参考架构 114
　　　4.3.2　非独立部署架构 115
　　　4.3.3　独立部署架构 118
　4.4　小结 119

第 3 篇　建 设 篇

第 5 章　5G 网络规划与建设 123

- 5.1 组网规划 123
  - 5.1.1 组网架构选择 123
  - 5.1.2 4G 与 5G 互操作 126
- 5.2 5G 规划流程 128
  - 5.2.1 总体流程 128
  - 5.2.2 5G 建设场景规划 130
  - 5.2.3 规划指标确定 135
  - 5.2.4 5G 无线参数规划 136
  - 5.2.5 SSB 波束规划 151
- 5.3 5G 室内覆盖规划 153
  - 5.3.1 5G 室内覆盖面临的挑战 154
  - 5.3.2 5G 主流室内分布系统技术 156
  - 5.3.3 室内分布系统共享技术 161
  - 5.3.4 5G 室内分布系统规划设计 164
  - 5.3.5 典型场景 5G 室内覆盖方案 171
- 5.4 小结 182

第 6 章　5G 网络共建共享 183

- 6.1 5G 共建共享含义和意义 183
  - 6.1.1 5G 共建共享含义 183
  - 6.1.2 国内外运营商共建共享实践 184
  - 6.1.3 5G 共建共享意义 186
- 6.2 5G 共建共享方式 186
- 6.3 5G 网络设备共建共享 189
  - 6.3.1 异网漫游共享技术 189
  - 6.3.2 无线网共享技术 191
- 6.4 小结 203

第 4 篇　业 务 篇

第 7 章　5G 融合创新应用 207

- 7.1 基于边缘计算的 5G 通用业务 208
  - 7.1.1 典型边缘计算业务场景 208
  - 7.1.2 典型边缘计算业务应用案例 219

7.2 基于网络切片的 5G 通用业务 ·· 225
  7.2.1 5G 网络切片业务形态 ·· 226
  7.2.2 5G 网络切片业务等级 ·· 226
  7.2.3 典型网络切片业务应用案例 ·· 229
7.3 基于车路协同的 5G 自动驾驶业务 ································· 238
  7.3.1 单车智能向车路协同的必然发展 ·· 238
  7.3.2 面向自动驾驶的车路协同系统架构 ····································· 240
  7.3.3 关键能力分析 ·· 243
7.4 5G 垂直行业应用场景与解决方案 ·································· 260
  7.4.1 5G 垂直行业应用场景 ·· 260
  7.4.2 5G 垂直行业解决方案 ·· 268
7.5 小结 ·· 306

缩略语 ·· 307

参考文献 ·· 316

第1篇

发展篇

第1章 5G：新基建的排头兵

新型基础设施具备新时代的丰富内涵，既符合未来经济社会发展趋势，又适应中国当前社会经济发展阶段和转型需求，在补短板的同时将成为社会经济发展的新引擎。作为数字经济的发展基石、转型升级的重要支撑，新一代数字技术引领的新型基础设施建设已成为我国谋求高质量发展的关键要素。从2018年至今，国家持续密集部署新型基础设施，相关政策路线图日趋清晰。本章将从新基建三大范畴出发，重点从数字经济时代转型、产业互联网发展和5G重要引领价值等方面，对新基建的驱动力进行分析，力求对新基建的内涵有所了解。

1.1 新基建的内涵与外延

基础设施是指为社会生产活动及满足人们基本需要提供公共条件和公共服务的设施和机构，是用于保证国家或地区社会经济活动正常进行的公共服务系统，是社会赖以生存发展的物质基础条件。其大致可分为两类：一类是经济性基础设施，通常为直接参与物资生产过程的基础设施，包括交通运输、能源、信息通信、水利工程等；另一类是社会性基础设施，通常为旨在提高福利水平、间接影响城市物资生产过程的基础设施，包括文化、教育、医疗卫生、社会福利、基础研究、科学攻关等公共服务设施。

基础设施不仅是社会经济活动正常运行的基础和经济布局合理化的前提，同时也是社会经济现代化的重要标志和拉动经济增长的有效途径。

2020年4月20日，中华人民共和国国家发展和改革委员会表示，新型基础设施建设（简称"新基建"）是以新发展理念为引领，以技术创新为驱动，以信息网络为基础，面向高质量发展需要，提供数字转型、智能升级、融合创新等服务的基础设施体系。

新基建主要包括以下三个方面的内容：

（1）信息基础设施，主要是指基于新一代信息技术演化生成的基础设施，包括以5G、物联网、工业互联网、卫星互联网为代表的通信网络基础设施，以人工智能、云计算、区块链等为代表的新技术基础设施，以数据中心、智能计算中心为代表的算力基础设施等。

（2）融合基础设施，主要是指深度应用互联网、大数据、人工智能等技术，支撑传统基础设施转型升级，进而形成的融合基础设施，如智能交通基础设施、智慧能源基础设施等。

（3）创新基础设施，主要是指支撑科学研究、技术开发、产品研制的具有公益属性的基础设施，如重大科技基础设施、科教基础设施、产业技术创新基础设施等。

"新基建"立足于高新科技的基础设施建设，目前最受关注的主要包括七大领域：5G基站建设、特高压、城际高速铁路和城际轨道交通、新能源汽车充电桩、大数据中心、人工智能、工业互联网等。

2018年年底，中共中央经济工作会议提出："加快5G商用步伐，加强人工智能、工业互联网、物联网等新型基础设施建设。"自2020年以来的中央重大会议多次提到加快新基建建设。

（1）2018年12月，中共中央经济工作会议重新定义了基础设施建设，把5G、人工智能、工业互联网、物联网定义为"新型基础设施建设"，随后"加强新一代信息基础设施建设"被列入2019年的《政府工作报告》。

（2）2020年3月4日，中共中央政治局常务委员会会议指出："要加大公共卫生服务、应急物资保障领域投入，加快5G网络、数据中心等新型基础设施建设进度；要注重调动民间投资积极性。"此次会议重点提出了"新基建"，涵盖5G基站建设、特高压、城际高速铁路和城际轨道交通、新能源汽车充电桩、大数据中心、人工智能和工业互联网七大领域。5G基站建设作为新基建的桥头堡，旨在带来整个信息基础设施的转变与升级。

（3）2020年3月6日，中华人民共和国工业和信息化部（简称"工信部"）加快5G发展专题会提出："研究部署加快5G网络等新型基础设施建设，服务疫情防控和经济社会发展工作。一是加快5G网络建设步伐；二是深化融合应用，丰富应用场景，发展平台经济，带动5G终端设备等产业发展；三是壮大产业生态，加强产业链上下游企业协同发展，加快5G关键核心技术研发"。

（4）2020年3月24日，工信部发布《工业和信息化部关于推动5G加快发展的通知》，全力推进5G网络建设、应用推广、技术发展和安全保障，充分发挥5G新型基础设施的规模效应和带动作用，支撑经济高质量发展。

（5）2020年5月20日，工信部表示："将抓住疫情带来的产业提速换挡的机会，推动信息通信技术融合应用，加速5G应用由面向消费者（To Consumer，2C）向面向行业（To Business，2B）的拓展，加快传统产业数字化转型"。

（6）2020年6月1日，国家发改委发布《关于2019年国民经济和社会发展计划执行情况与2020年国民经济和社会发展计划草案的报告》（简称《报告》），在"2020年国民经济和社会发展计划的主要任务"方面，《报告》指出："出台推动新型基础设施建设的相关政策文件，推进5G、物联网、车联网、工业互联网、人工智能、一体化大数据中心等新型基础设施投资"。

新基建侧重于新一代信息技术的新型基础设施，其内涵包括两方面：一方面是新一代信息技术赋能的经济性基础设施自身；另一方面是新一代信息技术赋能其他传统的基础设施。

新基建根植于新一轮科技革命和产业变革，发力于科技端，注重战略性新兴产业对经济的刺激，注重中长期价值的配置，尤其着力于5G、工业互联网、人工智能和大数据等信息基础设施建设，相关领域投资将会迎来快速增长，既有效推动技术创新突破，也助力传统产业转型升级，推动国家的创新水平和经济发展质量，支撑现代化经济体系的建设。

1.2 新基建驱动力与意义

2020年新冠肺炎疫情期间，人们通过智慧物流、在线医疗、在线教育、视频会议、远程办公等数字应用，实现"隔而不离"和大规模的社会协作，充分保障了正常的生活和学习秩序，并有效支持精准有序的复工复产。多年来的数字经济发展与数字中国建设，新型基础设施的加速建设让实体经济面对疫情冲击彰显韧性的同时，也必将有效推进中国经济社会的数字化转型升级和高质量发展。

新型基础设施建设存在强大的驱动力。首先，随着数字经济成为推动我国国民经济发展的核心力量，数据成为推动经济发展的关键生产要素，新一代数字技术发挥了重要的引擎作用，数字基础设施成为新型基础设施；其次，互联网发展正从消费互联网阶段向产业互联网阶段迈进，数字技术不断创新的同时，越过传统互联网产业边界，通过技术扩展进入其他各个行业。新型数字设施成为产业互联网发展的重要增量因素，新基建所提供的数字创新能力为产业互联网高度发展提供了智慧之路。此外，5G成为新基建的首选，并承担着泛在连接、赋能行业、改变社会的重要使命[1,2]。

1.2.1 新基建是数字经济时代的原动力

一代技术革命构建一代基础设施，一代基础设施推进一代产业革命，但新基建与传统基建并不互斥对立，而是互补相融。新基建之所以"新"，重要原因在于其根植于数字经济时代，"数据"成为与土地、劳动力、资本、技术并列的新兴生产要素，新一代数字技术在发挥重要引擎作用的同时，也在对传统基础设施进行全方位、全角度、全链条的数字化改造，推动产业结构优化升级，实现对经济发展的放大、叠加和倍增效果[3]。

2016年，G20杭州峰会发布的《二十国集团数字经济发展与合作倡议》明确阐释了数字经济的概念："数字经济是指以使用数字化的知识和信息作为关键生产要素、以现代信息网络作为重要载体、以信息通信技术的有效使用作为效率提升和经济结构优化的重要推动力的一系列经济活动。"

以数字技术为代表的多领域、群体性加速突破,实体经济利用数字经济广度和深度不断扩展,新模式、新业态持续涌现,经济成本大幅降低、效率显著提升,数字经济发展迅速,并已经成为促进我国经济发展的新动能。由中国信息通信研究院发布的《中国数字经济发展白皮书(2020版)》可以看到:"数字经济规模不断扩张、贡献不断增强"。2019年,我国数字经济增加值规模达到35.8万亿元,占GDP比重达到36.2%,占比同比提升1.4个百分点,如图1-1所示。按照可比口径计算,2019年我国数字经济增长15.6%,高于同期GDP增速约7.85个百分点,数字经济在国民经济中的地位进一步凸显[4]。

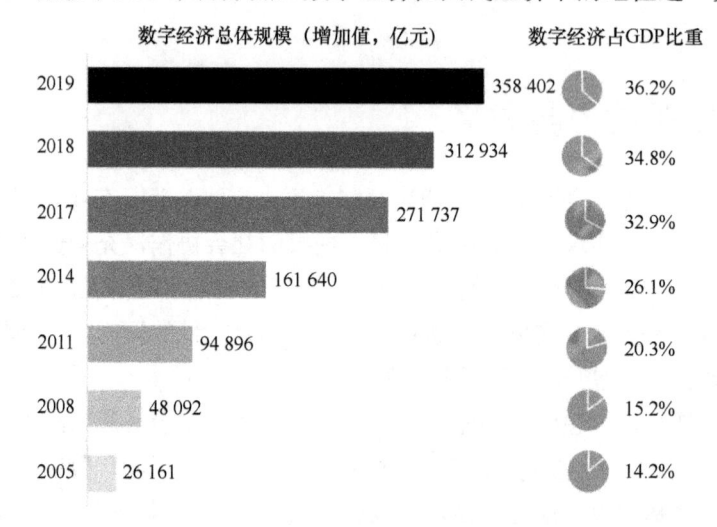

年份	数字经济总体规模(增加值,亿元)	数字经济占GDP比重
2019	358 402	36.2%
2018	312 934	34.8%
2017	271 737	32.9%
2014	161 640	26.1%
2011	94 896	20.3%
2008	48 092	15.2%
2005	26 161	14.2%

图1-1 我国数字经济增加值规模及占比

(数据来源:中国信息通信研究院)

我国高度重视数字经济对社会发展贡献的巨大潜能。2018年4月,习总书记在全国网络安全和信息化工作会议中指出:"要发展数字经济,加快推动数字产业化,依靠信息技术创新驱动,不断催生新产业、新业态、新模式,用新动能推动新发展。要推动产业数字化,利用互联网新技术、新应用对传统产业进行全方位、全角度、全链条的改造,提高全要素生产率,释放数字对经济发展的放大、叠加、倍增作用。"2018年,《政府工作报告》提出加强对"互联网+"和"数字经济"相关产业的布局。

数字经济可预见的趋势是泛在连接与全面智能的充分叠加,相应的主要特征包括以下几点。

1. 数据成为推动经济发展的关键生产要素

数字经济作为信息化发展的高级阶段,是继农业经济、工业经济后的新型经济形态。每个经济时代均具有关键的生产要素作为主要驱动力。农业经济时代的关键生产要素是土地和劳动，工业经济时代的关键生产要素是资本和技术，而数字经济时代的关键生产要素是数据。以数字化的知识和信息为代表的数据成为企业最重要的资产，由于数据的生产不可枯竭和可复制共享的特性，从根本上打破了农业经济和工业经济时代的关键生产要素稀缺性的制约，成为推动经济可持续发展的根本保障。围绕着数据资产，新产品、新模式和新服务不断涌现，同样也催生了数字经济时代下的新一代数字技术的蓬勃发展。

2. 新一代数字技术发挥重要引擎作用

仅有生产要素还不足以驱动数字经济的发展，生产要素的有效组织，即如何从海量数据中进行最优决策和创造价值，成为驱动数字经济加速发展的关键。以5G、大数据、云计算、人工智能和区块链等为代表的新一代数字技术，作为新的生产要素叠加到企业传统生产要素中，通过帮助企业实现规划、研发、生产、制造、销售及客户服务各个环节的全面智能化升级，从而实现企业生产全流程的创新与重构[2]。

以数据在企业生产和运营的每个流动环节为导向，围绕着数据的感知、传输、分析和决策等方面，新一代数字技术各负其责、协同融合，构成了一个以"5G和安全"为基础保障，以"云大物智"为核心能力的数字技术解决方案框架，如图1-2所示。

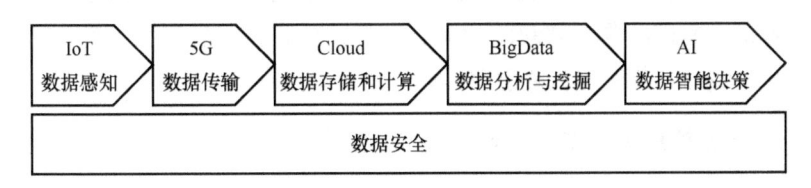

IoT 数据感知	5G 数据传输	Cloud 数据存储和计算	BigData 数据分析与挖掘	AI 数据智能决策
数据安全					

图1-2 数字技术解决方案框架

（1）数据感知环节。数据无所不在的泛在连接趋势日益明显，随着物联网技术的快速发展，机器和人及机器之间的实时交流互动成为可能，海量数据被传感设备源源不断地感知汇聚，成为整个数字经济流动的原动力，对数据价值的挖掘成为数字经济发展的源泉。

（2）数据传输环节。5G技术以低时延、大带宽和广连接的优势，为数据提供了高速通道。在万物具备互联能力的基础上，大连接、低时延的5G网络实时传输前端设备产生的海量数据，提升数据采集及时性的同时，也为流程优化和能耗管理提供了网络支撑。5G媲美光纤的传输速度、万物互联的泛在连接和接近工业总线的实时能力，通过与云计算、人工智能技术的深度融合，为企业数字化转型和高质量发展带来新契机。

（3）数据存储和计算环节。新的产业变革对海量数据的存储和计算要求提升，5G技术的部署使得数据的随时随地获取成为可能，这将直接推动云计算成为数字经济时代的战略性关键技术和基础性创新平台。依托于云计算技术，通过数据的存储、算力和应用的池化汇聚，在达到企业降本增效的同时，也将大幅提升产品创新和服务体验，加速产业的智能升级。

（4）数据分析与挖掘环节。数据处理需要大数据技术，计算能力的提高、计算成本的持续下降，以及数据传输、存储和分析成本的下降促进了大数据技术发展。大数据技术作为重要的数据分析和共享平台，推动了企业商业应用和业务洞察力的提高，同时也为基于数据的智能决策奠定了基础。

（5）数据智能决策环节。人工智能可以理解为用机器不断感知、模拟人类的思维过程，使机器达到甚至超越人类的智能。随着以深度学习为代表的技术的成熟，得益于算法、数据和算力的共同进步，人工智能开始在信息感知、机器学习、概念抽象和推理决策等领域应用到数字经济的各个组成部分，促进产业内价值创造方式的智能化变革。

（6）数据安全环节。数据汇聚的背后存在隐私泄露和数据泄密的风险，企业数据的感知获取、处理、应用全流程中，如何保障数据安全迫在眉睫。一方面，网络既是数据载体，又是数据流通和共享的桥梁，构建安全可靠的网络基础设施是保证数据安全的基础；另一方面，通过具有去中心化特性的区块链技术，采用分布式账本技术解决数据共享效率，基于智能合约保证数据不可篡改性和数据可追溯性，解决数据共享过程中的安全可信问题。

物联网、5G、云计算、大数据、人工智能和区块链等新技术的发展与融合，催生数字经济新业态和新模式，数字创新的业务、产品、模式、服务层出不穷，成为引领新一轮数字经济增长和产业转型的重要引擎。

3. 数字基础设施成为新型基础设施

委内瑞拉著名演化经济学家卡洛塔·佩雷斯（Carlota Perez）的《技术革命与金融资本》中提道："技术内涵上很不相同，每次技术革命都提供一种由通用技术、基础设施和经济组织原则所构成的新的技术经济范式。"基础设施在经济社会中具有战略性、基础性、先导性和公共性的基本特征，传统基础设施带来"乘数效应"，新型基础设施带来"幂数效应"。区别于以"铁公机"（铁路、公路和机场）为物理基础设施代表的工业经济时代，随着数据成为当今数字经济时代推动经济发展的关键生产要素，基础设施的形态相应改变，数字基础设施成为新型基础设施。以5G、物联网、大数据、云计算、AI和区块链等新型基础设施在不断构建的同时，数字化技术也在对传统基础设施进行全方位、全角度、全链条的数字化改造，推动产业结构优化升级，实现对经济发展的放大、叠加和倍增效果。

1.2.2 新基建为产业互联网发展铺平道路

2020年4月，国家发展改革委与中央网信办联合印发《关于推进"上云用数赋智"行动培育新经济发展实施方案》，明确提出了"构建多层联动的产业互联网平台"的工作推进思路，推进企业级数字基础设施开放。新基建是制造强国和网络强国"两个强国"建设的共同支撑，产业互联网是数字产业化与产业数字化的重要载体。新基建与产业互联网是不可分割的系统，2020年两会期间腾讯董事会主席马化腾曾谈道："如果把新基建、数据要素和产业互联网三者关系比作'路—油—车'，产业互联网与新基建的紧密结合就如同未来智慧交通所必需的'车路协同'。"

1. 互联网从消费互联网走向产业互联网时代

一个时代往往发轫于某个标志性技术，经历技术创新、技术革命，最终形成生产关系与生产力相适应的综合状态，即技术文明。"技术创新"最初在局部发生，当创新要素的作用越过其所缘起的产业边界，广泛扩散到其他产业，便引发"技术革命"。当革命成果渗透到方方面面，促发社会、思维、制度的整体转型，从而实现"技术文明"。互联网的发展正从消费互联网阶段向产业互联网阶段迈进，数字技术不断创新的同时，越过传统互联网产业边界，通过技术扩展进入其他各个行业。互联网商业格局也将会从依靠网络平台规模缔造的巨头模式向协同融合的生态共同体演进[5,6]。

消费互联网是以个人为用户，以日常生活为应用场景的应用形式，是满足消费者在互联网中的消费需求而生的互联网类型。消费互联网以消费者为服务中心，针对个人用户提升消费过程的体验，在人们的阅读、出行、娱乐、生活等诸多方面有很大的改善，让生活变得更方便、更快捷。

消费互联网本质是个人虚拟化，增强个人生活消费体验。而产业互联网是从消费互联网引申出的概念，是指传统产业借力5G、大数据、云计算和人工智能等数字技术优势，发挥数字技术和互联网在生产要素配置中的优化和集成作用，实现互联网与传统产业深度融合。产业互联网本质是传统产业通过"数字技术"实现转型升级，提升内部效率和对外服务能力，达到降本增效的目的。

产业互联网瞄准的是各行业企业及政府组织——产业互联网可视为互联网要素从互联网行业向其他行业扩散的过程。互联网发展历经了以下三个阶段。

阶段一（2010年之前），典型的消费互联网阶段。该阶段遵循互联网平台的规模化、开放化和高效化特点，借助数字经济的低边际成本优势，在数字世界对实体世界的产品服务进行颠覆性和替代性的改造，尤其表现在社交、数字媒体和电商等领域。该阶段秉承需求侧规模经济建立用户价值优势的核心竞争策略，在构建规模优势的同时，免费创造用户，用户创造价值。

阶段二（2010—2015年），消费互联网扩展阶段。数字世界对实体世界的产品服务进行颠覆性改造的范围进一步扩展到共享经济、线上连接线下（Online to Offline，O2O）和智能硬件为代表的多个领域。该阶段需求侧规模经济建立用户价值优势的核心竞争策略依然在发挥作用，但与第一阶段的用户门槛低和自主掌控高的优势相比，数字世界受到到实体世界的约束日益增大,并呈现出从颠覆替代逐步向互补共生的发展趋势。

阶段三（2015年之后）：互联网企业开始进入企业服务领域，消费互联网开始由面向消费者（To Consumer，2C）市场向面向行业（To Business，2B）市场的产业互联网转型。在国家供给侧改革与产业结构转型升级的大背景下，消费日益升级，产业持续转型，特别是随着以5G为代表的新兴数字技术迅速发展，产业互联网将渗透到企业供应链和生产端，进行各个环节的全面影响或改造，提高产品质量、提升生产效率、降低产业成本。产业互联网阶段的特点表现在以5G、云计算、大数据、人工智能为代表的信息基础设施和以物流、金融等为代表的实体基础设施，对经济活动和产业发展的各个环节赋能，互联网发展重心将从服务于消费者转向服务于各行各业，数字世界与实体世界日趋融合。

消费互联网业务创新经历从Web1.0到Web2.0，从本地体验到云端体验，从PC互联网到移动互联网，在取得一系列基础性应用成功的同时，也在推动互联网技术在计算、传输、终端、交互等多方面的技术进步。同时，在网络规模效应的驱动下，互联网行业先后经历了用户、应用和数据的爆炸式增长，从而为更加泛在化和智能化的产业互联网时代奠定了基础。

2. 数字基础设施成为产业互联网发展的重要增量因素

产业互联网的服务对象是各行业企业和政府组织等，包括提供最终产品或服务的组织，以及为这些组织提供各类生产型服务的组织。随着消费互联网发展逐渐进入成熟阶段，从而促使持续消费升级，需求侧发展正在不断推动产业供给侧的改革。

如图1-3所示，传统产业链条长，产业链上有大量小而散的从业者，存在信息不对称、生产水平相对落后、整体效率偏低的不平衡现象。通过拥抱产业互联网，以互联网要素推动实体产业全链条的转型升级，实现三方面突破：第一，数字化可以帮助企业加强客户互动，实现供需匹配，提高用户体验；第二，数字化可以帮助企业改造业务流程，提高供应链整合程度，提升端到端效率和运营成本；第三，通过数字化转型，传统组织有望和互联网企业一样，实现基于数据的客户深度互动、企业深度运营和生态深度协作。

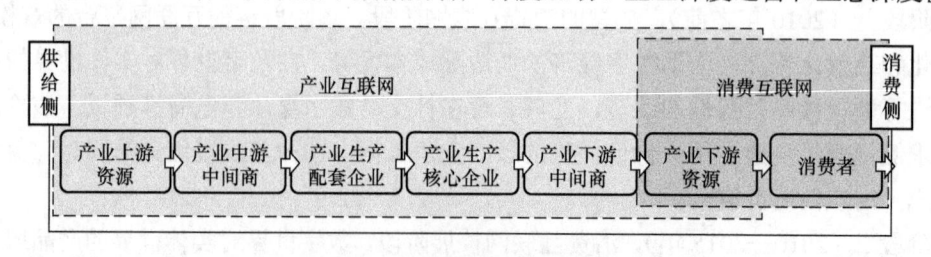

供给侧	产业互联网				消费互联网	消费侧
	产业上游资源	产业中游中间商	产业生产配套企业	产业生产核心企业	产业下游中间商	产业下游资源	消费者

图1-3　互联网赋能传统产业链

较之消费互联网时代，产业互联网时代具有以下三个重要特点。

（1）生态格局由独立平台生态向生态共同体转变。消费互联网开辟与实体世界平行的数字空间，如线上商城之于实体商场、微信与短信、共享专车与线下出租车等，传统行业越脆弱，越能显示其创造性。而产业互联网则不同，由图 1-3 可以看出，与消费互联网的短链不同，产业互联网是长链，从要素到价值，由生态共同体完成。生态是生态领导者控制下的单中心组织，而生态共同体是各大生态构成的多中心组织。在产业互联网的长链特征下，互联网企业既无法独自完成所有产业链要素供给，也无法直接满足用户需求。生态共同体成为核心，传统产业越巩固，越能显示其创造性。

（2）商业逻辑由平台逻辑向解决方案逻辑转变。传统产业强调价值链逻辑，由供给侧规模经济主导，消费互联网强调平台逻辑，由网络效应即需求侧规模经济主导。产业互联网要素被集成整合为解决方案提供给传统企业，利用该解决方案，传统企业可推动其生态产业互联化，进而呈现给最终客户个性化的服务体验。可见，产业互联网服务由解决方案逻辑主导，强调整合资源帮助企业客户解决复杂的个性化问题。

（3）新型数字设施成为产业互联网发展的重要增量因素。当前互联网企业从消费互联网转向产业互联网的客观基础，不是其具备 2B 的能力，而是数字技术对各行业渗透扩散存在巨大势能。以 5G、大数据、云计算和人工智能等为代表的新型数字基础设施构成了重要的产业互联网增量因素，特别是提供某种独特数字能力的产业创新使能平台，成为生态共同体中协同融合的筹码，成为提供数字化解决方案的核心竞争力。而行业理解、业务规律、企业流程、最佳实践等在内的行业知识构成存量因素，增量因素与存量因素结合是决定数字化解决方案价值的重中之重，新基建所提供的数字创新能力为产业互联网高度发展提供了智慧发展之路。

1.3 5G 成为新基建的排头兵

纵观人类社会发展历程，从农业社会到工业社会，再到今天的信息社会，社会经济形态发生了巨大变革，先后历经了农业经济、工业经济和数字经济。在由信息技术革命驱动、以高新科技产业为龙头的数字经济体系中，信息化成为经济发展的核心推动力。

从信息技术演化进程来看，进入 20 世纪之后，伴随着互联网和移动互联网的快速发展，在新兴技术持续演进的过程中，以高速通信网络、物联网、大数据、云计算、人工智能等代表的新一代信息技术成为发挥引领作用的关键技术。2015 年，在"中国制造"十大重点领域，"新一代信息技术"排在首位，"下一代通信网络"则在新一代信息技术的六大重点领域中成为领头羊。

从基础设施建设角度来看，2018 年国家首次提出以 5G、人工智能、工业互联网、物联网为代表的新型基础设施，积极构建信息化和数字化的基础。2020 年 3 月，中共中央召开会议，对新基建进行扩充，提出加快 5G 基站建设、特高压、城际高速铁路和城际轨道交通、新能源汽车充电桩、大数据中心、人工智能和工业互联网等新型基础设施建设进度。不论是早期还是当前，均是将5G放在新基建排头兵的首要位置。

1.3.1 战略价值

5G是全球科技革命中的引领性技术，成为各国政府发展数字经济和打造未来国际竞争优势的战略选择。

每一代技术的出现必然有其革命性的进步，不但在技术上有跨越式的颠覆，而且在产业上有巨大的影响力。第五代移动通信技术（5G）正在阔步前行，以全新的网络架构，提供至少十倍于4G的高速接入、毫秒级的传输时延和千亿级的连接能力，开启万物互联、泛在智能的新时代。

全球5G移动通信时代的脚步越来越近，各国政府纷纷将5G建设和应用发展视为国家重要目标，美国、欧盟、日本、韩国等全球主要经济体都在力图超前研发和部署5G网络，加快培育新技术、新产业，驱动传统领域的数字化、网络化和智能化升级，成为拓展经济发展新空间，打造未来国际竞争新优势的关键之举和战略选择。

（1）欧盟于2016年7月发布《欧盟5G宣言——促进欧洲及时部署第五代移动通信网络》，将发展5G作为构建"单一数字市场"的关键举措，旨在使欧洲在5G网络的商用部署方面领先全球。

（2）韩国政府强调5G对于第四代工业革命的重大推动作用，提出了5G对于行业应用的重要性。通过政府与私人企业的合作及产业链各环节的协作，推动5G在韩国的成功以实现5G对韩国社会及产业的推动作用。

（3）日本政府组织开展5G研发、试验引导发展，2016年启动了政府信息与通信委员会开展5G频谱和技术标准论证工作。2017—2019年，其构建了5G三大应用场景和完整部署场景的无线技术、网络技术及应用试验，积极推动移动互联网、无线物联网和下一代智能交通等5G应用，拉动数字经济发展。

（4）2016年7月，美国率先发布5G频谱规划，联邦通信委员会（Federal Communications Commission，FCC）通过将24GHz以上频谱用于无线宽带业务的规则法令。面对中国在5G网络、终端和应用领域的快速发展，美国对于争夺5G领先地位的焦虑感和紧迫感日益强烈，积极普及5G网络建设和应用，加快数字化转型的步伐。

1.3.2 经济价值

从经济学生产函数角度来看，5G新基建将有效促进生产力提升。根据经济学理论中的生产函数Q=Af（L，K）的定义，L为劳动力，K为资本，A(t)代表技术进步因子。经济增长是由资本、劳动力和技术进步共同推动的。5G新基建推动技术进步的价值不言而喻，但同时也有助于提高资本积累、增加新经济劳动力，从而激发中国经济新动能[7]。

1．资本

资本积累是推动经济增长的关键因素，与其他要素相比，其对经济社会的拉动作用更为直接和显著。通过传统基建、房地产、土地等投资，大量固定资产与银行信贷的有效结合，为推动工业化进程提供了资本要素。随着数字化、网络化、智能化不断深入发展的数字经济时代的到来，以5G、数据中心等为代表的信息化基础设施建设，将为数字经济的高质量发展提供重要资本。

具体到5G网络基础设施建设层面，5G技术的大规模产业化、市场化应用，必须以运营商网络设备的先期投入作为先决条件，运营商对5G网络及相关配套设施的投资，将直接增加国内对基站、传输设备、主设备等上游生产制造环节的网络设备需求，间接带动芯片模组、射频器件等元器件和原材料相关行业，以及操作系统、云平台、系统集成等软件信息服务环节。同时，5G网络基础设施的完善将带动下游个人信息消费和5G与垂直行业融合应用快速发展。

2．劳动力

以体力劳动为特征的传统劳动力一直是推动工业化进程的核心力量。随着产业结构持续调整和升级，5G新基建推动数字经济产业的发展，将创造出更多适合年轻劳动力的工作岗位，劳动力作为推动经济发展的重要因素将会进一步加强，从而促进经济快速发展。

据中国信息通信研究院测算，2020—2030年，在直接贡献方面，5G将带动的总产出、经济增加值、就业机会分别为6.3万亿元、2.9万亿元和800万个；在间接贡献方面，5G将带动的总产出、经济增加值、就业机会分别为10.6万亿元、3.6万亿元和1 150万个[8]。

总体上看，5G具有巨大的经济价值，将拉动产业链上下游高速持久的经济增长，并有效促进就业市场，带动形成万亿级5G相关产品和服务市场。

1.3.3 社会价值

5G将全面构筑经济社会数字化转型的关键基础设施，凭借其"万物互联，泛在智能"的强大能力，从线上到线下、从消费到生产、从平台到生态，促进5G技术向经济社会各领域的扩散渗透，孕育新兴信息产品和服务，重塑传统产业发展模式，成为经济社会发展的关键动力。

首先，5G网络构筑万物互联和泛在智能的基础设施[7]。

（1）5G网络引入IT化技术实现网络功能的灵活高效和智能配置。5G网络平台可针对虚拟运营商、业务、用户甚至某一种业务数据流的特定需求配置网络资源和功能，定制剪裁和编排管理相应的网络功能组件，形成各类"网络切片"，满足包括物联网在内的各种业务应用对 5G 网络的连接需求。

（2）5G 网络的开放性使其成为普适性的网络基础设施。5G 网络将使用服务器、存储器和交换机等通用性硬件，取代传统网络中专用的网元设备，由软件实现网元设备功能；同时，通过灵活的网络切片技术，实现多个行业和差异业务共享网络能力，进一步提升网元设备利用效率和集约运营程度。其提供应用程序编程接口（Application Programming Interface，API），对第三方开放基础网络能力，根据第三方的业务需求，实现按需定制和交互，尤其是引入移动边缘计算，通过与内容提供商和应用开发商的深度合作，在靠近移动用户侧就近提供内容分发服务，使应用、服务和内容部署在高度分布的环境中，更好地支持低时延和高带宽的业务需求。

其次，5G 成为数字技术解决方案中承上启下的中枢纽带。

如果把物联网、大数据、云计算和人工智能等看作"高速列车"，那么 5G 就相当于"高速轨道"。5G 发挥行业底层和上层数据连接的作用，成为行业数字化转型和孵化转型的催化剂和连接器，成为数字技术解决方案框架中承上启下的关键一环。5G 使企业与供应商的上下游之间的关系更加密切，能更快地收集供求之间的信息和市场关系，从而实现企业由生产型的企业向孵化型企业的转变，为客户提供更高、更有价值的孵化能力。

未来，5G 与云计算、大数据、人工智能、虚拟增强现实等技术的深度融合，将连接人和万物，增强信息消费有效供给的同时，推动各行各业数字化转型。一方面，5G 的应用将促进信息产品和服务的创新，让智能家居、可穿戴设备等新型信息产品及 8K 视频、虚拟现实教育系统等数字内容服务真正走进千家万户，增加信息消费的有效供给，推动信息消费的扩大和升级，释放内需潜力，带动经济增长；另一方面，5G 将支持海量的机器通信，以智慧城市、智能家居等为代表的典型应用场景与移动通信深度融合，预期千亿量级的设备将接入 5G 网络。更重要的是，5G 还将以其超高可靠性、超低时延的卓越性能，引爆如车联网、移动医疗、工业互联网等垂直行业应用。

由此可见，5G 新型基础设施建设不仅将从根本上改变移动网络的现状，促进数据要素的生产、流动和利用，还将让各行各业能够更便于联通协同、提供服务。5G 技术会改变人民日常的生活和生产方式，甚至会为社会带来根本性的变革。

1.4 小结

5G 是全球科技革命中的引领性技术，是支撑经济社会高质量发展的新型基础设施，具有战略性、基础性和先导性。5G 也是新一轮产业革命的关键要素，不仅将激发新型消费和投资、促进就业创业、解放生产力，还将重构生产关系和社会关系、促进社会治理，对人们生产生活带来重大而深远的影响。新型基础设施建设不仅将从根本上改变移动网络的现状，促进数据要素的生产、流动和利用，还将让各行各业能够更便于联通协同、提供服务，带动形成万亿级 5G 相关产品和服务市场。

5G 新基建狭义聚焦网络建设，涵盖标准体系、芯片、器件、系统设备、终端、运营等关键领域环节。5G 作为重要工具性产业，广义上还将扩展为基于 5G 衍生的服务和应用，5G 是赋能垂直行业数字化转型的核心引擎。5G 的网络规划建设与融合创新应用将形成双促进共提升的发展格局，也将是 5G 新基建的应有之义。

第 2 章　5G 特征与发展现状

5G 是数字经济的关键基础设施,将与云计算、大数据、人工智能等技术深度融合,加速 5G 在各行各业的融合应用,创新商业模式,促进 5G 技术向经济社会各领域的扩散渗透,拓展数字经济发展新空间。随着第三代合作伙伴计划(The 3rd Generation Partnership Project,3GPP)的 Release 15(R15)和 Release 16(R16)标准冻结,5G 新空口(New Radio,NR)具备独立部署能力的同时,也带来了全新的端到端新型架构,赋能企业级客户和垂直行业的智慧化发展,为运营商和产业合作伙伴带来全新商业模式,从而成为 5G 引领科技创新、实现产业升级、发展新经济的基础性平台。

2.1　5G 定义与特征

5G 即第五代移动通信技术的简称,由移动语音时代(1G)、文本时代(2G)、数据时代(3G)和融合应用时代(4G)发展而来。5G 凭借大宽带、大连接、高可靠、低时延等特点,为移动互联网、工业互联网、车联网、金融科技、智慧医疗等垂直行业应用场景提供可靠的信息交互支持。

2015 年 6 月,国际电信联盟(International Telecommunications Union,ITU)定义 5G 系统将支持增强型移动宽带、海量机器类通信和高可靠低时延通信三大类主要应用场景[9-11],如图 2-1 所示。

(1)增强型移动宽带(enhanced Mobile Broadband,eMBB):人的通信是移动通信需要优先满足的基础需求。eMBB 场景重点解决以人为中心的移动互联网应用场景,并兼顾大流量物联网用例的应用场景,涵盖广域连续覆盖和局部热点覆盖两个应用子场景。

(2)海量机器类通信(massive Machine Type of Communications,mMTC):针对万物互联的垂直行业,IoT(The Internet of Things)产业发展迅速,未来将出现大量的移动通信传感器网络,对接入数量和能效有很高要求。

(3)高可靠低时延通信(ultra Reliable and Low Latency Communications,uRLLC):针对特殊垂直行业,如自动驾驶、远程医疗、智能电网等需要的高可靠性、低时延业务需求。

第 2 章　5G 特征与发展现状

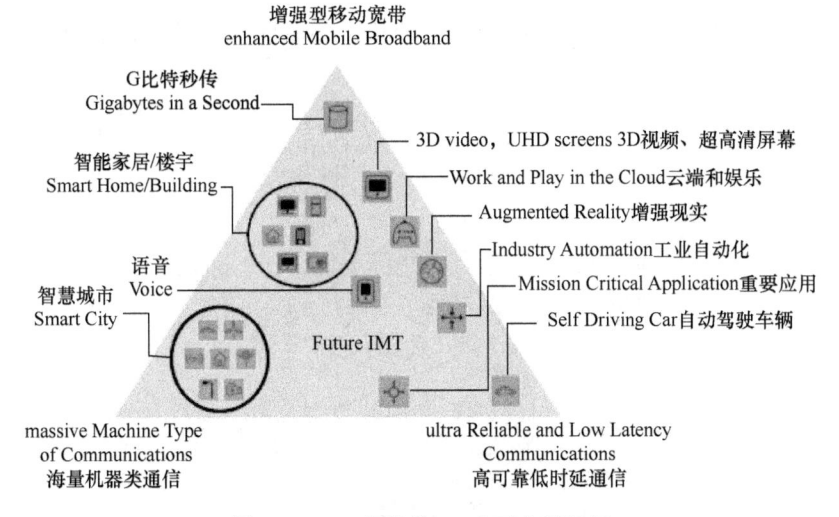

图 2-1　ITU 定义的 5G 主要应用场景

如图 2-2 所示为 5G 系统的三大类应用场景和网络指标关系。ITU 制定的 5G 系统性能指标如表 2-1 所示。ITU 提供了 4G 和 5G 在关键性能指标方面的对比雷达图，如图 2-3 所示。

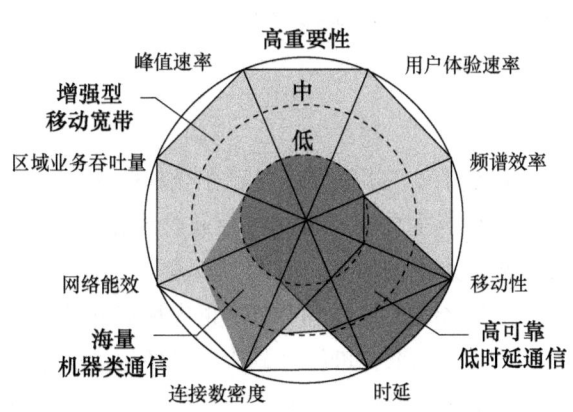

图 2-2　5G 系统的三大类应用场景和网络指标关系

表 2-1　ITU 制定的 5G 系统性能指标

参数	用户体验速率	峰值速率	移动性	时延	网络能效	频谱效率	连接数密度	流量密度
指标	0.1～1 Gbps	10～20 Gbps	500km/s	1ms	100×IMT-Adv	3×IMT-Adv	10^7km^2	10 Mbps/m^{-2}

eMBB 是 5G 更为通用的主场景，将会兼顾多数的移动互联网和物联网应用场景，通过更高的带宽和更短的时延继续提升人类的视觉体验。mMTC 和 uRLLC 更加聚焦在物联网应用的特殊需求，前者可以理解为大连接物联网场景，强调海量的连接数密度和网络

能效的提升；后者可以理解为高性能物联网场景，强调更低的时延和移动中的高可靠性保证。

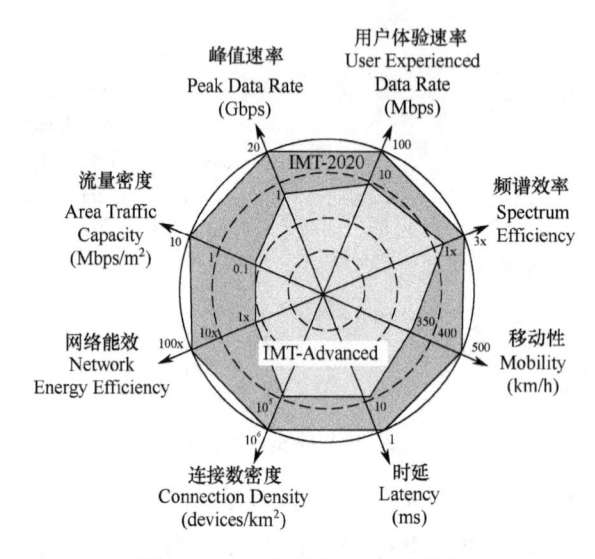

图 2-3　ITU 定义的 5G 性能指标

注：IMT-2020（International Mobile Telecommunications）：5G，IMT-Advanced：4G

2.2　5G 标准化

早在 2015 年，面向 2020 年的 5G 系统研发已在全球范围内如火如荼地展开。为了在未来 5G 发展中抢占先机，世界主要国家及相关企业纷纷加大 5G 研发投入，致力于 5G 需求、关键技术、标准和频谱方面的研究，日本、韩国等国家也提出了本国 5G 商用时间表。同时，世界三大主流标准化组织 ITU 和 3GPP 也先后启动了面向 5G 概念及关键技术的研究工作，旨在加速推动 5G 标准化进程。其中，ITU 重点在于制定 5G 系统需求、指标和性能评价体系，在全球征集 5G 技术方案，开展技术评估，确认和批准 5G 标准，并具体进行技术和标准化规范制定工作。3GPP 作为全球各主要通信产业组织的联合组织，从事具体的标准化技术讨论和规范制定，并将制定好的标准规范提交到 ITU 进行评估，当满足 ITU 的 5G 指标后将被批准为全球 5G 标准。

2.2.1　ITU

2010 年，随着通信业界和学术界对 5G 的发展需求逐步明确，5G 系统标准化的筹备工作启动。2012 年，ITU 分别启动 IMT.Vision（国际移动通信愿景）建议书和 IMT.Technology_Trend（国际移动通信技术趋势）技术报告的制定工作，面向 2015—2020 技术趋势，开始定义 5G 需求和制定 5G 时间表，以凝聚全球对 5G 的共识。2014 年，ITU

第 2 章　5G 特征与发展现状

明确 5G 标准化工作计划，包括需求分析阶段、准备阶段及提交和评估阶段，2020 年最终完成详细标准协议的制定和发布，并将 5G 也随之命名为 IMT-2020[12]，如图 2-4 所示。

图 2-4　ITU IMT-2020 工作计划

2017 年 11 月，国际电信联盟无线电通信组通过 ITU-R M.[IMT-2020.TECH PERF REQ] 文件，进一步明确 IMT-2020 5G 空口的最小技术性能指标，涵盖峰值数据速率、吞吐量、延迟、频谱效率、移动性等诸多指标体系。后续 3GPP 等国际标准化组织根据指标体系，制定详细的技术方案，并与仿真结果一同提交 ITU-R 进行评估。2020 年 ITU-R 最终批准 IMT-2020 技术体系。针对 5G 需求，中、日、美、韩、欧等各国都提出了对 5G 发展的趋势理解和需求技术指标。其中，中国提出"5G 需求之花"的 9 项需求得到了广泛认可，如图 2-5 所示。ITU 经过多轮讨论，最终确定了 5G 三大类主要应用场景和技术指标。

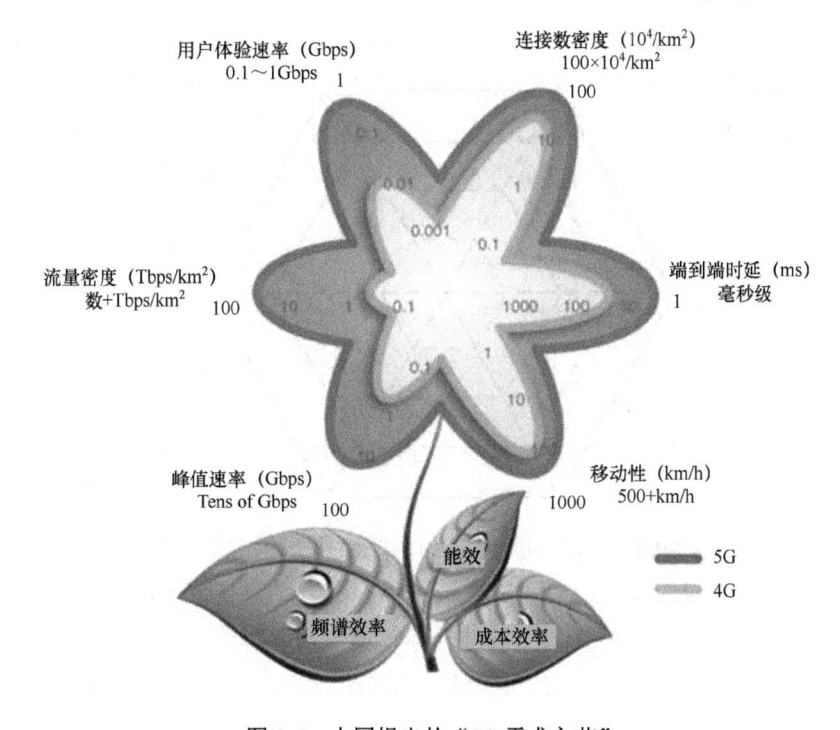

图 2-5　中国提出的"5G 需求之花"

2.2.2　3GPP

3GPP 作为国际移动通信行业的主要标准组织，承担着 5G 国际标准技术内容的制定工作。3GPP R14 阶段启动 5G 标准的研究项目，R15 阶段启动 5G 标准的制定项目，R16 及以后版本将对 5G 标准进行完善增强。3GPP 标准化工作主要由无线接入网（Radio Access Network，RAN）、业务与系统（Services & Systems Aspects，SA）和核心网与终端（Core Network & Terminals，CT）三个工作组开展。

负责系统需求定义的 SA1 工作组在 2016 年发布了 TS22.261，明确了 5G 系统目标、基本功能和业务需求的定义；负责系统架构设计的 SA2 工作组发布了 TS23.501、TS23.502 和 TS23.503，明确了 5G 的系统架构；负责接入网与空口标准化的工作组 RAN 启动 5G NR 研究和标准化制定工作，并于 2020 年 6 月完成涵盖 R14、R15 和 R16 的三个版本规范。其中，5G 基础版本是 R15，满足 ITU IMT-2020 的基本需求，R16 则为 5G 增强版本。同时，根据运营商部署节奏的不同，3GPP 标准分阶段支持非独立组网和独立组网等多种 5G 组网架构[13-15]。

1．3GPP R15 主要特性

1）物理层和底层协议

（1）多址。5G NR 选择正交频分多址（Orthogonal Frequency Division Multiple Access，OFDMA）作为上行和下行多址技术，上行同时支持 DFT-S-OFDMA 单载波方案。

（2）带宽。在 6GHz 以下频谱，5G 支持最大 100MHz 带宽；在 20～50GHz 频谱，5G 支持最大 400MHz 带宽，并支持部分带宽设计，适应多种业务需求。

（3）灵活帧结构。5G NR 定义了 56 种时隙格式，支持准静态配置和快速配置调整，灵活支持不同时延和带宽要求的业务类型。

（4）更大数据分组的传输和接收，提升了控制信道性能。5G 增强型移动宽带业务数据信道采用处理大数据分组和高码率方面具有性能优势的低密度奇偶校验码（Low Density Parity Check Code，LPDC）编码方案。控制信道采用鲁棒性更好的 Polar 极化码技术方案。

（5）为网络灵活部署提供基于波束的系统设计。5G NR 的同步、接入、控制信道、数据信道均采用波束传输方式，特别是支持多个同步信号块（Synchronization Signal Block，SSB），通过指向区域的不同配置，为网络规划提供灵活部署策略。

（6）数字和混合波束成形。5G NR 在低频段和高频段分别使用数字波束成形和模拟/数字混合波束成形，从而在补偿高频段路径损耗的同时，做到天线成本与性能的平衡。5G NR 下行和上行分别最大支持 32 端口和 4 端口的天线配置。下行单用户 MIMO 最大支持 8 流，最大支持 12 个正交多用户；上行单用户 MIMO 最大支持 4 流。

2）高层协议

NR 高层协议包括控制面和用户面两个层面。

（1）新增无线电资源控制层（Radio Resource Control，RRC）的非激活状态。由于终端、基站和核心网可以部分保留 RRC 和非接入层（Non-Access Stratum，NAS）上下文，从而能够快速进入连接状态，达到节约能耗、降低连接时延和信令开销的目的。

（2）LTE 和 NR 支持双连接架构。扩展 NR 的 RRC 协议新增支持 RRC 分集模式，即辅小区复制主小区的 RRC 信息，并通过主小区和辅小区同时向终端发送 RRC 信息，从而提升手机接收 RRC 消息的成功率和可靠性。

（3）支持多种承载类型，保证无线组网的灵活性。

（4）提高数据可靠性。5G NR 新增服务数据适配协议（Service Data Adaptation Protocol，SDAP）层，支持 IP 流和无线承载间映射，同时核心网通过基于 IP 流的服务质量（Quality of Service，QoS）控制，保证 QoS 的灵活性。

（5）更灵活的接入网架构。5G 支持中心单元（Centralized Unit，CU）/分布单元（Distributed Unit，DU）分离的接入网架构。

3）核心网技术

为了更加灵活地支持 5G 差异化应用场景，5G 核心网总体架构采用基于服务化系统架构（Service-Based Architecture，SBA），并基于网络虚拟化技术实现网元云化部署，同时对端到端网络切片和边缘技术进行标准化。

（1）5G 核心网主要网络功能包括接入控制和移动性管理功能（Access and Mobility Management Function，AMF）、会话管理功能（Session Management Function，SMF）、用户面功能（User Plane Function，UPF）、策略控制与计费功能（Policy Control Function，PCF）、统一数据库功能（Unified Data Repository，UDR）、网络切片选择功能（Network Slice Selection Function，NSSF）和网络功能库（NF Repository Function，NRF）等。

（2）网络切片功能。运营商基于云化基础设施部署多个公共陆地移动网（Public Land Mobile Network，PLMN）序号的网络切片，每个网络切片可以为不同用户提供定制化的网络资源配置。

（3）边缘计算功能。通过引入用户面功能网元，3GPP 可以从真正意义上内生边缘计算能力，实现降低时延并减少传输网络回传压力的目的。

（4）5G 语音。基于 IP 多媒体系统（IP Multimedia Subsystem，IMS）的分组语音方案，通过基于 5G 新空口语音承载（Voice over NR，VoNR）和回落 4G 承载（EPS Fall Back，EPS FB）两种实现机制建立语音业务。

2. 3GPP R16 主要特性

R15 是 5G 第一版标准，但不是全部标准，需要经历逐步迭代的发展过程。R16 版本是基于5G R15版本的修订与增强,也是5G标准走向成熟和完善的一个关键版本。R16的主要特性如下。

1) 功能扩展

R16的研究领域涉及对R15版本的功能扩展和增强,包括增加对垂直行业、非授权频谱(New Radio-Unauthorized,NR-U)、接入回传一体化(Integrated Access Backhaul,IAB)和52.6GHz以上频段的支持等。

(1)52.6GHz以上的频率。其主要目标是5G NR使用更高的频段,且提供高达2GHz带宽的实现方案。

(2)uRLLC应用。R16通过对uRLLC增强来应对工业物联网(Industrial Internet of Things,IIoT)应用挑战。R16更侧重于提高uRLLC的可靠性,降低延迟和优化定时,涵盖物理层可靠性增强、时间敏感网络(Time Sensitive Network,TSN)增强等多个功能。

(3)非地面网络通信(Non-Terrestrial Networks,NTN)。该场景主要发生在卫星行业,目标是利用商用5G网络与卫星实现天地一体化通信,新增功能包括物理层控制流程、上行链路定时提前、重传机制和面向卫星通信的5G架构增强等。

(4)NR-V2X。R16侧重于蜂窝车联网(Vehicle to X,V2X)的增强功能,特别是与高级自动驾驶相关的场景,包括编队驾驶(Vehicle Platooning,VP)、车辆到基础设施功能增强、传感器扩展、高级驾驶和远程驾驶等。频段涵盖高低频段,并以低频段为研究重点。

(5)未授权频谱接入。LTE授权频谱辅助接入(License Assisted Access,LAA)支持使用未授权频谱。5G旨在帮助人们以独立方式接入未授权频谱,而无须已授权载波的协助,解决已授权和未授权频带载波之间的双连接。目标是基于5G NR为非授权频谱接入创建统一的全球解决方案。

(6)接入回传一体化(Integrated Access and Backhaul,IAB)。其研究5G网络对无线回传和中继链路的支持,重点面向毫米波mmWave场景下密集部署的基站光纤回传替代。

2) 效率提升

(1)干扰抑制。其旨在研究抑制远程5G基站对半静态上行链路/下行链路配置、交叉链路及用于上行链路/下行链路配置的网络协调机制造成的干扰。

(2)软件定义网络(Software Defined Network,SDN)和大数据。将机器学习和人工智能(AI)技术赋能5G,达到进一步提高5G效率,涵盖一系列以无线接入网为中心的网络自优化(Self-Organized Network,SON)、无线接入技术(Radio Access Technology,RAT)优化、负载共享和移动性优化等研究内容。

(3)大规模天线技术功能增强。其重点研究毫米波场景下的大规模天线技术(massive Multiple Input Multiple Output,mMIMO)系统的多用户多入多出(Multi-User Multiple Input Multiple Output,MU-MIMO)、多伪随机后缀(Pseudo Random Postfix,PRP)和多波束

场景的功能增强。

（4）位置和定位增强功能。其旨在为室内和室外场景定义更准确的定位技术，当前研究重点侧重于高频段。

（5）功耗改进。其研究基于 RRC 连接状态下的技术增强，通过增加无线资源管理（Radio Resource Management，RRM）测量功能，达到降低设备耗电量的目的。

（6）双连接增强功能。该研究包括载波聚合和基于快速链路共享服务（Link Sharing Service，LSS）的双连接两个功能的增强内容。

（7）非正交多址（Non-Orthogonal Multiple Access，NOMA）。其进一步评估 NOMA 实用性，并实现标准化制定工作。

3. 3GPP R17 主要特性

2019 年 12 月，在西班牙锡切斯举行的 3GPP RAN 第 86 次全会上，3GPP 确定针对 5G R17 版本的技术研究和标准制定项目，预计将于 2021 年年中或年底完成。其中，R17 主要课题如下。

（1）新增 52.6~71GHz 频段。5G NR 频谱范围（Frequency Range，FR）分为 FR1 和 FR2，其中 FR1 为 410M~7.125GHz，FR2 为 24.25~52.6GHz。现在，R17 将 5G NR 的频段范围从 52.6GHz 扩展到了 71GHz。

（2）覆盖增强（NR Coverage Enhancement）。评估 5G NR 重耕低频段的性能，评估上下行物理信道的覆盖等，研究覆盖增强方案。

（3）轻量化终端（NR Light）。在 LTE eMTC/NB-IoT 和 NR eMBB/uRLLC 终端之间的中高端 mMTC，用于工业无线传感器、视频监控、可穿戴设备的场景，相对于 NR eMBB 终端，降低复杂度、成本和尺寸。

（4）5G 扩展现实（Extended Reality，XR）评估。对于典型的虚拟现实（Virtual Reality，VR）、增强现实（Augmented Reality，AR）和云游戏应用，面向边缘云+轻量化终端的分布式架构，建模业务模型、识别关键性能指标（Key Performance Indicator，KPI）和评估，并优化网络时延、处理能力和功耗等。

（5）面向非地面网络通信的蜂窝物联网技术增强。3GPP R16 已经研究 5G NR 与非地面网络的融合，R17 版本将进一步研究 NB-IoT/eMTC 与非地面网络通信（Non-Terrestrial Networks，NTN）的集成，支持位于偏远山区的农业、矿业、林业和海洋运输等垂直行业的物联网应用。

（6）NR 多播和广播服务（evolved Multimedia Broadcast Multicast Services，eMBMS）。NR Rel-15/16 不支持多播和广播服务，R17 将进行引入。

（7）车联网路侧链路增强。R15 支持 5G NR V2X 技术，同时引入 5G 路侧单元（NR Sidelink），以支持车辆与车辆、车辆与路边单元等其他设备之间直接通信。R17 NR 路侧单元增强将直接通信的应用场景从 V2X 扩展到公共安全和紧急服务等,甚至终端之间的直接通信应用。为了提升路侧单元对新应用的支持能力,R17 将致力于优化路侧单元的功耗、频谱效率、可靠性和时延等关键性能指标。

此外,R17 版本还包括 5G 不同业务需求的体验质量(Quality of Experience,QoE)管理、LTE 基站 CU/DU 分离、无线切片增强等研究课题和标准制定项目。

2.3 5G 部署现状

截至 2020 年 5 月,全球已经有来自 97 个国家和地区的 386 家运营商宣布投资 5G 网络,81 家运营商在 42 个国家和地区推出符合 3GPP 标准的商用 5G 服务。据 GSMA 预测,2020 年全球将有 170 家运营商商用 5G 网络,用户数超过 1.7 亿,占总体移动用户数的 20%。预计到 2025 年,全球 5G 用户数将达到 17.7 亿,中国 5G 用户数将达到 7.86 亿,占全球 5G 用户数的 45%。

全球主要经济体的数字经济转型战略均将 5G 作为优先发展的领域,美国、欧盟、日本、韩国等全球主要经济体都在力图超前研发和部署 5G 网络,普及 5G 应用,加快数字化转型的步伐。

2.3.1 中国 5G 部署进展

中国政府高度重视 5G 技术发展,在国家战略规划指导等重要文件中,均提出要积极推进 5G 产业发展。2019 年 6 月 6 日,工信部正式发放 5G 商用牌照,三大运营商(中国电信、中国移动、中国联通)和中国广播电视网络有限公司(简称"中国广电")各获得一张。牌照发放预示着中国 5G 研发和产业化进程逐步成熟,中国正式进入 5G 时代。在 5G 推动过程中,中国积极主动,提前布局,牢牢抓住 5G 战略机遇。

(1)积极布局 5G 关键技术与标准,5G 标准必要专利全球领先。在国际标准层面,作为引领全球通信业发展的主导性标准化组织 3GPP,在 5G 的第一个商用标准 R15 的制定过程中,中国企业重要课题立项超过 20 项,占据所有立项的 40%以上,特别是由华为等中国企业主推的 Polar 码在竞争中脱颖而出,成为 5G 增强型移动宽带通信场景下的控制信道编码方案,一举打破欧美企业在通信技术上的垄断,这也是中国在信道编码基础技术领域取得首次突破。

在专利布局方面,截至 2020 年 5 月,德国专利统计公司 Plytics 最新数据表明:全球已经声明的 5G 标准必要专利(Standard Essential Patents,SEPs)达到 29 586 族,较半年前增加 37.2%,以华为、中兴、大唐和 VIVO 等公司为代表的中国企业合计占比超过 38%,主导了 5G 技术与专利。

在研发推动层面，成立 IMT-2020（5G）推进组，聚合移动通信领域产学研用力量、推动 5G 技术研究、开展国际交流与合作，大大加速了 5G 标准和技术的成熟进程。

（2）前瞻规划和指配频率，强化 5G 基础资源保障。2018 年 12 月确定 5G 频谱分配方案，中国电信获得 3.4～3.5GHz 的 100MHz 带宽，中国联通获得 3.5～3.6GHz 的 100MHz 带宽，中国移动获得 2 515～2 675MHz 的 160MHz 带宽和 4.8～4.9GHz 的 100MHz 带宽。2020 年 2 月，工信部分别向中国电信、中国联通、中国广电颁发无线电频率使用许可证，同意三家企业在全国范围共同使用 3 300～3 400MHz 频段用于 5G 室内覆盖。此外，用于 5G 的 700MHz 和毫米波频段的研究和规划也在议事日程之中。

（3）加大投资提升网络建设规模，切实推进 5G 建设进度。据工信部统计，截至 2020 年 5 月，全国已建成 5G 基站超过 27 万个，套餐用户规模近亿，5G 推进速度不断加快。预计三大运营商 2020 年将建成 5G 基站超过 60 万个，实现地级市室外连续覆盖、县城及乡镇有重点覆盖、重点场景室内覆盖，合计投资超过 1 800 亿元。其中，中国移动将新建 30 万个 5G 基站，5G 相关投资计划约 1 000 亿元；中国电信将与中国联通共建约 30 万个 5G 基站，5G 相关投资分别达到 450 亿元和 350 亿元。

（4）共建共享成为战略性选择，多措并举保障 5G 网络建设投入。2019 年，中国联通和中国电信宣布共建共享 5G 网络，采用接入网共享方式，核心网各自建设，5G 频率资源共享。双方联合确保 5G 网络共建共享区域的网络规划、建设、维护和服务标准的统一，保证同等服务水平。双方共享 3.3～3.6GHz 共 300MHz 带宽的连续频谱资源。其中，室外共享最大 200MHz 带宽（3.4～3.6GHz），室内共享最大 300MHz 带宽（3.3～3.6GHz）。

2020 年，中国移动与中国广电签署 5G 共建共享合作框架协议，双方联合确定网络建设计划，按 1∶1 比例共同投资建设 700MHz 5G 网络，共同所有并有权使用 700MHz 5G 网络资源。中国移动向中国广电有偿提供 700MHz 频段 5G 基站至中国广电在地市或省中心对接点的传输承载网络，并有偿开放共享 2.6GHz 频段 5G 网络。双方将保持各自品牌和运营独立，共同探索产品、运营模式创新，开展内容、平台、渠道、客户服务的深入合作。

此外，国家允许中国电信、中国联通、中国广电三家企业在全国范围共同室内使用 3 300～3 400MHz 频段，这意味着三家企业将开启 5G 室内覆盖共建共享。5G 时代共建共享不仅能够降低网络基础设施建设和运维成本，也为合作共赢提供了基础，有利于提高企业服务水平，增强企业竞争力。

2.3.2 国外 5G 部署进展

1. 美国

在频率分配方面，2016 年，FCC 在全球首次划定 28GHz 及以上约 11GHz 带宽的高频段5G频谱资源。随后，FCC推出了"5G快速"计划，推动更多高频频谱进入5G市场，先后对24GHz、28GHz、37GHz、39GHz和47GHz近5 000MHz带宽频谱进行拍卖。5G时代，美国主打毫米波频段的主要原因在于美国中频段已经被军事和卫星用途占据，同时，美国地广人稀，光纤入户率低，毫米波可以实现自回传，从而减少铺设光纤回传的成本。2018年，美国启动高频5G网络的商业运营，但随即也面临高频网络的种种问题：网络覆盖不足，终端产业受限，许多其他国家的中频5G手机无法在美国销售和使用。2018年以来，FCC积极进行中低频补充频段的推进工作，投票通过向5G网络开放3.5GHz频段，并取消对2.5GHz频段的使用限制。目前，Sprint和T-mobile先后获得2.5GHz和600MHz频谱用域5G部署，AT&T也启动850MHz的5G商业部署。

在网络建设层面，截至2019年年底，Verizon宣布已在美国30多个城市提供5G网络服务，达到2019年完成30个城市的既定目标，并计划2020年完成美国半数人口的覆盖。AT&T的5G部署进展与Verizon总体相当，不同之处在于除了高频网络外，其还在美国10多个城市提供低频5G商业服务。与Verizon和AT&T的稳步推进不同，美国第三大运营商T-Mobile 2020年6月宣布在美国全部50个州提供5G商用服务，覆盖全美国6 000多个城镇，网络覆盖人口超过全国人口的60%。

2．韩国

韩国强调5G对于第四代工业革命的重大推动作用，提出5G对于行业应用的重要性。韩国政府先后在2013年和2019年发布了《5G移动通信先导战略》和《实现创新增长的5G+战略》两个国家战略，高度重视5G发展，希望将5G发展成为韩国经济增长的全新引擎。

为了实现5G对韩国社会和产业的推动作用，韩国在5G商业部署服务、5G核心技术研发、5G标准推动和5G生态环境4个方面做出努力，争取到2026年韩国5G用户比例达到90%以上，并依托5G引领新领域和新产业的应用，在2022年创造60万个就业岗位，实现730亿美元的出口额，为促进韩国经济增长创造新机遇。

自从2015年国际电信联盟正式启动5G以来，世界各国都非常关注5G，纷纷启动技术验证，随后根据各自情况开展方案测试、预商用和商用部署。其中，韩国是最为积极的国家之一。2018年2月，韩国借助平昌冬奥会的机会推出5G试点应用，第一次向全世界展现基于5G技术的AR/VR、无人机和无人驾驶等诸多5G业务应用。2018年6月，韩国政府向三大运营商SK、KT和LG+发放5G牌照，同时完成3.5GHz和28GHz频段频谱招标，提供280MHz和2 400MHz带宽的频谱。同年12月1日，韩国三大运营商同时宣布开始部署5G商用网络，并于2019年4月宣布5G网络正式商用。三大运营商针对韩国文化娱乐、体育、游戏等产业发达的特点，积极培育VR、AR和云游戏等内容产业的同时，积极布局行业应用市场，拓展5G与制造业、智慧城市、智慧办公、智慧医院的融合应用解决方案，并通过话费优惠、终端补贴和权益附送等组合方式的灵活营销策略，用户数量迅速增加。截至 2020 年 4 月月底，历经一年的商用，韩国 5G 用户数量达到 634 万，预计 2020 年韩国 5G 用户数将发展到 1 500 万，渗透率超过 30%。

3. 欧洲

2016 年 9 月，欧盟委员会公布 5G 行动计划，提出欧盟 5G 试验和商用的时间表，5G 部署将从 2018 年启动，分阶段开展。同年 11 月，欧盟委员会无线频谱政策组（RSPG）发布欧洲 5G 频谱战略，确定 5G 初期部署频谱。此外，在 5G 全球统一标准上，欧盟按照 3GPP 的标准制订计划，在需求更为迫切的垂直行业率先应用，并突出 V2X 在未来 5G 中的重要应用价值。

在欧盟委员会的资助下，2017 年 18 家公司组成欧洲新 5G 联盟——5G-Transformer，专注 5G 网络切片在智能汽车、医疗保健和媒体娱乐等垂直行业的技术研发与应用，从而进一步明确对 5G 的战略定位。2018 年 12 月，欧洲多个大城市开展代号"烈焰"的 5G 应用场景实测，开展面向垂直行业的媒体服务应用测试，创意产业、通信产业和智慧城市等产业的公司也参加了本次实测，对 5G 技术在用户体验、业务开发复杂性和成本等方面进行了重点评估。

2019 年 5 月，瑞士电信宣布正式提供 5G 商用服务，成为欧洲第一家 5G 商用的电信运营商，OPPO 5G 手机 Reno 5G 和中兴 Axon 10 Pro 5G 版智能手机等成为首批商用终端。瑞士电信已获得多个 5G 频率波段的政府许可，预计 2020 年内将在瑞士全境陆续完成部署；同年 5 月月底，英国移动运营商 EE 在伦敦、加的夫、爱丁堡、贝尔法斯特、伯明翰和曼彻斯特等城市推出 5G 网络服务。6 月，沃达丰正式在意大利米兰、都灵、博洛尼亚、罗马和那不勒斯等五个大城市推出 5G 服务。据 5G Americas 统计，截至 2020 年 5 月，欧洲已经有 17 个国家的 33 家运营商推出 5G 服务。

2.4 小结

5G 与云计算、大数据、人工智能等技术深度融合，加速在各行各业的融合应用，从而成为数字经济的关键基础设施，世界各国纷纷将 5G 技术上升为国家战略。随着 3GPP R15 和 R16 标准冻结，中国、美国、韩国等国家加大 5G 网络建设力度，率先实现商用。与此同时，中国的移动通信产业历经"2G 跟随""3G 突破"，也实现了"4G 同步""5G 引领"的历史性跨越。

第 2 篇

技 术 篇

第 3 章 5G 网络关键技术

3GPP R15 标准冻结是 5G 标准化工作的一个重要里程碑。5G NR 具备独立部署能力的同时，全新的端到端新型架构为赋能垂直行业智慧化发展、创新服务与商业模式，奠定了坚实的基础。

5G 制定技术体制在启动伊始，根据三大应用场景明确了 5G 技术指标体系及其要求。三大应用场景各有分工，互为补充，将移动通信从个人业务延拓行业场景。在三大应用场景的基础上，5G 应用又可以细分为 8 种典型场景：以办公室为代表的大流量密度场景，以密集住宅为代表的高用户体验速率场景，以体育场为代表的大上传流量大连接数场景，以露天集会为代表的海量连接场景，以地铁为代表的超高用户密度场景，以城市快速路为代表的低时延场景，以下一代高铁为代表的超高速移动场景，以郊区为代表的广域覆盖场景。通过对这些典型场景的特征归纳和技术改进的发展路径，最终形成各自的技术实现路径。

三大应用场景对系统性能指标的要求存在较大差异，甚至相互排斥。例如，mMTC 场景强调连接密度，对用户体验数据速率要求不高，这是 mMTC 物联网业务特性所决定的。因此，仅仅通过单一技术革新难以满足 5G 三大应用场景的系统性能指标，5G 势必需要通过多种关键技术组合，构建具有高度灵活资源配置特性的技术体系，以满足多样化业务需求对网络性能指标的要求。在 3GPP R15 版本中引入 5G 技术体系，并通过 R16 和 R17 版本进一步增强，推动 5G 技术体系向着更加高速、灵活和智能的方向演进。

3.1 概述

5G 技术体系的设计理念和核心技术的选择均是为了实现对三大应用场景的支持。首先，为了满足复杂的业务和场景要求，5G 支持多参数集、灵活帧结构配置和调度，并采用灵活的传输时间间隔（Transmission Time Interval，TTI）设计、灵活波形等关键技术；其次，为了支持高速率传输和更优覆盖，5G 采用新型信道编码方案、大规模天线等技术；再次，为了支持低时延和高可靠性，5G 采用短帧、快速反馈、多层/多站数据重传技术；最后，为了便于快速开发定制化业务流程，5G 采用全新网络架构，利用超密集组网、网络切片和边缘计算等新技术[16]。

关键技术是指为满足 5G 核心需求和指标体系发挥着关键作用的技术，5G 诸多技术在 4G 技术体系基础上进行改进的同时，为满足高速率、低时延和灵活赋能的核心需求，大带宽频谱技术、大规模天线技术、网络云化（虚拟化）技术及由于网络云化而衍生出的边缘计算技术和网络切片技术，成为占据举足轻重地位的 5G 关键技术。

1. 大带宽频谱技术和大规模天线技术

香农定理主要描述有限带宽和随机热噪声信道条件下，最大传输速率与信道带宽、信号噪声功率比之间的关系。该定理指出：如果信息源的信息速率 R 小于或等于信道容量 C，在理论上必然存在方法可使信息源的输出能够以任意小的差错概率通过信道传输。香农定理为移动通信技术的发展指明了方向和空间，对当今及未来社会的信息化发展起到了决定性的指导作用。该定理中的香农公式被广泛公认为通信理论基础和研究依据，也是移动通信网络发展的基本法。

高斯白噪声条件下，香农公式可以表达为

$$C = B\log_2(1+\frac{S}{N})$$

式中，C 为信道容量，单位为比特/秒（bps）；B 为传输信息所用带宽，单位为赫兹（Hz）；N 为噪声平均功率，单位为瓦特（W）；S 为有用信号平均功率，单位为瓦特（W）；S/N 为信号与噪声平均功率之比，简称信噪比。

由香农公式可以看出：移动通信系统的速率（对应于信道容量 C）取决于两个基本因素：一个是传输信息所用带宽，另一个是信号质量的优劣（对应于信噪比 S/N）。因而在传输带宽一定的情况下，移动通信系统最重要的表征指标只有信噪比，信号质量成为决定移动通信网络业务发展和流量增长的根本。

从提高频谱宽度角度而言，移动通信系统的单载波带宽从 2G 时代的 200kHz，发展到 3G 时代的 5MHz、4G 时代的 20MHz，直到现在 3GPP R15 中支持单载波带宽 100～400MHz，并可以通过横跨不同频段的载波聚合技术进一步增加频带宽度。频谱宽度增加为 5G 空口速率的大幅提升奠定了坚实基础。

从提高信噪比角度而言，更高阶调制方式与更高效编码方式是传统提升手段。调制方式从 BPSK→QPSK→16QAM→64QAM→256QAM→512QAM，编码方式从卷积码→Turbo 编码→LDPC 和 Polar 编码，5G 技术体系下的调制和编码方式已经难以堪当提升信噪比的重任。

为了提高空域增益，信号发射端可以部署多天线系统，并让每个天线独立发射信号，同时在接收端用多个天线接收并恢复信息，这种多天线使用方式称为 MIMO。MIMO 可以非常有效地提升数据传输速度，并且可以通过波束设计完成发射能量聚焦，从而提升接收信号能量，提升信噪比和基站覆盖范围。在理想情况下，对于上下行天线数目相同的 MIMO 设计，如 m 个收发天线，信道容量可以提升 m 倍。

$$C = \sum \text{cell} \cdot \min(m,n) \log_2(1+S/N)$$

如图 3-1 所示，4G 到 5G 的重大技术调整是采取 Massive MIMO 作为基站多天线解决方案。简单来说，天线数量越多，提供更多的信道自由度增益的能力就越大。增益可以用作空间分集，提高信号传输的可靠性；也可以用作空间复用，提高数据传输速度。

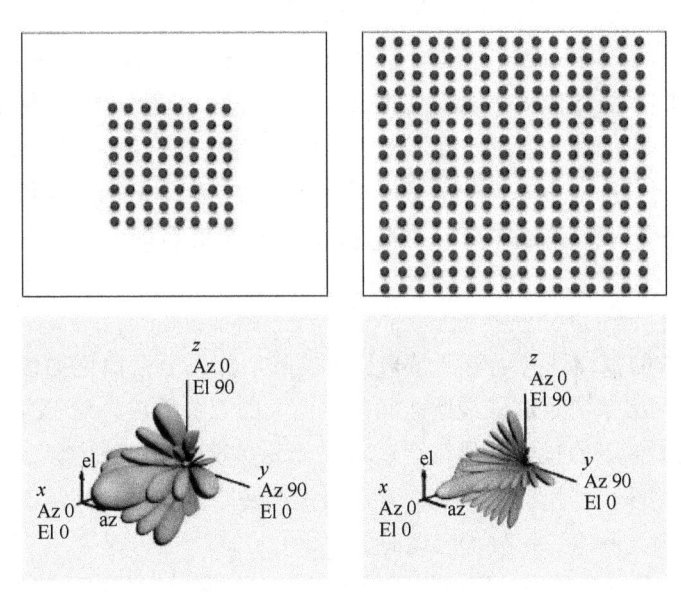

图 3-1 5G 系统大规模天线阵列

2．网络云化（虚拟化）技术

结合日渐成熟的软件定义网络（Software Defined Network，SDN）技术、网络功能虚拟化（Network Function Virtualization，NFV）技术、大数据、人工智能等技术，5G 网络将成为各行业数字化转型的关键基础设施。5G 万物互联下的新型业务呈现更低时延、更大带宽、更加智能的特点，传统竖井式网络架构在资源共享、敏捷创新、弹性扩展和简易运维等方面存在明显不足。在 4G 核心网（Evolved Packet Core，EPC）网络中这种不足也日渐凸显：整体式网元架构导致业务改动和可靠性方案实现复杂、控制面和用户面消息交织导致部署运维难度增大等。

5G 核心网提出分离式架构，一方面，通过 NFV 云原生的设计思想，基于 x86 平台的通用服务器和优化后的 OpenStack 等开源虚拟化平台，通过软件化、模块化和服务化方式构建网络，在服务化架构（Service-based Architecture，SBA）下，各个网络功能（Network Function，NF）独立自治，无论新增、升级还是改造都不会影响其他 NF；另一方面，控制面和业务面的彻底分离，用户面功能摆脱集约化部署的约束，可以灵活部署于核心网和接入网等不同层面。这意味着5G网络真正走向开放化、服务化、软件化，有利于实现5G与垂直行业融合发展。

3．边缘计算技术

边缘计算是在靠近物或数据源头的网络边缘侧，融合网络、计算、存储、应用核心能力的开放平台，就近提供边缘智能服务，满足行业数字化在敏捷连接、实时业务、数据优化、应用智能、安全与隐私保护等方面的关键需求。

5G网络采用NFV和SDN技术进行网元功能的分解、抽象和重构。5G网络将形成由接入平面、控制平面和转发平面构成的IT化的新型扁平化平台，网络向控制功能集中化和转发功能分布化的趋势演进。边缘计算作为5G架构的一部分，可以驱动电信网络架构分布化，实现运营商业务本地化处理，提升网络数据处理效率，满足终端用户的极致体验，并满足垂直行业网络低时延、大流量、高安全性等诉求。

4．网络切片技术

5G业务需求的多样性为运营商带来巨大挑战，如果运营商遵循传统网络的建设思路，仅通过一张网络来满足这些彼此之间差异巨大的业务需求，对于运营商来说将是一笔成本巨大且效率低下的投资。最符合逻辑并且最有效率的做法应该是：在一个通用的物理平台之上构建多个专用、虚拟化、互相隔离的逻辑网络，来满足不同客户对网络能力的不同要求，因此网络切片技术应运而生。

通过基于5G服务化架构的网络切片技术，运营商将能够最大限度地提升网络对外部环境、客户需求和业务场景的适应性，提升网络资源使用效率，最优化运营商的网络建设投资，构建智慧且可定制化的5G网络。

3.2 5G频谱规划与使用

5G需要满足更加多样化的场景和极致性能要求，而频率资源是研发和部署5G系统最关键的基础资源。

3.2.1 5G频谱规划

为支持多样化的场景应用，同时兼顾当前移动通信频率资源的适应现状，5G目前采用低频段和高频段兼顾的指配方式。其中，以3.5GHz、2.6GHz等为代表的6GHz以下频段主要服务于5G网络的基础覆盖和容量需求，而以毫米波为代表的6GHz以上频段则是热点容量补充的主要途径，如图3-2所示。

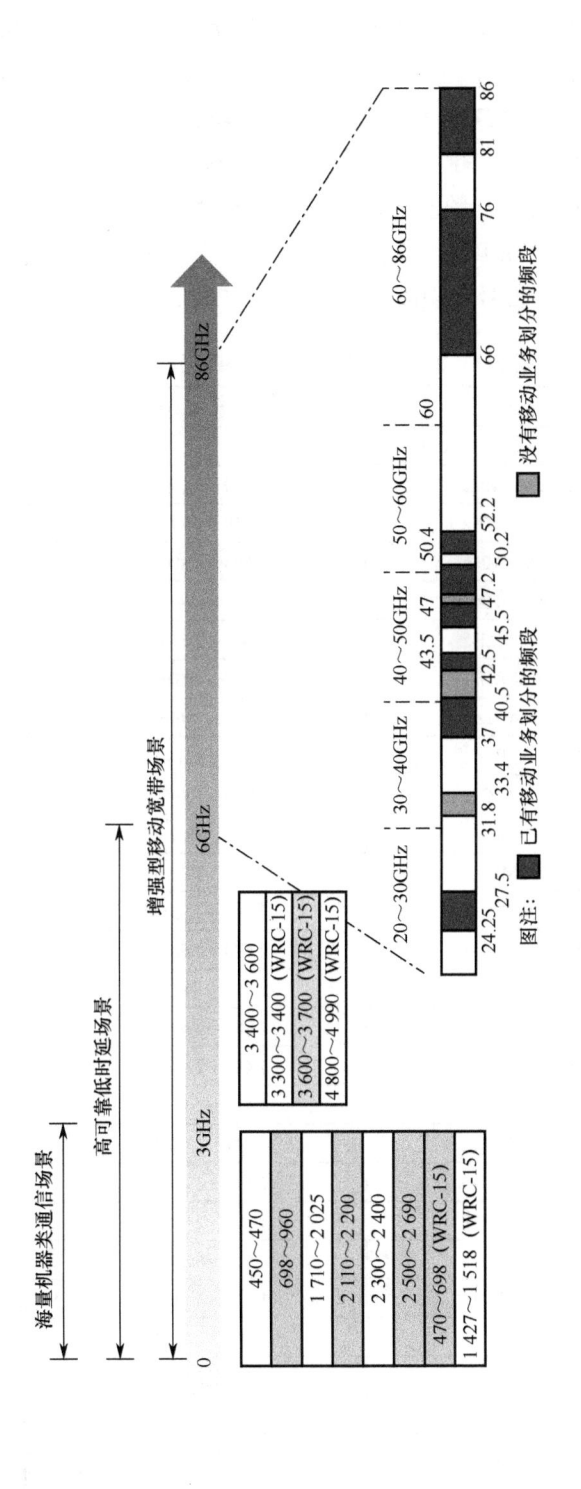

图 3-2　5G 关键场景对应频段范围

其中，6GHz 以下中低频频谱可兼顾 5G 系统的覆盖与容量，面向 eMBB、mMTC 和 uRLLC 三大应用场景构建 5G 基础移动通信网络；而 6GHz 以上高频频谱主要用于实现 5G 网络的容量增强，面向 eMBB 场景实现热点极速体验。

目前，R15 版本定义了两大 NR 频段范围（Frequency Range，FR）。

（1）FR1：450～6 000MHz，频段号为 1～255，通常指的是 Sub-6GHz。

（2）FR2：24 250～52 600MHz，频段号为 257～511，通常指毫米波 mmWave。

与 LTE 不同，5G NR 频段号标识以"n"开头，如表 3-1 所示。

表 3-1　3GPP 已指定的 5G NR 频段

频段号	上行	下行	双工模式
6GHz 以下：450MHz～6GHz			
n1	1 920～1 980MHz	2 110～2 170MHz	FDD
n2	1 850～1 910MHz	1 930～1 990MHz	FDD
n3	1 710～1 785MHz	1 805～1 880MHz	FDD
n5	824～849MHz	869～894MHz	FDD
n7	2 500～2 570MHz	2 620～2 690MHz	FDD
n8	880～915MHz	925～960MHz	FDD
n13	777～787MHz	746～756MHz	FDD
n20	832～862MHz	791～821MHz	FDD
n25	1 850～1 915MHz	1 930～1 995MHz	FDD
n26	814～849MHz	859～894MHz	FDD
n28	703～748MHz	758～803MHz	FDD
n34	2 010～2 025MHz	2 010～2 025MHz	TDD
n38	2 570～2 620MHz	2 570～2 620MHz	TDD
n39	1 880～1 920MHz	1 880～1 920MHz	TDD
n40	2 300～2 400MHz	2 300～2 400MHz	TDD
n41	2 496～2 690MHz	2 496～2 690MHz	TDD
n50	1 432～1 517MHz	1 432～1 517MHz	TDD
n51	1 427～1 432MHz	1 427～1 432MHz	TDD
n66	1 710～1 780MHz	2 110～2 200MHz	FDD
n70	1 695～1 710MHz	1 995～2 020MHz	FDD
n71	663～698MHz	617～652MHz	FDD
n74	1 427～1 470MHz	1 475～1 518MHz	FDD
n75	—	1 432～1 517MHz	SDL
n76	—	1 427～1 432MHz	SDL
n77	3.3～4.2GHz	3.3～4.2GHz	TDD
n78	3.3～3.8GHz	3.3～4.8GHz	TDD
n79	4.4～5.0GHz	4.4～5.0GHz	TDD

续表

频 段 号	上　行	下　行	双工模式
n80	1 710～1 785MHz	—	SUL
n81	880～915MHz	—	SUL
n82	832～862MHz	—	SUL
n83	703～748MHz	—	SUL
n84	1 920～1 980MHz	—	SUL
6GHz 以上：24.25～52.6GHz			
n257	26.5～29.5GHz	26.5～29.5GHz	TDD
n258	24.25～27.5GHz	24.25～27.5GHz	TDD
n259	40.5～43.5GHz	40.5～43.5GHz	TDD
n260	37～40GHz	37～40GHz	TDD

3.2.2　各国 5G 频段使用情况

为引导 5G 产业发展，抢占市场先机，包括中国、美国、欧盟、韩国、日本等在内的全球主要国家或区域纷纷制定 5G 频谱政策，并抢先分配频谱[17]。

1．中国

2017 年，工信部先后发布公告，公开征集 5G 的中频段和高频段规划意见。其中《关于第五代国际移动通信系统（IMT—2020）使用 3 300～3 600MHz 和 4 800～5 000MHz 频段相关事宜的通知》（意见征求稿）建议："① 3 300～3 600MHz 和 4 800～5 000MHz 频段为 IMT—2020 工作频段；② 3 300～3 400MHz 频段原则上限于室内使用，在不对在用的无线电定位业务电台产生干扰的情况下，可用于室外；③ 3 400～3 600MHz 频段 IMT—2020 系统电台不应对该频段频率许可有效期内的卫星固定业务地球站产生无线电干扰。对于频率许可到期但用于卫星遥测的该频段及邻频地球站，应给予一定的保护，具体措施由 IMT—2020 系统运营方与相关卫星操作者协商解决；④ 4 990～5 000MHz 频段 IMT—2020 系统电台应不对该频段在《中华人民共和国无线电频率划分规定》脚注 CHN12 所列的射电天文电台产生干扰；⑤ 上述频段作为 IMT—2020 工作频段，由国家无线电管理机构分配管理。频率分配方案、设备射频技术指标和台站管理具体规定另行制定和发布。"

《公开征集在毫米波频段规划第五代国际移动通信系统（5G）使用频率的意见》指出："频率规划对 5G 系统技术研发和应用起着重要的导向作用，毫米波频段是 5G 系统重要工作频段，公开征集 24.75～27.5GHz、37～42GHz 或其他毫米波频段 5G 系统频率规划的意见，并允许该频段共 8.25GHz 高频频段用于 5G 技术研发试验。"

截至目前，中国运营商已获得全国范围 5G 中低频段试验频率使用许可。中国电信获得 3 400～3 500MHz 共 100MHz 带宽的 5G 频率资源；中国移动获得 2 515～2 675MHz、4 800～4 900MHz 频段的 5G 频率资源，其中 2 515～2 575MHz、2 635～2 675MHz 和 4 800～4 900MHz 频段为新增频段，2 575～2 635MHz 频段为重耕中国移动现有的 TD-LTE（4G）频段；中国联通获得 3 500～3 600MHz 共 100MHz 带宽的 5G 试验频率资源。2020 年 2 月，工信部分别向中国电信、中国联通、中国广电颁发无线电频率使用许可证，同意三家企业在全国范围共同使用 3 300～3 400MHz 频段用于 5G 室内覆盖。

2．美国

美国联邦通信委员会 FCC 分别在高、中、低频段开放频谱资源用于 5G 技术。

（1）规划丰富高频资源。2016 年和 2017 年，美国分别规划 10.85GHz 和 1.7GHz 带宽的 24GHz 以上频谱用于 5G 技术，涵盖 24.25～24.45GHz、24.75～25.25GHz、27.5～28.35GHz、37～38.6GHz、38.6～40GHz、47.2～48.2GHz 和 64～71GHz（免许可频谱）。

（2）重视中频段共享。2015 年，美国在 3.5GHz 频段（3 550～3 700MHz）提供面向公共无线宽带服务的频谱，建立 3 层频谱共享接入体系（Spectrum Access System，SAS）监管模式并允许进行试验，AT&T 等运营商已经在该频段进行 5G 相关设备测试和网络部署。

（3）释放低频资源。2017 年，美国启动 600MHz 频段拍卖，T-Mobile 已经基于该频段进行 5G 部署。

3．欧盟

欧盟旗下无线频谱政策组负责制定 5G 频谱战略，并在 2016 年发布 5G 频谱战略。其中，3.5GHz 和 700MHz 为 5G 网络主要部署频段，同时，除了明确 26GHz（24.25～27.5GHz）频段之外，后续还将启动 31.8～33.4GHz 和 40GHz 等毫米波高频段。

4．日本

2016 年，日本总务省发布 5G 频谱规划。面向 2020 年 5G 商用，日本主要聚焦在 3 600～3 800MHz、4 400～4 900MHz 频段和 27.5～29.5GHz 频段。2019 年 4 月，日本政府批准了该国 4 家移动运营商（NTT Docomo、KDDI、软银和乐天 Rakuten）建设 5G 无线网络的计划，并要求两年内建成覆盖日本全境的 5G 网络。其中，NTT Docomo 在 28GHz、4.5GHz 和 3.7GHz 合计获得 600MHz 带宽的频谱，KDDI 在 28GHz 和 3.7GHz 合计获得 600MHz 带宽的频谱，软银在 28GHz 和 3.7GHz 合计获得 500MHz 带宽的频谱，乐天 Rakuten 在 28GHz 和 3.7GHz 合计获得 500MHz 带宽的频谱。

5．韩国

2016 年，韩国未来创造科学部将原规划为 4G 使用的 3.5GHz（3 400～3 700MHz）

频谱用于 5G 网络建设，2018 年韩国 5G 频谱拍卖顺利完成，如表 3-2 所示。

表 3-2 韩国 5G 频谱分配

运营商	频段分配	频谱带宽
KT	3.5～3.6GHz	100MHz
	27.3～28.1GHz	800MHz
SKT	3.6～3.7GHz	100MHz
	28.1～28.9GHz	800MHz
LG U+	3.42～3.5GHz	80MHz
	26.5～27.3GHz	800MHz

整体来看，全球对 5G 的频谱政策认知基本一致趋同，5G 网络将是高、中、低频谱协同组网。

中频段：3.5GHz（3 400～3 800MHz）频段，为全球 5G 网络部署和漫游的主要频段，用于满足网络的主要覆盖与容量需求。

高频段：26GHz（24.25～27.5GHz）、28GHz 和 40GHz 频段是毫米波高频主要频段，用于满足 5G 网络热点容量和超高速率需求。

低频段：2GHz 等 4G 重耕频段和 600MHz、700MHz 等 1GHz 以下频段，用于满足 5G 网络广覆盖和深度覆盖的需求。

3.3 5G 大规模天线技术

基站侧配置几十至上千的大规模天线阵子构成了大规模天线阵列 Massive MIMO 系统，利用空分多址（Space Division Multiple Access，SDMA）技术，可以在相同时频资源上同时服务多个用户，通过天线带来的巨大阵列增益、分集增益和多用户复用增益，可以使小区总频谱效率和边缘用户的频谱效率得到极大的提升。

3.3.1 技术特点

MIMO 技术是将多根天线部署在设备发送端和接收端，当基站与用户之间的信道趋于正交时，随着用户间干扰减少的同时，有用信号被天线阵列增益增强，从而实现提升用户信噪比的目的，并可以在同一时频资源调度更多用户。多天线技术在有限的时频资源内对空间域进行扩展，利用信道在空间中的自由度实现频谱效率的增长。随着多天线技术的发展，多天线系统从最初的采用多天线的单个收发节点之间通信的单用户多天线（Single-User MIMO，SU-MIMO）系统，演化成由采用单根或多根天线的多个彼此独立的接入节点及多个彼此独立的终端构成的多用户多天线（Multi-User MIMO，MU-MIMO）

系统，在相同的时频资源上，可以利用空间自由度实现多个发送端和多个接收端之间的独立通信。LTE/LTE-A 系统支持 8 根发送天线，理论上相同时频资源可支持 8 个单流用户或 4 个双流用户同时传输。进一步增加天线数目，可以使更多用户在相同时频资源上同时进行传输，进而提升频谱效率。现有 4G LTE-A 蜂窝网络最多支持 8 天线端口并行传输，但未来仍然很难满足无线数据业务的增长需求[18,19]。

5G 系统中将采用更多天线阵元和端口，天线规模也将达到 194 以上。Massive MIMO 技术优势包括[20]：

（1）Massive MIMO 的空间分辨率显著增强，可以进一步降低用户间干扰的同时，实现不增加基站密度和带宽的条件下的频谱效率大幅提升。

（2）可大幅降低发射功率，从而提高功率效率。

大规模天线阵列技术成为解决 5G 爆炸式增长的数据流量的主要技术手段。

3.3.2　5G 大规模天线方案设计

从 R12 阶段开始，3GPP 针对三维信道与场景模型开展研究，特别是随着有源天线技术逐步成熟，天线规模不断扩展，垂直维信道利用逐步成为可能。

1. 多天线传输方案

大规模天线技术的基本原理为[21]："随着天线数目的增加，多用户之间的信道趋于正交，用户之间的干扰趋于消失，从而可以支持高阶的 MU-MIMO 传输，实现频谱效率的大幅度提升。"5G 正交的解调参考信号（Demodulation Reference Signals，DMRS）端口最多能够支持 12 个，实现 12 个并行数据流 MU-MIMO 传输。

按照 DMRS 和数据预编码矩阵之间的关系，天线传输方案包括透明和非透明两种方案。透明方案是指数据和 DMRS 与编码矩阵相同，终端可以根据 DMRS 的信道估计进行解调，该方案的优点是可以更加灵活地选择数据和 DMRS 传输的预编码矩阵，能够提升波束赋形增益；而非透明方案是指数据和 DMRS 与编码矩阵不同，终端只能通过基站预编码矩阵信息进行解调，受限于码本选择，不利于获得理想的波束赋形增益[21,22]。

按照基站侧的预编码矩阵确定方式，天线传输方案包括闭环方案和开环方案。闭环方案是指基站利用终端测量反馈或信道互易性测量，通过选择与空间信道最佳匹配的预编码矩阵为终端进行数据发送；而开环/半开环方案是指基站不完全依赖于终端测量反馈或信道互易性测量获得预编码矩阵。例如，在高速移动场景下，基站采用波束轮询方式为终端传输数据，避免终端移动速度造成的性能影响，如图 3-3 所示。

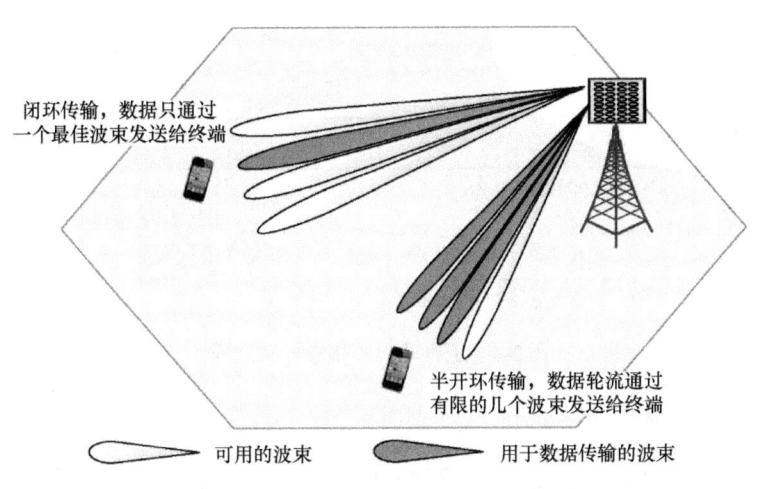

图 3-3 闭环和半开环传输方案

　　针对终端低速和高速移动的不同场景，5G 下行传输采用透明的闭环和半开环方案。UE 侧上行多天线传输采用透明 DMRS 传输方案，具体发送方案需要根据基站指示。5G 上行传输支持 DFT-S-OFDM 与 CP-OFDM 两种调制方式，DFT-S-OFDM 只支持 UE 单流传输，而 CP-OFDM 易于同 MIMO 相结合，同时均衡算法相对简单，从而可以支持 UE 4 流高速率传输。

　　5G 上行链路支持基于码本和非码本两种传输方式[21]。

　　（1）基于码本的传输方式的标准化工作主要围绕码本设计展开。DFT-S-OFDM 与 CP-OFDM 两种不同的调制方式对应的应用场景不同，DFT-S-OFDM 多用于功率受限的边缘覆盖场景，码本选择受限于功率因素，而 CP-OFDM 波形对功放效率要求相对宽松，码本设计优化较为灵活。

　　（2）基于非码本的传输方式用于 TDD 等存在上下行互易性的系统。该方案基于预编码信道探测参考信号（Sounding Reference Signal，SRS）完成，预编码矩阵是终端通过信道互易性获得的。如图 3-4 所示，基站通过物理下行控制信道（Physical Downlink Control Channel，PDCCH）触发终端发送非周期 SRS，同时触发下行非周期信道状态信息参考信号（Channel State Information-Reference Signal，CSI-RS）传输。终端对非周期 CSI-RS 测量获得下行信道的同时，也通过信道互易性获得上行信道，进而计算得到上行链路预编码矩阵。终端用此预编码矩阵对 SRS 进行预编码传输。终端发送的 SRS 由多个 SRS 资源构成，每个 SRS 资源都是单端口。因此，每个 SRS 资源都代表一个上行数据流的预编码向量。基站从中选择，并将选择的结果通过 PDCCH 通知给终端，通知的内容为信道探测参考信号的资源（SRS Resource Index，SRI）。终端使用 PDCCH 中 SRI 指示的 SRS 资源的预编码向量发送对应的数据流。基站可以选择多个 SRI 并指示给终端，支持多流空分复用传输。

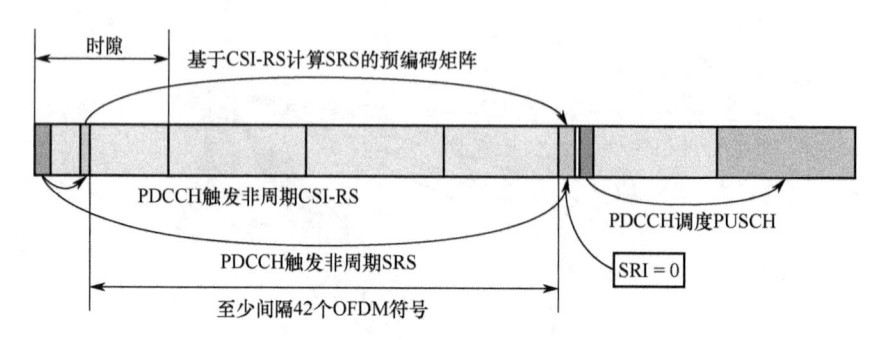

图 3-4　上行非码本传输方案过程

2．信道状态信息获取[21,22]

LTE 系统的不同标准版本（R8～R14）中定义了多种不同的反馈类型，以支持不同 MIMO 传输方案的 CSI 反馈。该设计导致不同传输方案及信息反馈的分散和复杂化。5G 系统为了避免引入多种反馈类型/子反馈类型，考虑设计统一的 CSI 反馈框架。系统设计通过将 CSI 测量和 CSI 反馈方式进行解耦，将测量资源和测量操作与具体上报操作分离，以更加灵活的方式支持不同的 MIMO 传输方式在多种场景和多种频带的应用。

与 LTE 系统类似，NR 支持对 CSI 隐式反馈和基于信道互易性的反馈。隐式反馈把信道质量指示（Channel Quality Indication，CQI）、预编码矩阵指示（Precoding Matrix Indicator，PMI）、秩指示（Rank Indicator，RI）、信道状态信息（Channel State Information，CRI）等信息量化进行反馈，重点在于码本的设计。考虑到 SU 和 MU 对于反馈精度的不同要求，NR 中支持两类码本用于 CSI 反馈：一类是普通精度的 Type I 码本，另一类是高精度的 Type II 码本。基于互易性的 CSI 反馈根据反馈的条件可以分为基于完整信道互易性的反馈和基于部分信道互易性的反馈。另外，对于 5G 系统新出现的波束管理需求，还需要上报波束指示及相应的参考信号接收功率（Reference Signal Receiving Power，RSRP）等信息。

CSI-RS 传输和信道状态信息反馈的过程如图 3-5 所示。信道状态信息报告和 CSI-RS 的传输支持周期性、非周期性和半周期性模式。其中，半周期性方式规定在一定时间内完成一定次数的信道状态信息报告或 CSI-RS 传输。

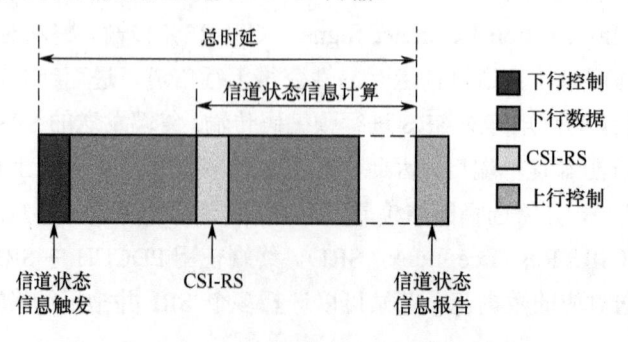

图 3-5　CSI-RS 传输和信道状态信息反馈的过程

3. 参考信号设计[23]

参考信号是系统设计中的重要组成部分。下行参考信号主要用于信道状态信息的测量、数据解调、波束训练和时频参数跟踪等，上行参考信号主要用于上下行信道测量、数据解调等。5G 参考信号主要考虑解调参考信号（Demodulation Reference Signal，DMRS）、信道状态信息参考信号（Channel State Information-Reference Signal，CSI-RS）、信道探测参考信号（Sounding Reference Signal，SRS）、相位追踪参考信号（Phase-Tracking Reference Signals，PTRS）和准共站址（Quasi Co-Location，QCL）。

DMRS 用于上下行数据解调。DMRS 设计需要充分地考虑各项系统参数配置的灵活性，并尽可能在各个层面降低处理时延，同时还要考虑大规模天线系统的应用、更高的系统负载及更高的系统频带利用效率需求。NR 系统中设定的带宽和时隙内，上下行采用了相同的解调参考信号 DMRS 设计，用于控制信道和业务数据信道的传输信号解调。

CSI-RS 在 5G NR 中用于获取信道状态信息、波束管理、精确的时频跟踪、UE 移动性管理和数据信道的 RE 级别的速率匹配等功能。

SRS 用于上行信道信息获取、满足信道互易性时的下行信道信息获取及上行波束管理。在 NR 系统中，SRS 可用的资源位置更多，可以通过高层信令灵活配置。

PTRS 用于跟踪基站和 UE 中的本振引入的相位噪声（Phase Noise，PN）。相位噪声主要由高频段工作的本振引入，会破坏 OFDM 系统中各子载波的正交性从而引起共相位误差（Common Phase Error，CPE）导致调制星座以固定的角度旋转，并引起子载波间干扰（Inter-Carrier Interference，ICI）导致星座点的散射。

QCL 是指某个天线端口上的符号所经历的信道的大尺度参数，可以从另一个天线端口上的符号所经历的信道推断出来。大尺度参数包括时延扩展、平均时延、多普勒扩展、多普勒偏移、平均增益和空间接收参数等。在 NR 系统中，MIMO 方案的设计需要考虑 6GHz 以上频段的使用和数模混合波束赋形问题，模拟波束指向和宽窄都会影响所观测到的信道的大尺度特征。因此，NR 系统中需要引入一种新的 QCL 参数用以表征波束对信道特性的影响。

大规模天线技术在 3GPP R15 版本中完成了基本特性标准化，R16 和 R17 版本继续对 MIMO 传输方案、参考信号、信道状态信息反馈和波束管理等问题进行了增强。鉴于 MIMO 技术在无线接入系统中的基础性地位，在 5G NR 系统的后续演进过程中，大规模天线技术的持续增强和发展仍然是标准化与系统设计的一个重要方向。

3.4 5G 网络云化技术

5G 万物互联下的新型业务呈现出更低时延、更大带宽和更加智能的特点，传统竖井式网络架构在资源共享、敏捷创新、弹性扩展和简易运维等方面存在明显不足，构建以数据中心为核心的全云化网络成为全球运营商网络重构和转型的重点[24]。

5G 基于网络云化技术，将核心网控制面和转发面分离，使网络架构扁平化。转发面网关可下沉到无线侧，分布式按需部署，由控制平面集中调度。网关锚点通过与边缘计算技术结合，实现端到端低时延、高带宽的海量业务，从根本上解决了传统移动网络竖井化单一业务流向造成的传输与核心网负荷过重、延迟瓶颈等问题。

伴随控制面与转发面分离的网络架构演进需求，传统专有封闭的设备体系也正在逐步瓦解，转向基于通用硬件+SDN/NFV 的云化开放体系。基于虚拟机和容器技术承载电信网络功能，使用管理与编排器（Management and Orchestration，MANO）与云管协同统一编排业务与资源，并通过构建研发运维一体化（Development and Operations，DevOps）能力，大幅缩短新业务面市周期，从而实现 IT 与 CT 技术深度融合，提高运营商业务竞争力。

5G 网络云化技术重点包括软件定义网络（Software Defined Network，SDN）技术、网络功能虚拟化（Network Functions Virtualization，NFV）技术、虚拟化技术和云管理技术等多项技术共同支持 5G 网络的云化架构和部署运营。

3.4.1　软件定义网络（SDN）技术

SDN 是一种新型的网络架构，它的设计理念是将网络的控制平面与数据转发平面进行分离，从而通过集中的控制器的软件平台实现可编程化控制底层硬件，实现对网络资源灵活地按需调配。SDN 网络设备只负责单纯的数据转发，可以采用通用硬件实现，而原来负责控制的操作系统将成为独立的网络操作系统，负责对不同业务特性进行适配，而且网络操作系统和业务特性及硬件设备之间的通信均可以通过编程实现。作为 SDN 领域最重要的标准组织之一，开源网络论坛（Open Networking Forum，ONF）认为 SDN 首先要满足以下三大基本原则。

（1）流量转发面和控制面解耦。目的是允许独立部署网络控制设备，通过将其从网络转发设备中独立出来，可以集约化实现更高效的控制，同时控制软件和网络硬件也可以分别独立优化。

（2）逻辑上实现集中控制。将控制面解耦是实现集中控制的前提条件，而集中控制的优势是资源的高效利用。此外，集中的控制器对网络资源和状态具有更大的视野空间，可以更加有效地调度资源满足客户需求。同时，控制器也可以对网络资源细节进行抽象，从而简化客户的网络操作。

（3）实现网络可编程服务。通过网络的可编程性，用户在整个业务生命周期中都可以通过控制器改变业务属性，从而更好地满足协助业务、启动业务、改变业务、撤销业务等业务需求变化。

1. SDN 网络架构

2016 年，ONF 发布了 SDN 典型架构，如图 3-6 所示[24]。

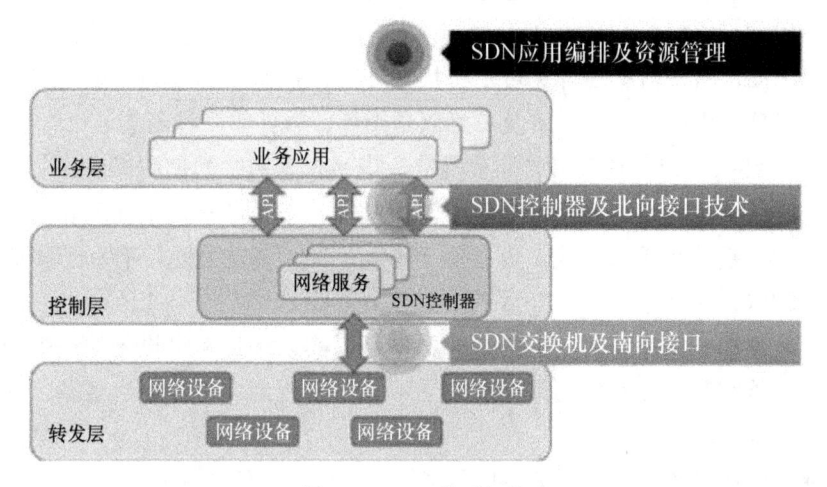

图 3-6 SDN 典型架构

SDN 典型架构包括业务层、控制层和转发层。

（1）业务层。业务层包括各种不同的业务和应用。SDN 网络的最终目标是服务于多样化的业务应用创新。随着 SDN 技术的部署和推广，将会有越来越多的业务应用被研发，这类应用将能够便捷地通过 SDN 北向接口调用底层网络能力，按需使用网络资源。

SDN 通过南向接口屏蔽底层物理转发设备的差异，实现资源虚拟化，同时开放灵活的北向接口供上层业务按需进行网络配置并调用网络资源。OpenStack 工作在 SDN 应用层的云管理平台。通过在其网络资源管理组件中增加 SDN 管理插件，管理者和使用者可以利用 SDN 北向接口，便捷地调用 SDN 控制器对外开放的网络能力。当有云主机组网需求被发出时，相关网络策略和配置可以在 OpenStack 管理平台的界面上集中制定，并驱动 SDN 控制器自动下发给相关的网络设备。

因此，网络资源可以抽象地把资源能力统一呈现给网络业务开发者，无须针对底层网络设备的差异耗费额外的适配工作，易于业务应用的快速创新。

（2）控制层。控制层是 SDN 的大脑，负责对底层转发设备的集中统一控制，同时向上层业务提供网络能力调用的接口，在 SDN 架构中具有举足轻重的作用。SDN 控制器对网络的控制主要通过南向接口协议实现，包括链路发现、拓扑管理、策略制定、表项下发等。其中，链路发现和拓扑管理主要是控制其利用南向接口的上行通道对底层交换设备上报信息，进行统一监控和统计，而策略制定和表项下发则是控制器利用南向接口的下行通道对网络设备进行统一控制。

SDN 北向接口是通过控制器向上层业务应用开放的接口，其目标是使业务应用能够便利地调用底层的网络资源和能力。通过北向接口，网络业务开发者可以通过软件编程形式调用各种网络资源。同时，上层网络资源管理系统可以通过控制器北向接口全局把控整个网络的资源状态，并对资源进行统一调度。

（3）转发层。转发层也称基础设施层，其物理设备包括交换机和路由器，它们组成了数据转发平面，负责数据处理、转发和状态收集。SDN 交换机进行数据转发时，自己不产生各个表项，由控制器统一下发，可以是硬件、软件等多种形态。

SDN 的网络架构特征使其具备诸多优势，满足未来网络的使用需求。

（1）网络设计更简单。转发和控制分离，使得网络设备转发平面的能力要求趋于简化和统一，硬件组件趋于通用化，而且便于不同厂商设备的互通，有利于降低设备的复杂度及硬件成本。

（2）提高网络利用率。集中的控制平面，可以实现海量网络设备的集中管理，使得网络运维人员能够基于完整的网络全局视图实施网络规划，优化网络资源，提高网络利用率，降低运维成本。

（3）网络设备更通用。控制集中化和网络可编程，促使了硬件标准化、通用化发展，能够有效提高设备利用率、降低设备投资。

（4）加速网络创新。一方面，SDN 通过控制平面可以方便地对网络设备实施各种策略，提升网络灵活性；另一方面，SDN 提供开放的北向接口，允许上层应用直接访问所需的网络资源和服务，使得网络可以差异化地满足上层应用需求，提供更灵活的网络服务，加速网络创新。

2．SDN 控制器

1）SDN 控制器主要功能

控制器是 SDN 网络的控制中心，其北向为应用提供网络拓扑、实时流量分析、关键业务动态部署等功能，南向对设备进行关键信息采集、路径建立、业务流实时调度及面向网络的业务配置。

具体来说，SDN 控制器主要功能如下：

（1）设备、网络拓扑及状态实时采集。实时收集底层网络的拓扑及其变化，实时采集底层网络各链路流量。

（2）面向关键业务的端到端路径的集中计算和实时部署。基于全局网络和流量视图，进行关键业务的端到端路径计算。

（3）面向网络的业务实时部署。基于网络全局视图，实现业务快速部署和设备配置。

（4）可靠性和安全性管理。实现控制器在故障情况下的快速恢复、关键功能的在线部署和升级。对控制器北向开放功能的访问进行严格授权、认证和计费，保证每次访问的可追溯性。加密控制器与设备之间的通信通道，防止对控制器的非法访问和数据篡改。

(5) 集群内状态同步和数据库持久化管理。实现控制器集群内多服务器间的状态数据实时同步及一致性，保证相关配置数据、策略数据在设备意外冷启动后的快速恢复。

2) SDN 控制器性能优化技术

控制器作为 SDN 系统运行的核心，需要保证其应对高突发业务请求的高性能，故障情况下的可靠性和应对链路负载实时变化的扩展性。

网络中的数据量庞大且呈现不同的状态和特性，不同业务场景对数据的一致性和实时性的需求不同；另外，大量分布式部署情况下，对系统容错（单点故障）、灾难恢复和系统扩展性（节点的增加/删除）要求较高。满足运营级网络需求的 SDN 控制器涉及以下关键要求。

(1) 高性能。运营级控制器需要管理海量设备及路由，在控制器的实现中须采用分布式集群技术保障高性能，同时面向数据一致性和系统强容错机制进行开源代码的优化，采用高性能数据库实现对网络/设备状况的管理。SDN 控制器性能主要相关指标包括以下几个。

① 拓扑变化时延。操作系统对各类拓扑事件，如链路 Up/Down、端口 Up/Down、交换机添加/删除等事件的反应速度。

② 拓扑变化吞吐量。单位时间内处理拓扑事件的数量，同时反映了 SDN 控制器可以支持的网络规模。

③ 流创建吞吐量。单位时间内根据应用请求或网络事件触发创建的流的数目。

④ 北向时延。控制器响应应用请求和网络事件的速度。

⑤ 北向吞吐量。控制器处理持续增长的应用请求的能力，以及支持的最大负载。

(2) 高可靠性。SDN 控制平面需要具备超强的自愈能力来应对单服务器故障，冗余保护措施在故障情况下自动生效，业务不中断；系统自愈后，实例重新上线，系统自动平衡工作负载。另外，还要求在系统正常运行的情况下进行软件和硬件升级。业界目前一致倾向于通过集群实现 SDN 控制器的高可用性和可靠性，但关于 SDN 控制器集群尚未有成熟解决方案，各开源体系对集群代码级移植都在积极探索和优化过程中。

(3) 可扩展性。SDN 控制器可扩展性体现在容量可扩展和功能可扩展两方面。一方面，运营级网内 SDN 控制器必须能够支持未来业务发展，因此软件平台本身应具有面向业务的可扩展性，应采用模块化、可插拔的控制平台作为核心，实现时采用 OSGi 框架，通过 OSGi 捆绑灵活地加载代码与功能，实现功能隔离和灵活的加载、协同。另一方面，运营商需要不定期对 SDN 控制器进行扩容，要求扩容后的 SDN 控制器不降低整体性能。例如，向控制器集群中添加服务器，使得整个系统吞吐量上升，时延下降或至少保持不变。

3) SDN 控制器南向接口

SDN 控制器南向接口主要完成对厂家设备的管理和配置，当前比较主流的南向接口有BGP-LS、PCEP、BGP FlowSpec、NETCONF/YANG、OpenFlow、OVSDB等，这些接口分别完成不同功能，有时相互协同。

（1）BGP-LS。BGP-LS 是由国际互联网工程任务组（The Internet Engineering Task Force，IETF）RFC 7752 定义的用于传送底层网络链路状态和流量工程信息的主要协议，通过BGP 的网络层路由信息（Network Level Routing Information，NLRI）来进行底层网络信息传送，包括节点、链路、前缀等，上层应用在收集到这些信息后进行统一路由计算。

（2）路径计算单元通信协议（Path Computation Element Communications Protocol，PCEP）。PCEP 由 IETF RFC 5440 定义，用于在路径计算单元（Path Computation Element，PCE）和路径极端单元（Path Computation Client，PCC），或者两个 PCE 设备间进行交互。该协议主要传送路径计算请求、路径计算结果及对应路径状态变化通知等相关信息。PCEP 协议有很好的可扩展性，基本功能已经可以实现异厂家的互通，未来需要根据业务发展需求来推进 PCEP 协议高级功能的互通，或者可以根据自身需求来新定义/扩展 PCEP 现有的对象。

（3）BGP FlowSpec。BGP FlowSpec 由 IETF RFC 5575 定义，通过扩展新的 BGP NLRI 信息来传送针对特定流的调度策略，包括限速、重定向、流标记等。基于该协议，可以自动实现域间的流量调度或业务的引流。

（4）NETCONF/YANG。NETCONF 协议由 IETF RFC 6241 定义，用于对网络设备进行配置、管理。它通过其定义的远程过程调用（Remote Procedure Call，RPC）来实现相关配置信息传送，如 get-config、edit-config、copy-config、delete-config、lock、unlock、get、close-session、kill-session 等，应用程序可通过这些 RPC 接口来对网络设备进行动态配置。当前，NETCONF 协议基本可以实现异厂家的互通，但其传送的具体内容，即由 YANG 描述的各类 YANG 模型，还需要进一步推动支持。基于标准化的 YANG 语言可以以统一方式来对不同公司设备进行统一的灵活配置。

（5）OpenFlow。OpenFlow 协议是控制器与交换机之间第一个标准通信协议，是 SDN 概念开始发展起来时所定义的协议，由 ONF 组织定义的标准，目标通过直接定义网络设备的转发行为来实现软件灵活定义网络，OpenFlow 可以用于对以太网交换机、路由器和光网络设备等的控制。OpenFlow 协议的关键点是简洁、明了，但由于其取消了网络设备的智能性，将网络的智能全部集中在控制器上，故其只能适合小型网络场景。

（6）OVSDB。OVSDB 由 IETF RFC 7047 定义，用于对 Open vSwitch 进行集中灵活配置的协议。该协议定义了如 List、Get、Transact、Cancel、Monitor 等 RPC，可以对交换机的配置数据库进行插入、选择、更新、删除等灵活操作，实现对底层交换机的配置。该协议可与 OpenFlow 协同使用，来达到灵活配置、控制二层网络的能力。

可见，上述几种协议基本都有对应的 IETF RFC 或 Draft，实现控制器与异厂家设备对接难度不大，但需要通过互通测试或试点部署来推进其标准实现的兼容性。

SDN 控制器需采用统一的抽象层和灵活可动态加载的南向模块，来实现北向业务对不同南向协议的非依赖性，可以采用基于模型的编程，针对不同的南向协议通过横向扩展新的模型来进行接口扩展。

YANG 是目前业界比较推崇的一种新型建模语言，由 IETF RFC6020 定义，内置定义了各种适合于描述网络设备相关功能的原子语言。YANG 的标准化是实现业务快速部署的关键，国际上有不少标准组织或开源组织在加速推进 YANG 的标准制定。例如，Google、ATT、BT 等几大运营商倡导成立的 OpenConfig 组织，已经定义了在实际部署过程中常用到的一些 YANG。IETF、OpenDaylight、BBF、IEEE 等国际标准组织也在制定适合自己所负责标准场景的 YANG，目前不同组织定义的 YANG 标准之间依然存在冲突和竞争。

4）SDN 控制器北向接口

IP SDN 控制器北向主要是为业务编排层提供服务，基于 SDN 控制器能力，根据不同业务场景需求，灵活地提供不同的接口。目前，城域网比较常用的业务场景是流量集中调度和业务快速部署。

SDN 控制器北向接口一般是表征性状态转移协议（Representational State Transfer，Restful）接口，个别厂家选择网络配置协议（Network Configuration Protocol，Netconf）。由于 Netconf 本身比较复杂，效率较低，目前倾向于采用 Restful 接口。Restful 已经广泛应用于 Web 服务的开发，它只提供了一组设计原则和约束条件，而非接口标准。因此，各公司实现接口千差万别，互通性较差。

5）SDN 控制系统实现架构

当前运营级网络主要考虑在 IP、传输、接入网络中引入 SDN 控制器。对于传输网络来说，因其传统架构本身采用集中控制方式，故主要考虑如何实现多厂家控制器间的协同。但对于 IP 和接入网络来说，部署 SDN 控制系统需要考虑以下几个因素。

（1）未来的网络架构不会是全集中方式。现有网络分布组网方式难以适应互联网时代快速调整的特点，但考虑到互联网应用的复杂性及广域网流量增长的快速性，未来全部采用 OpenFlow 协议，去除底层网络设备的自主控制能力，全部采用集中调度的网络部署方案也不现实。

（2）对于那些对端到端时延、丢包率、抖动等不敏感的业务，无须部署集中控制器，传统网络设备及经过大量实践检验的开放网络协议可满足其要求。

（3）支持多厂家路由器设备，降低运维复杂度，提高业务更新效率。避免要求运维人员熟悉不同厂家的配置规范，同时降低因配置错误导致系统障碍的概率，从而缩短业务的上线时间。

3．SDN 编排器

对于不同的 SDN 控制器，由于位置因素或处理能力的限制，一个 SDN 控制器很难控制网络层所有的转发能力。因此，一个单独的 SDN 控制器只控制一部分网络层的转发能力。而业务编排器与所有的 SDN 控制器相连，向第三方应用和自营应用提供所有 SDN 控制器的能力。这使得应用不需要和每一个单独的 SDN 控制器分别打交道，而是应用对于所有 SDN 控制器的能力有一个整体的掌握。业务编排器还可以监控网络状态信息，在网络条件变化时可以通知第三方应用和自营应用。

业务编排器应具有（但不限于）的能力如下：

（1）对于应用的可编程的开放业务支持环境。

（2）按需提供网络拓扑信息（物理或逻辑）给应用。

（3）针对应用需求，基于控制器的网络能力的编排。

1）SDN 编排器总体架构功能

SDN 编排器逻辑位置如图 3-7 所示。

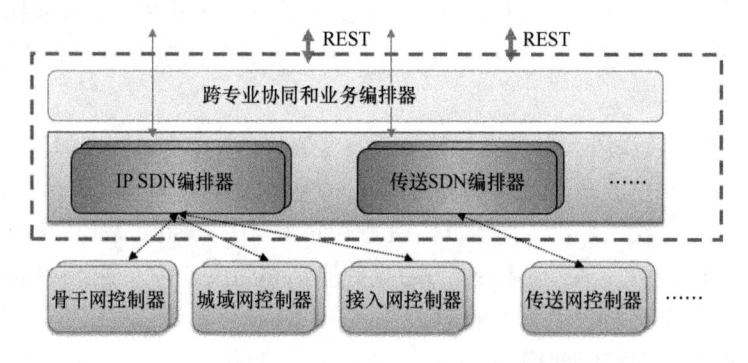

图 3-7 SDN 编排器逻辑位置

SDN 编排器南向与 SDN 控制器（或网络设备）及采集分析系统接口，北向与应用层接口，包括业务协同编排器、第三方应用和自服务门户等。

SDN 编排器主要实现以下 6 方面功能。

（1）网络资源全局管理功能：管理全局网络设备、链路、拓扑等资源，并维护资源状态。

（2）业务保障功能：对网络运行状况实施监控、报警、分析、故障管理和必要的保障措施。

（3）原子能力提供功能：提供原子化、自治的能力模块，这些模块通常是网络配置所需要的共通能力模块，包括（但不限于）路径计算、隧道管理、VPN 管理、流量映射等。

（4）编排引擎功能：由原子能力聚合形成应用模块作为基本编排单元，通过组合可以实现端到端的网络编排。例如，骨干网流量工程应用，可由隧道管理和流量映射原子能力聚合而成。

（5）策略引擎功能：完成编排策略的定义、存储、下发和执行。编排策略即预定义的、根据一定条件触发的一系列执行动作。

（6）能力开放功能：负责将编排器的网络控制能力进行封装，对应用和开发者提供一套统一的应用开发接口，通常采用简单对象访问协议（Simple Object Access Protocol，SOAP）或资源表现层状态转移（Representational State Transfer，REST）协议。

2）SDN 编排器核心技术

无论何种实现架构，编排器的设计都在向扁平化、自动化和智能化方向发展。运营商编排器实现中涉及的关键技术包括以下几个。

（1）松耦合的微服务架构。由于编排器是面向产品和运营的系统，因此其功能随着业务和产品的发展和变化而不断变化，将微服务架构应用于编排器设计成为一大趋势。微服务架构的核心思想是将各个相对独立的能力模块原子化，设计成能够自治的原子服务，并通过原子服务的逐层聚合和组合实现不同的业务场景。在编排器实现上将网络配置功能原子化后（如将 VxLAN、MPLS VPN、IPSec 等 VPN 功能原子化），能够将各个原子功能分段组合实现不同的业务场景。此外，采用微服务架构后，可以对软件的部署、负载均衡和高可用性（High Availability，HA）提供方便。编排器设计已经广泛采用微服务架构，后续根据业务需求逐渐将现网功能原子化，向新架构中改造、迁移。

（2）模型驱动机制。由微服务组成的系统常涉及服务间大量的接口调用及数据模型，接口或数据发生变化通常引发一连串的开发、测试和部署。为尽量简化此类工作，减少出错概率，业界普遍采用模型驱动的方式，使用统一的模型语言构建接口和数据结构，服务提供者和消费者使用共同的模型定义。当接口发生变化时，通过统一更新模型定义，快速实现业务更新。目前，业界应用最普遍的是 YANG 模型语言。

（3）策略驱动。策略驱动的目的是实现自动化编排，典型实现为 AT&T 的 ECOMP 系统。策略驱动的原理是通过预先定义事件、条件和动作的规则，表示"期望在何种情况下发生什么事后，应该采取什么措施"，然后将定义的规则在策略引擎中测试和仿真，确认达到设计要求后下发到统一策略库中。当网络中发生相应事件时，编排器可自动完成预定义的动作，减少人工干预，提高响应速度。目前，策略驱动方面的关键技术是策略模型，即如何定义一个通用、可扩展和易于实现的策略模型，并基于它实现策略引擎。

总而言之，随着网络扁平化趋势的日益突出及互联网业务的蓬勃发展，传统的网络架构越来越无法满足高效、灵活的业务承载需求，网络发展面临一系列问题。SDN 技术代表着网络演进的趋势，能增强网络的灵活配置和可编程能力，有助于降低设备和运营成本，提高网络资源使用率和网络质量，同时满足用户按需调整网络的需求。

3.4.2　网络功能虚拟化（NFV）技术

传统的电信运营商网络中存在诸多专用硬件设备，其来自不同厂商，提供固定的业务功能，业务扩展能力较差。随着业务的多样化和网络容量的不断扩容，专有设备逐渐不能适应网络运营的要求，主要表现在以下几方面[24]。

（1）专用设备高耗电和占用大量机房空间。

（2）专用设备对关键新功能的支持需要过长的开发生产周期。

（3）专有硬件市场生态趋于高端化、专业化。

2012 年，ETSI 联合国际主要电信运营商提出将 NFV 作为未来电信运营商网络发展的新方向，其初衷是想借用云计算理念，采用标准化的 IT 硬件设备和虚拟化技术集合的标准化底层平台，去承载以前安装在专用硬件设备中的电信级网元软件系统，从而获得更灵活的网络部署能力。

1．网络功能虚拟化参考架构

ETSI 联合全球主要运营商和设备商成立 ISG NFV 工作组，共同致力于打造标准、开放的 NFV 体系。ETSI ISG NFV 提出了 NFV 参考架构，同时对 NFV 主要功能模块和模块间的交互接口进行了描述，如图 3-8 所示[25]。

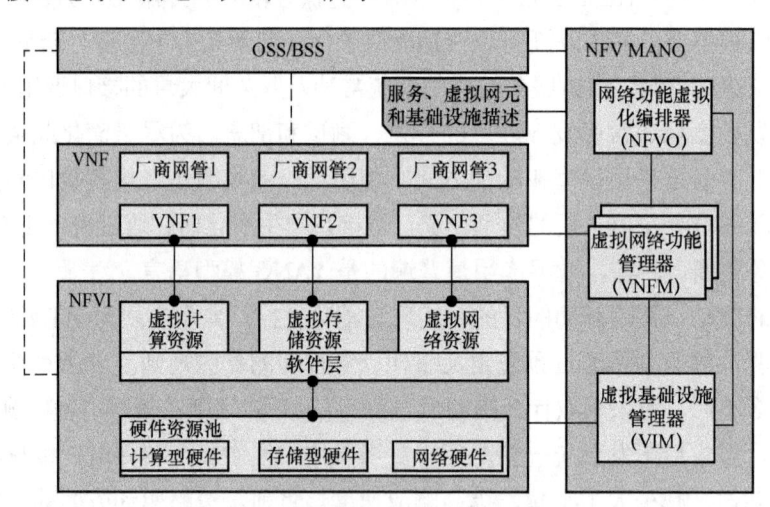

图 3-8　网络功能虚拟化参考架构

NFV 参考架构中的主要组成模块包括以下几个。

（1）网络功能虚拟化的基础架构设施（Network Functionality Virtualization Infrastructure，NFVI）提供了标准物理硬件和必要的加速组件，并在标准硬件之上提供软件层。软件层负责把底层标准物理硬件抽象成虚拟的逻辑资源，从而硬件资源以虚拟机或容器的形式提供给运行在 NFVI 上的虚拟网络功能设备。

（2）虚拟网络功能设备（Virtualized Network Function，VNF）是指用软件实现的、运行在 NFVI 上的网络功能单元，对应传统网络中的硬件网元设备。VNF 必须可以被网管系统所管理，同时，VNF 被要求可以在底层的 NFVI 平台解耦化部署与独立运行。

(3) 网络功能虚拟化的管理与编排系统（Management and Orchestration，MANO），主要包括三部分：网络功能虚拟化编排器（Network Functionality Virtualization Orchestrator，NFVO）、虚拟网络功能管理器（Virtualized Function Manager，VNFM）和虚拟基础设施管理器（Virtualized Infrastructure Manager，VIM）。MANO 与 VNF 及 MANO 与 NFVI 的参考接口被定义为整个 NFV 体系的管理和操作所需的功能；MANO 与 OSS/BSS 之间的参考接口决定 NFV 系统如何接入到运营商已有的 OSS/BSS 系统中。在 MANO 子系统内部，NFVO 被定义为整个 NFV 系统业务管理和编排的中枢系统，主要用来管理不同的独立的网络服务（Network Service，NS）。NFVO 与 VNFM 和 VIM 的交互模式有两种，第一种模式是直接模式，在该模式下 NFVO 到 VNFM 有标准的接口，用于 NFVO 去调度和通知 VNFM 如何管理 VNF 在整个生命周期中的所有操作。同时，VNFM 与 VIM 会有交互接口，该接口用于每个 VNF 在整个生命周期去向 VIM 申请创建、扩/缩容及删除所需的网络基础设施资源，而 NFVO 与 VIM 之间没有直接交互接口；第二种模式是间接模式，在该模式下 NFVO 分别与 VNFM 和 VIM 都有交互接口，而 VNFM 与 VIM 之间没有交互接口。类似于直接模式，NFVO 通过其与 VNFM 之间的接口来管理和编排每个 NS 所需的 VNF 的相关操作。同理，NFVO 通过其与 VIM 之间的接口来管理和编排每个 NS 所需的虚拟或物理网络资源。

2. 网络功能虚拟化的优势与挑战

网络功能虚拟化可以为运营商带来以下好处。

（1）降低底层通用硬件设备的采购成本，并通过提高通用硬件设备利用率的方式减少电力消耗。

（2）缩短运营商把新型业务推向市场的周期。NFV 部署之后，运营商新型业务开展主要依赖于相应业务软件的开发和上线周期。这相比于之前专有硬件的采购、部署和逐个设备的调试所需的庞杂、冗长的工作是革命性的进步。

（3）实现底层硬件和虚拟化软件的灵活组合。该特性将大大提高底层硬件平台和虚拟化软件的利用率，有助于多种业务网元之间的灵活编排和互通操作。

（4）底层承载资源可以进行实时扩/缩容。承载电信运营商提供的相关通信服务的底层资源，可以按照具体业务量的实际需求动态扩/缩容，对时延要求不高的业务可以摆脱地理上的限制，统一部署在承载资源比较有优势的远端，有助于运营商控制一次性投资规模和快速转型。

（5）有助于运营商建立一个更多厂商参与设备采购和竞标的生态系统。精通单个领域的软件开发商和集成商可以迅速形成竞争力，参与到运营商网络的建设生态之中，帮助运营商更快地进行技术和业务创新。

（6）提升运营商的运营效率。NFV 带来的网元设备软件化和网元管理集中化等特性，有助于运营商付出较低成本的同时，还可以获取更全面的、丰富的数据资源，从而为运营商带来更多的运营空间。

NFV 在为电信行业带来多种变革优势的同时，也同样引发很多潜在的问题。一方面，传统通信行业厂商需要重新考虑如何继续保持和增强在相关领域中的行业地位和市场份额；另一方面，电信市场和通用 IT 服务市场存在许多明显的发展差异，IT 厂商长期不够重视的技术标准化工作会给 NFV 带来诸多的挑战。

（1）NFV 解耦部署方案中的虚拟网元层与虚拟化平台层的解耦还没有统一的解决方案。

（2）运营支撑系统（Operation Support Systems，OSS）/业务支撑系统（Business Support System，BSS）如何管控来自多厂商的虚拟网元、管理软件、底层通用服务器和虚拟化平台等子系统。

（3）如何保证调度与编排众多厂商软件的管理系统的安全性。受限于软件系统之间互通的基本逻辑，如何避免运营商的核心管理系统被集成进来的子系统可能带来的安全隐患所威胁，目前仍没有成熟的解决方案。

（4）专用硬件设备拆分为虚拟网元、虚拟化平台、标准化服务器和相关管理软件之后，如何保证出现系统故障时的快速故障定位和故障关联，对运营商来说是一个前所未有的挑战。

尽管 NFV 目前还存在很多技术挑战，但在以云计算、大数据和人工智能为代表的新型信息技术，正在和传统的通信技术一起成为社会发展的基础能力和动力。快速发展的 IT 技术引入到通信应用领域中已成为共识，通过在探索与实践中攻坚克难，逐步实现 NFV 商业化，从而满足需求逐渐多样的通信应用领域。

3.4.3　虚拟化技术

云计算的云端系统实质是大型分布式系统，通过虚拟化技术在一个物理平台上虚拟出多个虚拟平台，每个虚拟平台作为独立终端加入云端分布式系统。较之直接使用物理平台，虚拟化技术可以有效利用、动态调配和跨域共享资源，从而成为云基础架构构建的关键技术。

虚拟化是指计算单元在虚拟环境上，而不是真实的物理计算设备上运行。如图 3-9 所示，一般的计算模型可以抽象为物理资源和其承载的计算单元，两者通过定义的物理资源接口实现交互。在实际应用中，当把操作系统和相应的系统调用看作资源时，虚拟化表现为操作系统虚拟化；当把 CPU、内存和外设等整个 x86 平台作为资源，虚拟化表现为平台虚拟化，即在同一个 x86 平台虚拟多个 x86 平台，每个虚拟平台可以独立运行完整的操作系统[26]。

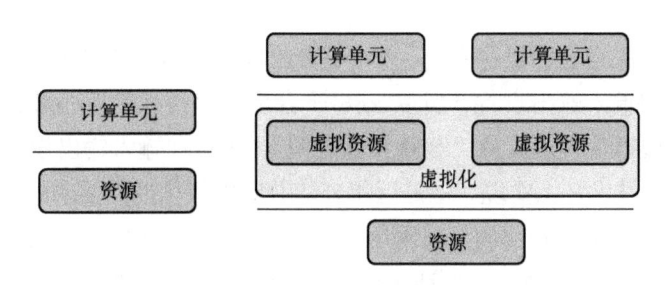

图 3-9　资源与计算单元的逻辑组成模型

1．KVM 虚拟化平台与虚拟机

云计算领域的主流虚拟化平台为 KVM 虚拟化平台，KVM 的全称是 Kernel Based Virtual Machine，顾名思义就是基于内核的虚拟机，内核通常指 Linux 内核。

1）Linux 内核

Linux 是一种开放源码的类 UNIX 操作系统内核。目前，Linux 存在诸多发行版本，适用于不同的计算机硬件设备，包括手机、平板电脑、路由器、台式机、大型机和超级计算机等。

2）模块化设计的 Linux 内核

操作系统内核的设计一般分为两个阵营：单内核和微内核。单内核是指整个内核整体作为单独大过程实现，内核服务运行在一个单独的地址空间，通过函数调用方式实现内核之间的通信。单内核设计简单高效，但由于内核修改需要重新编译源代码，造成了使用和部署中的烦琐。

微内核功能则是被划分成多个独立过程，每一个过程称为一个服务器。每个服务器程序运行在自己的特定地址空间，服务器之间的通信采用进程间通信机制。独立的服务器进程使得微内核设计有效提高了系统的健壮性，但由于进程间通信需要进行内核空间和用户空间的上下文切换，开销较之单内核的函数调用方式大。

为了满足性能要求，Linux 采用了实用主义的理念，将内核设计成单内核形式，同时，Linux 内核又借鉴了微内核的精华，即模块化设计并动态装载内核模块的能力。除进程切换、内存管理等核心的内核功能之外，将大部分内核功能作为单独的内核模块设计并实现。内核模块编译好后以单独的二进制文件的形式存在，内核在运行过程中，按照需求动态加载并链接进入内核空间运行，不使用的模块还可以在运行过程中动态卸载。该设计既保证了内核的性能，又改进了传统单内核设计的灵活性。

3）基于 x86 平台的虚拟化模型

x86 平台的虚拟化模型是理解 KVM 的基础。如图 3-10 所示，基于 x86 平台的虚拟化模型，底层是处理器、内存和输入输出设备的整个物理系统。物理系统之上运行虚拟机监控器（Hyper Visor），负责物理硬件平台的管理，并为每个虚拟机提供相应的虚拟机硬件平台。虚拟机类似于一个完整的计算机系统，包括虚拟机自身的处理器、内存、输入输出设备和虚拟机自己的操作系统。x86 平台的核心是其中的处理器，处理器运行程序代码并访问内存和输入输出设备。所以 x86 平台虚拟化技术的核心部分是处理器的虚拟化。只要处理器虚拟化技术支持"截获并重定向"，内存和输入输出设备的虚拟化都可以基于处理器虚拟化技术之上实现。但是近年来随着对虚拟化性能要求的不断提高，内存虚拟化和输入输出（I/O）虚拟化的新技术也在不断被加入 x86 虚拟化技术之中。x86 平台虚拟化技术从单一的处理器开始，逐步扩展到芯片组、网卡、存储设备和 CPU 的虚拟化。

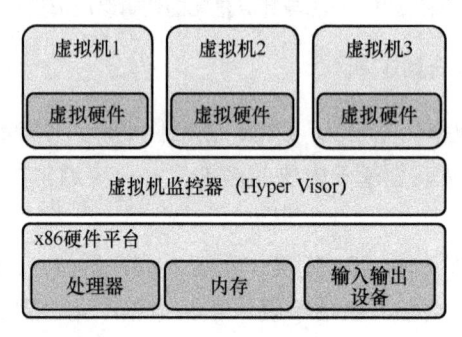

图 3-10 基于 x86 平台的虚拟化模型

4）虚拟机基本架构[27]

从虚拟机的基本架构来看，虚拟机一般分为两种。

第一种架构是虚拟机在系统上电之后首先加载运行虚拟机监控程序，而传统操作系统则是运行在其创建的虚拟机中。这一类虚拟机监控程序，从某种意义上来说，可以看成是一个特别为虚拟机而优化剪裁的操作系统内核。因为虚拟机监控程序作为运行在底层的软件层，必须实现类似操作系统的初始化、物理资源的管理等职责。它对虚拟机的创建、调度和管理，与操作系统对进程的创建、调度和管理有共同之处。该类型的虚拟机监控程序一般会提供一个具有一定特权的特殊虚拟机，再由这个特殊虚拟机来运行需要提供给用户日常操作和管理使用的操作系统环境。开源的虚拟化软件 Xen、商业软件 VMware ESX/ESXi 及微软的 Hyper-V 都是该类型虚拟化架构的代表。

第二种架构的虚拟机监控程序在系统上电之后仍然运行一般意义上的操作系统，即宿主机操作系统，虚拟机监控器程序作为特殊的应用程序，可以看作是对常规操作系统的扩展。该类型架构的虚拟机的最大优势是可以充分利用现有操作系统，因为虚拟机监控程序通常不需要重新实现物理资源的管理和调度算法，而是把该工作依旧交给常规的操作系统来执行，所以实现起来比较简洁。但是，该类型虚拟机监控程序会受到原有操作系统的部分限制，如通常无法仅仅为了虚拟机的优化，而对操作系统做出修改。KVM 就是在 Linux 操作系统内核的基础上增加了对虚拟化技术的扩展，因此 KVM 属于基于第二种架构的虚拟化方案。此外，VMware 的 Workstation 和开源软件 VirtualBox 也属于该架构的虚拟化方案。

2．Docker 引擎与容器

1）容器的概念

容器是一种轻量的、独立的、可执行的软件包，由于包含程序运行所需的代码、运行时间、系统工具、系统库和设置等信息，使得应用程序可以可靠快速地运行到不同环境之中。开发人员在自己的计算机上创建并测试好的容器，无须任何修改就能够在生产系统的虚拟机、物理服务器或公有云主机上运行。

2）容器的作用

随着数字信息技术的发展，多种不同类型的应用由原先部署在物理服务器之上，逐步转化为部署在虚拟服务器、公有云和私有云等不同的环境中。在这种系统下，一方面应用包含多种服务，这些服务有自己所依赖的库和软件包；另一方面存在多种部署环境，服务在运行时可能需要动态迁移到不同环境中。相应的问题是如何让每种服务能够在所有的部署环境中顺利运行。

3）容器工作机制

容器技术与 Docker 技术相辅相成。Docker 是 PaaS 提供商 DotCloud 基于 Go 语言开发的容器引擎，遵从 Apache 2.0 协议实现开源，并在 Github 上托管源代码。Docker 实质上是容器上运行镜像的统一打包和交换的标准。

Docker 架构上采用 Client Server 模式和插件式架构设计，核心组件包括客户端（Client）、服务器（Docker Daemon）、镜像（Image）、注册（Register）、容器（Container）。Docker 通过容器的环境隔离和资源管理技术，把镜像和运行环境打包到镜像中。注册 Register 是存放镜像的仓库，支持容器上传和下载功能。客户端提供编译（Build）、交付（Ship）和运行（Run）的功能。运维只需要在环境中配置好 Docker，就可以部署容器。Docker 后端采用松耦合架构，模块间相互独立，用户通过 Docker 客户端与 Docker 服务器建立通信并发送请求。Docker 服务器提供容器后台服务器用于接收 Docker 客户端的请求，随后通过 Docker 引擎来执行 Docker 内部的计算工作。

在 Docker 存储上，为容器提供了两种存放数据的资源：由 Storage Driver 管理的镜像层和容器层；Data Volume。Storage Driver 采用分层和 Copy-on-Write（CoW）的存储技术实现，Docker 本身的 CoW 文件系统不支持数据持久保存，在容器被删除或重启后，之前的文件更改就会丢失。Volume 的引入虽然解决了数据丢失的问题，但是当容器迁移后，数据卷无法跟随 Docker Container 一起迁移，ClusterHQ 的 Flocker 的出现恰恰解决了 Volume 的不足，使得数据跟随 Docker 迁移。Flocker 的容器和存储卷迁移分为全迁移和增量同步两个过程，配置文件描述 Docker 部署方式和状态,运行配置则生效(迁移 Redis)。

3.4.4 云管理技术

云计算资源池规模及广泛分布性增加了管理与协调上的复杂度。云管理技术的本质是统一管理云计算资源池中的计算、存储和网络等资源，以有序、可控、有组织的形式向客户提供基础设施即服务（Infrastructure as a Service，IaaS）、平台即服务（Platform as a Service，PaaS）和软件即服务（Software as a Service，SaaS）。但是在云计算过去十几年的发展过程中，随着上层客户业务对云计算在不同阶段的需求不同，云计算的三种服务模式的发展进度也不尽相同。有比较偏重 IaaS 层管理的 OpenStack 开源云管理系统，也有偏重 PaaS 层管理的 Kubernetes 开源云管理系统，都起到对云资源池内资源进行有效管理的作用，在某些具体应用场景下可以互相替代，但在彼此擅长的应用场景中又因为自身特点具备不可取代的优势。下面从发展背景、技术实现、技术架构、应用场景和社区生态 5 个角度来分别解读当前最广泛应用的两个云管理系统[25]。

1. OpenStack

1）发展背景

2010 年 7 月，RackSpace 公司和美国国家航空航天局（National Aeronautics and Space Administration，NASA）合作，分别贡献出了 RackSpack 云文件平台代码和 NASA 平台代码，发布 OpenStack 的第一个版本 Austin，美国第二大云计算厂商 Rackspace 则提供了 OpenStack 的存储源码（Swift）。同时，NASA 使用 Python 开发了一套新的管理平台原型，成功在虚拟机运行，这也是计算源码（Nova）的起源。

OpenStack 的第一个版本 Austin 只有 Swift 和 Nova 两个项目，后续保持每半年发布一次版本的频率。截至 2020 年 5 月，OpenStack 已经发布 21 个版本，最新版本为 Ussuri，项目数量持续增加的同时，性能更加稳定和健壮。

2）技术实现

OpenStack 作为一个开源的云计算平台，利用虚拟化技术和底层存储服务，提供了可扩展、灵活、适应性强的云计算服务。

简单地说，虚拟化使得在一台物理的服务器上可以运行多台虚拟机，虚拟机共享物理机的 CPU、内存、IO 硬件资源，但逻辑上虚拟机之间相互隔离。宿主机一般使用 Hypervisor 程序实现硬件资源虚拟化，并提供给客户机使用。如图 3-11 所示是一种虚拟化架构。

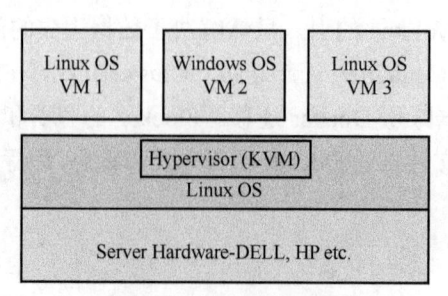

图 3-11 一种虚拟化架构

每一个虚拟机都拥有自己的内核和文件系统，完全是一个独立的操作系统。而图 3-12 是两种虚拟化方式中的一种：半虚拟化—KVM。在目前的环境中，KVM 虚拟化技术是使用率最高的技术。虚拟化的优点表现在隔离性强，所有的虚拟机都有自己的协议栈，各个虚拟机底层相互隔离；虚拟化的缺点主要是资源占用多，虚拟化技术本身占用资源，宿主机性能有 10%左右的消耗。

3）技术架构

OpenStack 的服务分为核心功能和非核心功能。核心功能是指运行 OpenStack 系统必需的功能。OpenStack 核心功能如表 3-3 所示。

表 3-3　OpenStack 核心功能

核 心 功 能	说　　明
Keystone	认证签权
Glance	镜像管理
Nova	计算服务
Neutron	网络资源
Cinder	块存储
Swift	对象存储

OpenStack 工作模式如图 3-12 所示。

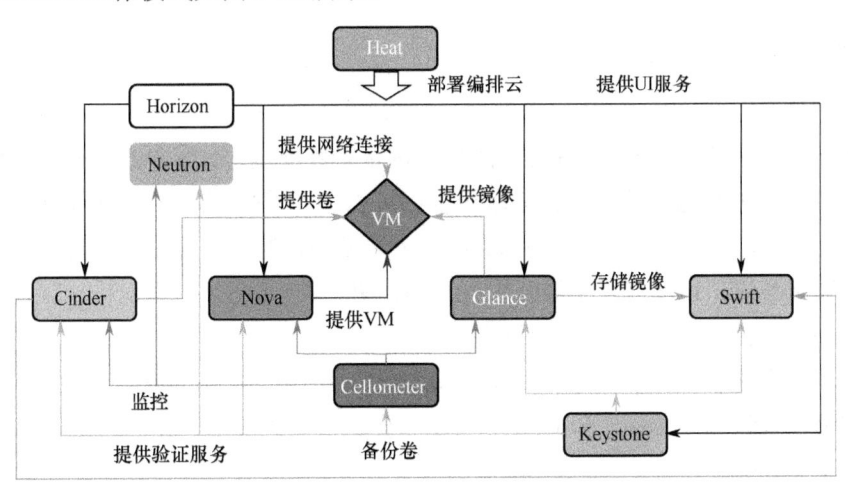

图 3-12　OpenStack 工作模式

开放平台和标准化的应用程序编程接口（Application Programming Interface，API）是 OpenStack 具有吸引力的方面，其贯彻松耦解耦的思想，各个服务之间使用标准的 API 接口调用，并且接口可以开发给非 OpenStack 程序去调用。

OpenStack API 包括 Restful API 和远程过程调用（Remote Procedure Call，RPC）两种方式。服务与服务之间使用 Restful API 通信，最大限度地减少了服务之间的依赖。例如，创建虚拟机时，Nova 服务要调用 Glance 服务和 Neutron 服务，通过 Restful API 可以完成。服务内部模块之间的调用使用 RPC，可以增加横向扩展能力。例如，nova-API 接收到创建虚拟机的请求，要先后调用 nova-scheduler 选定创建虚拟机的主机，nova-compte 完成虚拟机创建的具体工作。此外，OpneStack 的通用技术还包括消息总线（Advanced Message Queuing Protocol，AMQP）、ORM 模型数据库 SQLalchemy、WSGI Web 服务器网管接口和 Eventlet 协程等。

4）应用场景

场景一：安全和隔离。OpenStack 适用于搭建私有云及基于私有云的使用场景。OpenStack 底层使用虚拟化技术，具备隔离性好、稳定和部署灵活等特点。

场景二：提供基础设施。OpenStack 是定位于 IaaS 平台的项目，其优点是能够提供虚拟机底层设施。如果在业务场景中较为依赖虚拟机，如编译内核或驱动开发等场景，OpenStack 是很好的选择。

场景三：存储需求。存储是 OpenStack 的优势之一。OpenStack 中的存储作为重要功能不断地完善和创新，如 Cinder 块存储、Ceph 共享存储等。在存储需求较大的应用场景，OpenStack 能够提供高效、安全的存储方案。

场景四：动态数据。即不需要反复地创建和销毁服务的运行环境，虚拟机的稳定优势使得 OpenStack 同样适合运行稳定的项目。

2. Kubernetes

1）发展背景

Kubernetes 是容器管理编排引擎，底层实现基于容器技术。容器是一种轻量级、可移植、自包含的软件打包技术，打包的应用程序可以在几乎任何地方以相同的方式运行。自 2014 年第一个版本发布以来，Kubernetes 迅速受到开源社区的追捧，目前 Kubernetes 已经成为发展最快、市场占有率最高的容器编排引擎。

2）技术实现

以容器典型代表 Docker 为例，Docker 起源于 2013 年 3 月，是基于 LXC 为基础构建的容器引擎，通过 namespace 和 cgourp 实现了资源隔离和调配，使用分层存储来构建镜像，它基于 Google 公司推出的 Go 语言实现。

Docker 相比 KVM 虚拟化技术最明显的特点是启动速度快，占用资源少。虚拟化启动虚拟机为分钟级别，而 Docker 为秒级别。Docker 架构如图 3-13 所示。

一个操作系统分为内核+文件系统。容器技术就是使用宿主机的内核系统加上自身的文件系统。运行容器时是在使用宿主机的内核情况下加载文件系统，精简的文件系统可以小到 100MB 以内，所以比虚拟机自然要快很多。可以将容器看作是在内核上运行的独立代码单元，非常轻量化，因此占用的资源也少。

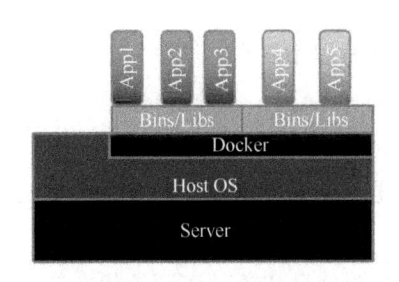

图 3-13 Docker 架构

容器的优点是启动速度快、占用资源少、移植性好；但同时也存在诸多不足，包括隔离性不好，共用宿主机的内核，底层能够访问，依赖宿主机内核所以容器的系统选择有限制。

3）技术架构

Kubernetes 的思想是尽量保证用户的理想状态。通俗来说就是用户创建了三个容器，Kubernetes 要保证这三个容器时时刻刻都是健康的，在断电等故障的情况时能够及时补上。Kubernetes 由 Master 和 Node 组成，Master 是大脑，Node 是计算节点。Kubernetes 容器架构如图 3-14 所示。

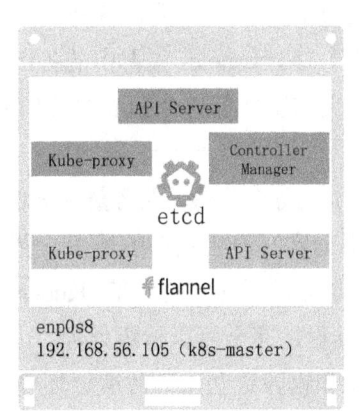

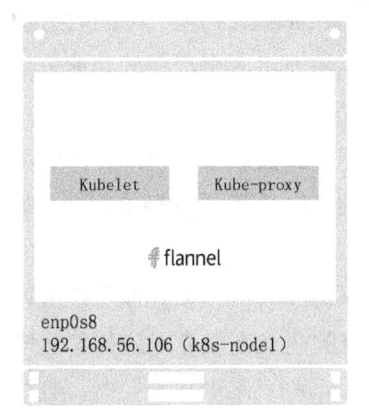

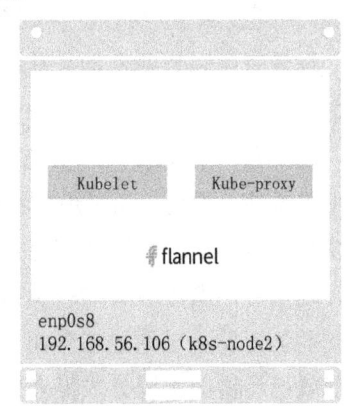

图 3-14 Kubernetes 容器架构

Master 节点上运行的服务有以下几个。

（1）API Server：提供 Restful API。各种客户端工具或其他组件可以调用其完成资源调用。

（2）Scheduler：调度服务，决定将容器创建在哪个 Node 上。

（3）Controller Manager：管理系统中的各种资源，保证资源处于预期的状态。

（4）Etcd：保存系统的配置信息和各种资源的状态信息。

（5）Pod 网络：可以是 macvlan、flannel、weave、calico 等其中的一种。

Node 节点上运行的服务有以下几个。

（1）Kubelet：接收 Master 节点发来的创建请求信息，并向 Master 报告运行状态。

（2）Kube-proxy：访问控制。

同样以创建一个服务的方式来解析整个系统的运作流程：Kubernetes 客户端发送创建请求到系统，API Server 接收到请求，并通知 Controller Manager 创建一个 deployment 资源，Controller Manager 负责具体的创建过程，调用 Scheduler 选择哪个主机创建，然后将请求发往 Node 节点，Node 节点上的 Kubelet 接收到请求，创建具体的 Docker。

Kubernetes 遵循标准化 API 接口：一方面，各种资源的数据通过 API 接口提交到持久化存储（etcd）中；另一方面，Kubernetes 集群中的各部件之间通过该 API 接口实现解耦合。大多数情况下，API 定义和实现都符合标准的 HTTP REST 格式。

4）应用场景

场景一：Kubernetes 适用于业务变化快，业务量未知的静态使用场景。所谓静态使用场景是指在其创建的容器中不会实时产生数据的场景。例如，网站架构，一次部署长时间使用。特别是遇到一些线上业务量不确定的场景，Kubernetes 能够动态扩展，灵活伸缩，从 5W 级别到 10W 级别的并发量，完全可以秒级处理。

场景二：需要反复地创建和销毁这些服务的运行环境。Docker 的优势就在于启动速度快，消耗资源少，所以在需要频繁创建和销毁的场景中，Kubernetes 是一个不错的选择。

场景三：需要业务模块化和可伸缩性。容器可以很容易地将应用程序的功能分解为单个组件，符合微服务架构的设计模式。

场景四：应用云化。将已有应用、要新开发的应用打造成云原生应用，发挥云平台的可扩展性、弹性、高可用等特性，并借助 PaaS 层提供的 API 实现更高级的特性，如自动恢复、定制化的弹性伸缩等。

场景五：微服务架构和 API 管理。服务拆分来抽象不同系统的权限控制和任务，以方便业务开发人员通过服务组合快速地创建企业应用。有的企业在没有对应的管理平台之前就已经将应用拆分成很多服务，如何部署这些微服务和进行 API 权限控制，则成为需要解决的问题，而 Kubernetes 代表的 PaaS 则是理想的选择。

3.5　5G 边缘计算技术

中国边缘计算产业联盟白皮书中将边缘计算定义为：边缘计算（Mobile Edge Computing，MEC）是在靠近物或数据源头的网络边缘侧，融合网络、计算、存储、应用核心能力的开放平台，就近提供边缘智能服务，满足行业数字化在敏捷连接、实时业务、数据优化、应用智能、安全与隐私保护等方面的关键需求[28]。ETSI 定义边缘计算为：在移动网络边缘提供 IT 服务环境和云计算能力。移动边缘计算可以被理解为在移动网络边缘运行云服务器，该云服务器可以处理传统网络基础架构所不能处理的任务[29]。

3.5.1　需求分析与应用场景

移动网络一直在向减少业务处理环节、实现架构扁平的方向发展。在 LTE 时代，用户可以从基站直接通过核心网网关接入互联网业务，网络架构大幅扁平化，提升了用户数据业务体验。但针对 5G 时代的极低时延、超大带宽和千行百业的大规模物联业务时，现有网络架构势必捉襟见肘，需要进行网络架构革新。

1. 需求分析

（1）低时延业务要求核心网功能部署到网络边缘。自从移动网络支持数据业务以来，各代移动技术一直致力于提升网络吞吐率以提升用户的体验。而实际上，随着吞吐率的提升，时延成了影响体验的关键因素。应用侧研究表明，高品质视频业务对时延要求非常苛刻。例如，AR/VR 业务就要求最高时延是 20ms，否则用户就会产生眩晕感，严重影响体验。5G 甚至提出 1ms 端到端时延的业务目标，以支持车联网、工业控制等业务的要求。

（2）超大流量需要内容的本地化。当前的移动网络本来是为语音业务而设计的，基于业务的并发频度和传输效率的考虑，网络架构采用了树状结构，业务层汇聚到中心节点进行处理。但对于 MBB 业务，特别是重复量较大的网络内容传送就会造成网络带宽的极大浪费。而该类能够缓存在靠近接入侧边缘的节点就可以为运营商节省大量的传输，尤其是随着空口吞吐率的大幅提升，网络流量越来越高，网络侧的效率问题将更加突出，所以大流量时代的内容本地化势在必行。

（3）垂直行业业务开展需要本地化、灵活、开放的网络平台。移动宽带网络越来越成为企业办公和行业营销的基础平台，越来越多的细分领域希望基于网络做行业定制。例如，某些企业为了移动办公的安全性考虑，希望对私有云的数据访问在企业园区内网完成，这就需要网络功能部署到园区内且支持本地业务分流。

2. 应用场景

边缘计算典型部署场景与本地分流、本地计算、边云协同、能力开放 4 个特征密切相关，4大特征构建了边缘计算特有的12个基本能力，不同的能力组合满足不同的业务部署需求[30,31]。

1）本地分流

本地分流是边缘计算的基本特征之一，用户可以基于APN/IP地址识别企业用户，将企业用户访问本地业务数据分流到企业本地服务器，形成本地专网业务。本地业务数据流无须经过核心网，直接由边缘计算平台分流至本地网络，如图3-15所示。

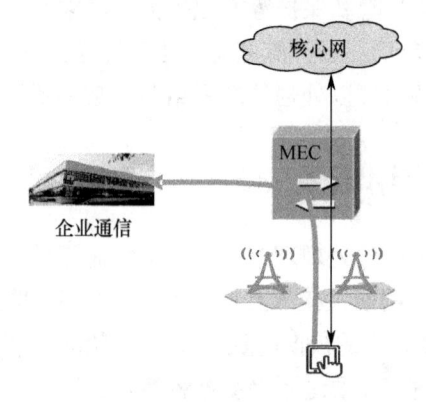

图3-15　边缘计算的本地分流

边缘计算通过本地分流实现了节省传输带宽、本地安全保障和降低网络时延3个基本能力。

（1）节省传输带宽。5G网络1Gbps的体验速率，大幅提升了对网络传输的需求，针对传输受限的场景，包括传输困难的业务突发场景和传输资源不足的热点区域，将业务向网络边缘尽可能下沉，通过业务本地分流，减少路由迂回，可以有效降低传输扩容需求，达到节省投资的目的。

（2）本地安全保障。移动宽带网络逐步成为企业办公和行业营销的基础平台，细分领域的需求也逐步增多。例如，企业为了满足移动办公和内部数据的安全性的需求，希望通过企业园区内网实现对私有云数据的访问，这就需要网络功能与外网隔离的同时，又可以具备本地业务分流的能力。边缘计算的区域化、个性化的本地服务属性，可以实现接入边缘计算的本地资源与网络其他部分隔离，对于局域性强、安全性要求高的业务非常重要。借助此项特性边缘计算可以为接入用户选择性地提供带有本地特色的服务内容，也可以将敏感信息或隐私数据控制在区域内部。

（3）降低网络时延。在5G uRLLC低时延场景中，所期望的端到端时延在毫秒数量级上（目前LTE网络端到端时延>50ms），将业务下沉至网络边缘，以减少网络传输和多级业务转发带来的网络时延。边缘计算作为5G演进的关键技术，可以在更靠近客户的移动网络边缘提供云计算能力和IT服务的环境，通过减少路由迂回，降低对核心网络及骨干传输网络的占用，降低端到端时延。

2）本地计算

边缘计算节点通过对现场和终端数据的采集，按照规则或数据模型对数据进行计算、处理、优化和存储，并将处理结果及相关数据上传给云端。数据处理与分析需要考虑时序数据库、数据预处理、流分析、函数计算、分布式人工智能和推理等方面的能力。边缘计算的本地计算特征将大大提升业务处理效率，并可以与 AI 技术进一步协同融合，实现网络智能化，如图 3-16 所示。

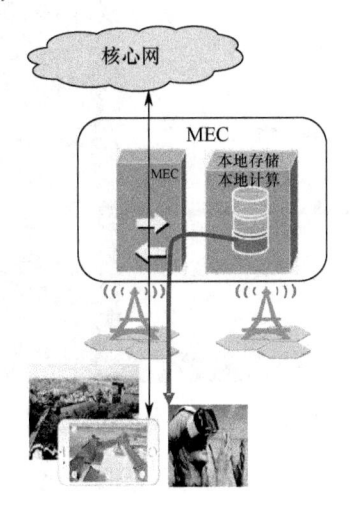

图 3-16 边缘计算的本地计算

边缘计算通过本地计算实现了本地存储和本地处理两个基本能力。

（1）本地存储。通过本地存储可以将内容提前缓存到网络边缘的服务器上，向用户就近提供服务，从而尽可能避开互联网上影响数据传输速度和稳定性的瓶颈和环节，使内容传输得更快、更稳定。

（2）本地处理。本地处理能力可以通过边缘计算平台对终端采集的数据和内容进行分析和处理，如车辆路径优化分析、行车与停车引导、安全辅助信息推送和区域车辆服务指引等，本地事件的智能分析和转发，监控画面的本地压缩，有变化的事件的监控视频片段的回传等，从而提升业务处理效率，降低网络带宽投资。

3）边云协同

边缘计算提供现场综合计算能力，支撑智慧园区、平安城市、智能制造等场景，将中心云的能力拉近到边缘，是下一步云计算创新突破的增长点。边缘计算需要与云计算协同，才能最大化增强实现彼此的应用价值。中国边缘计算联盟从主要场景出发，梳理了边云协同全视图，如图 3-17 所示。

边云协同主要包括 6 种协同能力。

（1）服务协同。云端提供 SaaS 分布策略，明确 SaaS 在云端和边缘的不同部署位置。

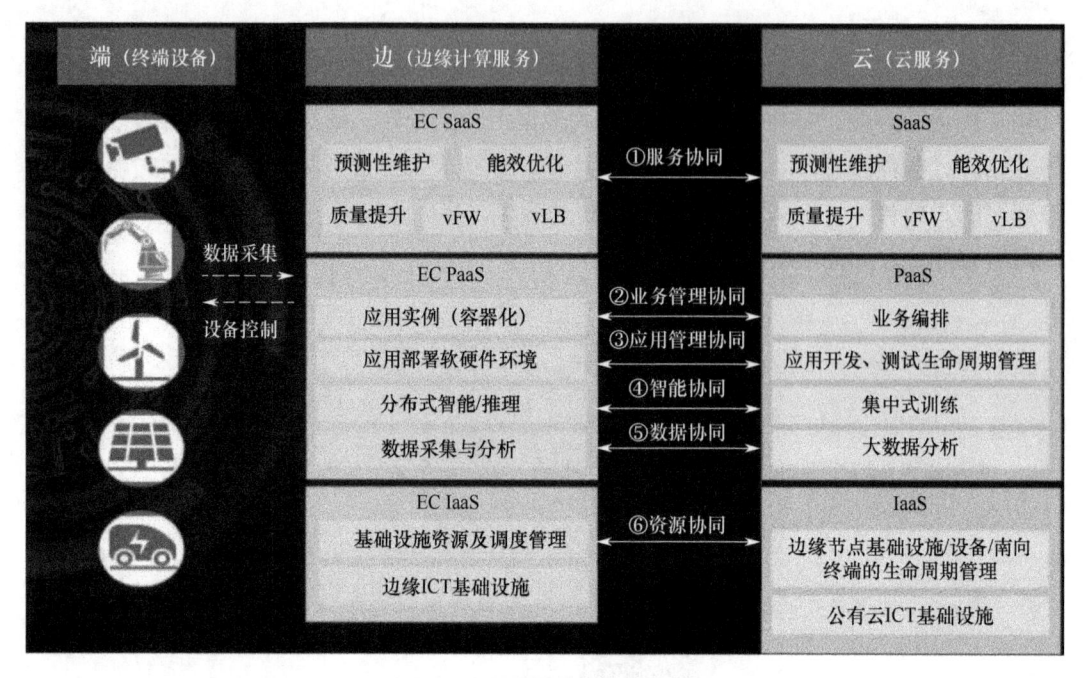

图 3-17 边缘计算的边云协同

（2）业务管理协同。边缘端提供模块化和微服务化的应用，云端提供对边缘端应用的业务编排管理。

（3）应用管理协同。边缘节点提供应用部署软硬件运行环境，并进行管理、调度，云端提供应用开发、测试生命周期管理。

（4）智能协同。边缘节点按照人工智能模型执行推理，云端开展人工智能模型的集中式训练，并下发模型到边缘。

（5）数据协同。边缘节点重点实现终端数据的采集和初步处理，并将结果上传到云端，云端则负责实现海量数据存储、分析和价值挖掘。

（6）资源协同。边缘节点可以提供基础设施资源，并可以进行本地调度和管理，同时接受并执行云端对设备、网络连接等资源的调度管理策略。

4）能力开放

边缘计算能够实时感知和获取网络边缘的状态信息，包括无线网络性能信息、用户状态、位置信息和 QoS 能力等，并通过标准化接口 API 实现对应用的开放。例如，在车联网应用中，利用部署在 4G 或 5G 网络的边缘计算节点获取的位置信息，辅助车载终端实现快速和高精度的定位。

边缘计算的能力开放特征提供了第三方业务拓展能力，从而为本地化业务的快速开发和灵活部署奠定了良好的基础，如图 3-18 所示。

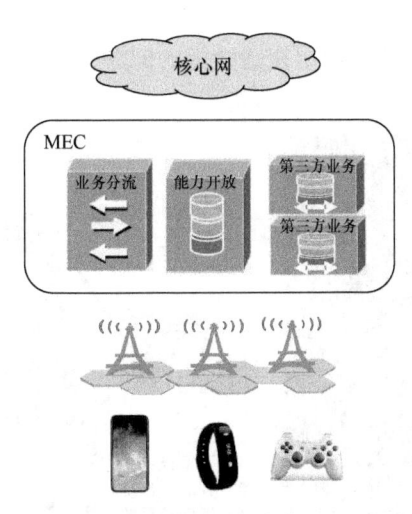

图 3-18　边缘计算的能力开放

典型的边缘计算业务场景基于边缘计算的本地分流、本地计算和能力开放三大特征，通过将计算、存储、业务服务等能力向网络边缘下沉，实现应用、服务和内容的本地化部署，满足 5G 网络三大场景的业务需求。同时，边缘计算通过移动网络场景信息的感知和分析，并开放给第三方业务应用，在实现网络和业务深度融合的同时，成为提升移动网络的智能化水平的重要手段。

3.5.2　系统架构与功能

面对需求的变化，移动网络需要一个新的架构来解决边缘业务问题，欧洲电信标准协会（ETSI）、中国边缘计算产业联盟（Edge Computing Consortium，ECC）、美国开放雾计算联盟 OpenFog、美国工业互联网产业联盟（Industrial Internet Consortium，IIC）、中国通信标准化协会（China Communications Standards Association，CCSA）ST8 工业互联网特设任务组和 Linux Foundation 下的开源项目 EdgeX Foundry 等标准组织，都在积极进行基于边缘计算的网络架构研究和标准化工作。

1）ETSI 多接入边缘计算架构

2014 年，ETSI 成立移动边缘计算产业规范工作组，开始启动边缘计算标准化研究和制定工作。ETSI 边缘计算的基本思想是把云平台迁移到接入网边缘，实现传统电信网与互联网业务深度融合，借助无线网络提供的信息服务、位置服务、标识服务和宽带管理服务能力，减小业务交付端到端时延，提升业务部署的灵活性和用户体验，从而为电信运营商的运营模式带来全新变革，并建立新型的产业链及生态圈[32]。

如图 3-19 所示，边缘计算节点位于无线网和核心网之间，由边缘计算服务器和边缘云基础设施两部分构成。边缘云提供本地化公有云服务的同时，可以连接企业云实现混合云服务，边缘计算服务器负责对边缘云设施进行管理。边缘计算节点通过提供基于云平台的虚拟化环境，实现第三方应用在边缘云的部署和运行。

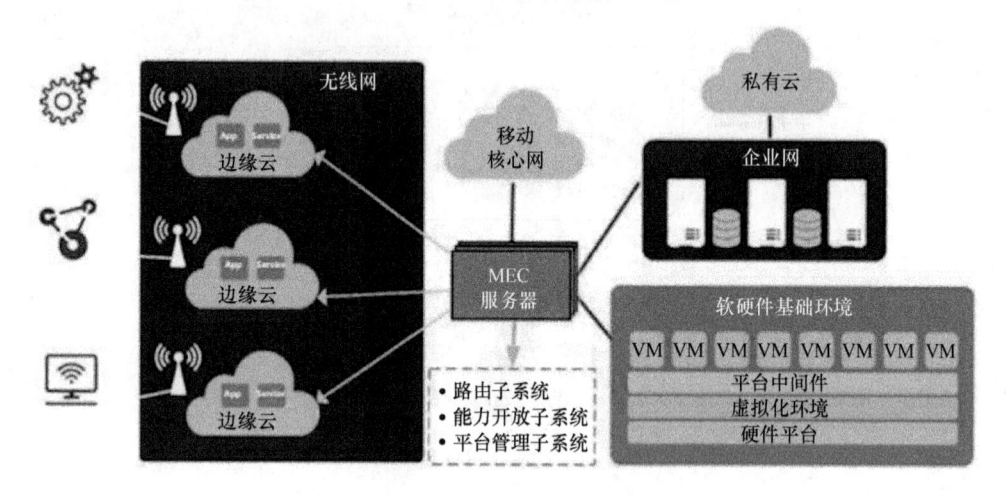

图 3-19　ETSI 边缘计算架构

2）AII/ECC 边缘计算架构

2017 年 11 月，中国工业互联网产业联盟（AII）和中国边缘计算产业联盟（ECC）联合发布边缘计算参考架构白皮书，该白皮书提出了边缘计算通用参考架构，如图 3-20 所示。该参考架构横向包含边缘计算节点、边缘云、业务编排和智能服务 4 个层次，纵向包括服务管理、数据全生命周期管理和安全服务等功能。横向每层之间提供模型化的开放接口，实现架构的全层次开放。白皮书侧重于产业价值链整合分析，提出边缘计算 5 大价值区域，即基于敏捷连接、实现实时业务、数据优化、应用智能及安全与隐私保护，在网络边缘侧为用户带来价值和机会。

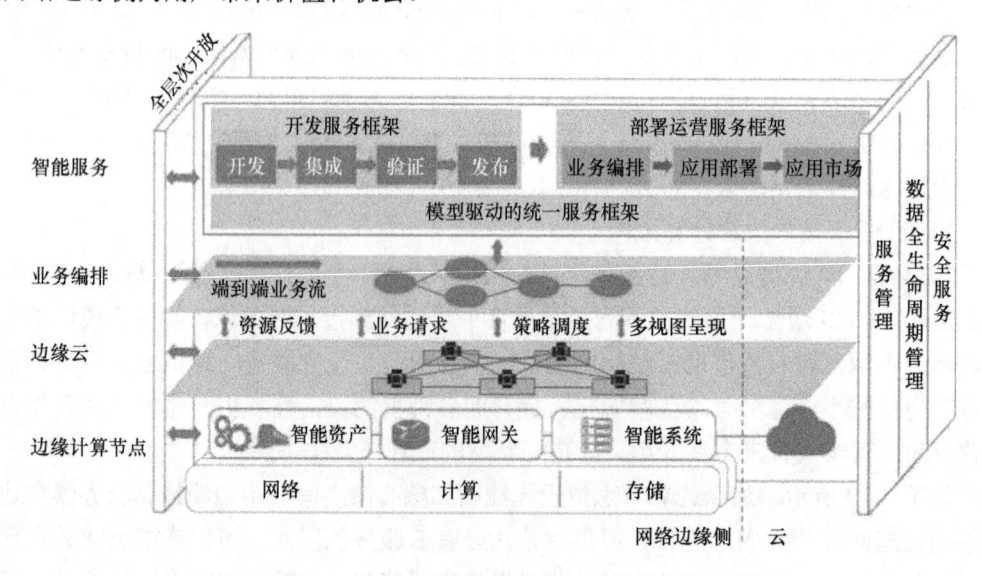

图 3-20　AII/ECC 边缘计算通用参考架构

3）OpenFog 雾计算架构

作为云计算概念的延伸，思科在 2014 年提出雾计算概念，其基本理念是分层次、分区域提供计算能力，满足物联网在安全、认知、灵活性、时延和效率等方面日益增长的需求。2017 年，OpenFog 联盟发布雾计算参考架构，如图 3-21 所示。作为系统级架构，该架构实现了在靠近数据源提供计算、存储、控制和网络连接等功能。

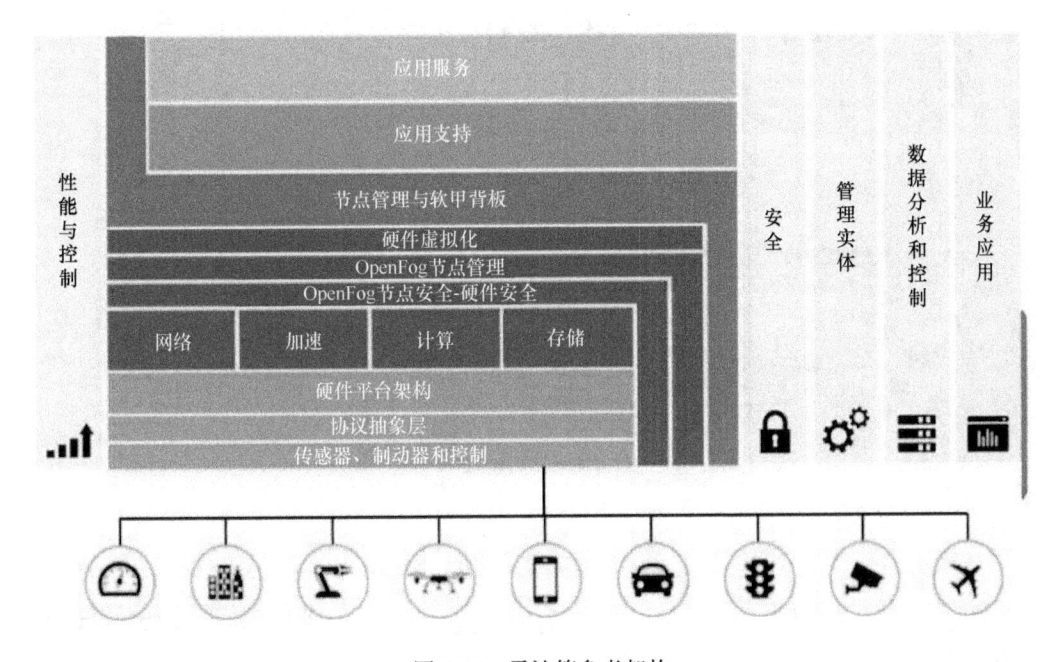

图 3-21　雾计算参考架构

雾计算参考架构包含安全、可扩展性、开放、自治、RAS（Reliability，Availability，Serviceability）、灵活性、层次化和可编程性 8 个核心技术特性，契合物联网应用发展的需求。

4）IIC 边缘计算架构

2017 年，IIC 成立边缘计算任务组，针对工业互联网中的边缘计算的标准及部署模型进行研究。

IIC 在 2018 年 6 月发布《工业互联网中的边缘计算》白皮书，深入阐述了工业互联网架构中的边缘计算功能，如图 3-22 所示。基于商业模式和关键目标，白皮书中提出 3 种边缘计算与工业互联网结合的路径，一是作为边缘控制器嵌入到设备中；二是作为边缘网关集成到路由器和其他网关设备中；三是作为边缘云方式存在于私有云或公有云之中。

5）EdgeX 边缘计算框架

EdgeX Foundry 是 Linux 基金组织下的一个开源项目，旨在开发一个标准化的物联网边缘计算框架，如图 3-23 所示。通过 EdgeX 可以创建一个支持互操作性、组件即插即用的物联网边缘计算生态系统，协调各种传感器网络协议及多种云平台和相应的分析平台，实现横跨边缘计算、安全、系统管理和服务等模块的互操作性框架。

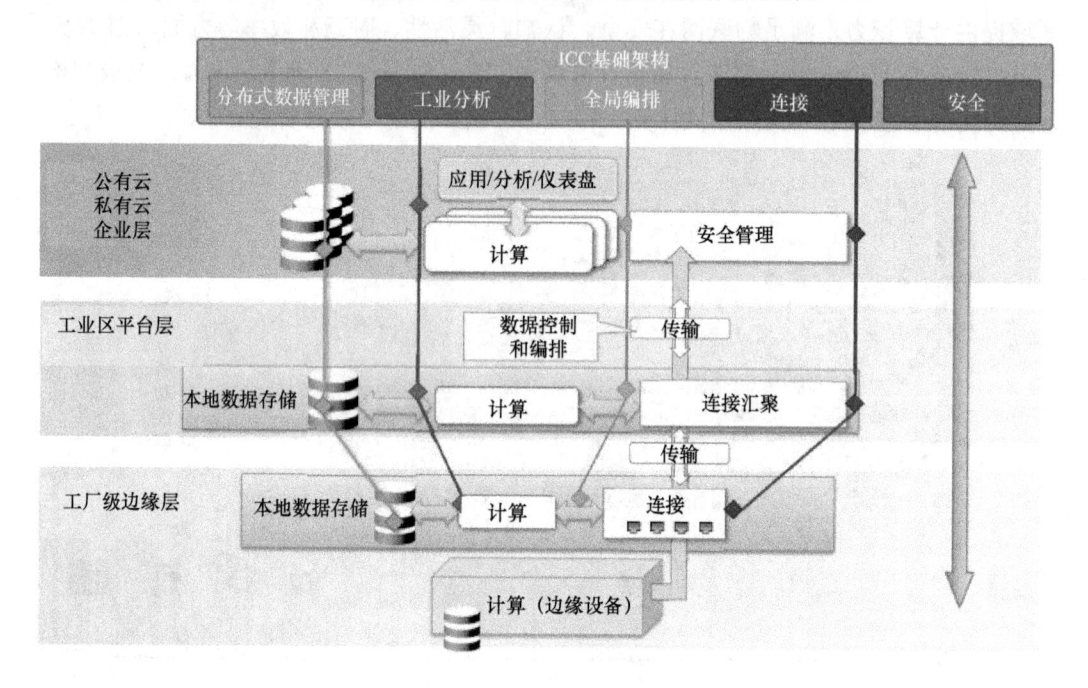

图 3-22　工业互联网切面

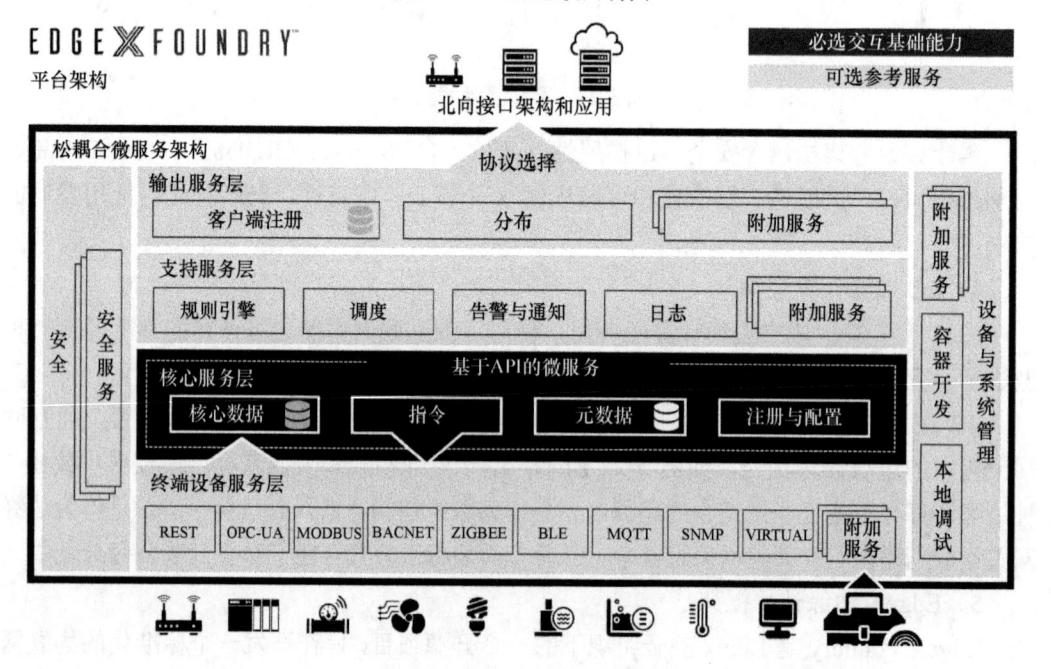

图 3-23　EdgeX 边缘计算框架

EdgeX Foundry 拥有 4 层架构，从上到下依次如下。

（1）输出服务层：实现边缘数据和智能分析输出到云平台。

（2）支持服务层：包含大量的微服务，提供边缘分析和智能功能。

（3）核心服务层：包括核心数据、服务指令、元数据，以及注册表和相关配置。

（4）终端设备服务层：实现与物联网终端设备交互。

EdgeX 将进一步推动"智能"向边缘的渗透，以便解决响应延迟、带宽和存储，以及远程操作问题。

3.5.3　5G 边缘计算架构

5G 网络的边缘计算总体架构由 3GPP 定义的分散在 5G 网络架构中的分布式用户面功能（User Plane Function，UPF）和 ETSI MEC 定义的边缘计算平台两部分组成[29]，如图 3-24 所示。

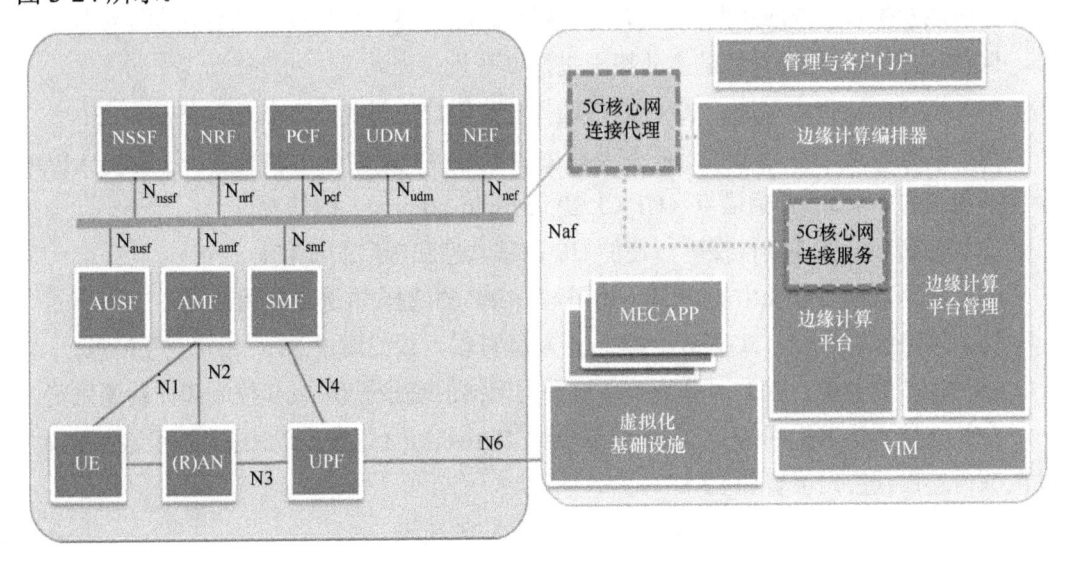

图 3-24　5G 网络的边缘计算总体架构

5G 核心网通过控制面与用户面分离，用户面网元 UPF 可以灵活地下沉部署到网络边缘，而策略控制功能（Policy Control Function，PCF）和会话管理功能（Session Management Function，SMF）等控制面功能可以集中部署。此外，5G 核心网定义了服务化接口，网络功能既能产生服务也能使用服务。与路由转发相关的本地分流功能由灵活部署的 UPF 实现，5G UPF 功能受 5G 核心网控制面统一管理，其路由分流的策略由 5G 核心网统一配置。

边缘计算平台实现边缘数据处理功能，该平台相对于 5G 核心网是应用功能（Application Function，AF）+外部网络（Data Network，DN）的角色，通过标准 N6 接口与 UPF 连接，既可以作为非可信 AF 的角色通过网络开放功能（Network Exposure Function，NEF）→ PCF→SMF 影响用户面策略，也可以作为可信 AF 的角色直接通过 PCF→SMF 影响用户面策略。边缘计算平台作为 AF 的一种特殊形式，可以与 5GC NEF/PCF 进行更多的交互，调用其他的 5G 核心网开放能力，包括消息订阅和 QoS 等。

1. 5G 核心网边缘计算功能

边缘计算架构和业务与 5G 并非强相关，但 5G 边缘计算是 5G 自身一种基本业务实现。5G 边缘计算与 5G 全新架构中移动性管理、QoS 架构、会话管理、用户面路径优选、能力开放、计费等关键技术的具体实现密切相关，MEC 边缘化部署时必须考虑 5G 网络特定的配置和消息交互流程。

5G 核心网选择靠近 UE 的 UPF，根据用户的签约信息、用户位置、AF 提供的信息、策略或其他相关流量规则，通过 N6 接口执行从该 UPF 到本地数据网络的流量疏导。鉴于用户可能发生移动或应用发生迁移，5G 网络或应用要求保证业务和会话的连续性。

5G 核心网支持边缘计算的主要要求包括以下几点。

（1）用户面选择或重选。5G 核心网选择分流用户流量到本地数据网络的 UPF。

（2）本地分流。5G 核心网选择需要路由到本地网络中的应用的流量，包括单一 PDU 会话的情况和多 PDU 会话锚点（UL CL/IP v6 multi-homing）的情况。

（3）会话和业务连续性保障。使能 UE 的移动性和应用的迁移。

（4）应用功能可以经由 PCF 或 NEF 触发 UPF 的选择/重选或路由路径。

（5）网络能力开放。5G 核心网和应用功能可以直接或通过 NEF 相互交互信息。

（6）QoS 和计费。PCF 对分流到本地数据网络的流量提供 QoS 控制和计费的规则。

（7）支持本地数据网络（Local Area Data Network，LADN）。5G 核心网支持在特定的区域内连接到应用部署的 LADN。

3GPP SA2 R15 定义了 5G 系统架构，如图 3-25 所示。

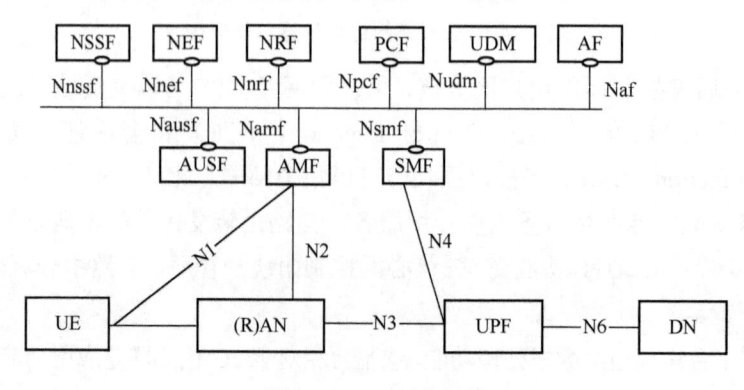

图 3-25　5G 系统架构

第 3 章 5G 网络关键技术

5G 系统架构具备以下特点。

（1）核心网控制面与用户面分离，UPF 灵活下沉到网络边缘部署，而控制面网元功能 PCF 和 SMF 等可以集中部署。

（2）基于服务化接口。网络功能既能产生服务也能使用服务。

（3）对于授信域的 AF，如 Volte AF 等，可以直接开放网络功能的服务接口，与其他 NF 进行访问；对于外部非授信域的 AF，如第三方视频服务器、游戏服务器等，则通过 NEF 开放网络功能实现对其他 NF 的访问[65]。

在 5G 网络边缘计算中，AF 向 PCF（授信域）或 NEF（非授信域）发送应用功能请求 AF Request，其中会包含目标数据网络名称 DNN 和网络切片信息 S-NSSAI、应用标识 ID、N6 接口的路由需求、应用位置（数据网络接入标识符 DNAI 信息集）、终端 UE 的信息、应用移动性指示、空间和时间有效条件等参数信息。PCF 根据 AF 发送的信息参数，通过结合自身策略控制为目标 PDU Session 业务流生成策略控制和计费（Policy and Charging Control，PCC）方案，通过 SMF 为该 AF 选择一个合适的 UPF，并通过配置 UPF 实现将目标业务流通过 N6 接口传输到目标应用实例。同时，5G 核心网通过用户面管理事件消息，通知 AF UPF 位置已经改变，AF 也随之改变应用的部署位置。AF 承担着应用控制器的责任，实现应用与网络控制面之间的交互。

ETSI 的边缘计算系统提供应用基础设施资源编排、应用实例化和应用规则配置等诸多功能，同样发挥着应用控制器的作用。当边缘计算部署在 5G 系统中时，自身可以充当 AF 的角色，实现边缘计算节点上部署的应用与 5G 网络控制面进行交互。如图 3-26 所示为 MEC 与 5G 系统在集中与边缘层面的对应关系。

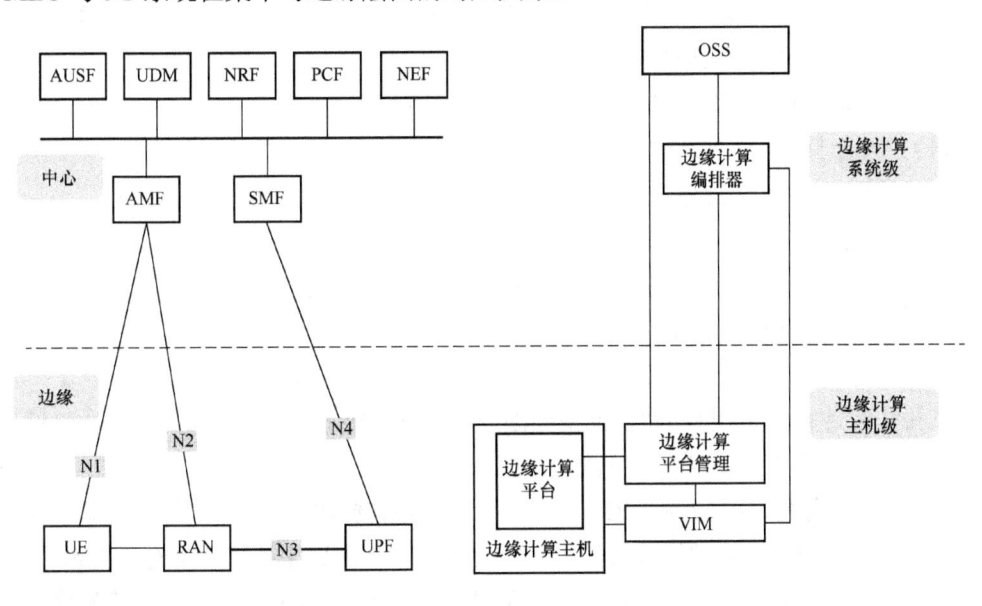

图 3-26　MEC 与 5G 系统在集中与边缘层面的对应关系

根据MEC与5G系统部署的对应关系，UPF充当边缘计算主机的数据面功能，UPF和边缘计算主机的位置与运营商及第三方应用的要求密切相关，需要结合基础设施能力、业务时延性能要求、管理模式和商业模式等多种因素统筹考虑。

2．关键实现机制

1）本地UPF的选择

5G通过UPF实现特定流量的边缘卸载，在为用户建立边缘计算的用户面承载时，核心网网元SMF根据来自终端设备的信息或第三方应用请求来选择UPF网元。为了缩短传输时延，提高传输效率，在选择UPF网元时主要考虑以下因素。

（1）UPF的动态负载。

（2）支持相同DNN的UPF中的相对静态容量。

（3）在SMF可获取的UPF位置。

（4）UE的位置信息。

（5）数据网络名称（Data Network Name，DNN）。

（6）PDU会话类型（IPv4、IPv6，以态类型或非结构化类型）。

（7）UE的签约数据。

（8）本地运营商策略。

（9）S-NSSAI。

（10）接入技术类型。

（11）用户面拓扑和用户面终结点相关信息，该类信息可以通过接入网相关的标识（如Cell ID、TAI等）获取的UPF和DNAI。

（12）有关UPF的用户面接口的信息。

（13）关于N3用户面终结点的信息。

（14）关于N9用户面终结点的信息。

（15）关于与DNAI相关联的用户面终结点的信息。

（16）UPF容量与特定UE会话需要的功能：与UE会话的功能相匹配的UPF。

（17）会话的SSC mode。

2）本地分流实现

支持边缘计算的5G核心网功能主要涉及用户面功能（UPF）和会话管理功能（SMF）。对于UPF的本地分流能力而言，具体实现方案如下：

（1）基于数据包目的IP地址的方案。5G UPF以数据包的目的IP地址、端口号或URL作为分流依据，对需要本地卸载的数据包进行分流，该方案主要用于上行业务流数据。

（2）基于数据包源IP地址的方案。5G UPF以数据包的源IP地址、端口号作为分流依据，对需要本地卸载的数据包进行分流。该方案主要用于对HTTPS等网络无法识别的业务流数据。

（3）本地会话建立方案。核心网通过对终端进行配置，限定本地边缘计算业务的服务范围。本地数据网络范围内的终端，使用 LADN 接入点名称（Access Point Name，APN）自主发起本地 PDU 会话建立，移出本地数据网络范围后，本地会话自动中断。

对于会话管理功能（SMF）而言，SMF 负责在边缘计算中对 UPF 进行动态管理，实现本地 UPF 的动态添加和删除。在 SMF 收到 AF 的请求通知或远端 UPF 检测到本地业务流数据出现等情况下，SMF 将基于该触发条件建立与本地 UPF 的数据通道。在终端移动或本地业务流数据终结的情况下，SMF 将基于该触发条件删除既有 UPF 数据通道。此外，5G SMF 可以提供业务连续性的保障机制，减少终端跨 UPF 频繁切换造成的对用户业务体验的影响。

3）业务连续性保障

当边缘计算用户发生移动时，用户体验的连续性需要网络和应用联合进行保障，主要包括 3 种业务与会话连续性（Session and Service Continuity，SSC）模式。

（1）在 SSC 模式 1 下，网络保留对 UE 提供的连接服务。对于 IPv4、IPv6 或 IPv4v6 类型的 PDU 会话，网络为其保留 IP 地址。

（2）在 SSC 模式 2 下，网络可以释放到 UE 的业务连接，并且释放对应的 PDU 会话。对于 IPv4、IPv6 或 IPv4v6 类型的 PDU 会话，释放 PDU 会话会导致释放为 UE 分配的 IP 地址。

（3）在 SSC 模式 3 下，改变用户面对 UE 是可见的，然而网络需要确保 UE 不会失去连接。在上一个连接终止之前，通过新的 PDU 会话锚点建立连接，以获得更好的业务连续性。对于 IPv4、IPv6 或 IPv4v6 类型的 PDU 会话，当 PDU 会话锚点更改时，IP 地址不会在此模式下保留。

SSC 模式选择由 SMF 根据用户签约中允许的 SSC 模式（含默认 SSC 模式）、PDU 会话类型和 UE 请求的 SSC 模式来进行。

运营商可以向 UE 提供 SSC 模式选择策略（SSCMSP），作为 UE 路由选择策略（UE Routing Selection Policy，URSP）规则的一部分。UE 使用 SSC 模式选择策略来决定跟一个或一组应用相关的 SSC 模式类型；如果 UE 没有 SSC 模式选择策略，UE 可以根据本地配置选择 SSC 模式；如果 UE 无法选择一个 SSC 模式，则 UE 请求的 PDU 会话中不包含 SSC 模式。提供给 UE 的 SSC 模式选择策略可以由运营商通过更新 URSP 规则来更新，作为签约数据的一部分，SMF 从 UDM 接收每个 DNN、每个 S-NSSAI 允许的 SSC 模式和默认 SSC 模式列表。

如果 UE 在请求新的 PDU 会话时携带了 SSC 模式，则 SMF 或接受请求的 SSC 模式，或拒绝 PDU 会话建立请求并携带一个合适的原因值，并且根据 PDU 会话类型、签约数据和/或本地配置返回给 UE 允许的 SSC 模式。基于这个原因值和允许使用的 SSC 模式，

UE 可以携带允许的 SSC 模式，或者使用另外一个 URSP 规则重新尝试请求建立该 PDU 会话。如果 UE 在请求新的 PDU 会话时没有携带 SSC 模式，则 SMF 根据签约数据中 DN 列表选择默认 SSC 模式，或者根据本地配置选择 SSC 模式。当根据签约数据中 DNN 和 S-NSSAI 的静态地址 IP/前缀来为一个 PDU 会话分配静态 IP 地址/前缀时，应将 SSC 模式 1 分配给 PDU 会话。SMF 应通知 UE PDU 会话所选的 SSC 模式。UE 不应请求，网络也不应为非结构化类型或以太网类型的 PDU 会话分配 SSC 模式 3。

4）应用迁移机制

边缘计算系统的移动性管理主要涉及以下两种场景。

（1）在边缘计算服务器不改变的情况下，UE 在不同的基站之间进行切换移动。该场景下，通过服务器跟踪 UE 当前连接节点，确保下行数据的路由，就可以保障基站切换时 UE 到应用的连接性能。

（2）UE 在不同的边缘计算服务器间进行切换，通过如下机制保证 UE 与应用之间的业务连续性[33]。

① 源服务器承担应用实例。应用实例的锚点保持源服务器不变，需要确保新服务器和源服务器间的路由通畅。

② 新服务器承担应用实例。应用实例重配在新服务器上，仅适用于 UE 专有应用实例的情况。

③ 应用层上下文迁移。如果应用自身支持，可以直接将 UE 应用层上下文在源服务器和目标服务器的应用之间进行迁移，保证业务连续性。

当 UE 在不同的边缘计算服务器间进行切换时，需要综合考虑应用自身能力和源/目标服务器负荷情况，选择合适的移动性机制。

边缘计算系统以 AF 的形式与 5G 核心网 PCF 或 NEF 进行通信，获得网络信息，NEF 将网络信息开放给 AF。5G 核心网网络能力开放给边缘计算系统的方式如图 3-27 所示。

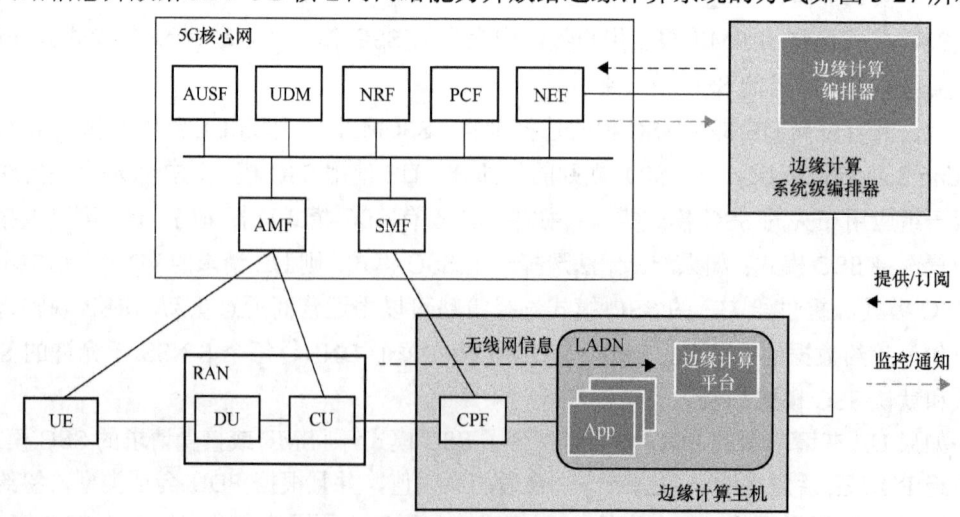

图 3-27　5G 核心网网络能力开放给边缘计算系统的方式

UE 切换至新的小区是触发应用移动性的主要方式，该里程需要依赖于 5G 网络的 NEF。边缘计算系统作为 AF 订阅用户面管理事件，如图 3-28 所示。当 AF 收到 5G 网络的事件通知，发现 UE 的小区发生变化，触发应用迁移操作。

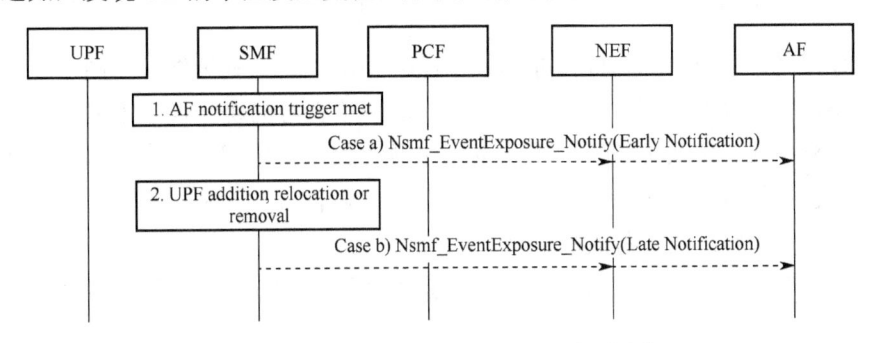

图 3-28　5G 核心网事件通知触发应用迁移

5）计费要求

5G 核心网扩展原有基于 PCC 架构的计费机制，当用户面路径指向网络边缘时，仍可进行计费，计费应支持在线和离线两种方式。具体来说，计费支持的功能如下：

（1）基于应用或应用群组的计费。
（2）基于流量的计费。
（3）基于时间的计费。
（4）基于会话的计费。
（5）基于事件的计费。
（6）基于特定接入方式的计费。
（7）关闭计费。
（8）支持第三方计费。
（9）针对向第三方开放的信息进行计费。

5G 架构中的边缘计算平台系统映射为 AF 和 DN 的角色，除了应用自身逻辑实现的计费，通过 5G 核心网可以实现针对边缘计算流量的流量计费和某些内容计费，并通过 NEF 向网络定制边缘计算的计费规则（如预付费、后向计费等）。计费相关网元要求如下：

（1）PCF 为路由到本地数据网络的流量提供计费规则。

（2）SMF 负责控制和协调 UPF 进行计费的数据采集，并支持通过计费接口与计费系统交互，SMF 通过 N4 参考点控制 UPF 采集和报告使用量数据。

（3）UPF 支持流量的识别、计费规则的配置和执行，并能向 SMF 上报流量信息报告。

支持 UL CL 的 UPF 也可以由 SMF 控制，支持用于计费的流量测量。如果一个 PDU 会话包含多个 UPF，可以要求其中一个 UPF 提供使用和计费信息报告，也可以要求多个 UPF 分别提供使用和计费信息报告，但针对同样的业务应当避免多个 UPF 重复上报。为了区分边缘计算流量，流量话单中要求有相应的识别数据。目前，3GPP 对 5G 的话单的定义没有涉及任何边缘计算的专用字段，运营商在实际应用中可以采用 DNN、NSSAI、DNAI 等字段及其组合进行识别。

3．5G 边缘计算平台

边缘计算平台（Multi-access Edge Platform，MEP）部署在无线接入网与移动核心网之间，提供虚拟化环境的同时，对计算、存储和网络资源的统一规划管理，便于第三方应用以虚拟机形式加载至边缘云。通过 API 实现对第三方应用的开放，从而达到网络与业务的深度融合的目标。MEP 包括业务域和管理域两部分，业务域主要支持第三方应用的运行，而管理域实现对业务域的管理。

5G MEC 平台系统架构在垂直方向上分为边缘计算主机层和边缘计算系统层，如图 3-29 所示。

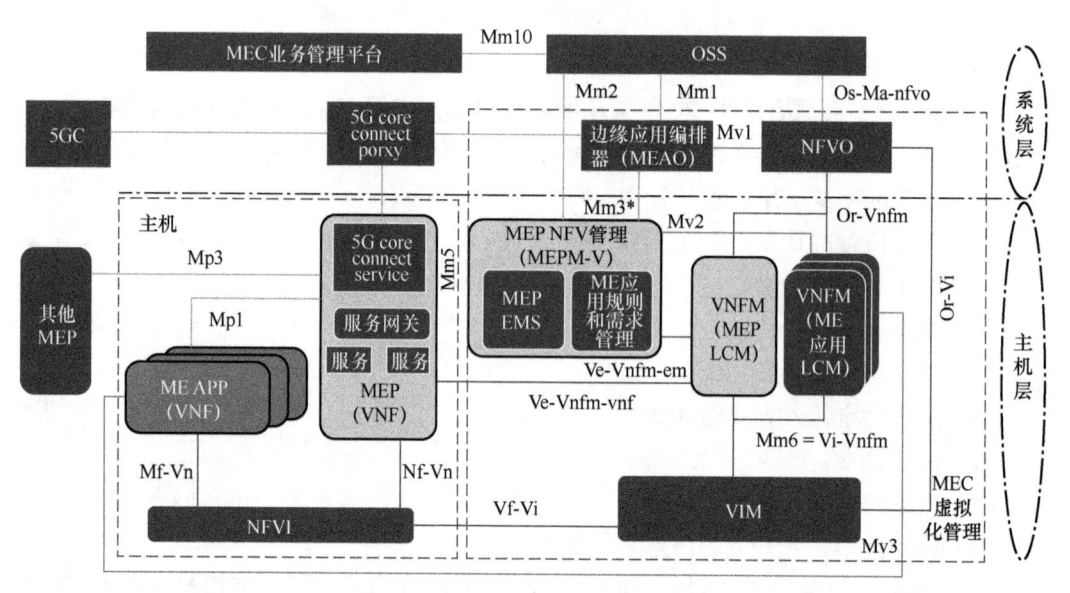

图 3-29　5G MEC 平台系统架构

MEC 平台的标准化主要在 ETSI 中完成，定义的基于 NFV 架构的 MEC 标准架构如下所示。各功能实体间的接口如下：

（1）Mp 接口。与 MEC 平台的接口。

（2）Mm 接口。与 MEC 平台管理单元的接口。

（3）Mx 接口。与 MEC 系统外部实体间的接口。

该系统架构由业务域和管理域两部分构成。业务域包括边缘计算平台、边缘计算应用及为之提供计算、存储、网络资源等资源的虚拟化基础设施。管理域包括 MEC 系统级管理及主机级管理。MEC 系统级管理以边缘计算编排器为核心部件，负责边缘计算整个系统资源配置管理。MEC 主机级管理则主要有边缘计算平台管理单元和虚拟化基础设施管理单元。

(1) 移动边缘计算系统的业务域。

① 移动边缘主机（Multi-access Edge Host，MEH）、数据面的虚拟基础设施（Virtual Infrastructure，VI）、移动边缘平台（MEP）、移动边缘应用（Multi-access Edge Application，MEA）。

② 移动边缘应用：基于移动边缘平台管理的配置或要求，在虚拟基础设施中实例化。

③ 虚拟基础设施：提供移动边缘应用使用的计算、存储、网络资源，数据面虚拟基础设施执行来自移动边缘平台下发的业务规则，将业务流分发到应用、服务、域名服务器/代理（Domain Name Server，DNS）、3GPP网络、本地网络、外部网络等。

(2) 移动边缘系统的管理域。

① 移动边缘系统层次：操作支撑系统（OSS）、移动边缘编排（Multi-access Edge Orchestrator，MEO）。

② 移动边缘宿主机层次：虚拟基础设施管理（VIM）、移动边缘平台管理（MEPA）。

其中，移动边缘平台管理包括移动边缘平台网元管理、移动边缘应用规则及需求管理、移动边缘应用生命周期管理。

无线网络信息业务向边缘计算应用提供无线网络相关的信息，包括实时的无线网络条件、用户平面的测量和统计信息、UE承载信息，如UE context和无线接入承载信息。

位置业务向边缘计算应用提供位置相关的信息，包括被当前与边缘计算平台关联的无线节点服务的UE当前的位置、被当前与边缘计算平台关联的无线节点服务的所有UE的位置信息、被当前与边缘计算平台关联的无线节点服务的某种特定类型UE的位置信息、某一位置UE的列表、与MEC平台关联的所有无线节点的位置。

该架构具备很好的开放性和生命周期管理能力，同时边缘计算平台支持本地应用导入，本地分流策略的执行等边缘计算的关键能力，具备边缘计算近距离部署、低时延、位置感知及无线网络上下文信息感知等特点。

从ETSI MEC的角度，UPF可以作为边缘计算主机中数据面的具体实现。然而，UPF受到SMF/PCF控制，因此ETSI MEC中已经引入了5G CoreConnect特性，该特性让边缘计算系统提供应用与5G核心网交互的能力，以影响5G核心网路由和策略控制，从而选择正确的UPF的同时，将目标业务流路由到边缘计算主机上的目标应用。

5G CoreConnect特性具体内容包括：

(1) 当MEC系统支持5G CoreConnect特性，MEC系统可以代表应用向5G NEF发送业务路由及策略控制请求。

(2) 当MEC系统支持5G CoreConnect特性，MEC系统可以从5G NEF或其他核心网网络功能接收通知，如UPF位置信息。根据通知事件，MEC可以选择一个边缘计算主机并在其上实例化的一个应用。

（3）当MEC系统支持5G CoreConnect特性，MEC系统可以从5G NEF或其他核心网网络功能接收通知。MEC可以利用通知内容支持重定位应用实例到一个特定MEC Host。

从系统设计角度MEC system level域可以有5G Core Connect特性的配置及交互能力，同时也要在MEC Hostlevel域让应用可以直接提供5G CoreConnect特性交互信息。

边缘计算平台可以基于虚拟化/容器技术实现，分为硬件资源层和虚拟资源层。

（1）边缘计算硬件资源层：可采用x86通用服务器，在一些特殊应用场景下考虑硬件加速。例如，针对视频图像处理的边缘计算应用（AR/VR业务），需要采用GPU来提高处理能力。除了硬件加速之外，业界也在研究在边缘计算中使用定制化服务器，主要考虑到网络边缘位置机房空间和机房条件的限制，且边缘位置对硬件资源的共享需求远远小于集中部署的云计算中心，因此一体化的边缘计算硬件设备在集成度、环境耐受性上都具有一定的优势。

（2）边缘计算虚拟资源层：可采用虚拟机或容器技术。虚拟机隔离性较好，但性能开销较大且适配性略差，而容器启动速度快，资源利用率较高，但隔离的安全性较差。考虑到边缘计算的应用场景复杂，应用的开发工具和编程语言具有多样性，边缘计算需要为各类应用提供多种开发工具和多种编程语言的运行环境。同时，网络边缘位置对资源利用率比较敏感，因此容器技术已经逐渐成为边缘计算虚拟化平台选择的重要技术。

边缘计算的平台和管理层包括资源管理和应用管理平台。在ETSI MEC规范定义中，边缘计算资源管理遵循ETSI NFV工作组定义的MANO管理体系，支持以OpenStack为主的虚拟机编排工具和以Kubernates为主的容器编排工具。但在具体实现中，MANO管理体系并不完全适用于边缘计算场景。一方面，某些边缘场景可调度的资源极其受限，MANO管理体系过于重量级，需考虑轻量级的资源管理机制；另一方面，已有的互联网应用生态并未遵循MANO体系，为了兼顾边缘计算多生态的发展，需要考虑更开放、更互联网化的资源管理机制。

边缘计算应用管理平台遵循ETSI MEC工作组定义的MEC App生命周期管理和服务管理机制。边缘计算上的每一个应用App都可以作为一个服务被其他App调用。因此，边缘计算支持MEC App的自动加载、更新和删除，也支持MEC App服务的发现、激活和去激活。

目前，ETSI MEC工作组定义的接口除了边缘计算平台系统内部的管理接口外，还对边缘计算应用提供了一套基于Restful的统一API接口，支持第三方应用的灵活加载和移动网络信息的封装和开放。统一API接口设计支持边缘计算上App的加载、实例化、终止、删除、扩缩容、状态改变通知、App 间的相互通信。对移动网络信息开放的封装目前支持无线网络信息服务和位置服务，未来随着对边缘计算应用需求的深入研究和移动网络信息开放的进一步定义，API 接口设计还将进一步丰富。在 ETSI MEC 定义的 API 接口中，规定了基于 HTTP Restful 风格，采用 JSON 语言。

目前，MEC 依托于 NFV 架构及 OpenStack 开源技术，已经构建出一套相对成熟的虚拟机资源编排管理平台。第三方 App 以虚拟机承载的 VNF 形式部署在 MEC Host 之上。然而，随着越来越多的第三方应用以容器化而不是虚拟机方式部署，MEC 正面临容器化演进的挑战，尤其是在垂直行业领域。

3.6 5G 网络切片技术

5G 三大应用场景对应的业务需求的多样性，使其对系统性能指标要求存在较大差异，甚至相互排斥，仅仅通过单一技术革新和一张网络难以满足 5G 三大应用场景的系统性能指标和业务需求，5G 势必需要通过多种关键技术组合，构建具有高度灵活资源配置特性的技术体系，以满足多样化业务需求对网络性能指标的要求。其中最为重要的实现途径就是网络切片技术的引入。网络切片通过在一个物理网络中分割多个互相隔离的逻辑网络，来满足不同客户对网络能力的不同要求。

3.6.1 网络切片定义

网络切片（Network Slicing，NS）是指网络根据业务的特征和需求，把无线网、核心网和传输网的网络资源进行网络功能、物理硬件及接口逻辑划分，满足不同业务对网络带宽、时延、可靠性等网络性能的需求，且自身网络故障和恢复不影响其他切片业务[12]，如图 3-30 所示。

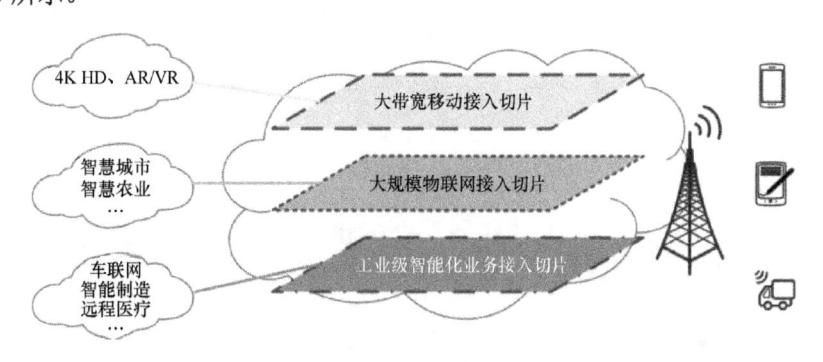

图 3-30 网络切片定义

首先，网络切片是一组网络功能和资源的集合，可以为具有相同特征的业务场景配置相应的功能和资源。

其次，网络切片是网络物理资源的逻辑实现，基于网络虚拟化技术，可按需定制网络切片的业务、功能、容量、服务质量等内容，并在保证资源安全隔离的前提下，实现网络切片的全生命周期管理。

最后，网络切片具备端到端的特性，切片资源纵贯无线网、核心网、传输网和管理网络等。

网络切片多种多样，可以分别从业务场景和切片资源访问对象等不同角度进行类型的区分。

对于业务场景维度而言，通常根据 5G 的三大业务场景，网络切片划分为增强型移动宽带 eMBB 切片、大规模连接 mMTC 切片和高可靠低时延 uRLLC 切片，通过对网络和运维资源的配置整合，构成一个可以端到端承载网络功能的逻辑网络。以典型的 eMBB 场景下的网络切片为例，针对超高清视频、AR/VR 等大带宽业务需求，通常将 5G 核心网控制面网元和视频业务 QoS 服务部署在核心数据中心（Data Center，DC）或云资源池位置，而用户面网元和内容分发网络（Content Delivery Network，CDN）等视频缓冲器则部署在靠近用户的网络层级的数据中心或云资源池中。

对于切片资源访问对象的维度而言，通常根据切片功能资源的共享程度，网络切片分为独立切片和共享切片两种类型。独立切片指不同切片间资源在逻辑上独立，只能在单个网络切片专属使用；共享切片指不同切片间资源可以被多个切片共享使用。

3.6.2 5G 网络切片参考架构

网络切片具有端到端的特性，单个切片均会纵贯无线网、核心网和传输网，通过多个子切片组合而成，并通过切片管理编排器进行端到端管理[34]。5G 网络切片整体参考架构如图 3-31 所示。

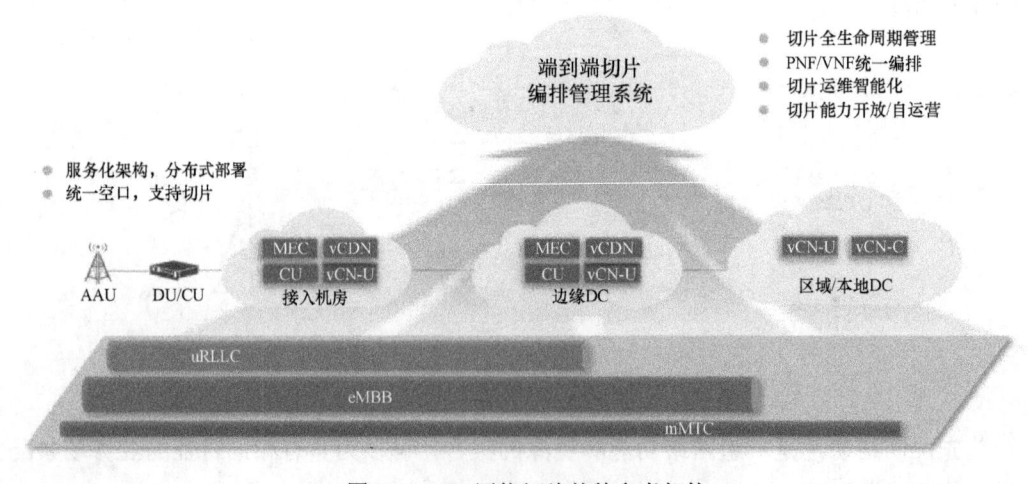

图 3-31 5G 网络切片整体参考架构

其中，5G 核心网基于服务化 SBA 架构，通过网络虚拟化技术将网络功能解耦为不同的服务化组件，并制定了组件之间的轻量级开放接口。5G 核心网的架构革新为满足网络切片的按需配置、自动扩/缩容和高隔离性奠定了基础。传输网通过对底层网络节点、网元和拓扑链路等基础设施资源的统一编排，根据上层业务需求，通过隔离底层物理资源构建切片子网，从而达到减轻核心网和骨干网流量负荷的目的。无线网则是利用空口资源动态分配方式将空口资源进行逻辑切分，突破现有频谱资源的固定分配格局，通过切片网间空口资源共享机制提升频段重耕可能性。网络切片编排器主要负责对 5G 业务资源、网络基础设施资源和切片策略等核心信息进行统一管理，由控制器依据业务需求和服务等级（Service Level Agreement，SLA），调配各层级网络资源并下发切片策略信息，建立按分布式方式部署的端到端逻辑切片子网。

3.6.3 核心网切片

5G 核心网支持灵活的切片组网、基于微服务的网络切片构建，以及切片的智能选择、切片的能力开放、4G/5G 切片互通、切片的多层次安全隔离等关键技术。

核心网切片参考组网如图 3-32 所示。

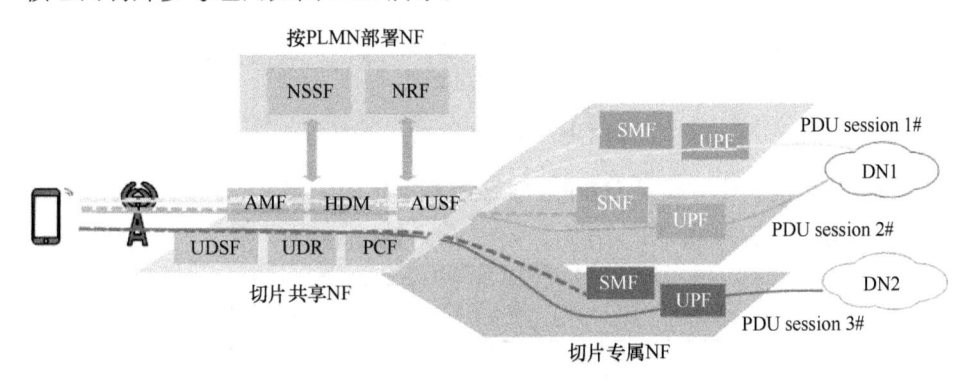

图 3-32 核心网切片参考组网

1．总体架构

根据网络切片在控制面的共享程度，3GPP TR23.799 协议定义了 3 种不同的组网架构[36]。

（1）Group A：控制面和用户面功能不共享。每个切片分别拥有各自的控制面与用户面功能实体，保持切片之间的独立性，如图 3-33 所示。

（2）Group B：控制面部分功能共享。移动性管理、鉴权等控制面部分功能可以在切片间进行共享，而其他包括会话管理等控制面与用户面的功能仍然属于各自切片独立使用。该架构下，如果用户在同一时间内，则接入控制面功能部分共享的多个网络切片，如图 3-34 所示。

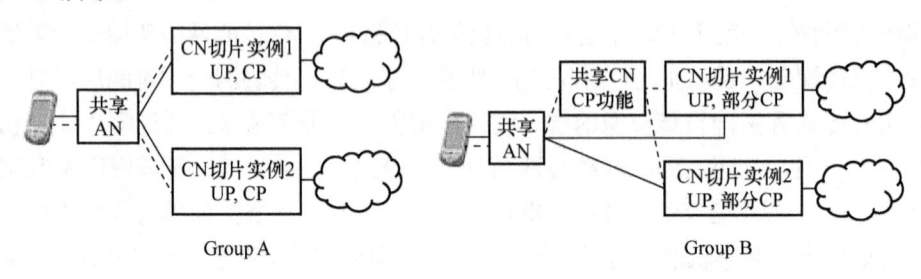

图 3-33　切片架构 Group A

图 3-34　切片架构 Group B

（3）Group C：控制面功能完全共享。控制面功能在切片之间完全共享，用户面功能各切片独立使用。此架构的隔离性最差。该架构下，如果用户在同一时间内，则接入控制面功能部分共享的多个网络切片，但隔离性相对较差，如图 3-35 所示。

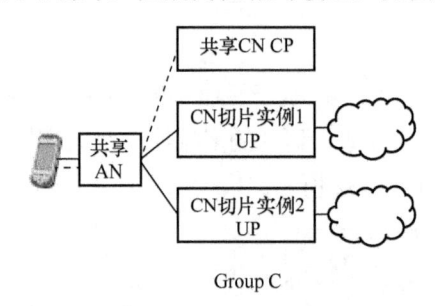

图 3-35　切片架构 Group C

控制面部分功能共享方式是 3GPP R15 版本标准化的主要工作。3GPP R15 版本核心网切片总体架构如图 3-36 所示。

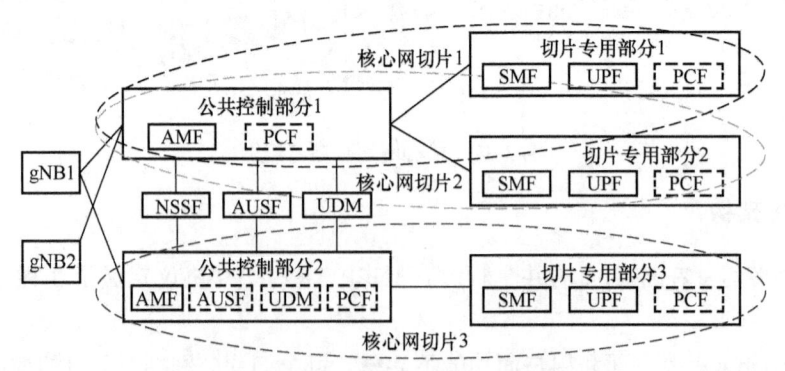

图 3-36　3GPP R15 版本核心网切片总体架构

一个完整的核心网切片包括公共控制部分（Common CPNF，CCNF）与切片专用部分（Slice Specific Core Network Function，SSNF）。CCNF 被 UE 可同时接入的多个切片共享。PCF 根据实际网络策略或业务需要，可以部署在 CCNF 中，也可以部署在 SSNF

中,或者 UE 的接入管理策略等 PCF 功能部署在 CCNF 中,而 UE 的会话管理策略等其他 PCF 部分功能部署在 SSNF 中。通常所有网络切片会共享 NSSF、UDM、AUSF 等网元。

2. 网络切片标识

网络切片标识是网络切片技术中最重要的参数。单一网络切片选择辅助信息(Single Network Slice Selection Assistance Information,S-NSSAI)唯一标识一个网络切片,而 NSSAI 是 S-NSSAI 的集合,标识一组网络切片。根据 S-NSSAI 存储位置和发挥作用的不同,NSSAI 可以分为以下几种类型。

(1) Configured NSSAI:预先配置在 UE 中的 NSSAI,此 NSSAI 可由 NSSF 或 AMF 生成并下发 UE,主要用于生成初始注册时使用的 Requested NSSAI。

(2) Subscribed NSSAI:存储在统一数据管理功能 UDM 中的用户签约使用的 NSSAI。

(3) Allowed NSSAI:允许 UE 在当前注册区接入的 NSSAI。由切片选择功能 NSSF 根据 Requested NSSAI、Subscribed NSSAI 和相关策略计算生成后,传送给 AMF 与 UE,并保存在 UE 与 AMF 中。

(4) Rejected NSSAI:用于标识拒绝 UE 接入的网络切片。当 PLMN 不支持某个网络切片时,UE 无法在该 PLMN 接入,当前注册区不支持的切片,UE 在注册区内也无法接入。

(5) Requested NSSAI:由 UE 根据 Configured NSSAI 与 Allowed NSSAI 生成,可携带在初始注册消息的 RRC 与 NAS 层消息中,表示 UE 在本次注册中请求使用的 NSSAI。

说明:

(1) 每一个 S-NSSAI 标识一个网络切片,一个网络切片可以对应多个网络切片实例(Network Slice Instance,NSI)。在某些场景下一个网络切片实例又可以同时为多个网络切片提供服务,即网络切片与切片实例是 $M:N$ 的对应关系。

(2) UE 的 Subscribed NSSAI 可以包含多于 8 个 S-NSSAI,但默认 S-NSSAI 不能超过 8 个 S-NSSAI,AMF、NSSF 根据默认 S-NSSAI 生成 Allowed NSSAI,特别是当发起注册的 UE 没有 Requested NSSAI 的情况。

(3) 对于特定一种接入方式,UE 在 Requested NSSAI 中最多只能包含 8 个 S-NSSAI。因此如果 UE 只从一种接入方式接入 5G 核心网,UE 理论上最多只能并发接入 8 个切片;但如果 UE 同时通过 3GPP 与非 3GPP 两种方式接入,UE 理论上最多并发接入的切片数将达到 16 个。

3. 网络切片操作

5GC 为切片选择专门引入了网络切片选择功能 NSSF 实体,其功能主要包括:为 UE 选择网络切片实例集合、确定 Allowed NSSAI 和确定为 UE 服务的 AMF 集合(AMF set)、候选 AMF 列表。

用户的切片操作主要包含两部分：一个是用户初始注册时，选择合适的 AMF，并在此过程中获得 Allowed NSSAI；另一个是用户在切片内建立 PDU 会话。

1）支持网络切片的 AMF 选择

在用户初始注册时，支持网络切片功能的 AMF 选择流程如图 3-37 所示。

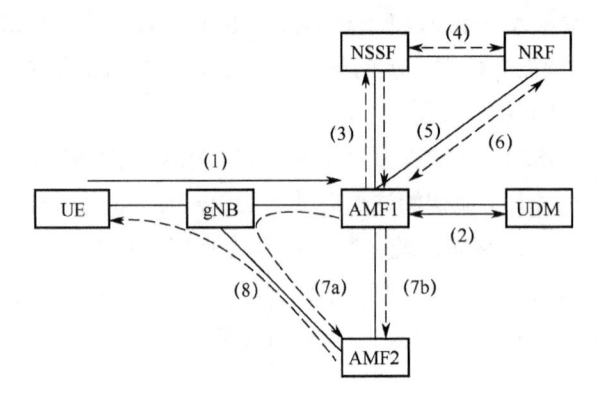

图 3-37 支持网络切片功能的 AMF 选择流程

（1）UE 发送注册请求，其中可以携带 Requested NSSAI、5G-S-TMSI（或 GUAMI），gNB 根据表 3-4 所示原则把注册请求转发到初始 AMF。

表 3-4 注册请求转发原则

5G-S-TMSI 或 GUAMI	Requested NSSAI	RAN 侧路由
有	有/无	根据 5G-S-TMSI 或 GUAMI 路由
无	有	根据 Requested NSSAI 路由
无	无	路由至默认 AMF

（2）AMF 去 UDM 查询用户签约的切片信息，随后 AMF 按图 3-38 所示进行判断。本流程假定 AMF 需要去 NSSF 查询。

（3）AMF 向 NSSF 发起查询，携带 Requested NSSAI、Subscribed NSSAI、PLMN ID 与当前 TA 等信息。

（4）当 NSSF 接收到查询请求时，根据本地配置及 UE 当前 TA 的 RAN 能力、NWDAF 中的网络切片实例负荷等本地可用信息，执行下述操作。

① NSSF 根据 Subscribed S-NSSAIs 校验 Requested NSSAI 中哪些 S-NSSAIs 可以允许接入。当 Requested NSSAI 中的所有 S-NSSAIs 均不在 Subscribed S-NSSAIs 时，NSSF 还会考虑使用默认的 Subscribed S-NSSAIs。

② NSSF 为 UE 选择为其服务的网络切片实例。有两种切片实例的分配方式：一种是在注册时（即此步骤中）就为所有 Allowed S-NSSAIs 分配切片实例（early binding 方式）；另一种是第一次使用某个切片时才为 UE 分配切片实例（latebinding 方式）。在选择

切片实例时，NSSF 可能会返回切片实例标识，也可能只是返回各切片实例专用的 NRF。

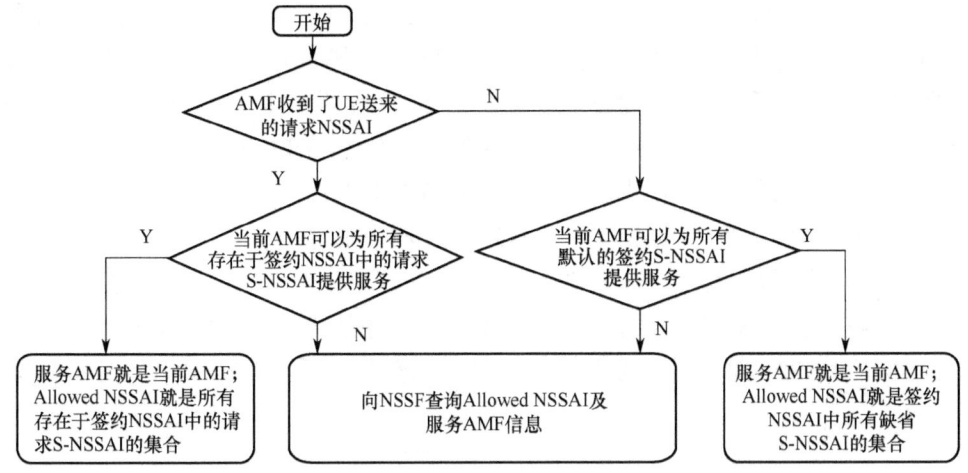

```
                        ┌──────┐
                        │ 开始 │
                        └──┬───┘
                           ▼
                    ╱AMF收到了UE送来╲      N
                    ╲ 的请求NSSAI  ╱─────────────────┐
                           │Y                        │
              ┌────────────┴────────────┐            │
              ▼                         ▼            │
         ╱当前AMF可以为所有╲        ╱当前AMF可以为所有╲   Y
    Y   ╱存在于签约NSSAI中的请求╲   ╱ 默认的签约S-NSSAI ╲─────┐
   ┌────╲    S-NSSAI提供服务   ╱   ╲    提供服务       ╱     │
   │    ╲                    ╱     ╲                ╱      │
   │         │N                        │N                   │
   ▼         ▼                         ▼                    ▼
┌────────┐ ┌──────────────────┐   ┌──────────────────┐
│服务AMF  │ │                  │   │服务AMF就是当前AMF；│
│就是当前 │ │向NSSF查询Allowed  │   │Allowed NSSAI就是签约│
│AMF；    │ │NSSAI及            │   │NSSAI中所有缺省     │
│Allowed  │ │服务AMF信息        │   │S-NSSAI的集合      │
│NSSAI就是│ │                  │   │                  │
│所有存在 │ └──────────────────┘   └──────────────────┘
│于签约   │
│NSSAI中的│
│请求     │
│S-NSSAI的│
│集合     │
└────────┘
```

图 3-38　AMF 选择判定流程

③ NSSF 确定为 UE 服务的目标 AMF Set，或者根据配置或查询 NRF 进一步决定候选 AMFs。如 NSSF 此时不查询 NRF 获取候选 AMF 列表，则无须图 3-37 中（4）所示的消息交互。

④ NSSF 根据当前 UE 所在 TA 中切片实例的可用性，确定 Allowed NSSAI。

⑤ 如果是 early binding 方式，NSSF 还会根据配置确定已选择的各切片实例的专用 NRFs。

⑥ 如果 UE 未提供 Requested NSSAI，或 Requested NSSAI 中有 S-NSSAI 在当前 PLMN 不合法，NSSF 会根据 Subscribed S-NSSAIs 与配置生成当前 PLMN 的 Configured NSSAI。

（5）NSSF 向 AMF 返回查询结果，返回的查询结果中会携带 Allowed NSSAI、目标 AMF Set（或是候选 AMF 列表）。

（6）如果 NSSF 返回的是 AMF Set，初始 AMF 将向 NRF 查询具体的候选 AMF 列表（可选）。

① 如果初始 AMF 不在 AMF 列表中，初始 AMF 在候选 AMF 列表中选择出目标 AMF（AMF2），经由 gNB 向目标 AMF 发起重定向。

② 如果初始 AMF 不在 AMF 列表中，初始 AMF 在 AMF 列表中选择出目标 AMF（AMF2），初始 AMF 直接向目标 AMF 发起重定向。

（7）目标 AMF 向 UE 返回注册应答，其中携带 Allowed NSSAI，可选携带 Rejected NSSAI、Configured NSSAI。

2）切片内创建 PDU 会话

UE 在切片内建立 PDU 会话主要包括以下步骤。

（1）UE 根据 UE 路由选择策略 URSP 中的网络切片选择策略 NSSP 选择一个切片。

（2）通过切片信息在相应级别 NRF 中查询/选择相关的 NF，完成 PDU 的会话建立。

NSSP 包含一个或多个 NSSP 规则，每个 NSSP 规则包含一个应用与对应 S-NSSAI 的关联，NSSP 中还可以包含一个默认 NSSP 规则，未能匹配的应用将使用默认 NSSP 规则。一个应用可以对应 NSSP 的多个 NSSP 规则，应用会按 NSSP 中每个 NSSP 规则的优先级次序依次匹配，最先被匹配上的 NSSP 规则，而且其对应的 S-NSSAI 属于 UE Allowed NSSAI 范围时，NSSP 规则匹配成功，S-NSSAI 也相应确定。

UE URSP 可以通过运营商进行预配置，也可以通过 PCF 动态下发和更新 URSP。UE 路由选择策略中包含 NSSP 信息，UE 会根据该信息为应用选择合适的切片。UE 可以配置多个不同的 NSSP，对于不同的接入方式，UE 都会存在对应的 NSSP，如图 3-39 所示。

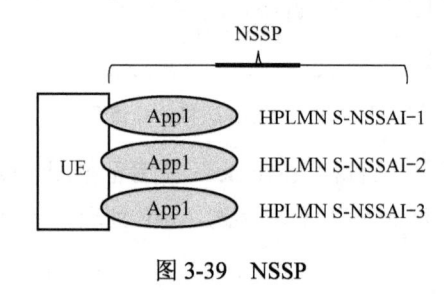

图 3-39　NSSP

3.6.4　无线网切片

为了实现端到端的网络切片，不仅涉及核心网，同时还包括无线网、传输网和终端。如图 3-40 所示为无线网切片场景。

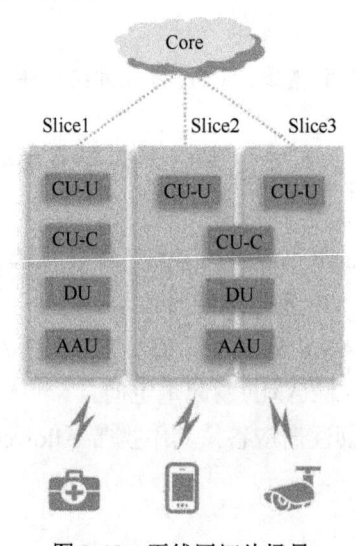

图 3-40　无线网切片场景

3GPP R15 版本标准提出了无线网 RAN 侧支持网络切片的主要原则和要求，包括网络切片的感知、无线侧网络切片的选择、无线侧对核心网实体的选择、无线侧支持网络切片间的资源隔离和资源管理、网络切片的 QoS 支持、网络切片粒度、UE 对多个切片的支持及 UE 的网络切片准入验证等。

3GPP 的 TR 38.801、TR 38.804 等研究报告对无线网实现网络切片的关键原则和需求进行了阐述，后续标准 TS 38.300 对主要研究结论进行了继承。5G 无线网切片的原则如下[37]：

（1）RAN 对切片的感知。无线网支持为已预配置的不同网络切片提供差异化的处理能力。

（2）RAN 侧网络切片的选择。无线网通过 UE 提供的辅助信息或通过 5GC 在 PLMN 里明确地提前定义的一个或多个网络切片的选择，来实现 RAN 侧的网络切片选择。

（3）切片间的资源管理。无线网支持根据不同切片间的服务级别协议 SLA 执行相应的资源管理策略。单个无线网节点具备支持多个切片的能力。无线网应该能够自由地针对不同的服务等级协议应用最优的 RRM 策略。

（4）QoS 支持能力。无线网在一个网络切片内可以实现对不同 QoS 的支持。

（5）无线网对核心网实体的选择。初始接入的 UE 通过提供辅助信息来支持 AMF 的选择，无线网也可能通过该信息来获得初始的 NAS 到 AMF 的路由。如果 UE 没有提供辅助信息，无线网将会把 NAS 消息直接路由至默认 AMF。对于后续的接入，UE 提供临时 ID（如 5G-S-TMSI），该 ID 由 5GC 分配给 UE 用于无线网将 NAS 消息路由到合适的 AMF，否则采用上述初始接入的方法。

（6）切片间资源隔离。无线网支持不同切片间的资源隔离。无线网资源隔离主要是通过无线资源管理策略及相应的保护机制来实现。

（7）切片可用性。当切片只在网络局部可用的场景中，无线网支持由 OAM 进行 S-NSSAI 的配置。一个业务请求相关的切片是否可用，由无线网和核心网共同负责判断并做出相应处理。一个网络切片接入准入和拒绝，取决于无线网是否支持相应切片、资源是否可用、是否支持相应的业务等多种因素。

（8）UE 与多个网络切片同时关联。在 UE 多个网络切片同时关联时，信令连接只能保持唯一性。

（9）切片感知粒度。无线网络切片的感知为 PDU 会话级别，包含在 PDU 会话资源信息的信令中，都会指示与 PDU 会话相关的 S-NSSAI。

（10）UE 接入网络切片的准入验证。UE 是否具有接入网络切片的权限是通过 5G 核心网进行认证的。在接收到初始上下文建立请求消息之前，无线网可以基于 UE 请求的切片执行临时或本地的策略，而在初始上下文建立过程中，网络切片所需资源请求将会通知无线网。

3.6.5 传输网切片

传输网切片是在网元切片和链路切片形成的资源切片的基础上，包含数据面、控制面、业务管理/编排面的资源子集、网络功能、网络虚拟功能的集合。

1．切片分层架构

传统传输网通常包括 3 层：用户层、业务层和物理网络层，如图 3-41 所示。通常业务层的各种以太网专线和虚拟专线业务直接部署在物理网络层之上，进而满足用户层的传送需求。传统传输网架构下的各种业务采用共享/竞争物理网络资源的方式，无法保证不同场景和不同用户的按需隔离等精细化管理要求。因此，传输网要与无线网、核心网共同实现端到端网络切片，方能提升 5G 网络业务差异化需求的能力[38]。

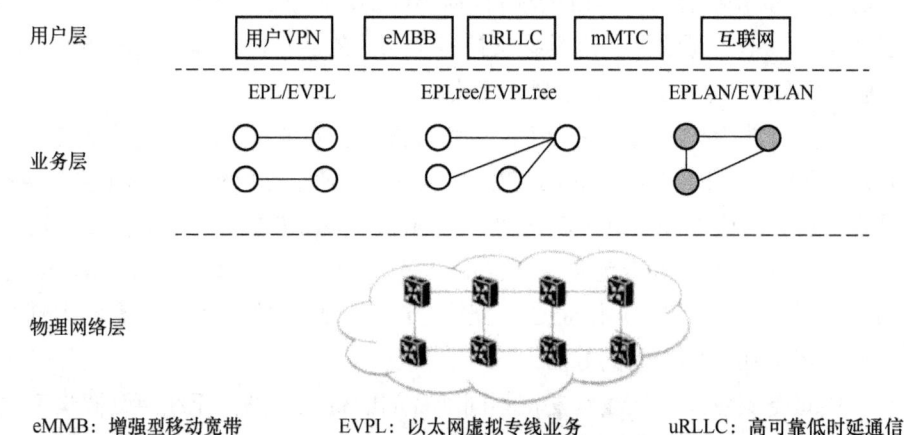

```
用户层        用户VPN    eMBB    uRLLC    mMTC    互联网

             EPL/EVPL   EPLree/EVPLree   EPLAN/EVPLAN
业务层        ○—○        ○               ○
             ○—○        ○\○             ○—○

物理网络层    (网络拓扑图)

eMMB：增强型移动宽带         EVPL：以太网虚拟专线业务        uRLLC：高可靠低时延通信
EPL：以太网专线业务           EVPLAN：以太网虚拟专用局域网业务   VPN：虚拟私人网络
EPLAN：以太网专用局域网业务    EVPTree：以太网虚拟专用树形业务
EPTree：以太网专用树形业务    mMTC：海量机器类通信
```

图 3-41 传统传输网架构

为了实现传输网层面的网络切片，将在传统传输网架构的物理网络层之上，增加虚拟网络层，通过对链路、节点、端口和网元内部资源等网络拓扑资源进行虚拟化，配置构建形成的虚拟逻辑网络（vNet），即传输网切片，如图 3-42 所示。虚拟逻辑网络包括各自独立的管理面、控制面和转发面，从而可以独立支持各种业务。其通过实现业务与物理网络资源的解耦，更方便支持虚拟运营商和网络二级租赁等业务的开展。

传输网切片特性如下：

（1）按需重构。根据业务传输需求在网络拓扑、节点能力等不同维度，通过虚拟化技术形成的虚拟化 vNet 切片网络，实现对传输网络的重构。每个切片网络相互隔离，可以分别配置各自独立的拓扑结构和网络资源，配置特定的带宽、时延等网络指标。

第 3 章 5G 网络关键技术

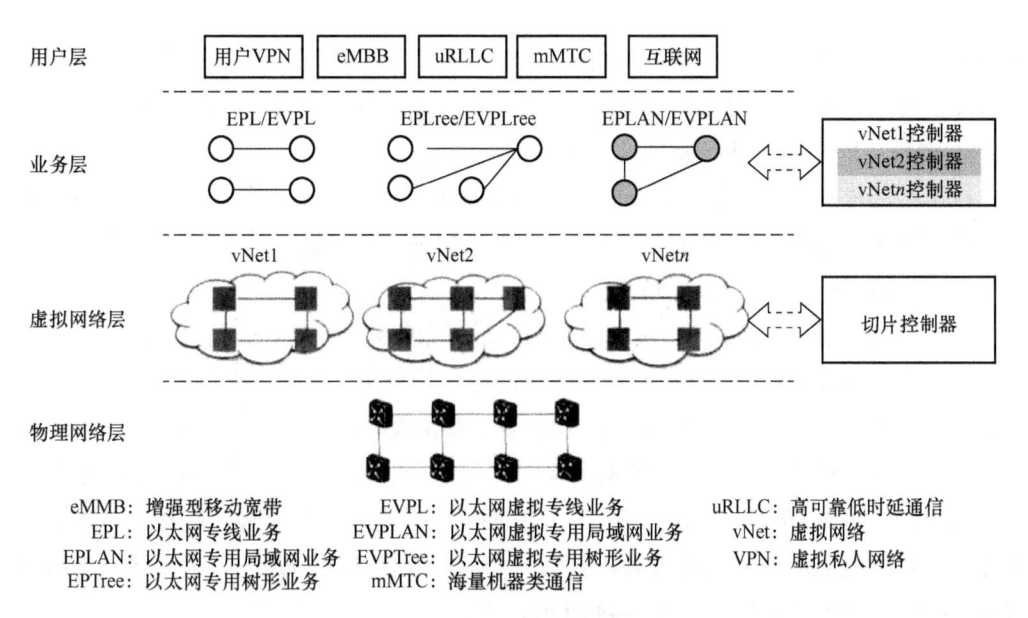

图 3-42 传输网切片分层架构

用户层：用户VPN、eMBB、uRLLC、mMTC、互联网

业务层：EPL/EVPL、EPLree/EVPLree、EPLAN/EVPLAN；vNet1控制器、vNet2控制器、vNetn控制器

虚拟网络层：vNet1、vNet2、vNetn；切片控制器

物理网络层

eMMB：增强型移动宽带
EPL：以太网专线业务
EPLAN：以太网专用局域业务
EPTree：以太网专用树形业务
EVPL：以太网虚拟专线业务
EVPLAN：以太网虚拟专用局域网业务
EVPTree：以太网虚拟专用树形业务
mMTC：海量机器类通信
uRLLC：高可靠低时延通信
vNet：虚拟网络
VPN：虚拟私人网络

（2）解耦业务与物理网络。由于传输网业务由原有物理网络迁移至虚拟 vNet 切片网络之上，通过实现业务层与物理网络层的解耦，更加便于业务部署和网络管理。

（3）切片网络的转发面隔离。根据对切片安全和可靠性的不同要求，传输网转发面包括硬隔离和软隔离两种方式。基于弹性以太网（Flexible Ethernet，FlexE）/城域传送网（Metro Transport Network，MTN）接口，通过时隙调度将一个物理以太网端口划分为多个以太网弹性硬管道，从而形成硬网络切片，属于硬隔离方式。而通过 VPN+QoS 隔离，基于 VPN 实现多种业务在一个物理网络上相互隔离，这种类型不能实现硬件和时隙层面的隔离，称为软隔离，形成的网络切片为软切片。

（4）控制面和管理面隔离。不同网络切片网络的控制面和管理面相互隔离。

（5）业务间隔离。不同网络切片之上的业务相互隔离。

总而言之，切片网络中虽然使用虚拟网络方式，但依然保留了类似物理网络的管理面、控制面和转发面等各种特征，通过将不用业务的应用部署在不同的虚拟网络之上，实现满足 5G 业务差异化需求的目的。各个网络切片相互隔离且独立，可以独立进行周期性管理、独立进行部署和升级、独立加载各自协议，更易于业务的快速开发和部署，并提升网络运维效率。

2. 切片实现机制

1）基于 SDN 的控制面切片

软件自定义网络 SDN 技术通过控制面和转发面的解耦，使得物理网络具备开放和可编程特征，从而为网络结构和业务创新开辟空间。基于 SDN 技术，控制面可以将物理资源抽象成为虚拟设备节点,并对网络拓扑和资源进行统一管理。SDN 技术通过控制器可以将虚拟资源和物理网络资源之间形成映射,进而形成独立的逻辑网络切片。

2)基于 FlexE 接口的转发面切片技术

根据对切片安全和可靠性的不同要求,传输网的转发面可以基于 FlexE 接口,通过时隙调度将一个物理以太网端口划分为多个以太网弹性硬管道,从而形成网络切片。

3)传输设备切片与虚拟化技术[38]

转发面的网络切片包括端口、QoS 资源、转发面表项等资源的隔离。其中,端口隔离包括物理端口或 FlexE 子端口隔离,QoS 隔离包括带宽、队列和缓冲区 Buffer 的隔离,转发面表项隔离则包括媒体接入控制 MAC 表、路由表、标签表、下一跳表、流分类表等隔离。在网络切片的转发面隔离基础上,对网元内部的计算、存储等资源进行切片/虚拟化,形成虚拟网元 vNE,即设备切片。切片网元在支持软件资源彼此隔离的基础上,同时支持管理控制通道和配置的隔离,并支持切片的独立部署和升级,从而通过设备切片实现更高层面的网络切片,如图 3-43 所示。

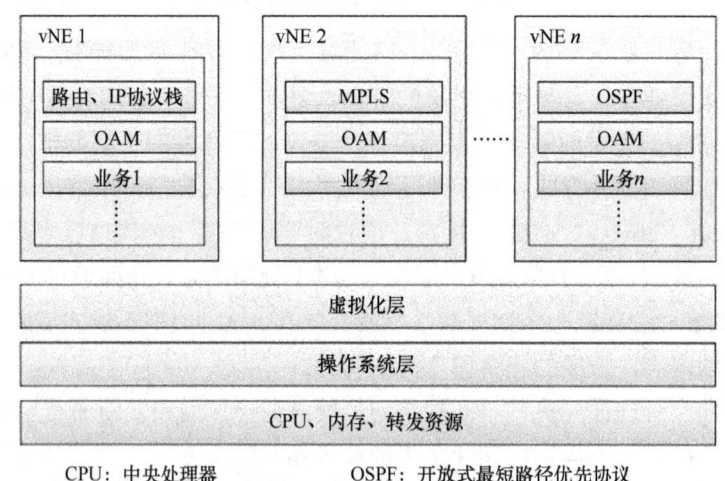

图 3-43 设备切片基本架构

CPU:中央处理器　　　　　OSPF:开放式最短路径优先协议
MPLS:多协议标记交换协议　　vNE:虚拟网元
OAM:操作管理维护

3.6.6 网络切片管理

5G 网络切片管理在承接通信服务管理功能 CSMF 需求、网络切片管理功能 NSMF、网络切片子网管理功能 NSSMF 的同时,还需要实现与虚拟化核心网、传输网、无线网及各自的网管之间的连接与交互,从而达到为不同业务需求提供安全隔离、灵活可控的逻辑网络切片的目的。

1. 5G 网络切片管理总体架构

5G 网络切片管理总体架构包括核心网子切片管理、传输网子切片管理、无线网子切片管理在内的三大功能，如图 3-44 所示。

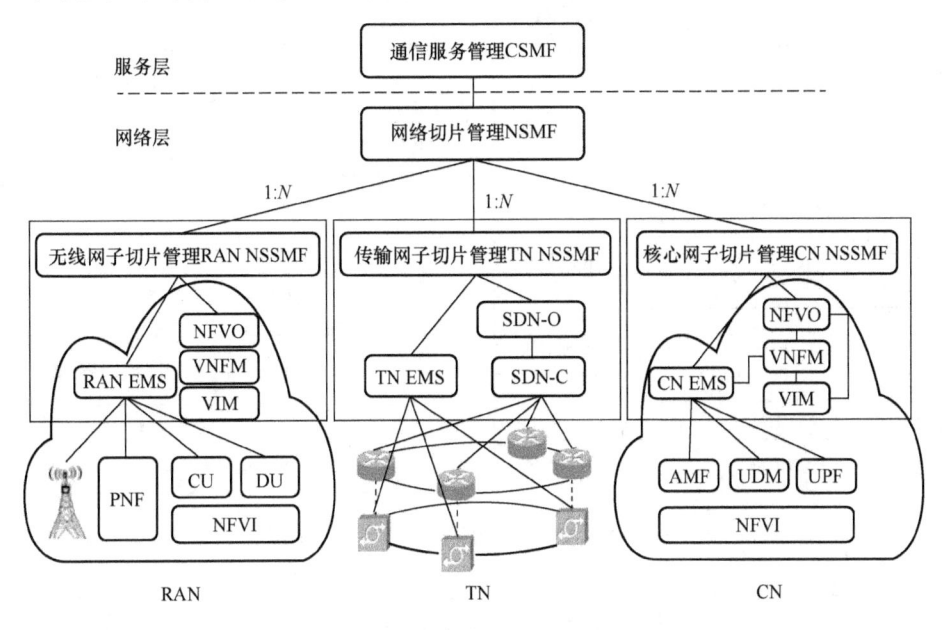

图 3-44 网络切片管理总体架构

在网络切片管理总体架构中，CSMF 在服务层承接客户的网络切片的业务需求，实现业务需求和网络之间需求的映射；NSMF 在网络层负责对网络切片实例进行管理和编排及各个子切片协同；NSSMF 在网络层负责对切片子网实例 NSSI 进行管理和编排。

其中，核心网切片子网通常通过 NFV 的 NFVO、VNFM、VIM 和网元管理系统（Element Management System，EMS）等编排系统实现切片的配置、部署和生命周期管理；传输网切片子网通常由 SDN 编排器和网管共同完成；无线网切片子网则需要在支持虚拟化的基础上，通过 NFV 编排器、EMS 和网管等实现管理。

2. 5G 网络切片信息模型

3GPP 定义的网络切片信息模型如图 3-45 所示。

5G 网络切片信息模型包括两个组成部分：一是网络切片管理模型，涵盖 CSMF、NSMF、NSSMF、NFVO、VNFM、EM 等管理功能；二是 5G 网络切片中被管理对象的信息模型，涵盖了现有 3GPP 定义的通信服务（Communication Service）、网络切片（Network Slice）和网络子切片（Network Slice Subnet）等对象，以及 ETSI 定义的网络服务（Network Service）、网络功能虚拟化（Virtual Network Function）、物理网络功能（Physical Network Function）等对象。其中，两个不同的域的对象之间的映射关系如下[39]：

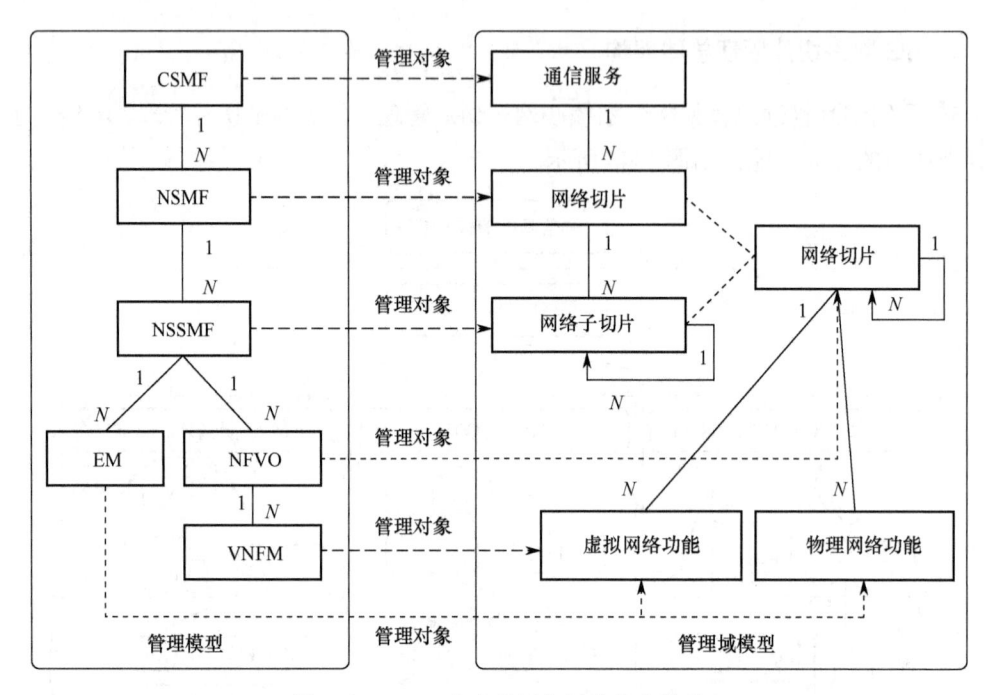

图 3-45 3GPP 定义的网络切片信息模型

（1）3GPP 域中的管理对象网络切片、网络子切片将关联映射为 ETSI NFV 域的 $1-N$ 个网络服务 NS。一个网络切片模板（NST）或网络子切片模板（NSST）最终可映射为 $1-N$ 个网络服务模板（Network Service Descriptor，NSD），一个网络切片实例（NSI）或网络子切片实例（NSSI）最终部署为 $1-N$ 个网络服务实例（NS）。

（2）3GPP 域中的管理对象的网络功能，关联映射到 ETSI NFV 域的 VNF 或 PNF。

（3）3GPP 域的 NSSMF 与 ETSI NFV 域的 NFVO 交互，完成切片模板 NST/NSST 和切片实例 NSI/NSSI 分别与 NSD 和 NS 的映射转换。

（4）3GPP 域中 NF 的网络管理和 ETSI NFV 域中 VNF/PNF 的网络管理，均由 EM 进行负责。

根据网络切片信息模型，服务层的 CSMF 将用户需求通过 NSMF、NSSMF 向网络层进行分解和下发。其中，NSSMF 将网络服务的部署需求传递到 NFVO 实现网络服务 NS 的部署，同时将业务的配置数据传递给 EMS 实现业务的配置。网络切片的部署开通后，NFVO 和 EMS 会分别将资源管理数据和 NF 业务层的管理数据上报 NSSMF，实现 NSSMF 对网络子切片的整体管理。

3．5G 网络切片部署流程

5G 网络切片编排包含核心网、无线网和传输网三个子域的端到端的部署和配置。5G 网络切片部署流程如图 3-46 所示。

第 3 章　5G 网络关键技术

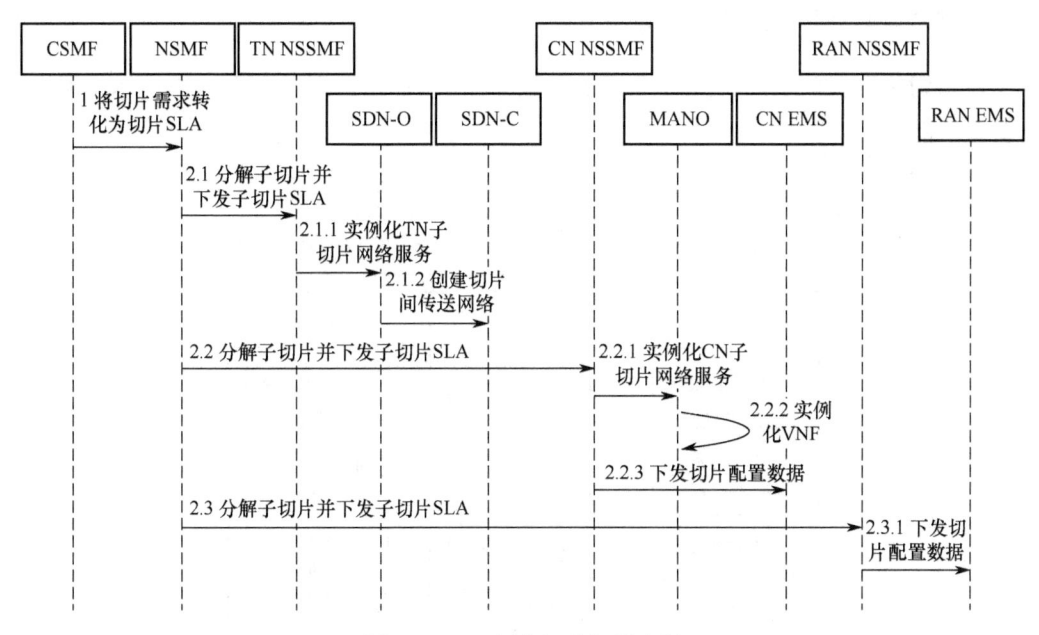

图 3-46　5G 网络切片部署流程

流程说明如下：

（1）CSMF 收到用户订购的通信服务请求后，将用户需求转换为对切片的需求，选择相应的切片模型，并向 NSMF 下发切片 SLA 要求。

（2）NSMF 将对切片的需求转换为核心网/传输网/无线网的 $1-N$ 个子切片需求，下发给各个核心网/传输网/无线网 NSSMF，指示需要预创建子切片。

（3）各个 NSSMF 将子切片需求转换为对 NS（网络服务）的需求，下发给各自的 NFVO/SDN-O。

（4）各个 NFVO/SDN-O 根据 NS 的需求进行资源预估，检查部署资源是否足够，并向 NSSMF 返回检查结果。

（5）NSMF 向各个 NSSMF 发起实例化子切片的请求。

（6）各个 NSSMF 进行实例化部署：传输网 SDN-O 的 NS 实例化会创建切片间或切片内的传送网连接。在核心网 NFVO 和无线网 NFVO 的 NS 实例化过程中，NFVO 通过 VNFM、VIM 交互完成 NS 内所有 VNF 的实例化。

（7）NSSMF 在 NS 实例化结束后，触发子切片，对应配置数据下发给 EM。

（8）EM 将配置数据下发给管理的 VNF，完成 VNF 配置数据的创建。

（9）NSSMF 向 NSMF 返回子切片的创建结果。

（10）NSMF 向 CSMF 返回切片的创建结果。

（11）CSMF 向用户返回通信服务订购的结果。

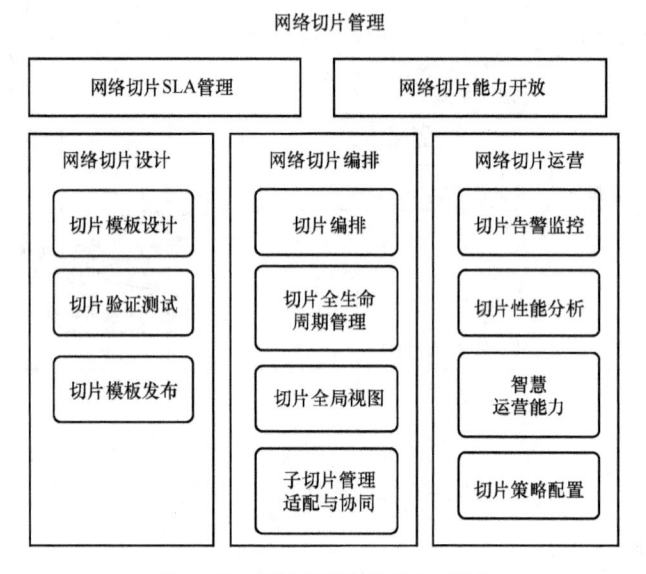

4．5G 网络切片管理功能框架

网络切片管理功能（NSMF）负责 5G 端到端网络切片管理。如图 3-47 所示是网络切片管理功能框架。

图 3-47　网络切片管理功能框架

其主要功能包括：

（1）网络切片 SLA 管理：承接 CSMF 的业务需求，将网络切片的需求拆分成对各个子切片的 SLA 要求。

（2）网络切片能力开放：将网络切片实例运维监控能力开放给切片租户，提供客户自服务能力。

（3）网络切片设计：提供网络切片模板设计，并对设计的切片模板进行验证测试，提高切片部署运营的成效。

（4）网络切片编排：一方面，根据切片模板编排并生成所需的网络切片实例，并对切片全生命周期进行管理，包括网络切片的部署、弹性扩/缩容、切片实例终止等。另一方面，实现与子切片管理功能的适配与协同，负责将各个子切片的部署需求下发到子切片管理功能，跟踪各个子切片的部署过程和异常过程处理。

（5）网络切片运营：实现切片策略配置，并提供切片告警监控、切片性能分析和数据分析、弹性扩/缩容、故障自愈等智慧运营能力。

3.7　小结

eMBB、mMTC 和 uRLLC 三大应用场景对系统性能指标的要求存在较大差异，甚至相互排斥。5G 势必需要通过多种关键技术组合，构建具有高度灵活资源配置特性的技术体系，以满足多样化业务需求对网络性能指标的要求。大规模天线技术、面向服务的核心网架构、边缘计算技术和网络切片等系列关键技术，在 3GPP R15 版本中引入 5G 技术体系，并在 R16 版本中持续增强。例如，通过动态频谱共享技术、载波聚合技术、超级上行（UL Tx switching）显著提升上行覆盖和容量；分别形成面向垂直行业需求的 uRLLC 技术体系，以及基于 5G NR 新空口的第一版 V2X 标准——NR V2X 等，进一步推动了 5G 技术体系向着更加高速、灵活和智能的方向演进。

第 4 章　5G 网络架构

5G 系统架构包括无线网（NG-RAN）和核心网（5GC）两个部分。

3GPP 在 5G 无线网引入了 CU-DU 架构，将 BBU 的基带分成集中单元（Centralized Unit，CU）和分布单元（Distributed Unit，DU）两个部分，同时，射频单元和基带的部分物理层底层功能，以及天线部分一起构成有源天线处理单元（Active Antenna Unit，AAU）。在 3GPP 的 CU/DU 划分方案中，以分组数据汇聚协议层（Packet Data Convergence Protocol，PDCP）为边界，PDCP 层和之上的无线协议功能通过 CU 来实现，而 PDCP 层以下的无线协议功能通过 DU 来实现。CU 与 DU 只是无线网的逻辑功能节点，实际中可以是不同的物理设备，也可以合设为一个物理实体。

5G 核心网架构通过控制面与转发面的分离，引入网络功能的模块化设计、接口服务化和能力开放等新特性，满足网络灵活、高效和开放的发展趋势[40]。

首先，5G 核心网实现网络功能的模块化，并将控制面功能与转发面功能彻底分离。控制面通过集中部署可以对转发面资源进行整体调度，而用户面则可按需进行分布式部署，并通过下沉至网络边缘通过本地流量分流，实现端到端的毫秒级低时延。

其次，5G 核心网控制平面采用服务化架构，基于服务描述控制面网络功能和接口。由于服务化架构采用 IT 化总线，服务模块可自主注册、发布、发现，规避了传统模块间紧耦合带来的繁复互操作，提高了功能的重用性，简化了业务流程实现。同时，3GPP 标准规定了服务接口采用 TCP/TLS/HTTP2/JSON 等协议，提升了网络的灵活性和可扩展性。

再次，5G 核心网设置 NEF 作为能力开放的网络功能，实现对能力开放服务环境的增强。基于 NFV 的编排能力是 5G 网络的重要能力，编排能力的开放是客户可定制网络的 5G 创新业务模式的重要手段。

4.1　无线网架构

4.1.1　无线网架构与功能划分

下一代无线网络称为 NG-RAN，如图 4-1 所示，一个 NG-RAN 节点包括以下两种形式。

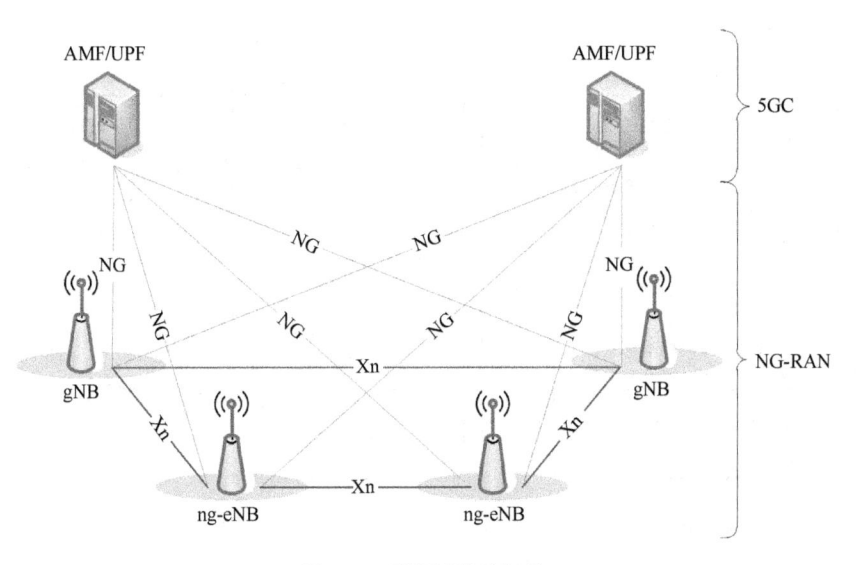

图 4-1　无线网整体架构

（1）gNB（Next Generation NodeB）：面向 UE 提供 NR 用户平面和控制平面协议，并且通过 NG 接口连接到 5G 核心网的网络节点。

（2）ng-eNB（Next Generation evolved NodeB）：面向 UE 提供 E-UTRA 用户平面和控制平面协议，并且通过 NG 接口连接到 5G 核心网的网络节点。

Xn 接口位于 gNB 和 ng-eNB 之间，实现节点之间的相互连接；NG 接口位于无线网和核心网之间，实现 gNB 和 ng-eNB 与 5G 核心网的连接。NG-RAN 节点设置 NG-C 接口和 NG-U 接口，分别连接 AMF 和 UPF。

1. 功能划分

NG-RAN 和 5GC 的逻辑节点功能划分如图 4-2 所示。

gNB 和 ng-eNB 功能如下[41]：

（1）无线资源管理功能。无线承载控制，无线接入控制，连接移动性控制，在上行链路和下行链路（调度）中向 UE 动态分配资源。

（2）IP 报头压缩，数据加密和完整性保护。

（3）当从 UE 提供的信息中无法推导出 AMF 的路由信息时，为 UE 选择 AMF。

（4）将用户平面数据路由到 UPF。

（5）将控制平面信息路由到 AMF。

（6）连接建立和释放。

（7）寻呼消息的调度和传输（由 AMF 触发）。

（8）系统广播信息的调度和传输（由 AMF 或 OAM 触发）。

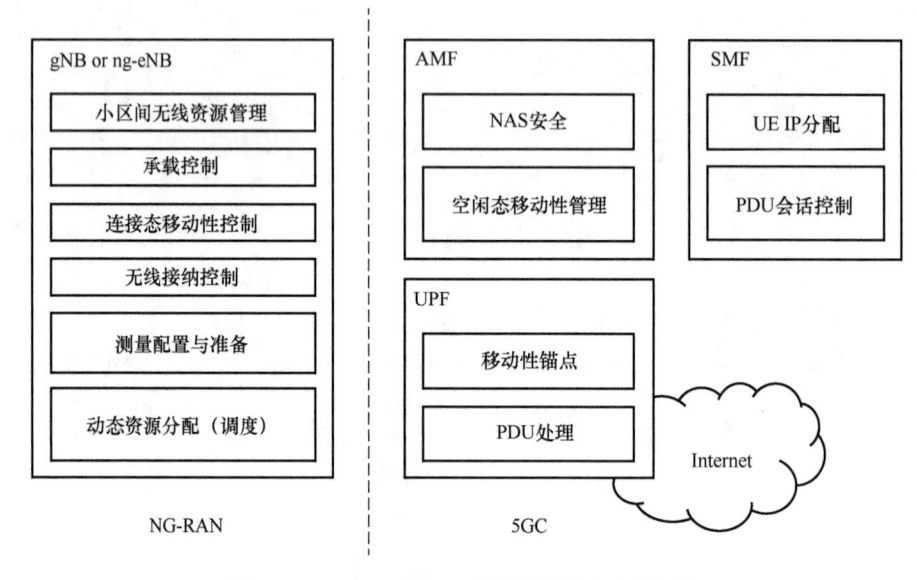

图 4-2 NG-RAN 和 5GC 的逻辑节点功能划分

（9）针对移动性和调度的测量及测量报告配置。

（10）上行链路中的传输级分组标记。

（11）会话管理。

（12）支持网络切片。

（13）QoS 流量管理和映射到数据无线承载。

（14）支持处于 RRC 非激活状态的 UE。

（15）NAS 消息的分发功能。

（16）无线接入网络共享。

（17）双连接。

（18）NR 与 E-UTRA 之间的紧密互通。

AMF 承载的主要功能如下：

（1）NAS 信令终止。

（2）NAS 信令安全。

（3）AS 安全控制。

（4）用于 3GPP 接入网络之间移动性的 CN 节点之间的信令。

（5）空闲模式 UE 可达性（包括寻呼重传的控制和执行）。

（6）注册区域管理。

（7）支持系统内和系统间的移动性。

（8）接入认证。

（9）访问授权，包括漫游权限的检查。

（10）移动性管理控制（签约和策略）。

（11）支持网络切片。

（12）SMF 选择。

UPF 承载的主要功能如下：

（1）Intra/Inter-RAT 移动性的锚点（适用时）。

（2）与数据网络互连的外部 PDU 会话点。

（3）分组路由和转发。

（4）分组检查和策略规则实施的用户平面部分。

（5）流量使用报告。

（6）上行链路分类器，以支持将数据流路由到数据网络。

（7）分支点支持多宿主 PDU 会话。

（8）用户平面的 QoS 处理，如分组过滤、门限控制、UL/DL 速率实施。

（9）上行链路流量验证（SDF 到 QoS 流量映射）。

（10）下行链路分组缓冲和下行链路数据通知触发。

SMF 承载的主要功能如下：

（1）会话管理。

（2）UE IP 地址分配和管理。

（3）UP 功能的选择和控制。

（4）配置 UPF 的流量指引，将流量路由到合适的目的地。

（5）策略执行的控制部分和 QoS。

（6）下行链路数据通知。

2．网络接口

1）NG 接口[41]

NG 用户平面接口（NG-U）位于 NG-RAN 节点和 UPF 之间。NG-U 协议栈如图 4-3 所示。传输网络层建立在 IP 传输上，GTP-U 在 UDP/IP 之上用于承载 NG-RAN 节点和 UPF 之间的用户面协议数据单元（Protocol Data Unit，PDU）。NG-U 在 NG-RAN 和 UPF 之间提供用户平面 PDU 的非确保传送。

NG 控制平面接口（NG-C）位于 NG-RAN 节点和 AMF 之间。NG-C 协议栈如图 4-4 所示。为了实现可靠的信令消息传输，流控制传输协议（Stream Control Transmission Protocol，SCTP）通过 IP 层进行承载。应用层信令协议被称为 NG 应用协议（NGAP），SCTP 层提供应用层消息的确保传输。在传输中，IP 层点对点传输用于传递信令 PDU。NG-C 提供的功能包括 NG 接口管理、UE 上下文管理、UE 移动性管理、NAS 消息传输、寻呼、PDU 会话管理、配置传输和警告消息传输等。

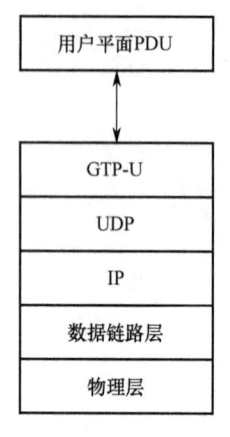

图 4-3　NG-U 协议栈　　　　　图 4-4　NG-C 协议栈

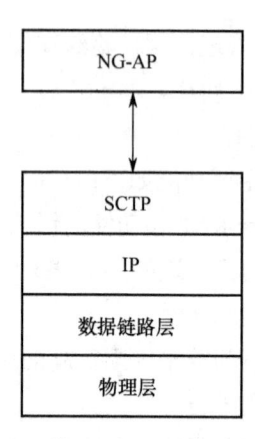

2）Xn 接口

Xn 用户平面接口（Xn-U）位于两个 NG-RAN 节点之间。Xn-U 协议栈如图 4-5 所示。传输网络层建立在 IP 传输上，GTP-U 在 UDP/IP 之上用于承载用户平面 PDU。Xn-U 为用户平面提供非确保传输，支持数据前传和流量控制等主要功能。

Xn 控制平面接口（Xn-C）位于两个 NG-RAN 节点之间。Xn-C 协议栈如图 4-6 所示。传输网络层建立在 IP 之上的 SCTP 上。应用层信令协议被称为 Xn 应用协议（Xn Application Protocol，Xn-AP）。SCTP 层提供应用层消息的确保传输。在传输 IP 层中，使用点对点传输来传递信令 PDU。

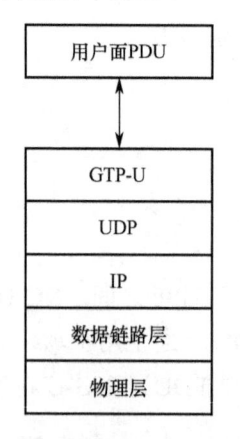

图 4-5　Xn-U 协议栈　　　　　图 4-6　Xn-C 协议栈

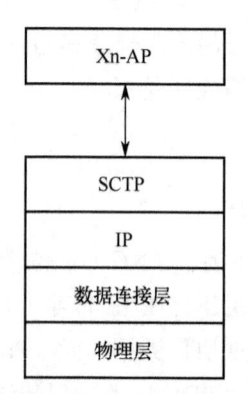

Xn-C 接口支持 Xn 接口管理、UE 移动性管理和双连接等主要功能。

4.1.2　CU/DU 架构

为了满足 5G 组网的性能需求和多样化的业务需求，按照协议功能划分方式，3GPP 标准化组织提出了面向 5G 的无线接入网功能重构方案，引入 CU/DU 架构。该架构下的

5G BBU 基带部分拆分成 CU 和 DU 两个逻辑网元，而射频单元和部分基带物理层底层功能与天线构成 AAU。

在 3GPP 的需求研究报告 TR38.913 中明确提出了支持多种灵活的 RAN 侧分割方案，将 CU/DU 分离式部署作为 5G 需支持的关键特征之一。CU/DU 分离的主要需求包括以下几点。

（1）满足 5G 多样化业务场景需求：考虑到不同的业务场景，时延、容量、频谱效率等需求存在较大的差异，需要无线侧动态共享无线资源去满足不同业务需求，引入 CU/DU 分离架构具有一定必要性。

（2）云化部署提升无线网协同效率：CU/DU 分离易于实现 CU 的云化部署。相对于传统的分布式基站架构，集中处理可以提升无线资源的协作处理效率和实现系统性能，并降低 CAPEX/OPEX 和基站设备能耗。

（3）CU 集中部署易于实现网络虚拟化：5G 系统实现网络功能虚拟化（NFV）时，基于集中硬件资源池易于实现 RAN 架构的高层功能，软硬件灵活部署的同时，还可以大幅降低成本。此外，灵活的功能分割易于实现网络资源的实时按需配置，可配置的功能分割适应于不同场景。

（4）易于无线网切片机制实现：CU 资源集中易于实现 5G 端到端网络切片，无线网能够支持快速弹性的扩容，以统一的架构灵活支持不同行业用户和业务的快速交付。

1．CU/DU 实现机制

3GPP 在 R14 5G 的 SI 阶段针对 CU/DU 分离架构开展了技术研究和性能评估，共计提出了 8 种 CU/DU 分离的划分方案，如图 4-7 所示。

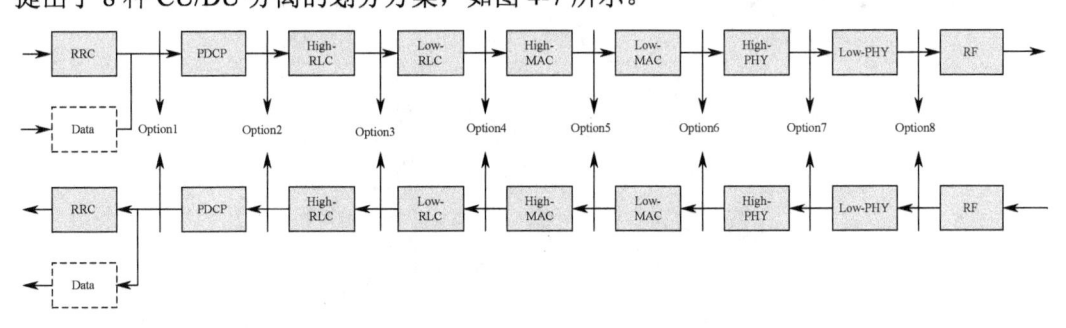

图 4-7　8 种 CU/DU 分离的划分方案

3GPP R15 阶段针对 SI 阶段的研究结果选择了 Option2 作为后续标准化的方案。在该方案中，在 CU 和 DU 之间新定义了一个 F1 新接口，用于传输控制面配置信息、用户信令及用户面数据等信息。在 CU 内部，控制面和用户面在部署时也可以分离，以满足不同类型业务对于时延和集中管理的差异。标准中定义 CU-CP 和 CU-UP 之间的接口为 E1 接口。一个逻辑 DU 可以支撑多个物理小区，但是逻辑上只能属于一个 CU，为了可扩展性考虑能分别为 CU-CP 和 CU-UP 提供多个传输点。

PDCP 层及以上的无线协议功能由 CU 实现，PDCP 以下的无线协议功能由 DU 实现。CU 与 DU 作为无线侧逻辑功能节点，可以映射到不同的物理设备上，也可以映射为同一物理实体。

2．部署方案

随着 CU/DU 分离架构和大规模天线技术的引入，5G 无线网络功能实体相应变化，传统 4G 天线+RRU+BBU 向 5G AAU+DU+CU 的设备形态进行演进，如图 4-8 所示。

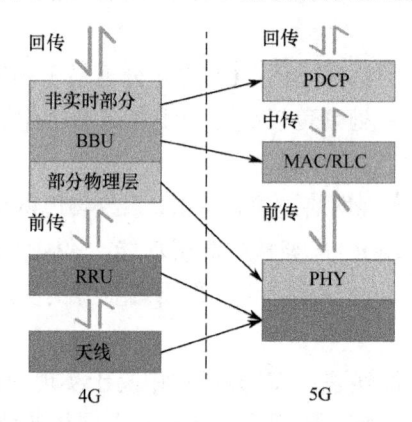

图 4-8　4G/5G 无线网络功能实体对比

其中，4G BBU 的部分物理层处理功能与原 RRU 及无源天线合并为 AAU，如图 4-9 所示；原 BBU 的非实时部分将分割出来，重新定义为 CU，负责处理非实时协议和服务；BBU 的剩余功能重新定义为 DU，负责处理物理层协议和实时服务。

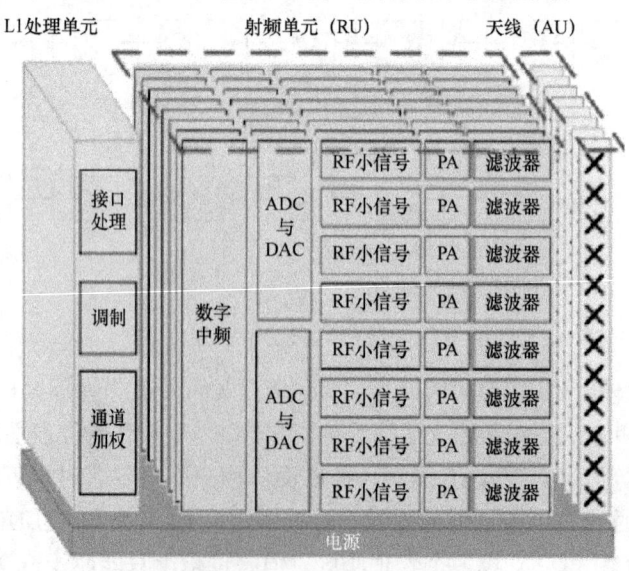

图 4-9　5G AAU 内部架构

CU、DU、AAU 等无线网络设备可以采取分离或合设方式，存在多种网络部署形态，如图 4-10 所示。

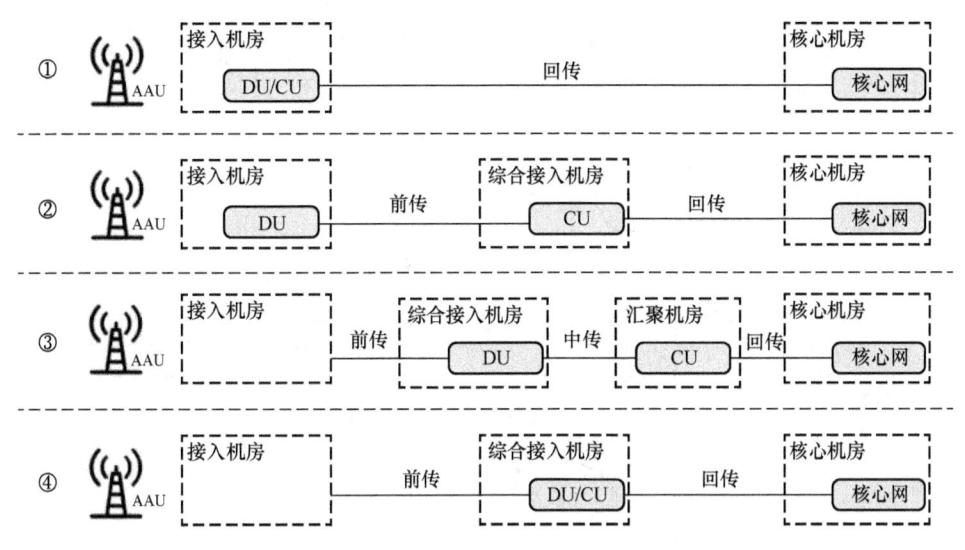

图 4-10　5G 无线网络部署形态

其中，场景①与传统 4G 宏基站一致，CU 与 DU 共硬件部署，构成 BBU 单元；在场景②中，DU 部署在 4G BBU 机房，CU 集中部署；在场景③中，DU 集中部署，CU 更高层次集中；在场景④中，CU 与 DU 共站集中部署，类似 4G 的 C-RAN 方式。选择部署方式时，需要同时综合考虑业务传输需求（如带宽、时延等）、建设成本投入、维护难度等多种因素。

当前由于 CU 和 DU 的虚拟化实现存在一定难度，网络部署初期通常采用 CU/DU 合设部署方式，一方面可以减少规划与运维的复杂度和部署成本，另一方面由于无须部署中传，可以减少时延，缩短建设周期。中远期按需升级支持 uRLLC 和 mMTC 业务场景，适时引入 CU/DU 分离架构。因此，现阶段的 CU/DU 合设设备采用模块化设计，易于分解，方便未来实现 CU/DU 分离架构。同时，还需解决通用化平台的转发能力的提升、与现有网络管理的协同及 CU/DU 分离场景下移动性管理标准流程的进一步优化等问题。

4.2　核心网架构

5G 网络使用服务化架构，如图 4-11 所示，5G 的控制面网元通过服务化接口实现彼此交互，AMF 和无线网之间、SMF 和 UPF 之间及 UPF 与外部数据网络之间的接口，分别采用非服务化的 N2、N4 和 N6 接口。

SA 组网架构的 5G 与 4G 互操作架构如图 4-12 所示。为了实现 4G 与 5G 的互操作，5GC 与 4G EPC 核心网需要设立包括 HSS+UDM、PCF+PCRF、SMF+PGW-C 和

UPF+PGW-U 在内的融合网元，MME 经 N26 接口与 AMF 连接，SGW 控制面经 S5-C 接口与 SMF+PGW-C 连接，用户面经 S5-U 接口与 UPF+PGW-U 连接。

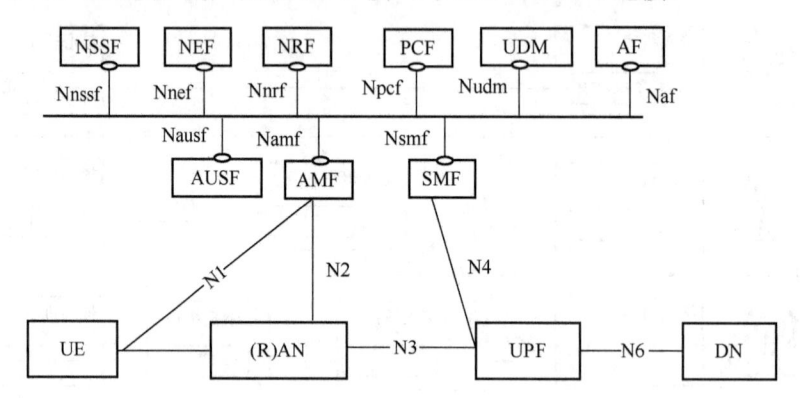

图 4-11　基于服务化接口的 5G 网络架构

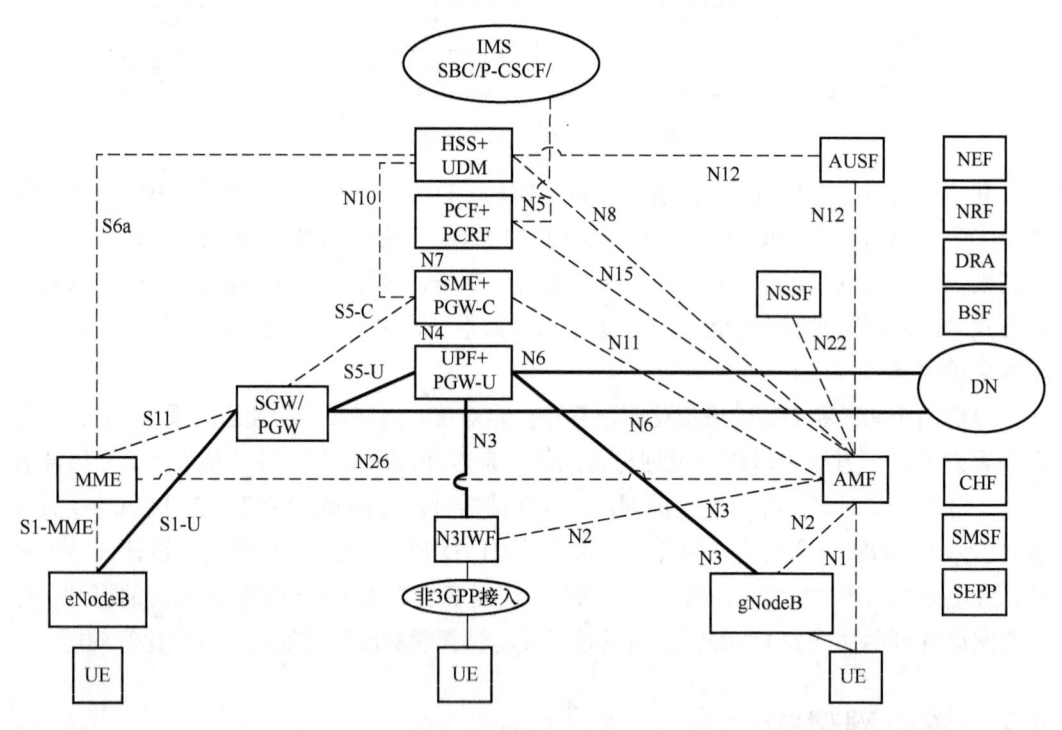

图 4-12　SA 组网架构的 5G 与 4G 互操作架构

4G 用户通过 EPC 的 MME、SGW/PGW 合设网关及融合网元 HSS+UDM 和 PCF+PCRF 提供服务，SGW/PGW 为出口网关。5G 用户从 E-UTRAN 接入时，通过 EPC 的 MME、SGW 及融合网元（SMF+PGW-C、UPF+PGW-U、HSS+UDM、PCF+PCRF）提供服务。5G 用户通过 NG-RAN 接入时，通过 AMF、NSSF、AUSF 及融合网元（SMF+PGW-C、UPF+PGW-U、HSS+UDM、PCF+PCRF）提供服务。UPF+PGW-U 为 5G 用户在 LTE 和

5G NR之间移动切换时统一的数据出口网关，IP地址不变，服务不会中断。非3GPP接入的用户通过N3IWF接入5GC，信令面通过N2接口连接AMF，用户面通过N3接口连接UPF+PGW-U，由5GC提供统一接入认证、移动性管理、策略控制和计费[70]。

为支持5G语音业务，信令面IMS的P-CSCF通过N5接口与5G的PCF+PCRF连接，BSF通过Nbsf接口与PCF连接，负责会话绑定信息的登记与查询。EPC网络内IMS/AF与PCRF+PCRF之间的Diameter信令由DRA负责转接。5GC内的服务注册、发现、授权由NRF负责。CHF通过N40接口与SMF+PGW-C连接，通过N28接口与PCF+PCRF连接，负责计费数据收集和计费策略控制。PLMN之间的控制平面信令交互需通过SEPP，SEPP负责跨PLMN的消息过滤、监管及拓扑隐藏。SMSF通过N21接口与UDM连接，通过N20接口与AMF连接，负责短信签约检查和短信传递。

4.2.1 功能实体要求

作为移动通信网络的核心部分，核心网起到承上启下的作用，主要负责处理终端用户的移动管理、会话管理和数据传输等功能。如图4-13所示，4G核心网的网元中MME主要负责移动性管理，SGW和PGW共同进行会话管理和数据传输，整个网络控制和承载分离，呈现扁平化架构。

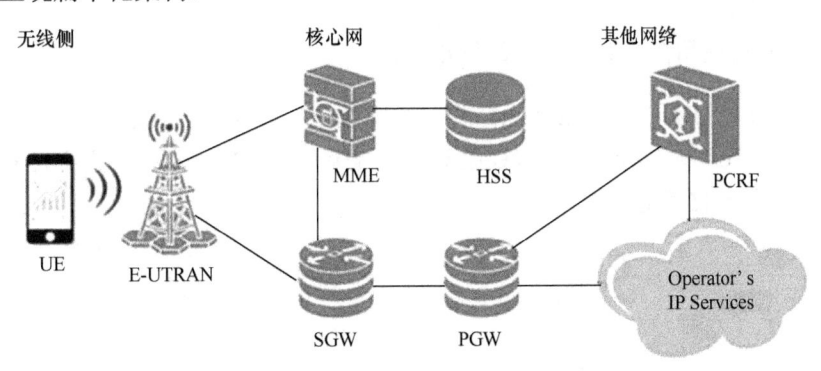

图4-13 4G核心网架构

随着网络技术的发展和人们对业务应用需求的变化，4G EPC网络的不足也日渐凸显：整体式网元架构导致业务改动复杂、可靠性方案实现复杂，控制面和用户面消息交织导致部署运维难度增大。5G核心网提出分离式架构，一方面通过网络功能虚拟化的云原生设计思想，基于x86平台的通用服务器和优化后的OpenStack等开源虚拟化平台，通过软件化、模块化和服务化方式构建网络，服务化架构下，各个网络功能NF独立自治，无论新增、升级还是改造都不会影响其他NF；另一方面，控制面和业务面彻底分离，用户面功能摆脱集约化部署的约束，可以灵活部署于核心网和接入网等不同层面。EPC网元功能可以在5G核心网中的NF找到归属。

1. 控制面移动性和会话管理的网络功能

AMF 主要负责用户的移动性和接入管理，SMF 负责用户会话管理功能，两个共同完成 4G EPC 中的 MME 和 SGW/PGW 控制面的功能。

AMF 的功能包括终结 RAN 控制平面接口（N2）、终结 NAS（N1）、NAS 加密和完整性保护，并完成注册管理、连接管理、可达性管理和移动性管理，以及合法监听 UE 和 SMF 之间的消息传递、接入鉴权和接入授权等。

如图 4-14 所示为控制面移动性和会话管理的 NF。

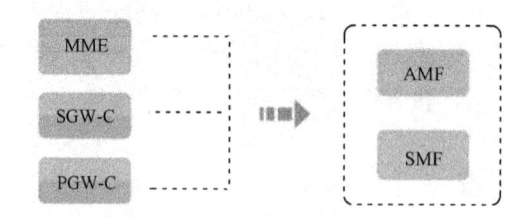

图 4-14 控制面移动性和会话管理的 NF

SMF 的功能包括会话建立、修改和释放等，UE IP 地址分配和管理，选择和控制 UPF，终结与 PCF 的接口，控制会话相关策略执行和 QoS 控制，合法监听，计费相关功能及决定会话的 SSC 模式等。

2. 控制面负责用户面数据管理的网络功能

UDM（Unified Data Management，统一数据管理）负责前台数据的统一处理，AUSF（Authentication Server Function，鉴权服务器功能）配合 UDM 专门负责用户鉴权数据相关的处理，如图 4-15 所示。

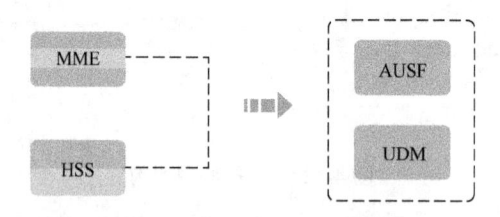

图 4-15 控制面负责用户面数据管理的 NF

UDM 的功能包括 3GPP 的认证与 AKA（Authentication and Key Agreement，认证与密钥协商协议）认证证书的生成、用户标识处理、基于签约数据的接入授权、服务于 UE 的 NF 的注册管理、签约管理和合法监听等。

AUSF 支持 3GPP 接入和非 3GPP 接入的鉴权。

3. 后台数据存储功能的网络功能

UDR 和 UDSF 负责后台数据存储功能。其中，统一数据库（Unified Data Repository，

UDR）用于存储结构化数据，如图 4-16 所示。例如，UDM 和 PCF 管理的用户签约数据和策略数据等。该网元支持 UDM 存储和检索签约数据，支持 PCF 存储和检索策略数据，支持 NEF 存储和检索用于能力开放的结构化数据及应用数据。

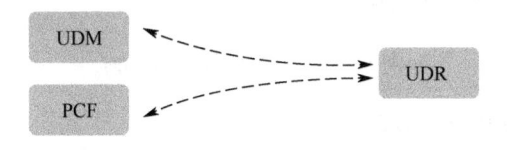

图 4-16　用于存储结构化数据的 UDR

非结构化数据存储功能（Unstructured Data Storage Network Function，UDSF）用于存储特定的非结构化数据，如 AMF 和 SMF 使用的会话 ID 和状态数据，如图 4-17 所示。

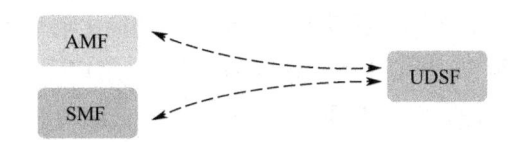

图 4-17　用于存储特定的非结构化数据的 UDSF

4．控制面与网络平台功能相关的网络功能

控制面与网络平台功能相关的网络功能包括网络开放功能（Network Exposure Function，NEF）、网络功能库（NF Repository Function，NRF）和网络切片选择功能（Network Slice Selection Function，NSSF）。其中，NEF 负责网络数据的对外开放，NRF 负责网络功能的登记和管理，NSSF 用于管理网络切片相关信息。

3GPP NF 通过 NEF 向其他 NF 或第三方、AF 等开放能力和事件。外部应用通过 NEF 向 3GPP 网络安全地提供信息，并在 AF 和核心网之间进行信息转换及对外屏蔽网络和用户敏感信息等。

NRF 支持服务注册/去注册和发现，NRF 接收来自 NF 实例的 NF 发现请求，并将发现的 NF 实例的信息提供出来，维护可用 NF 实例的 NF 配置文件及其支持的服务。

NSSF 选择为 UE 提供服务的网络切片实例集，确定 Allowed NSSAI 和 Configured NSSAI，并确定为 UE 提供服务的 AMF 集或一组候选 AMF。

5．用户面功能网元的网络功能

5G 用户面功能（User Plane Function，UPF）替代了 4G EPC 中的 SGW 和 PGW 用户面转发和路由功能，如图 4-18 所示。

其中，UPF 是 RAT 内/间移动性锚点和与外部数据网络互连的 PDU 会话节点，负责完成数据包路由和转发、包检测、用户面策略执行、合法监听、用户面 QoS 处理、下行数据包缓存等诸多功能。

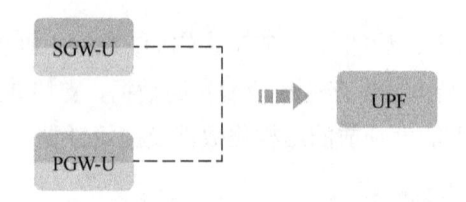

图 4-18 用户面功能网元 UPF

6．其他功能网元的网络功能

策略控制功能（Policy Control Function，PCF）：主要是支持统一的策略架构、为控制面提供策略规则、访问 UDR 中的签约数据用于策略决策。

非 3GPP 交互功能（None-3GPP Inter Working Function，N3IWF）：非 3GPP 接入 5GC 的接口，在非授信的非 3GPP 接入场景下，其支持的功能主要包括支持与 UE 间的 IPSec 隧道的建立、作为连接到 5G 核心网的控制面 N2 接口、用户面 N3 接口的终结点、在 UE 和 AMF 间传递上行和下行的 NAS 消息、在 UE 和 UPF 之间传递上下行用户面数据包等。在授信的非 3GPP 接入场景下，N3IWF 的功能及流程目前尚未在 3GPP 标准中定义。

应用功能（Application Function，AF）：AF 与 3GPP 核心网通过交互来提供服务，主要功能是支持应用对数据路由的影响、访问 NEF、与策略框架进行交互从而执行策略控制。

短消息业务功能（Short Message Service Function，SMSF）：支持通过 NAS 传送的 SMS 业务，包括短信签约检查和短信传递。

绑定支持功能（Binding Support Function，BSF）：负责登记 PCF 发来的会话绑定信息，并提供会话绑定信息的查询功能。

安全边缘保护代理（Security Edge Protection Proxy，SEPP）：跨 PLMN 控制平面接口的消息过滤和监管、拓扑隐藏。

计费功能（Charging Function，CHF）：CHF 和账户余额管理功能（Account Balance Management Function，ABMF）、计费网关功能（Charging Gateway Function，CGF）及批价功能（Rating Function，RF）一起组成融合计费系统，提供在线和离线计费功能。CHF 从 SMF 采集计费数据，并通过 Nchf 接口提供支出限制服务。

4.2.2　接口要求

5G 核心网控制面的网络功能采用基于服务化架构的 SBI 串行总线接口协议，传输层统一采用 HTTP/2 协议，应用层携带不同的服务消息，如图 4-19 所示。

由于底层传输方式相同，应用到每个网络功能的服务化接口，可以采用统一的总线通信方式，如图 4-20 所示。

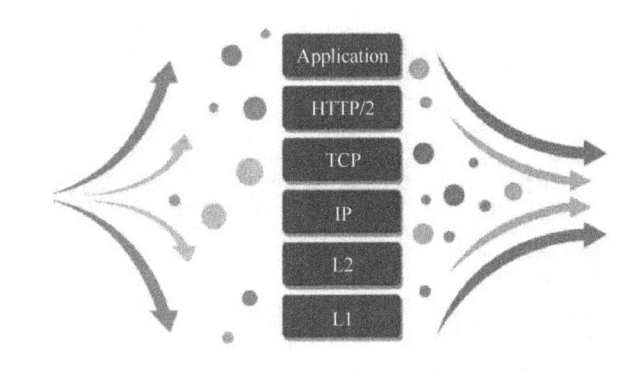

图 4-19　SBI 串行总线接口

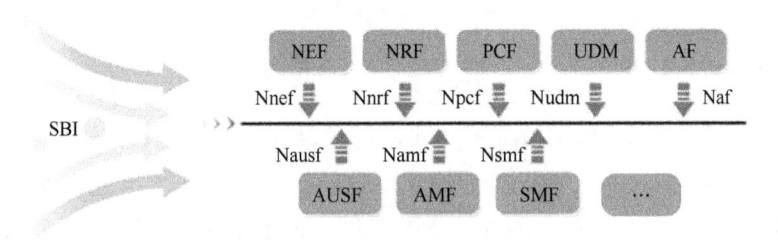

图 4-20　5G 核心网 SBI 总线通信方式

每个网络功能通过各自的服务化接口对外提供服务，并允许其他获得授权的网络功能访问或调用自身的服务，相应地出现网络功能服务提供者和服务使用者，两者之间通过订阅和通知的方式实现消息交互，如图 4-21 所示。

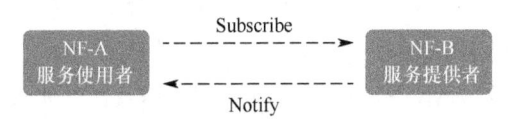

图 4-21　NF 交互方式

5GC 中两个功能块之间的交互方式包括两种模式，一种是基于服务化的接口模式，另一种是基于传统点对点通信的模式，如图 4-22 所示。

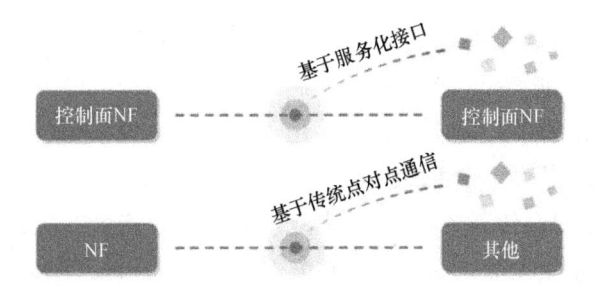

图 4-22　功能块之间的交互方式

5G 核心网接口如图 4-23 所示。

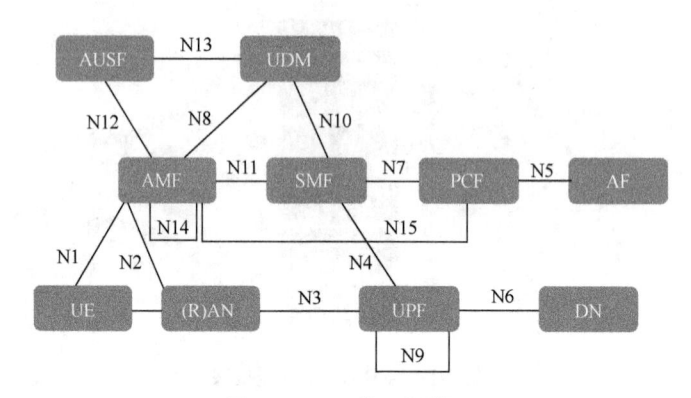

图 4-23　5G 核心网接口

1. 非服务化接口

（1）N1 接口：位于 UE 和 AMF 之间，采用 NAS 协议。N1 接口完成移动性管理、会话管理等功能，非 3GPP 接入也采用 N1 接口的 NAS 连接。

（2）N2 接口：位于（R）AN 和 AMF 之间，采用 NG-AP 协议。N2 接口支持：N2 接口的管理流程，如配置和重置 N2 接口；跟终端相关的流程，如 NAS 传输相关流程；UE 上下文管理相关流程；PDU 会话资源相关流程及切换相关流程。

（3）N3 接口：位于（R）AN 和 UPF 之间，采用 GTP-U 协议，用于传送用户面数据。

（4）N4 接口：位于 SMF 和 UPF 之间，控制面采用 PFCP 协议，用户面采用 GTP-U 协议，用于控制用户面的包转发、策略与计费控制及合法监听等功能。

（5）N6 接口：位于 UPF 和 DN 之间，采用 IP 协议。

（6）N26 接口：位于 AMF 和 MME 之间，采用 GTP-C 协议，用于 5GC 和 EPC 互操作。

2. 服务化接口

5G 网络的主要服务化接口如下：

（1）Namf：AMF 提供的服务化接口，用于提供 AMF 与 UE 或 AN 的通信服务、事件订阅通知服务、MT 服务、位置服务。

（2）Nsmf：SMF 提供的服务化接口，用于提供 PDU 会话服务，建立、修改和删除 PDU 会话，会话管理事件订阅通知服务。

（3）Nnef：NEF 提供的服务化接口，用于提供事件订阅通知服务、PFD（Packet Flow Description，分组流描述）管理服务、参数配置服务、应用触发服务、背景数据传输协商服务、数据路由改变服务。

（4）Npcf：PCF 提供的服务化接口，用于提供接入和移动性策略控制服务、会话管理策略服务、策略授权服务、背景数据传输策略服务。

（5）Nudm：UDM 提供的服务化接口，用于提供用户签约数据管理、用户上下文管理、用户鉴权、事件订阅、终端参数配置。

（6）Naf：AF 提供的服务化接口。

（7）Nnrf：NRF 提供的服务化接口，用于提供 NF 服务管理（注册、更新、去注册、状态订阅通知和取消订阅）和发现。

（8）Nnssf：NSSF 提供的服务化接口，用于提供网络切片信息，基于 TA 更新 AMF 和 NSSF 上的 S-NSSAI。

（9）Nausf：AUSF 提供的服务化接口，用于向请求网元提供终端的鉴权服务。

（10）Nudr：UDR 提供的服务化接口，用于提供签约数据管理服务（包括获取、创建、更新）、订阅数据改变、删除数据服务。

（11）Nchf：CHF 提供的服务化接口，用于提供离线计费和在线计费服务。

（12）Nsmsf：SMSF 提供的服务化接口，用于提供短消息服务。

（13）Nbsf：BSF 提供的服务化接口，用于 PCF 的注册/去注册和发现。

5G 服务化接口的参考点如下：

（1）N5 接口位于 PCF 和 AF 之间。

（2）N7 接口位于 SMF 和 PCF 之间。

（3）N24 接口位于 H-PCF 和 V-PCF 之间。

（4）N8 接口位于 UDM 和 AMF 之间。

（5）N10 接口位于 UDM 和 SMF 之间。

（6）N11 接口位于 AMF 和 SMF 之间。

（7）N12 接口位于 AMF 和 AUSF 之间。

（8）N13 接口位于 UDM 和 AUSF 之间。

（9）N14 接口位于两个 AMF 之间。

（10）N15 接口位于 PCF 和 AMF 之间。

（11）N16 接口位于两个 SMF（V-SMF 和 H-SMF）之间。

（12）N18 接口位于 UDSF 和任意 NF 之间。

（13）N22 接口位于 AMF 和 NSSF 之间。

（14）N27 接口位于拜访地 NRF 和归属地 NRF 之间。

（15）N31 接口位于拜访地 NSSF 和归属地 NSSF 之间。

（16）N33 接口位于 AF 与 NEF 之间。

（17）N40 接口位于 SMF 与 CHF 之间。

（18）N28 接口位于 PCF 与 CHF 之间。

4.3 5G组网架构

3GPP 标准确定了两大部署架构,即独立组网(Stand Alone,SA)和非独立组网(Non-Stand Alone,NSA)。5G 网络部署架构的选择成为 5G 网络建设方案中必须考虑的关键问题。

4.3.1 参考架构

3GPP 根据不同运营商在不同阶段部署 5G 商用网络的需求,提出 12 种 5G 系统参考架构,涉及 8 种选项(Option)。其中,Option1/2/5/6 属于 LTE 与 5G NR 独立部署架构,即 SA 架构,而 Option3/4/7/8 属于 LTE 与 5G NR 双连接部署架构,即 NSA 架构。3GPP 组网部署模式参考架构选项如图 4-24 所示。

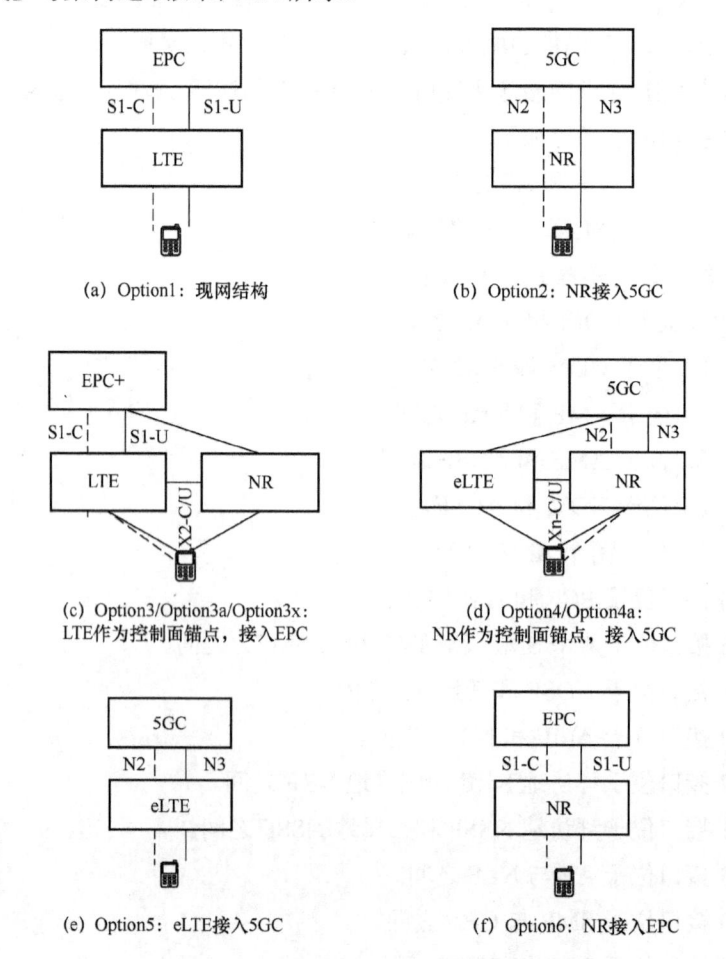

(a) Option1:现网结构

(b) Option2:NR接入5GC

(c) Option3/Option3a/Option3x:
LTE作为控制面锚点,接入EPC

(d) Option4/Option4a:
NR作为控制面锚点,接入5GC

(e) Option5:eLTE接入5GC

(f) Option6:NR接入EPC

图 4-24　3GPP 组网部署模式参考架构选项

第 4 章　5G 网络架构

(g) Option7/Option7a/Option7x：
eLTE作为控制面锚点，接入5GC

(h) Option8/Option8a：
NR作为控制面锚点，接入EPC

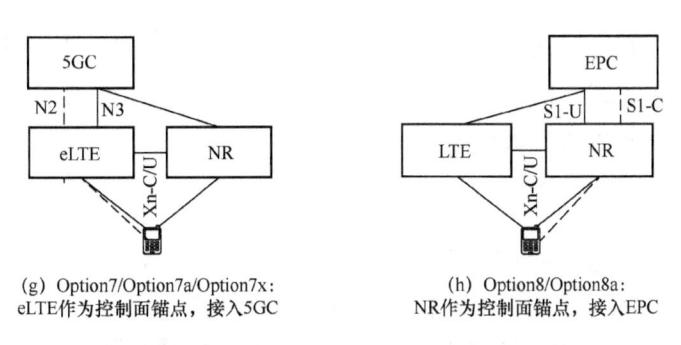

图 4-24　3GPP 组网部署模式参考架构选项（续）

由图 4-24 可以看出：Option1 为典型的 4G 网络架构，Option6 和 Option8/Option8a 是独立或非独立的 5G NR 直接连接到 4G EPC，实际部署可能性较低，Option2/3/4/5/7 为运营商重点关注的 5G 组网部署方式。

4.3.2　非独立部署架构

非独立部署架构与双连接技术紧密相关，3GPP 在 LTE 中定义了双连接的三种承载类型，分别是主小区组（Master Cell Group，MCG）承载、辅小区组（Secondary Cell Group，SCG）承载和主小区组分离承载，在 LTE 和 NR 跨系统的双连接技术中又新增了辅小区组分离承载。

主小区组承载是指协议栈均位于主节点（Master Node，MN）且只是使用主节点资源的承载。辅小区组承载是指协议栈均位于辅节点（Secondary Node，SN）且只使用辅节点资源的承载。分离承载是指 MN 和 SN 节点均具备协议栈，且可以同时使用两个节点资源的承载。其中，主小区组分离承载是指只有主节点与核心网数据面相连，数据由主节点分流到辅节点；辅小区组分离承载是指只有辅节点与核心网数据面相连，数据由辅节点分流到主节点。双连接 4 种承载类别如图 4-25 所示。

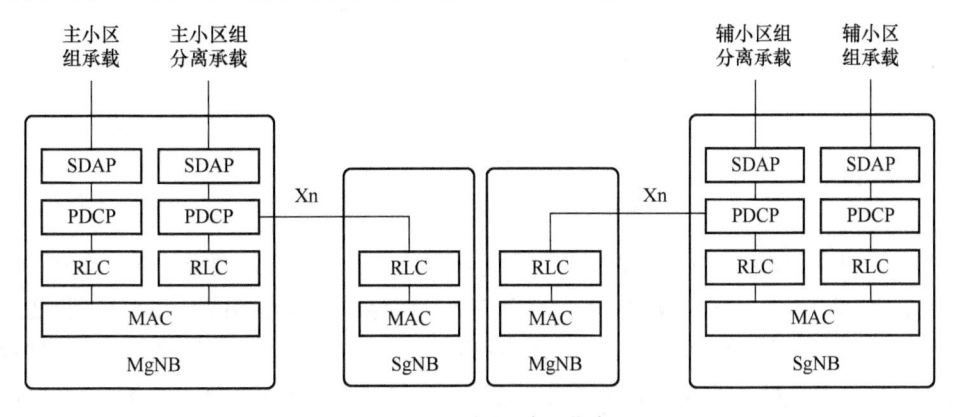

图 4-25　双连接 4 种承载类别

Option3/3a/3x 的三个部署选项和 Option7/7a/7x 的三个部署选项分别对应使用了双连接的主小区组分离承载、辅小区组承载、辅小区组分离承载，而 Option4/4a 两个部署选项分别对应主小区组分离承载和辅小区组承载。

1. Option3/3a/3x

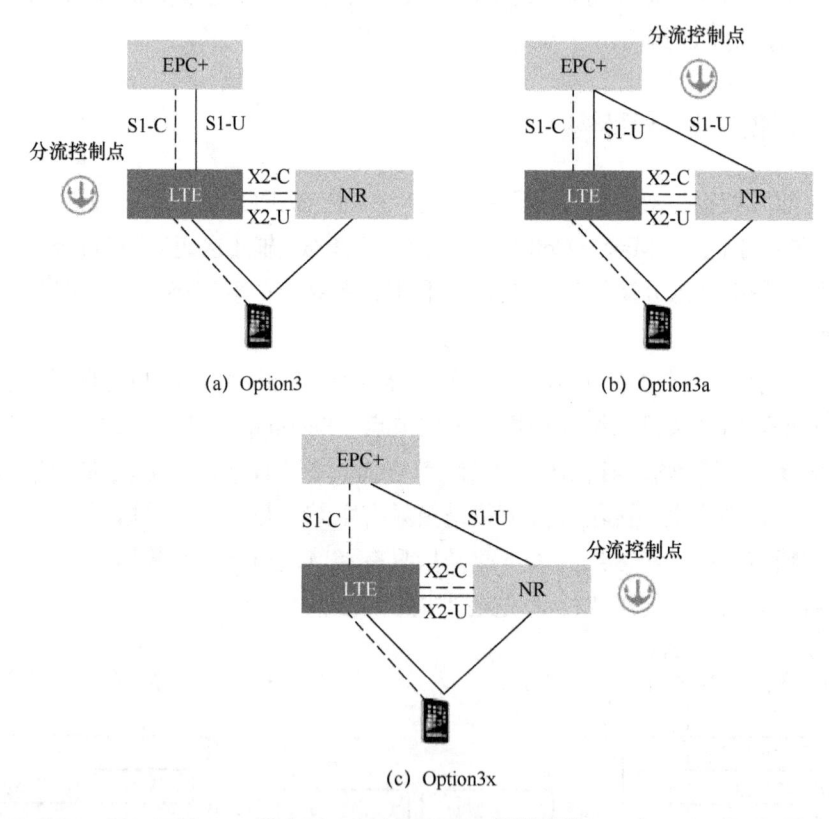

Option3/3a/3x 部署架构如图 4-26 所示，Option3/3a/3x 协议架构如图 4-27 所示。由图可以看出：在 Option3/3a/3x 部署架构中，LTE 是控制面的锚点，并作为主节点提供连续覆盖，5G 的 NR 用于热点区域的辅节点部署，4G 核心网需升级为 EPC+，实现增强的业务体验。Option3/3a/3x 由于双连接承载方式不同，用户面分别经由 LTE eNB、EPC 和 NR 三个不同的节点进行分流。

(a) Option3

(b) Option3a

(c) Option3x

图 4-26 Option3/3a/3x 部署架构

非独立组网架构中的 Option3/3a/3x 的优势在于：对 NR 覆盖要求较低，支持 5G NR 和 LTE 双连接，由于对网络改动较小，从而在提升网络建设速度的同时，降低了投资成本。该方案的主要劣势在于：新建 5G NR 基站和现网 LTE 基站设备厂商保持一致，同时由于没有 5G 核心网支持，边缘计算和网络切片等新功能和新业务无法实施。因此，非独立组网架构中的 Option3/3a/3x 适合 5G 商用初期的热点部署，目的在于实现 5G 的快速商用。

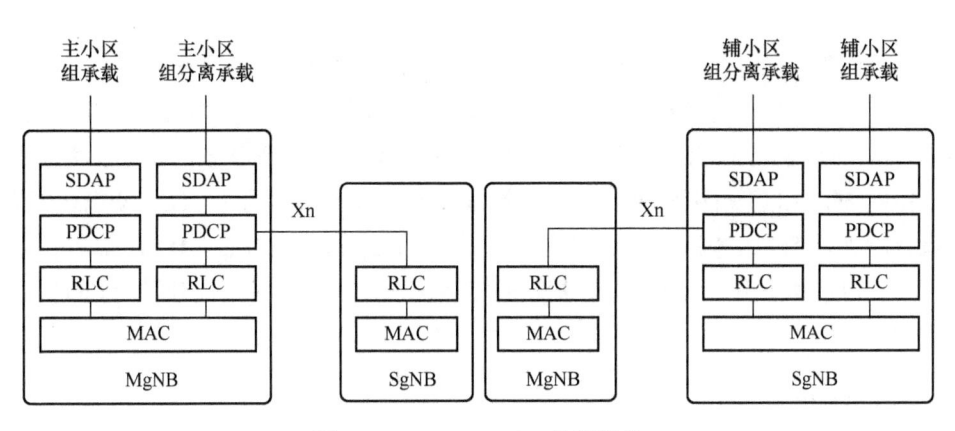

图 4-27 Option3/3a/3x 协议架构

2. Option7/7a/7x

Option7/7a/7x 部署架构如图 4-28 所示。由图可以看出：LTE 基站升级后的 eLTE 作为控制面锚点，并作为主节点提供连续覆盖，同时与 5G 核心网连接，5G 的 NR 用于热点区域的辅节点部署。Option7/7a/7x 由于双连接承载方式不同，用户面分别经由 LTE eNB、5GC 和 NR 三个不同的节点进行分流。

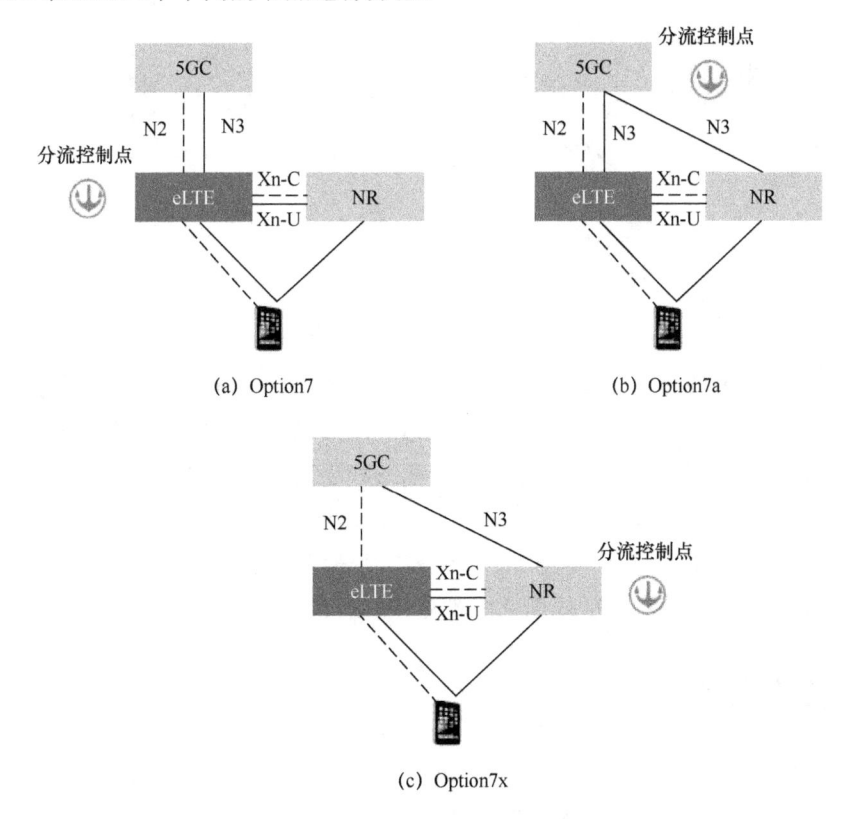

图 4-28 Option7/7a/7x 部署架构

非独立组网架构中的 Option7/7a/7x 的优势在于：对 NR 覆盖要求较低，可以有效利用既有的 LTE 资源，并获得 5G NR 与 LTE 的双连接高速率，由于 NR 和 LTE eNB 均接入 5GC，从而可以支持 5G 边缘计算和网络切片等新功能和新业务。该方案的主要劣势在于：新建 5G NR 基站和现网 LTE 基站设备厂商保持一致，同时 LTE eNB 需要进行升级改造方能支持 5GC。因此，非独立组网架构中的 Option7/7a/7x 适合 5G 部署初期和中期场景，既可以保证升级后的 eLTE 基站的连续覆盖能力，同时也提升了 5G 的功能和业务能力。

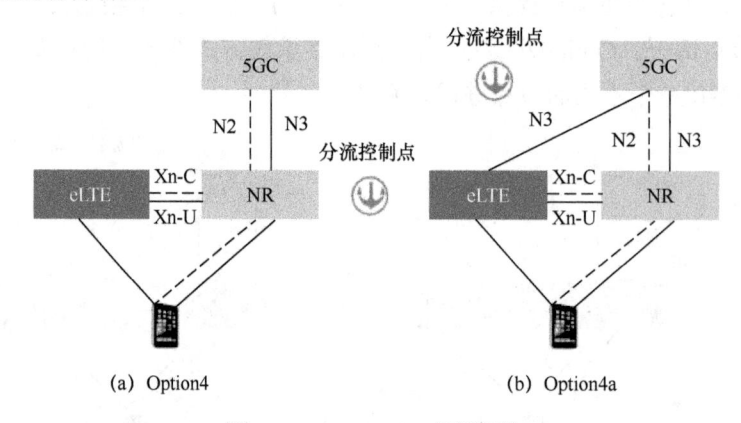

3. Option4/4a

Option4/4a 部署架构如图 4-29 所示。与 Option7/7a/7x 不同，5G NR 成为部署架构中的控制面锚点，并作为主节点提供连续覆盖，而 eLTE 接入 5G 核心网，只是提供覆盖和容量的补充。Option4/4a 由于双连接承载方式不同，用户面分别经由 LTE eNB 和 5GC 两个不同的节点进行分流。

图 4-29　Option4/4a 部署架构

非独立组网架构中的 Option4/4a 的优势在于：获得 5G NR 与 LTE 的双连接高速率，由于 NR 和 LTE eNB 均接入 5GC，从而可以支持 5G 边缘计算和网络切片等新功能和新业务。该方案的主要劣势在于：新建 5G NR 基站和现网 LTE 基站设备厂商保持一致，同时 LTE eNB 需要进行升级改造方能支持 5G。因此，非独立组网架构中的 Option4/4a 适合 5G 部署初期和中期场景，可以使用 5G NR 保证高速率的连续覆盖，同时提升 5G 的功能和业务能力，并通过 eLTE 进行局部低成本覆盖和容量补充。

4.3.3　独立部署架构

在独立部署架构下，通过引入 5G 核心网，5G NR 或 4G LTE 基站直接连接。相关的架构选项包括 Option2 和 Option5 两种类型，如图 4-30 所示。

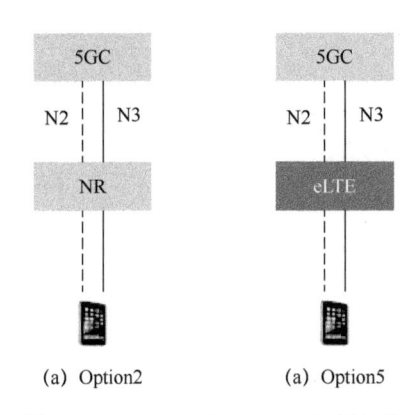

图 4-30　Option2 和 Option5 部署架构

1. Option2

独立部署架构 Option2 是 5G 典型的目标架构，5G NR 基站直接接入 5GC。该方案的优势在于：通过部署独立的 5G 网络，可以一步到位支持 5G 网络所有新功能和新业务。该方案的劣势在于：由于 5G 连续覆盖的投资较大，初期 5G NR 热点覆盖将会存在大量与 4G 网络的互操作，同时也无法充分利用 4G 基站资源。

2. Option5

较之于 Option2，独立部署架构中的 Option5 则是不进行 5G NR 的部署，通过既有 LTE 升级改造 eLTE，支持接入 5G 核心网。该方案的优势在于：有效利用现网既有的 LTE 资源。该方案的劣势在于：eLTE 涉及现网 LTE 改造，提升了成本，同时 eLTE 需要与既有 4G LTE 厂商绑定。

虽然 Option 5 无须大规模进行 5G NR 投资，但由于 5G NR 技术体制的先进性，可以实现更高速率、更低时延和更高的可靠性，较之改造后的 eLTE 优势明显，该方案更像是 4G LTE 网络的增强，不仅后续基站侧技术升级难度较大，商业竞争力也偏弱。

4.4　小结

本章重点介绍了 5G 网络架构的整体设计思路，涵盖无线网和核心网。通过控制面与承载面的彻底分离，并引入接口服务化和能力开放等新特性，5G 满足了网络灵活、高效和开放的发展趋势，也为 5G 适应不同的业务场景奠定了坚实的基础。

第3篇
建 设 篇

第 5 章　5G 网络规划与建设

ITU 定义了 eMBB（增强型移动宽带）、mMTC（海量大机器类通信）、uRLLC（高可靠低时延通信）在内的 5G 三大应用场景。2019 年 6 月，5G 网络 3GPP R15 标准冻结，成为 5G 组网的第一阶段基础版本，3GPP R16 标准于 2020 年 6 月冻结，该版本进一步精细优化了 5G 性能，重点增强垂直行业支持能力，形成相对完整的 5G 技术标准。从业务发展需求和产业进展来看，5G 发展初期主要面向个人客户和政企客户的 eMBB 业务场景，满足超高清视频、虚拟现实、增强现实、云游戏、云办公等大带宽移动接入业务需求。5G 发展后期，根据业务需求和产业链成熟情况，逐步满足 uRLLC 和 mMTC 等业务需求。

5G 网络技术和产业成熟尚需一个逐步发展的长期过程，5G 网络规划不仅要满足个人和政企等不同客户需求，同时还要具备后续 5G 新技术的平滑演进等能力，这必然给 5G 网络规划提出了更高的要求，带来更大的挑战。5G 网络规划和建设注定要与 4G 网络协同，并分阶段分场景逐步实施。

本章从 5G 两种基本组网架构开始，在明确 5G 网络架构演进思路的基础上，对 5G 网络规划中涉及的"五高一地"典型场景、规划基本流程、网络参数规划等关键问题和要点进行分析。与 4G 网络规划类似的步骤和方法，本章将不再依次赘述，旨在为 5G 网络建设提供更多的可借鉴指导。

5.1　组网规划

对于大部分运营商而言，5G 网络建设不是部署一张全新建设的网络，而是在原有网络的基础上进行升级和改造，以满足 5G 网络高带宽、低时延的需求。因此，网络规划必须以充分利用现有网络资源并满足用户需求和竞争优势为基本出发点。此外，网络规划在整体架构的设计中要考虑中长期技术演进能力。

5.1.1　组网架构选择

3GPP 标准确定了两大类部署模式：独立组网和非独立组网。根据不同运营商在不同阶段部署 5G 商用网络的需求,提出了 12 种 5G 系统参考架构,涉及 8 种选项(Option)。其中,Option1/2/5/6 属于 LTE 与 5G NR 独立部署架构,即 SA 架构,而 Option3/4/7/8 属于 LTE 与 5G NR 双连接部署架构,即 NSA 架构。

Option3/7/4/2 是 5G 网络部署重点关注的架构,如表 5-1 所示。

表 5-1　5G 非独立组网和独立组网的架构选项对比

选项	非独立组网			独立组网
	Option3/3a/3x	Option7/7a/7x	Option4/4a	Option2
无线覆盖	LTE 连续覆盖 NR 容量补充	eLTE 连续覆盖 NR 容量补充	NR 基础覆盖 eLTE 容量补充	NR 独立组网
LTE 要求	EPC 和 LTE eNB 升级	LTE 升级改造为 eLTE 基站	LTE 无须改造	LTE 要求
业务和功能	有限的新业务和新功能	支持 5GC 引入多种新业务和新功能		
互操作	双连接方式,切换中不会造成业务中断,保证业务连续性			重选和切换等方式
终端要求	5G 双连接终端			5G 终端
应用策略	5G 初期部署 NR 局部覆盖		5G 中后期部署 NR 连续覆盖	5G 目标架构 NR 连续覆盖

非独立部署架构下对应主小区组分离承载、辅小区组承载和辅小区组分离承载三种数据承载方式。

(1)对于主小区组分离承载而言,Option3/4/7 部署架构通过主节点在 PDCP 层进行数据分流,由主节点控制在辅节点和主节点之间进行动态分流,同一承载可以通过主节点和辅节点进行传送。对于主节点存在额外的容量处理和数据缓存需求的情况,如 Option3/7 分别以 LTE 和 eLTE 作为主节点,要求相对较高,对主节点和辅节点之间的回传链路有一定吞吐量和时延要求。

(2)对于辅小区组承载而言,Option3a/4a/7a 部署架构通过核心网进行数据分流,对于同一承载只能分别从辅节点或主节点进行数据转发,主、辅节点之间无数据链路和传送需求,当仅有一个承载或两个承载数据流量差异较大时增益较低。

(3)对于辅小区组分离承载而言,Option3x/7x 架构通过 NR 辅节点在 PDCP 层进行数据分流,由辅节点控制在主、辅节点之间进行动态分流,同一承载可以通过主节点和辅节点进行传送。将容量更大和性能更高的 5G NR 作为分流节点,可以降低对于 LTE/eLTE 基站的网络容量处理需求和数据缓存需求,无须对现有 LTE 无线进行大量的升级改造。

总而言之,当需要考虑部署 Option3/3a/3x、Option4/4a 和 Option7/7a/7x 网络架构时,建议分别选择 Option3x、Option4、Option7x 架构选项。

5G NR 组网架构相对 4G 更为灵活,随着 3GPP 对 5G 标准的加速推进,NSA 和 SA 组网方案中各种选项相关的国际标准都已冻结。由于 NSA 组网方案中部分选项无须 5GC,

可依托运营商 4G 网络以 LTE 作为锚点,具有部署快的优势,使得运营商在 5G 初期能快速实现大带宽业务。然而 SA 架构支持网络切片和边缘计算等新技术,为满足 eMBB、uRLLC 和 mMTC 三大业务场景的全业务需求提供了可能,成为运营商未来的目标网络。

Option3x 在控制面由 4G 基站作为锚点直接与 4G 核心网网元 MME 相连,用户数据流量的分流和聚合在 5G 基站完成,5G 基站可直接传送到终端,也可通过 X2-U 接口将部分数据转发到 4G 基站再传送到终端。Option3x 网络可以充分利用已有 4G 网络的良好覆盖作为网络的控制面传输,因此运营商普遍用此方案部署 NSA 网络。在 Option2 架构中,5G 核心网与 5G 基站通过 NG 接口直接相连,传递非接入层(Non Access Stratum,NAS)信令和数据,5G 无线空口的 RRC 信令、广播信令、数据都通过 5G 基站 NR 空口直接传递。Option2 架构对现有 2G/3G/4G 网络架构无影响,可独立部署 5G 新网元,并具备拓展垂直行业及提供 5G 网络切片、边缘计算等新功能。因此,多数运营商 SA 普遍选择 Option2 方案。

由于 NSA 与 SA 两种组网方案在产业链成熟度上存在差异,同时考虑国际 NSA 用户漫游需求,NSA/SA 双模网络也成为在 NSA 向 SA 演进过程中部署的新模式,由于 NSA 和 SA 在 NR 空口协议上保持一致性,在高层协议上存在差异,因此可以通过同一无线网络实现对 SA 和 NSA 用户的接入。双模基站可通过软件配置实现模式转换,当网络由 NSA 组网向 SA 演进时,只需要对基站进行软件配置升级即可,使得运营商在硬件投资上一步到位。同时,双模基站一个载波能够支持两种制式的终端接入,即当网络最终升级到 SA 时,终端用户也无须更换手机,实现平滑演进。

对于核心网而言,5G 核心网包括两种部署方式选择:在使用 Option3/3a/3x 部署架构的情况下,4G EPC 需升级为 EPC+实现对 5G NSA 架构的支持;当采用 Option2、Option4/4a、Option5、Option7/7a/7x 等其他部署架构时,则均需要新建 5G 核心网。

(1) 4G EPC 升级为 5G 非独立组网架构。Option3x 通常为运营商 5G 商用初期重点考虑的网络部署方案,该方案下通过对 EPC 的 MME、SAE-GW、PCRF、HSS 和 CG 等网元软件升级,支持对双连接、NR 接入限制、QoS 扩展、5G 签约扩展和计费扩展等方面的 5G NSA 组网要求,并支持对数据和策略的统一管理。

(2) 引入 5G 核心网。为了充分发挥 5G 新功能和新业务的特性,5G 核心网可以采用新建方式或 vEPC 升级方式进行部署,引入 AMF、SMF、UPF、PCF、UDM、NEF、NRF、NSSF 等网络功能,如图 5-1 所示。5G 网络部署初期需要保障以下几方面。

① 统一的数据管理和策略控制:基于不换卡不换号原则,5GC 首先需要考虑实现 UDM/HSS、PCF/PCRF 等 4G/5G 网元的融合。

② 保证业务在 4G/5G 的连续性:融合 SMF/PGW-C 作为统一会话管理锚点,融合 UPF/PGW-U 作为统一用户面锚点,通过 N26 接口实现 AMF 和 MME 之间控制面交互,通过上下文等互操作信息的传递实现 5GC 与 EPC 的互操作。

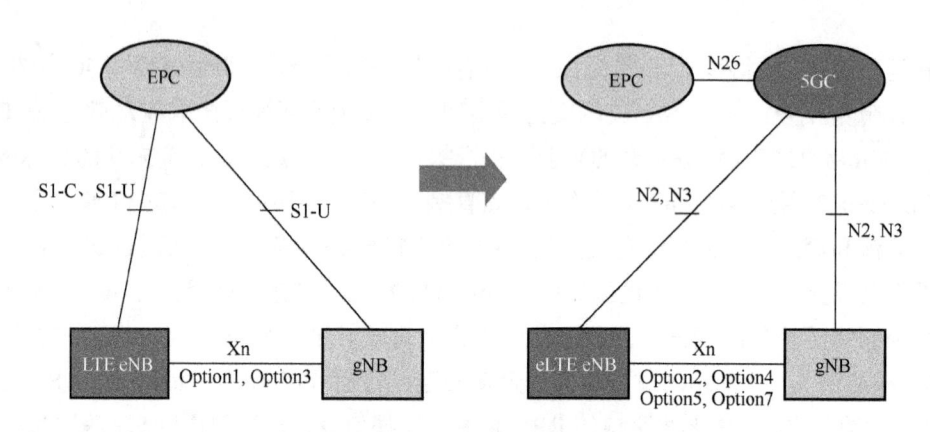

图 5-1　核心网部署方式及演进路径

5G 网络部署的中后期，需要实现 5GC 与 EPC 的融合演进。EPC 和 5GC 部署在云化基础设施上，vEPC 升级支持相应 5GC 功能，新建 5GC 可以向下兼容相应 EPC 网元功能，实现统一的融合核心网。5GC 与 EPC 的融合核心网可以支持不同组网架构下的多种接入方式，如图 5-2 所示。

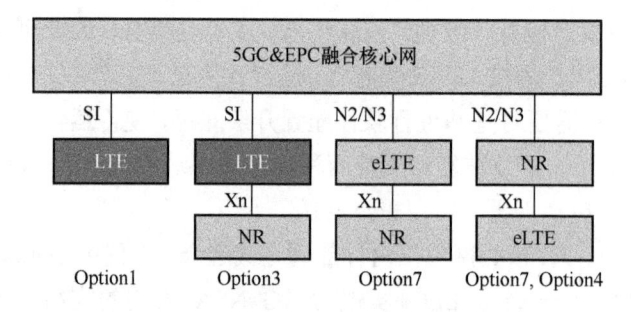

图 5-2　融合核心网统一支持多接入

5.1.2　4G 与 5G 互操作

3GPP R15 标准规定了 4G/5G 跨系统互操作架构、核心网网元融合部署原则、应用单注册/双注册模式，以及部署/未部署 N26 接口情况下具体的 4G/5G 互操作业务流程。

1. 4G/5G 融合互操作架构

4G/5G 融合组网意味着网络、数据、业务均需要进行一体化的融合演进，对从现有 4G 网络到 5G 网络的演进过程来说，用户签约数据融合、业务策略数据融合及业务连续性是在网络融合过程中需要优先考虑的问题。基于这部分网络演进需求，3GPP 定义了专用于跨系统互操作的 4G/5G 融合网元，即 HSS+UDM、PCRF+PCF、PGW-C+SMF 和 PGW-U+UPF。4G/5G 融合互操作系统架构如图 5-3 所示，其中 N26 接口为可选接口，其应用部署取决于运营商具体的部署策略和业务需求。

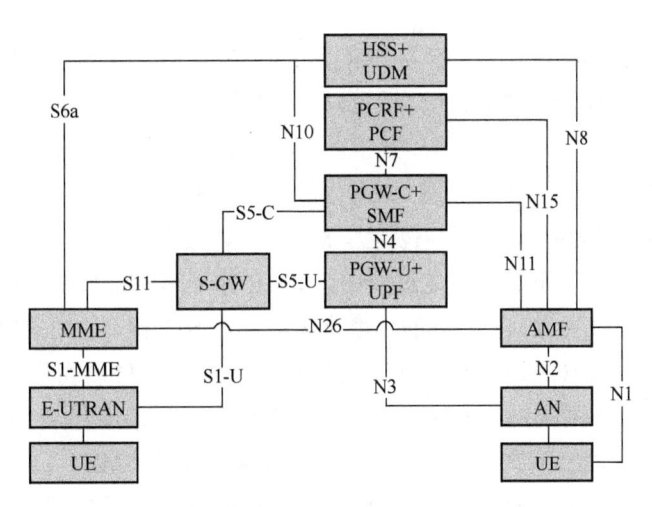

图 5-3　4G/5G 融合互操作系统架构

2．4G/5G 互操作处理流程

1）单注册/双注册

为支持 4G/5G 间的互操作，5G 系统针对同时支持 5GC NAS 和 EPC NAS 的 UE 定义了单注册和双注册两种注册模式。其中，对 UE 来说，单注册是必选功能，而双注册为可选功能，运营商可根据具体网络部署情况和业务需求进行 UE 能力的要求。在 UE 注册过程中，UE 应该向网络侧发送指示，表明 UE 同时具备 5GC NAS 和 EPC NAS 能力，以支持后续网络的互操作处理。

在单注册状态中，UE 同一时间内仅保持一种激活的移动性管理状态，可以是 5GC 的注册管理状态或 EPC 的 EPS 移动性管理状态之一，即 UE 同时仅接入 EPC 或 5GC 之一。当 UE 发生 4G/5G 间的互操作时，UE 会根据自身全球唯一标识（Globally Unique Temporary UE Identity，GUTI）将当前的 EPS-GUTI 映射为 5G-GUTI（当由 4G 移动到 5G 时），或者将当前的 5G-GUTI 映射为 EPS-GUTI（当由 5G 移动到 4G 时）。

在双注册模式中，UE 能够同时独立处理到 5GC 和 EPC 的注册流程，同时存储 5G-GUTI 和 EPC-GUTI，并且 5G-GUTI 和 EPC-GUTI 均由 5GC 或 EPC 系统分配，而不是以互相映射的方式获得。支持双注册模式的 UE 可以单独注册到 5GC 或 EPC，也可以同时注册到 5GC 和 EPC。

在 4G 和 5G 间的互操作过程中，可能涉及 MME 和 AMF 之间的可选接口——N26 接口。根据运营商的部署策略，互操作流程可以选择使用 N26 接口，也可以选择不使用 N26 接口。

2）部署 N26 接口时的互操作

N26 接口用于源网络和目标网络之间进行移动性管理状态和会话管理状态的传送。UE 可以使用单注册模式运行，网络可以通过 UE 的任何一种可用的移动性管理状态，就可以保证用户会话的连续性。当 UE 从 5GC 移动到 EPC 时，由 SMF 基于 EPS 能力及运营商具体的管理策略决定哪些 PDU 会话可以重定位到目标 EPS，并释放无法迁移到 EPS 的那部分 PDU 会话。

当 UE 处于空闲态时，如果发生 5GC 到 EPC 的移动，UE 通过 5G-GUTI 映射的 EPS-GUTI 实现跟踪区更新或 4G 附着流程，MME 可以通过 N26 接口获取 UE 在 5G 的移动性管理和会话管理的上下文。在此过程中，MME 并不感知跨系统互操作过程，在整个处理过程中，N26 接口从 MME 处理的角度来说等同于 S10 接口。如果空闲态下 UE 发生 EPC 到 5GC 的移动，UE 通过 EPS-GUTI 映射而来的 5G-GUTI 就可以进行移动性注册流程，并向网络指示 UE 的源网络 EPC，同时 AMF 通过 N26 接口获取 UE 在 4G 的移动性管理上下文和会话管理上下文，并将会话部分的信息发送给 SMF。

当 UE 处于连接态时，无论是发生 5GC 到 EPC 的移动，还是发生 EPC 到 5GC 的移动，都将执行跨系统切换流程。在切换过程中，HSS+UDM 将不再受理针对该 UE 的由 AMF 或由 MME 发来的注册请求。

3）未部署 N26 接口时的互操作

在未部署 N26 接口的网络中，网络使用 HSS+UDM 存储 UE 相关的 PGW-C+SMF 和 APN/DNN 信息，以此来保障 UE 的 IP 地址连续性。在未部署 N26 接口的情况下，网络侧应在 UE 初始附着的过程中指示网络具备双注册能力，以协助 UE 决定是否在互操作流程触发前提前在目标网络进行注册。如果 UE 在以双注册模式注册到网络后移动到支持 N26 接口的区域，网络侧可以以携带重注册指示的注销请求将 UE 从网络中注销，并在 UE 重注册过程中不再携带网络侧支持双注册模式的指示，让 UE 以单注册模式在网络中进行重注册。

5.2　5G 规划流程

5.2.1　总体流程

5G 规划在明确网络架构后，首先，应明确网络建设目标，即覆盖目标、容量目标、业务目标；其次，根据公司发展策略、市场发展目标、业务经营情况，结合现网资源和建设投资及运营成本测算，得出区域公司整体规模、投资分配，并分别确定覆盖型建设和容量型建设的规模；再次，根据无线网络规划站点初步清单，通过仿真等手段进行调优，获得规划实施清单；最后，根据无线网络站点规模进行核心网和传输网的规划。5G 规划总体流程如图 5-4 所示。

5G 站点规划流程，包括信息收集、网络规模估算、规划仿真、射频（Radio Frequency，RF）参数规划和小区参数规划等步骤，如图 5-5 所示。

第 5 章　5G 网络规划与建设

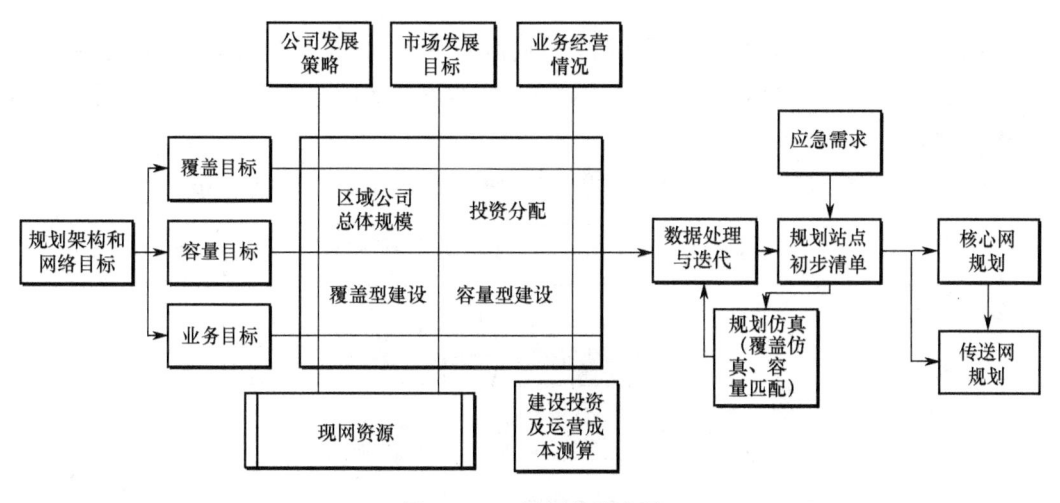

图 5-4　5G 规划总体流程

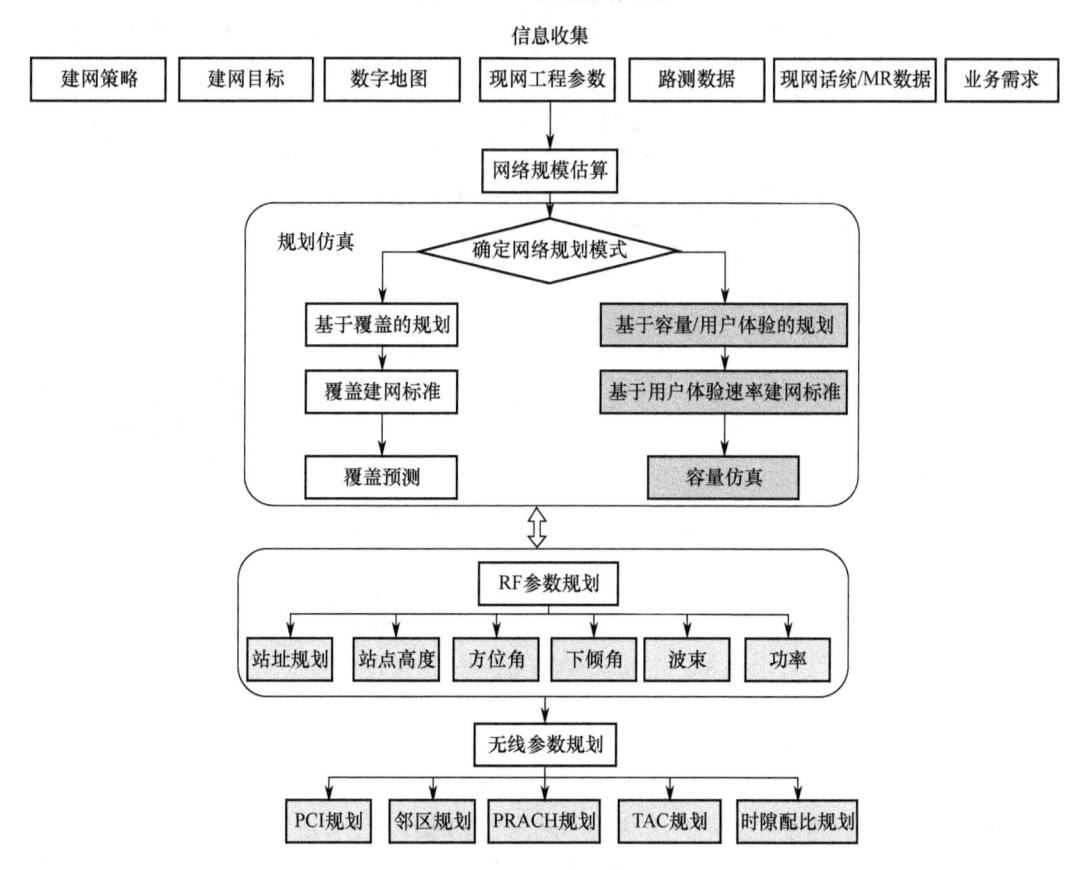

图 5-5　5G 站点规划流程

信息收集在网络规划初始阶段进行，主要用于网络规模估算、网络规划仿真及小区参数规划的输入，包括建网策略、建网目标、频段信息、覆盖区域信息、业务需求、覆盖概率、信号质量要求、数字地图等信息，同时还涉及 4G 的路测数据、话统/测量报告（Measurement Report，MR）数据、站点分布及工程参数等，这些信息可以作为网络规划的输入或参考。

当首期工程建设完成之后，后续建设可参考图 5-6 所示流程进行规划站点库的准备。

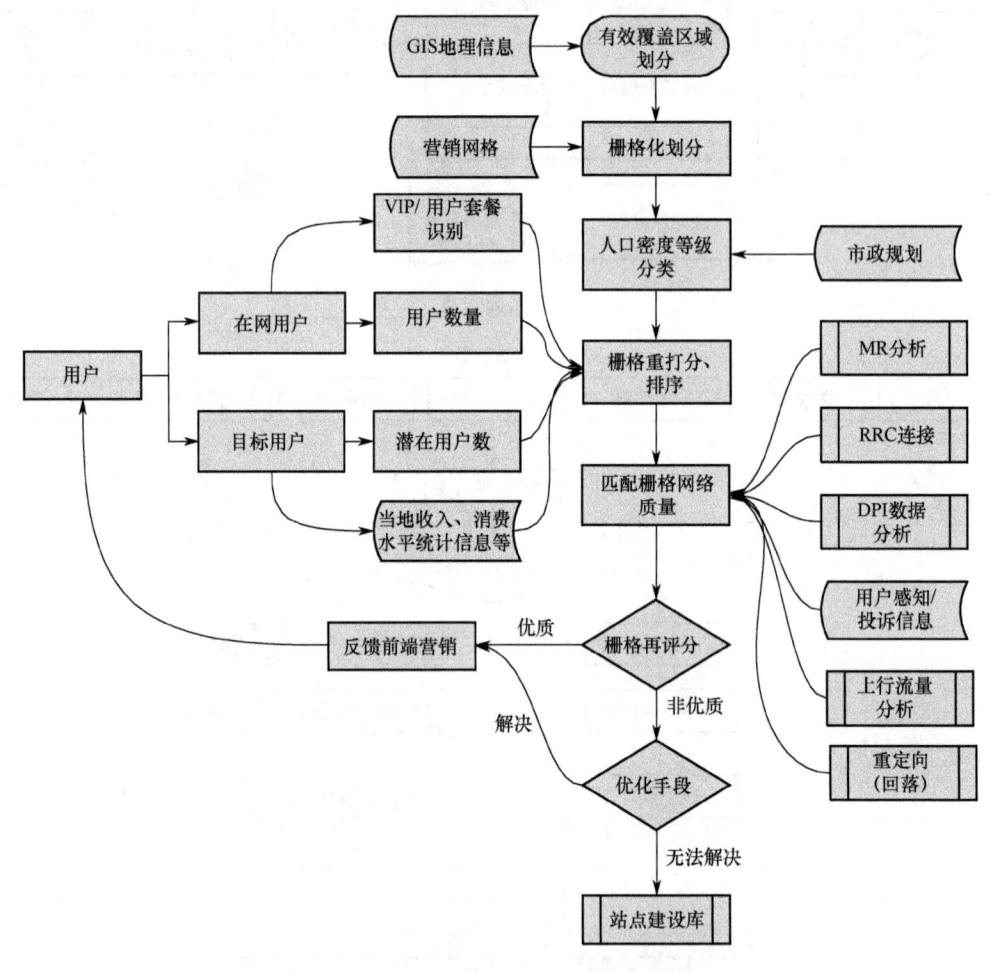

图 5-6　已运营 5G 网络站点规划流程图

5.2.2　5G 建设场景规划

5G 网络规划与建设要以用户为中心，确保 5G 网络建设资源聚焦重点区域、重点客户，有效支撑业务发展。5G 业务需求包括个人客户（2C）和政企客户（2B）两大类，不同的业务场景对应不同的 5G 需求，需针对不同业务网络承载需求，合理制定网络建设方案，降低网络建设成本。2C 业务以下行业务需求为主，网络建设主要考虑速率和容量；2B 业务不同的上行业务和下行业务需求不同，主要考虑速率和时延[42]。

对于个人客户而言，5G 网络规划场景通常会聚焦"五高一地"，即高流量商务区、高密度住宅区、高校、高铁、高速公路和地铁。根据 3G 和 4G 业务量统计，该 6 类场景通常会占据超过 70%的全网业务量，是运营商网络品牌和价值的重要体现区域。

对于政企客户而言，由于 5G 部署初期以 eMBB 业务场景为主，重点聚焦 VR/AR、高清直播、视频监控、无人机、智慧医疗、智慧制造等业务，会由不同业务需求和特点进行分别规划和建设。

此外，5G 网络规划与建设还必须遵循低成本建设和运营原则，即 5G 网络建设应坚持效益导向的原则，在满足业务发展需求的前提下，根据不同场景下的建设需求和现场情况，采用共建共享、4G 与 5G 协同、多种设备形态，降低网络建设及运营成本，采用合理的主设备及天面建设整合方案，以实现低成本建设及运营。

鉴于政企客户业务场景的业务需求多样性，本节重点以个人客户业务场景为例，阐述 5G 建设场景的规划思路。

1. 高流量商务区

高流量商务区指用户分布较为集中、语音和数据业务使用量较大的区域，公众用户平均收入（Average Revenue Per User，ARPU）值一般明显高于周边区域 ARPU 值。对网络服务质量和用户感知要求也高于其他区域，数据业务要求更高的体验速率、更低的时延等。根据高流量用户集中分布的建筑物功能不同，可细分为高档写字楼/政府办公楼、大型商业区、宾馆酒店、大型场馆、交通枢纽场/站、医院、聚类市场等多种区域。由于高流量用户在这些建筑物室内和周边室外区域都会有语音和数据业务需求，因此对区域内室内外协同覆盖及信号切换方案有较高要求。

高流量商务区场景初期可以考虑室外覆盖采用主流 64T/64R 的 AAU，室内覆盖则主要采用有源室内分布系统，聚焦构建一批有示范性、有品牌宣传效应、有经济效益的 5G 网络业务应用。中后期进一步扩大室内覆盖并对室外热点进行容量提升，室外覆盖应考虑场景需求采用不同流数的 AAU 及不同站型基站相结合的方式，室内则可以考虑引入无源和有源室内覆盖相结合的方式。

从建设模式角度，可以考虑采用室外宏站实现高流量商务区 5G 网络广覆盖，室外微基站用于高流量商务区室外周边的小范围区域，包括室外街道、底层商铺等。室内有源室内覆盖系统用于用户密集、业务量较大且集中的高流量商务区的室内区域覆盖；室内无源室内覆盖系统用于用户稀疏、数据流量需求低、语音用户需求一般的高流量商务区的地下停车场等场景。

2. 高密度住宅区

高密度住宅区指语音业务密度高或（和）数据业务密度较高的住宅，一般包括高层小区、中高层小区、多层小区和复合型小区。与普通住宅区相比，高密度住宅区具有容积率高、楼层较高、用户密度大等特点，通过室外宏蜂窝基站覆盖的方式一般无法满足住宅室内的覆盖要求，因此需要结合微站及室内分布系统，采用多种工程建设方式满足覆盖需求。

在 5G 网络建设初期，高密度住宅区的室内覆盖，应优先利用室外宏基站方式实现良好的深度浅层覆盖。部分区域可采用室外微基站的建设方案，通过灵活设置天线工程参数，实现对住宅楼宇内部的定向穿透覆盖；对于住宅小区中电梯或地下停车场等低流量区域，在有明确 5G 业务需求时，可以采用有源/无源室内分布系统或室内微基站解决。

从建设模式角度，对于单体建筑物高度较高、宽度较宽的高密度住宅楼，充分利用 5G Massive MIMO 特性，通过 4 个垂直维度、16 个水平维度的赋型能力（以 64TR 天线为例），采用上打和下打的方式，实现楼宇的良好覆盖，如图 5-7 所示。

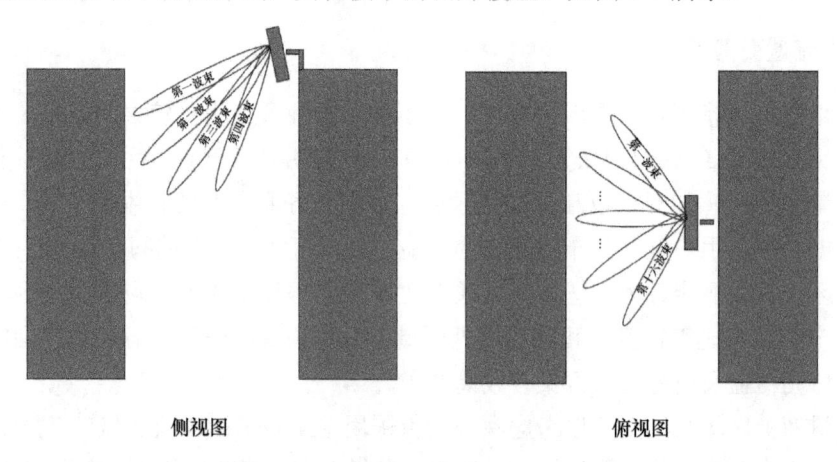

图 5-7　5G AAU 高层楼宇覆盖方式

在不具备建设宏基站条件时，小区内部可以建设室外微基站，通过天线定向穿透解决楼宇内部覆盖。对于覆盖区域低于可选站址高度的情况，采用天线下打穿透覆盖；对于覆盖区域高于可选站址高度的情况，采用天线上打穿透覆盖，如图 5-8、图 5-9 所示。

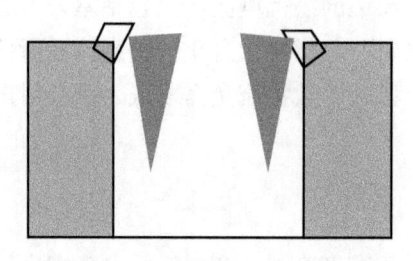

图 5-8　天线下打穿透覆盖示意图

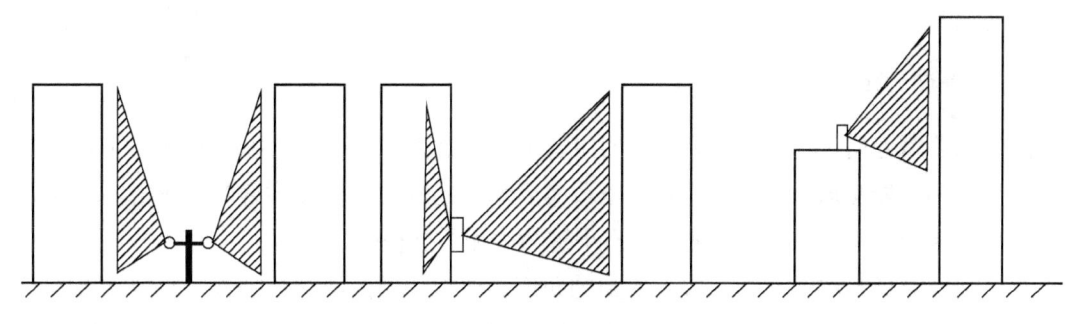

图 5-9 天线上打穿透覆盖示意图

3. 高校

大学生手机网络使用普及率高、依赖程度高，校园市场通常具备高流量低价值、潮汐效应明显和容量需求高等典型特征。

高校场景建设应充分利用现有有线资源优势，无线与有线、WLAN 协同，通过 WLAN 网络进行流量分流，降低无线网络的容量压力，提升用户体验。对于高容量需求的高校区域，室外采用宏基站，室内深度覆盖优先采用有源室分实现覆盖和吸收业务量。对于高校室内部分间隔密集型场景，如宿舍、办公室、宾馆等，单间面积较小，存在密集间隔的情况，可根据场景实际情况采用 5G 有源+无源外扩方案。通过有源室内分布 pRRU 外接无源天线，扩大覆盖范围，减少 pRRU 头端数量，达到较低成本的目的。

4. 高铁

高铁场景对 eMBB 业务不敏感，5G 网络建设初期不追求高铁沿线的全覆盖，应聚焦确有 5G 需求的重点高流量线路，优先解决车站覆盖和重点路段的 5G 信号有无问题，后续能够采用低频段 5G 重点满足全覆盖要求。

高铁场景存在多普勒频移明显、车厢穿透损耗大、网络切换频繁等特点，高铁线路的 5G 无线网建设，应遵循与其他运营商共建共享的原则。通过 5G 设备级共建共享、分布系统共建共享、漏缆共建共享等方式，实现高铁线路 5G 无线网的快速、低成本建设。

5G 无线网络在高铁这样的线状覆盖场景，且用户高速移动的环境下，可以选择 8T8R 的 RRU 设备，通过大功率低流数 RRU 加高增益窄波束天线，配合上行增强手段来进行覆盖，性价比更高，同时应综合考虑大网和高铁用户的容量和性能，可以选择 RRU 同小区方案，减少频繁切换次数。高铁车站候车厅面积大、层高高且非常空旷，可以考虑采用 5G PRRU+赋形天线的方式进行覆盖，有效控制干扰，提升容量。高铁站台空旷，而且天线安装位置较高且稀少，可以考虑采用 5G RRU+窄波瓣天线方式进行覆盖。

5. 高速公路

高速公路近期 5G 需求主要面向网络音乐、社交类、导航等业务，远期会面向自动/辅助驾驶和智能交通，摄像头和传感器收集到海量的数据，以及乘客对资讯内容和娱乐体验需求提升，其对数据流量的需求有个逐渐增加的过程。

高速公路场景建设从考虑投资效益的角度，通常采用面线结合的方式，即在市区、县城、郊区、乡镇等繁华区域采用以面带线的方式对高速公路进行覆盖；在农村等偏远区域采用以线带面的方式对高速公路进行覆盖，兼顾周边农村覆盖。

高速公路属于典型的线状覆盖场景，高速公路需覆盖区域重点为高速公路路面、服务区、隧道、桥梁、收费站等场景。其主要通过宏基站的"之"字形方式进行室外路段覆盖，如图 5-10 所示。隧道覆盖场景主要通过微基站、RRU 外接天线等方式覆盖。通过小区合并可以扩大单个小区覆盖范围，增加终端在小区内的驻留时间，增加随机接入成功率，减少频繁切换引起的掉话。农村开阔地高速公路覆盖，根据 8T8R 大功率设备产品商用情况，可采用 8T8R 宏站+外接窄波瓣高增益天线方式进行高速公路覆盖。

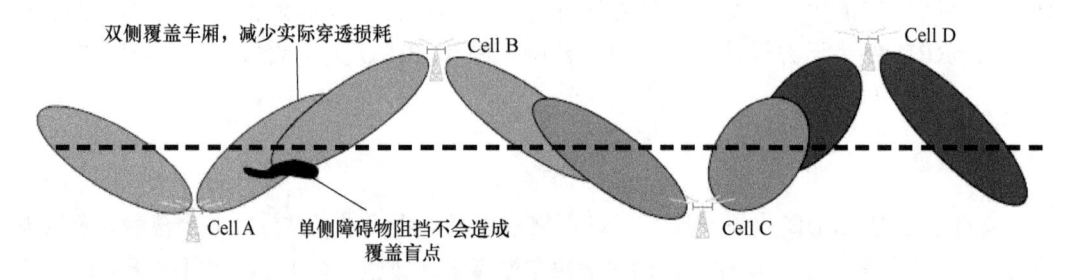

图 5-10 高速站点分布示意图

6. 地铁

地铁一般为长筒形管道状的封闭结构，外网信号无法覆盖，因此需要制定专门的覆盖方案。地铁具有自身的业务特点：一是地铁建筑内的商业区、设备区、站厅区、站台区、轨行区等多个功能区的覆盖要求有所差异，要保证对其良好的信号覆盖；二是覆盖距离长，流动性话务量，用户流动性大，移动速度高，对地铁内连续性覆盖要求高；三是地铁用户在乘坐地铁时会有大量数据业务的需求，所以地铁内要求提供高速数据业务的覆盖。

针对地铁不同覆盖场景采用不同的解决方案，隧道通常采用泄漏电缆覆盖，站厅站台主要采用有源/无源室内分布系统覆盖。

5.2.3 规划指标确定

5G 建网初期重点围绕 eMBB 业务。5G 系统是个较为典型的上行业务信道受限系统，以具有代表性的视频业务边缘接入速率为参考：下行业务信道考虑 1 路 4K 或 1 路 8K 视频业务，下行速率 50Mbps 或 100Mbps 即可满足基本业务需求；上行业务信道考虑 1 080P 现场直播视频业务，上行速率 3～5Mbps 即可满足。因此，对于建网标准，下行 100Mbps，上行 3～5Mbps 即可。5G 规划的业务速率需求如图 5-11 所示。当然，5G 业务速率规划需要综合考虑业务体验要求、运营商竞争及覆盖成本等多种因素。

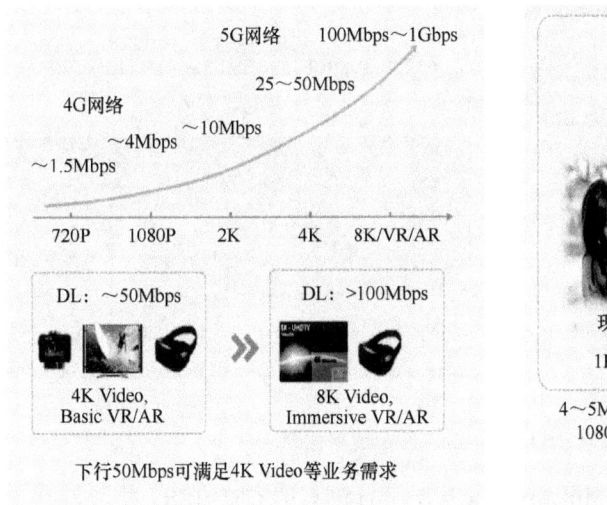

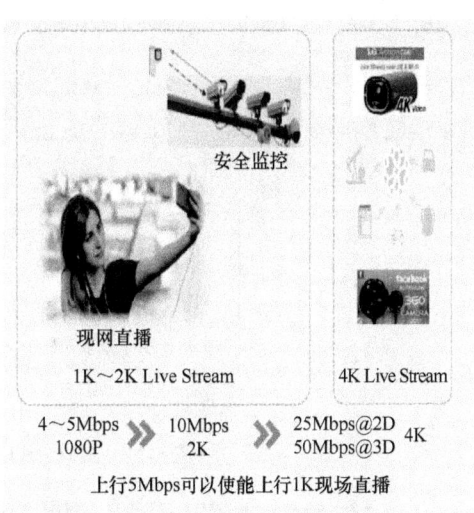

图 5-11 5G 规划的业务速率需求

此外，随着 5G 引入 Massive MIMO 技术，5G 规划的速率仿真中涉及相应的 RANK 规划。RANK 规划策略如下：根据信道质量和 RANK 之间的映射表获得不同的信号与干扰加噪声比（Signal to Interference Plus Noise Ratio，SINR）值下的 RANK 值，如果 SINR 质差，获得的 RANK 值较低，基本上为 1；如果 SINR 质好，则获得的 RANK 值较大。根据 RANK 和速率之间的解调性能曲线，获得相应速率。5G 信道质量、RANK 及速率关系如图 5-12 所示。

基于现有 5G 终端能力，获得 CSI SINR、CSI RSRP、SSB RSRP 三个指标联合规划参考结果。

（1）下行 100Mbps：CSI SINR 2dB（考虑干扰余量 3dB、人体穿透损耗 3dB，OTA 4dB，50%负载情况）。

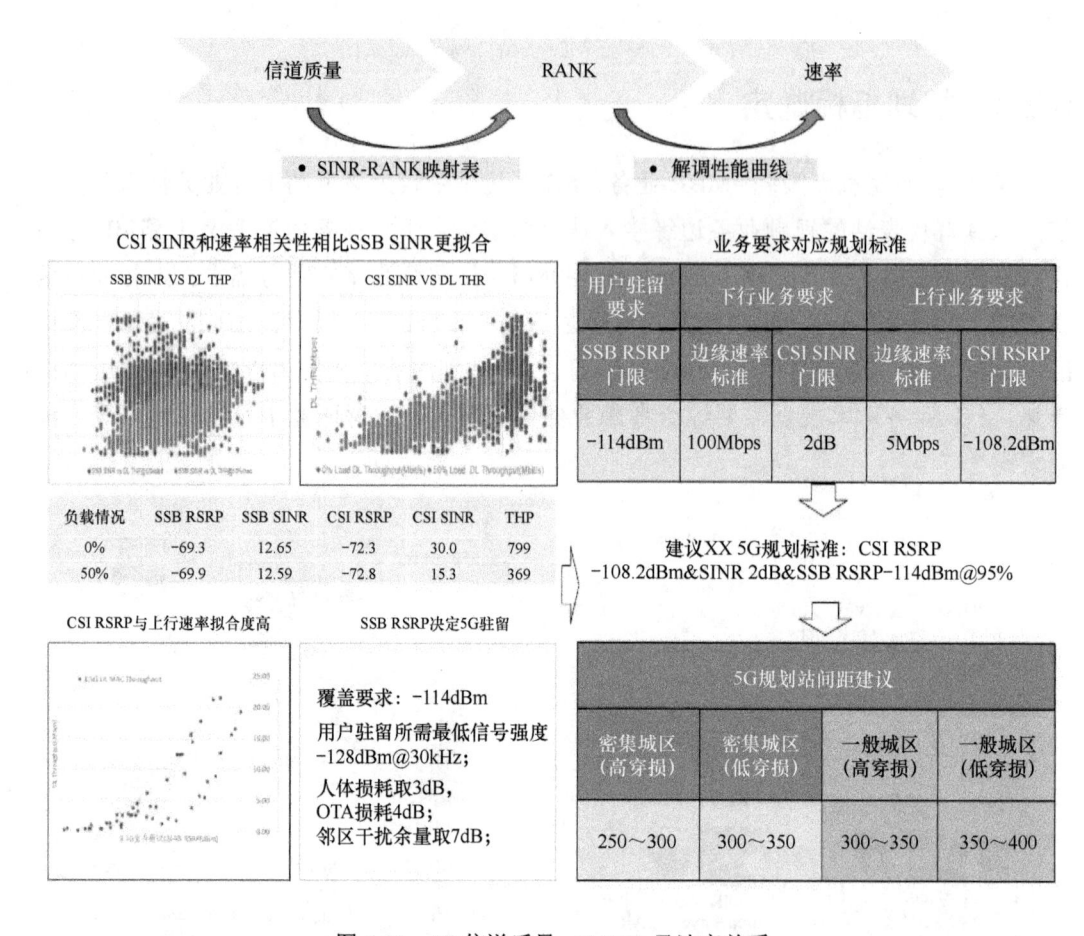

图 5-12　5G 信道质量、RANK 及速率关系

（2）上行 5Mbps：CSI RSRP −108.2dBm（基于下行测得的 CSI RSRP 折算获得上行速率）。

（3）SSB RSRP：−114dBm，确保用户驻留。

5.2.4　5G 无线参数规划

1. 基础参数规划

本节将基于 3GPP 38.101、38.211 和 38.817 介绍 NR 频率范围、NR 频段、帧结构与带宽、保护带宽、NR 频点号计算和 UE 发射功率[43]。

1）频率范围

3GPP 5G NR 标准包含 Sub 6GHz（FR1：450～6 000MHz）和毫米波（FR2：24 250～52 600MHz）两个频率范围。对于不同的频率范围，系统带宽和子载波间隔有所不同，NR FR1 频段划分如表 5-2 所示，NR FR2 频段划分如表 5-3 所示。

表 5-2 NR FR1 频段划分

工作频段	下行频段 基站收、终端发 上行低频–上行高频	带宽	上行频段 基站发、终端收 下行低频–下行高频	带宽	双工模式
n1	1 920～1 980MHz	60	2 110～2 170MHz	60	FDD
n2	1 850～1 910MHz	60	1 930～1 990MHz	60	FDD
n3	1 710～1 785MHz	75	1 805～1 880MHz	75	FDD
n5	824～849MHz	25	869～894MHz	25	FDD
n7	2 500～2 570MHz	70	2 620～2 690MHz	70	FDD
n8	880～915MHz	35	925～960MHz	35	FDD
n20	832～862MHz	30	791～821MHz	30	FDD
n28	703～748MHz	45	758～803MHz	45	FDD
n38	2 570～2 620MHz	50	2 570～2 620MHz	50	TDD
n41	2 496～2 690MHz	194	2 496～2 690MHz	194	TDD
n50	1 432～1 517MHz	85	1 432～1 517MHz	85	TDD
n51	1 427～1 432MHz	5	1 427～1 432MHz	5	TDD
n66	1 710～1 780MHz	70	2 110～2 200MHz	90	FDD
n70	1 695～1 710MHz	15	1 995～2 020MHz	25	FDD
n71	663～698MHz	35	617～652MHz	35	FDD
n74	1 427～1 470MHz	43	1 475～1 518MHz	43	FDD
n75	N/A		1 432～1 517MHz	85	SDL
n76	N/A		1 427～1 432MHz	5	SDL
n78	3 300～3 800MHz	500	3 300～3 800MHz	500	TDD
n77	3 300～4 200MHz	900	3 300～4 200MHz	900	TDD
n79	4 400～5 000MHz	600	4 400～5 000MHz	600	TDD
n80	1 710～1 785MHz	75	N/A		SUL
n81	880～915MHz	35	N/A		SUL
n82	832～862MHz	30	N/A		SUL
n83	703～748MHz	45	N/A		SUL
n84	1 920～1 980MHz	60	N/A		SUL

表 5-3 NR FR2 频段划分

工作频段	上行频段 基站收、终端发 上行低频–上行高频	下行频段 基站发、终端收 下行低频–下行高频	双工模式
n257	26 500～29 500MHz	26 500～29 500MHz	TDD
n258	24 250～27 500MHz	24 250～27 500MHz	TDD
n260	37 000～40 000MHz	37 000～40 000MHz	TDD

2）帧结构、带宽

根据协议 38211 的描述，NR 支持的子载波带宽如表 5-4 所示。

表 5-4　NR 支持的子载波带宽

子载波配置 Parameter μ	子载波间隔 SCS/kHz	循环前缀 Cyclic Prefix
0	15	Normal
1	30	Normal
2	60	Normal, Extended
3	120	Normal
4	240	Normal
5	480	Normal

普通 CP 和扩展 CP 配置时，符号、时隙、子帧的关系：普通 CP 不管子载波带宽怎么变，一个时隙中固定 14 个符号，但是一个无线帧和一个子帧中的时隙个数会发生变化。普通循环前缀每个时隙的 OFDM 符号数如表 5-5 所示，扩展循环前缀每个时隙的 OFDM 符号数如表 5-6 所示。

表 5-5　普通循环前缀每个时隙的 OFDM 符号数

子载波配置 Parameter μ	每时隙符号数	每帧时隙数	每子帧时隙数
0	14	10	1
1	14	20	2
2	14	40	4
3	14	80	8
4	14	160	16
5	14	320	32

表 5-6　扩展循环前缀每个时隙的 OFDM 符号数

子载波配置 Parameter μ	每时隙符号数	每帧时隙数	每子帧时隙数
2	12	40	4

LTE 中子帧有上行和下行之分，NR 中变成了符号级。在一个时隙中，D 表示下行符号，U 表示上行符号，X 表示灵活的符号。NR 时隙格式如表 5-7 所示。

表 5-7　NR 时隙格式

格式	Symbol number in a slot（单个时隙中的符号）														
	0	1	2	3	4	5	6	7	8	9	10	11	12	13
0	D	D	D	D	D	D	D	D	D	D	D	D	D	D
1	U	U	U	U	U	U	U	U	U	U	U	U	U	U
2	X	X	X	X	X	X	X	X	X	X	X	X	X	X

续表

格式	Symbol number in a slot（单个时隙中的符号）														
	0	1	2	3	4	5	6	7	8	9	10	11	12	13
3	D	D	D	D	D	D	D	D	D	D	D	D	D	X
4	D	D	D	D	D	D	D	D	D	D	D	D	X	X
5	D	D	D	D	D	D	D	D	D	D	D	X	X	X
6	D	D	D	D	D	D	D	D	D	D	X	X	X	X
7	D	D	D	D	D	D	D	D	D	X	X	X	X	X
8	X	X	X	X	X	X	X	X	X	X	X	X	X	U
9	X	X	X	X	X	X	X	X	X	X	X	X	U	U
10	X	U	U	U	U	U	U	U	U	U	U	U	U	U
11	X	X	U	U	U	U	U	U	U	U	U	U	U	U
12	X	X	X	U	U	U	U	U	U	U	U	U	U	U
13	X	X	X	X	U	U	U	U	U	U	U	U	U	U
14	X	X	X	X	X	U	U	U	U	U	U	U	U	U
15	X	X	X	X	X	X	U	U	U	U	U	U	U	U
16	D	X	X	X	X	X	X	X	X	X	X	X	X	X
17	D	D	X	X	X	X	X	X	X	X	X	X	X	X
18	D	D	D	X	X	X	X	X	X	X	X	X	X	X
19	D	X	X	X	X	X	X	X	X	X	X	X	X	U
20	D	D	X	X	X	X	X	X	X	X	X	X	X	U
21	D	D	D	X	X	X	X	X	X	X	X	X	X	U
22	D	X	X	X	X	X	X	X	X	X	X	X	U	U
23	D	D	X	X	X	X	X	X	X	X	X	X	U	U
24	D	D	D	X	X	X	X	X	X	X	X	X	U	U
25	D	X	X	X	X	X	X	X	X	X	X	U	U	U
26	D	D	X	X	X	X	X	X	X	X	X	U	U	U
27	D	D	D	X	X	X	X	X	X	X	X	U	U	U
28	D	D	D	D	D	D	D	D	D	D	D	D	X	U
29	D	D	D	D	D	D	D	D	D	D	D	X	X	U
30	D	D	D	D	D	D	D	D	D	D	X	X	X	U
31	D	D	D	D	D	D	D	D	D	D	D	X	U	U
32	D	D	D	D	D	D	D	D	D	D	X	X	U	U
33	D	D	D	D	D	D	D	D	D	X	X	X	U	U
34	D	X	U	U	U	U	U	U	U	U	U	U	U	U
35	D	D	X	U	U	U	U	U	U	U	U	U	U	U
36	D	D	D	X	U	U	U	U	U	U	U	U	U	U
37	D	X	X	U	U	U	U	U	U	U	U	U	U	U
38	D	D	X	X	U	U	U	U	U	U	U	U	U	U

续表

格式	Symbol number in a slot（单个时隙中的符号）													
	0	1	2	3	4	5	6	7	8	9	10	11	12	13
39	D	D	D	X	X	U	U	U	U	U	U	U	U	U
40	D	X	X	X	U	U	U	U	U	U	U	U	U	U
41	D	D	X	X	X	U	U	U	U	U	U	U	U	U
42	D	D	D	X	X	X	U	U	U	U	U	U	U	U
43	D	D	D	D	D	D	D	D	D	X	X	X	X	U
44	D	D	D	D	D	D	X	X	X	X	X	X	U	U
45	D	D	D	D	D	D	X	X	U	U	U	U	U	U
46	D	D	D	D	D	X	X	D	D	D	D	D	D	X
47	D	D	D	D	X	X	D	D	D	D	D	X	X	X
48	D	D	X	X	X	X	X	D	D	X	X	X	X	X
49	D	X	X	X	X	X	X	D	X	X	X	X	X	X
50	X	U	U	U	U	U	U	X	U	U	U	U	U	U
51	X	X	U	U	U	U	U	X	X	U	U	U	U	U
52	X	X	X	U	U	U	U	X	X	X	U	U	U	U
53	X	X	X	X	U	U	U	X	X	X	X	U	U	U
54	D	D	D	D	X	U	U	D	D	D	D	X	U	U
55	D	D	X	U	U	U	U	D	D	X	U	U	U	U
56	D	X	U	U	U	U	U	D	X	U	U	U	U	U
57	D	D	D	X	X	U	D	D	D	X	X	U	U	U
58	D	D	X	X	U	U	U	D	D	X	X	U	U	U
59	D	X	X	U	U	U	U	D	X	X	U	U	U	U
60	D	X	X	X	X	U	U	D	X	X	X	X	X	U
61	D	X	X	X	X	X	U	D	X	X	X	X	X	U
62~255	Reserved													

在 NR 中，FR1 的最大带宽为 100MHz，子载波支持 15kHz、30kHz、60kHz，FR2 的最大带宽为 400MHz，子载波支持 60kHz 和 120kHz，每种带宽配置下的最大 RB 个数不同，如表 5-8、表 5-9 所示。

表 5-8 最大传输带宽配置

SCS/kHz	5MHz	10MHz	15MHz	20MHz	25MHz	30MHz	40MHz	50MHz	60MHz	80MHz	100MHz
	NRB	NRB	NRB	NRB	NRB	NRB	NRB	NRB	NRB	NRB	NRB
15	25	52	79	106	133	[TBD]	216	270	N/A	N/A	N/A
30	11	24	38	51	65	[TBD]	106	133	162	217	273
60	N/A	11	18	24	31	[TBD]	51	65	79	107	135

表 5-9 最小传输带宽配置

SCS/kHz	50MHz	100MHz	200MHz	400MHz
	NRB	NRB	NRB	NRB
60	66	132	264	N/A
120	32	66	132	264

并不是所有 FR1 的频段最大都能支持 100MB 带宽,每个频段支持的带宽和子载波带宽也有关系,如表 5-10、表 5-11 所示。

表 5-10 NR FR1 各频段支持的带宽

NR Band	SCS/kHz	\multicolumn{11}{c}{NR band / SCS / UE Channel bandwidth}
NR Band	SCS/kHz	5MHz	1 012MHz	152MHz	202MHz	252MHz	30MHz	40MHz	50MHz	60MHz	80MHz	100MHz
n1	15	Yes	Yes	Yes	Yes							
n1	30		Yes	Yes	Yes							
n1	60		Yes	Yes	Yes							
n2	15	Yes	Yes	Yes	Yes							
n2	30		Yes	Yes	Yes							
n2	60		Yes	Yes	Yes							
n3	15	Yes	Yes	Yes	Yes	Yes	Yes					
n3	30		Yes	Yes	Yes	Yes	Yes					
n3	60		Yes	Yes	Yes	Yes	Yes					
n5	15	Yes	Yes	Yes	Yes							
n5	30		Yes	Yes	Yes							
n5	60											
n7	15	Yes	Yes	Yes	Yes							
n7	30		Yes	Yes	Yes							
n7	60		Yes	Yes	Yes							
n8	15	Yes	Yes	Yes	Yes							
n8	30		Yes	Yes	Yes							
n8	60											
n20	15	Yes	Yes	Yes	Yes							
n20	30		Yes	Yes	Yes							
n20	60											
n28	15	Yes	Yes	Yes	Yes							
n28	30		Yes	Yes	Yes							
n28	60											
n38	15	Yes	Yes	Yes	Yes							
n38	30		Yes	Yes	Yes							
n38	60		Yes	Yes	Yes							

续表

NR Band	SCS/kHz	5MHz	10MHz	15MHz	20MHz	25MHz	30MHz	40MHz	50MHz	60MHz	80MHz	100MHz
n41	15		Yes	Yes	Yes			Yes	Yes			
	30		Yes	Yes	Yes			Yes	Yes	Yes	Yes	Yes
	60		Yes	Yes	Yes			Yes	Yes	Yes	Yes	Yes
n50	15	Yes	Yes	Yes	Yes			Yes	Yes			
	30		Yes	Yes	Yes			Yes	Yes	Yes	Yes	
	60		Yes	Yes	Yes							
n51	15	Yes										
	30											
	60											
n66	15		Yes	Yes	Yes							
	30		Yes	Yes	Yes			Yes				
	60		Yes	Yes	Yes			Yes				
n70	15	Yes	Yes	Yes	Yes	Yes						
	30		Yes	Yes	Yes	Yes						
	60		Yes	Yes	Yes	Yes						
n71	15	Yes	Yes	Yes	Yes							
	30		Yes	Yes	Yes							
	60											
n74	15	Yes	Yes	Yes	Yes							
	30		Yes	Yes	Yes							
	60		Yes	Yes	Yes							
n75	15	Yes	Yes	Yes	Yes							
	30		Yes	Yes	Yes							
	60		Yes	Yes	Yes							
n76	15	Yes										
	30											
	60											
n77	15		Yes		Yes			Yes	Yes			
	30		Yes		Yes			Yes	Yes	Yes	Yes	Yes
	60		Yes		Yes			Yes	Yes	Yes	Yes	Yes
n78	15		Yes		Yes			Yes	Yes			
	30		Yes		Yes			Yes	Yes	Yes	Yes	Yes
	60		Yes		Yes			Yes	Yes	Yes	Yes	Yes
n79	15							Yes	Yes			
	30							Yes	Yes	Yes	Yes	Yes
	60							Yes	Yes	Yes	Yes	Yes
n80	15	Yes	Yes	Yes	Yes	Yes	Yes					
	30		Yes	Yes	Yes	Yes	Yes					
	60		Yes	Yes	Yes	Yes	Yes					

续表

NR Band	SCS/kHz	5MHz	1 012MHz	152MHz	202MHz	252MHz	30MHz	40MHz	50MHz	60MHz	80MHz	100MHz
n81	15	Yes	Yes	Yes	Yes							
	30		Yes	Yes	Yes							
	60											
n82	15	Yes	Yes	Yes	Yes							
	30		Yes	Yes	Yes							
	60											
n83	15	Yes	Yes	Yes	Yes							
	30		Yes	Yes	Yes							
	60											
n84	15	Yes	Yes	Yes	Yes							
	30		Yes	Yes	Yes							
	60		Yes	Yes	Yes							

表 5-11 NR FR2 各频段支持的带宽

NR Band	SCS/kHz	50MHz	100MHz	200MHz	400MHz
n257	60	Yes	Yes	Yes	Yes
	120	Yes	Yes	Yes	Yes
n258	60	Yes	Yes	Yes	Yes
	120	Yes	Yes	Yes	Yes
n260	60	Yes	Yes	Yes	Yes
	120	Yes	Yes	Yes	Yes

3）保护带宽

保护带宽计算公式为：

(CHBW × 1 000(kHz) − RB value × SCS × 12) / 2 − SCS/2。其中，CHBW 为 NR 总带宽(Channel Bandwidth)，RB value 为带宽内 RB 数量，SCS 为子载波带宽。

以 5MHz 带宽、子载波 15kHz 为列计算保护带宽。

保护带宽=(CHBW × 1 000(kHz) − RB value × SCS × 12) / 2 − SCS/2=（5×1 000−25×15×12）/2−15/2=242.5kHz。

不同频率范围对应的保护带宽不同，如表 5-12、表 5-13 所示。

表 5-12 FR1 最小保护带宽

SCS/kHz	5MHz	10MHz	15MHz	20MHz	25MHz	40MHz	50MHz	60MHz	80MHz	100MHz
15	242.5	312.5	382.5	452.5	522.5	552.5	692.5	N/A	N/A	N/A
30	505	665	645	805	785	905	1 045	825	925	845
60	N/A	1 010	990	1 330	1 310	1 610	1 570	1 530	1 450	1 370

表 5-13 FR2 最小保护带宽

SCS/kHz	50MHz	100MHz	200MHz	400 MHz
60	1 210	2 450	4 930	N.A
120	1 900	2 420	4 900	9 860

4）NR 的频点号与频率

关于 NR 的频点号与频率的关系，协议 38101 中有如下叙述：

The RF reference frequency in the uplink and downlink is designated by the NR Absolute Radio Frequency Channel Number (NR-ARFCN) in the range [0.. 2016666] on the global frequency raster. The relation between the NR-ARFCN and the RF reference frequency FREF in MHz for the downlink and uplink is given by the following equation, where FREF-Offs and NRef-Offs are given in table 5.4.2.1-1 and NREF is the NR-ARFCN.

FREF = FREF-Offs + ΔFraster (NREF – NREF-Offs)，其中，NREF 为 NR 频点，FREF 为 NR 频率。NR-ARFCN 参数如表 5-14 所示。

表 5-14 NR-ARFCN 参数

Frequency Range	ΔFGlobal	FREF-Offs	NREF-Offs	Range of NREF
0～3 000MHz	5kHz	0MHz	0	0～599999
3 000～24 250MHz	15kHz	3 000MHz	600000	600000～2016666
24 250～100 000MHz	60kHz	24 250MHz	2016667	2016667～3279167

以 N1 频段 1 920MHz 为例：根据 3GPP 38.101 规定，1 920 所对应的频点号为 384000，Step size 步长为 20，栅格为 100，则可以得出：1 920MHz+100kHz 频点号 384020。1 922MHz 频点号 384400。1 921MHz 频点号 384200。1 920MHz 频点号 384000。1 920MHz+100kHz 频点号 384020。

FR1 和 FR2 适用的 NR-ARFCN 如表 5-15、表 5-16 所示。

表 5-15 FR1 适用的 NR-ARFCN

NR Operating Band	ΔFRaster	Uplink Range of NREF (First – <Step size> – Last)	Downlink Range of NREF (First – <Step size> – Last)
n1	100kHz	384000 – <20> – 396000	422000 – <20> – 434000
n2	100kHz	370000 – <20> – 382000	386000 – <20> – 398000
n3	100kHz	342000 – <20> – 357000	361000 – <20> – 376000
n5	100kHz	164800 – <20> – 169800	173800 – <20> – 178800

续表

NR Operating Band	ΔFRaster	Uplink Range of NREF (First – <Step size> – Last)	Downlink Range of NREF (First – <Step size> – Last)
n7	15kHz	500001 – <3> – 513999	524001 – <3> – 537999
n8	100kHz	176000 – <20> – 78300	185000 – <20> – 192000
n20	100kHz	166400 – <20> – 172400	158200 – <20> – 164200
n28	100kHz	140600 – <20> – 149600	151600 – <20> – 160600
n38	15kHz	514002 – <3> – 523998	514002 – <3> – 523998
n41	15kHz	499200 – <3> – 537999	499200 – <3> – 537999
n50	100kHz	286400 – <20> – 303400	286400 – <20> – 303400
n51	100kHz	285400 – <20> – 286400	285400 – <20> – 286400
n66	100kHz	342000 – <20> – 356000	422000 – <20> – 440000
n70	100kHz	339000 – <20> – 342000	399000 – <20> – 404000
n71	100kHz	132600 – <20> – 139600	123400 – <20> – 130400
n74	100kHz	285400 – <20> – 294000	295000 – <20> – 303600
n75	100kHz	N/A	286400 – <20> – 303400
n76	100kHz	N/A	285400 – <20> – 286400
n77	15kHz	620000 – <1> – 680000	620000 – <1> – 680000
n78	15kHz	620000 – <1> – 653333	620000 – <1> – 653333
n79	15kHz	693333 – <1> – 733333	693333 – <1> – 733333
n80	100kHz	342000 – <20> – 357000	N/A
n81	100kHz	176000 – <20> – 183000	N/A
n82	100kHz	166400 – <20> – 172400	N/A
n83	100kHz	140600 – <20> – 149600	N/A
n84	100kHz	384000 – <20> – 396000	N/A

表 5-16　FR2 适用的 NR-ARFCN

NR Operating Band	ΔFRaster	Uplink and Downlink Range of NREF (First – <Step size> – Last)
n257	60kHz	2054167 – <1> – 2104166
n258	60kHz	2016667 – <1> – 2070833
n260	60kHz	2229167 – <1> – 2279166

2．小区参数规划

1）小区参数规划流程

在 LTE 锚点规划完成后需要进行 NR 小区规划，主要包括物理小区标识（Physical Cell ID，PCI）规划、物理随机接入信道（Physical Random Access Channel，PRACH）根序列规划、邻区规划、基站间接口 X2 规则等。每一个参数规划都有其原则和规范，一般可以通过相关原则和规范构建规划工具或平台自动计算并输出规划结果。

小区规划整体流程如图 5-13 所示。

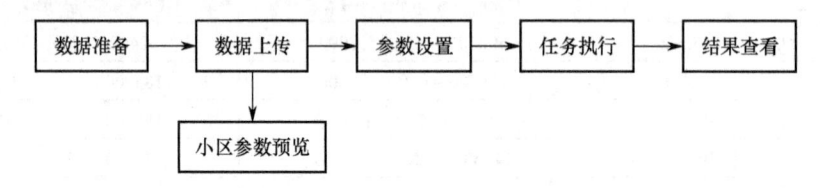

图 5-13 小区规划整体流程

小区参数规划相关平台执行各步骤说明如表 5-17 所示。

表 5-17 小区参数规划相关平台执行各步骤说明

步　　骤	说　　明
数据准备	包括 5G 工参、多边形、邻区关系表、LTE 工参、LTE 配置文件
数据上传	将采集好的数据源根据场景需要进行上传
小区参数预览	对上传的数据可以在预览界面进行预览
参数设置	根据规划项目和场景需要进行参数设置
任务执行	基于工程参数、邻区关系，进行小区参数规划
结果查看	由于规划工具的局限性，输出的结果并不是可以实际提交给客户的最优结果。这个时候需要工人对输出结果进行修正，确定最终呈现给客户的结果

2）MNC 和 MCC 规划

移动国家代码（Mobile Country Code，MCC）由三位数字组成，用于标识一个国家，中国的 MCC 为 460。移动网络代码（Mobile Network Code，MNC）由 2～3 位数字组成。MNC 和 MCC 合在一起唯一标识一个移动网络提供者。

3）切片标识

切片标识 S-NSSAI 包括切片/服务类型（Slice/Service Type，SST）与切片区分符（Slice Differentiator，SD）两部分，如图 5-14 所示。

SST	SD	
8bits	6bits	18bits
切片类型编号	区域标记	区域内自行编号

图 5-14 切片标识

其中，SST=1:eMBB，SST=2:uRRLC，SST=3:mIoT；SD 取前 6 位用于区分区域。

4）全球 gNB 标识（Global gNB ID）

Global gNB ID 由三部分组成：Global gNB ID = MCC+MNC+ gNB ID。其中，gNB ID 为 24bits 长，对应 NCI（小区识别码）前 24bits，采用 6 位十六进制编码 X1X2X3X4X5X6。

5）NCGI

NR 小区全球识别码（NR Cell Global Identifier，NCGI）由三部分组成：MCC + MNC + NCI。

NR 小区识别码（NR Cell Identifier，NCI）为 36bits 长，采用 9 位十六进制编码，即 X1X2X3X4X5X6X7X8X9。其中，X1X2X3X4X5X6 为该小区对应的 gNB Identity；X7X8X9 为该小区在 gNB 内的标识（常规称 Cell ID），共 12bits 组成三位十六进制数。

6）PCI 规划

5G 支持 1 008 个唯一的 PCI：$N_{\text{ID}}^{\text{cell}} = 3N_{\text{ID}}^{(1)} + N_{\text{ID}}^{(2)}$

其中，$N_{\text{ID}}^{(2)} = \{0,1.2\}$ $N_{\text{ID}}^{(1)} = \{0 \sim 335\}$

5G PCI 规划主要遵循如下原则：

（1）避免 PCI 冲突和混淆。

相邻小区不能分配相同的 PCI。若分配相同的 PCI，会导致重叠区域中初始小区搜索只能同步到其中一个小区，但该小区不一定是最合适的，这种情况称为冲突。

一个小区的两个相邻小区不能分配相同的 PCI，若分配相同的 PCI，如果 UE 请求切换，基站侧不知道哪个为目标小区，这种情况称为混淆。

（2）减小对网络性能的影响。

基于协议 38.211 各信道参考信号及时频位置的设计，为了减少参考信号的干扰，需要支持 PCI Mod30 规划。

有部分算法特性需要基于 PCI 作为输入，这些算法的输入基于 PCI Mod3，从不改动这些算法的输入角度，PCI Mod3 作为 PCI 规划的可选项，开启这些特性的小区建议按照 PCI Mod3 进行规划。小区特性对 PCI 的影响如表 5-18 所示。

表 5-18　小区特性对 PCI 的影响

特　　性	与 PCI 的关系
PUSCH 调度—干扰协调	动态选择 PCI 模 3、模 6、模 2 的方式
PDSCH 调度—干扰协调	采用 PCI 模 3 的方式
SRS 调度—干扰随机化	采用 PCI 模 30 的方式

5G 增加了 DMRS for PBCH，DMRS for PBCH 资源位置由 PCI MOD4 取值确定，PCI 模 4 不同可错开导频，但导频仍受 SSB 数据干扰。

7）TA 规划

TA 跟踪区规划要确保寻呼信道容量不受限，同时对于区域边界的位置更新开销最小。一般的建网区域只需一个 AMF 管辖（一个 AMF 管辖成千上万个 gNB）。跟踪区的规划主要遵循如下原则：

（1）跟踪区的划分不能过大或过小，跟踪区标识（Tracking Area Identity，TA）中基站的最大值由 AMF 等因素的寻呼容量来决定。

（2）跟踪区规划应在地理上为一块连续的区域，避免和减少各跟踪区基站插花组网，避免频繁进行跟踪区更新（Tracking Area Update，TAU）。

（3）城郊与市区不连续覆盖时，郊区（县）使用单独的跟踪区，不规划在一个 TA 中。

（4）寻呼区域不跨 AMF。

（5）利用规划区域山体、河流等作为跟踪区边界，减少两个跟踪区下不同小区交叠深度，尽量使跟踪区边缘位置更新量最低。

（6）初期建议 TA 跟踪区范围与 4G 网络的跟踪区域码（Tracking Area Code，TAC）区域范围尽量保持一致，减少规划工作量。

跟踪区 TA 的大小要综合考虑以下因素：

（1）AMF 的寻呼 Paging 性能评估。寻呼负荷确定了跟踪区的最大范围，相应地，边缘小区的位置更新负荷决定了跟踪区的最小范围。一个 AMF 下挂基站数或 TA 跟踪区数量的最主要限定条件还是 MME 的最大寻呼容量。

（2）gNodeB 的 Paging 性能评估。gNodeB 寻呼能力决定了 TA 跟踪区的大小，gNodeB 寻呼能力由以下最小的规格决定。

① PDSCH 寻呼负荷评估。
② PDSCH 能支持的每秒寻呼次数。
③ PDCCH 寻呼负荷评估。
④ PDCCH 能支持的每秒寻呼次数。
⑤ gNB CPU 寻呼负荷评估。
⑥ 实际产品能支持的每秒寻呼次数。
⑦ 寻呼规格限制。

通过计算 gNodeB 每秒支持的最小寻呼次数、单用户每秒寻呼次数及每个 gNB 下支持的用户，可计算出一个 TA 跟踪区下挂的 gNB 个数。

8）TAI 规划

每个 TA 由一个跟踪区标识（Tracking Area Identity，TAI）标识，TAI 由 MCC+MNC+TAC 三部分构成，如图 5-15 所示。

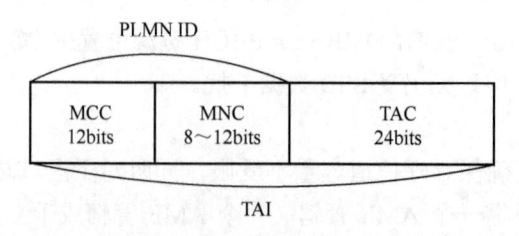

PLMN ID		
MCC 12bits	MNC 8～12bits	TAC 24bits

TAI

图 5-15　TAI 构成

跟踪区域码 TAC：24bits 长，6 位十六进制编码 $X_1X_2X_3X_4X_5X_6$。

为了 5G 网络规划和 4G/5G 互操作便利性,建议 5G 网络 TA 划分遵循规则与 4G 一致。为满足国家有关部门关于紧急呼叫的辖区划分需求,5G 无线网的 TA 区域规划应细化到区/县一级。在位置更新、寻呼等无线性能不受明显影响的情况下,同一个 TA 原则上不得跨区/县,同一区/县内可规划多个 TA。

(1)在 5G 部署初期,如不涉及跨区/县边界,建议 5G 的 TA 区域大小及相应 TAC 的 X3X4 编号与 4G 的 TA 区域大小及相应 TAC 的 X3X4 编号保持一致(5G TAC 的 X5X6 初期可置为 0)。

(2)当 4G 某个 TA 区按需裂分为多个 TA 区时,如有必要,对应的 5G TA 区也同样进行裂分,5G 裂分后产生的多个 TAC 的 X3X4 编号与 4G 裂分后产生的多个 TAC 的 X3X4 编号保持一致。

(3)当 5G 某个 TA 区按需裂分为多个 TA 区而 4G 的 TA 区不变时,5G 新产生的多个 TA 的 X3X4 号段原则上应继承原 TA 的 X3X4 的设置值,依靠启用 X5X6 来区分新产生的多个 TA。

9)TA List 多注册跟踪区方案

多注册 TA 方案即多个 TA 组成一个 TA 列表(TA List 或 TAI List),这些 TA 同时分配给一个终端;终端在一个 TA List 内移动不需要执行 TA 更新。当终端附着到网络时,由网络决定分配哪些 TAs 给终端,终端注册到所有 TAs 中。当终端进入不在其所注册的 TA List 列表中的新 TA 区域时,需要执行 TA Update,网络给终端重新分配一组 TAs。

10)RAN-Based 通知区(RNA)设计

RNA(RAN Notification Area)是基于 RAN 的寻呼的寻呼区,可用于 RRC_INACTIVE 态。RNA 的配置方法有两种,如表 5-19 所示。

方法一:基站告知 UERNA 中具体的小区列表。

方法二:基站告知 UERNAID,RNA 的范围可以为 TA 的子集或等于 TA 的大小,RNAID 在小区系统消息中广播。RNAID=TAI(必选)+RNACode(可选)。

表 5-19 RNA 配置方法

方　法	优　点	缺　点
方法一	可灵活配置	最大只支持 32 个小区
方法二	无数量限制,最大可与 TA 一致	和 TA 挂钩,配置不够灵活

对于 5G 网络,未来终端的业务模式、在网络中的连接(Connected)态、空闲(Idle)态、激活(Inactive)态的占比,暂时无法评估,目前建议 RNA 的规划保持与 TA 一致;具体配置方法根据业务特征、移动性特征和需求进行选择。

11)PRACH 规划

PRACH 用作用户初始的随机接入,协议定义每个小区最多 64 个前导序列,用于初始接入、切换、连接重配、上行同步。

协议提供长短两种格式，长格式用于增强上行覆盖。

前导序列由 ZC 序列循环移位（Ncs）而成，小区半径决定循环移位的长度。NR PRACH 规划原则如表 5-20 所示。

表 5-20　NR PRACH 规划原则

类　别	LTE 协议	5G 协议
RA 子载波间隔	1.25kHz	长格式：1.25kHz, 5kHz（长格式不支持高频仅支持低频） 短格式：15kHz, 30kHz, 60kHz, 120kHz（高频 RA_SCS 仅支持 60kHz&120kHz，不支持 15kHz&30kHz，低频 RA_SCS 仅支持 15kHz&30kHz，不支持 60kHz&120kHz）
preamble Format	短格式：4 长格式：0/1/2/3	短格式：A1/A2/A3/B1/B2/B3/B4/C0/C2 长格式：0/1/2/3 备注：18B 仅支持短格式 C2，19A 增加长格式 0
根的个数	短格式：138 长格式：838	短格式：138 长格式：838
Ncs	长格式：0～3 的 Ncs 表 短格式：4 的 Ncs 表	RA_SCS=1.25kHz（长格式 0/1/2）的 Ncs 表 RA_SCS=5kHz（长格式 3）的 Ncs 表 RA_SCS=15/30/60/120kHz（短格式）的 Ncs 表

12）邻区规划

NSA 组网需要进行的邻区规划如表 5-21 所示。

表 5-21　NSA 组网需要进行的邻区规划

源小区	目标小区	邻区的作用	
^	^	NSA 场景	SA 场景
LTE	NR	NSA DC 在 LTE 上添加 NR 辅载波 （仅锚点 LTE 站需要规划）	LTE 重定向到 NR （涉及互操作的 LTE 站点需要规划）
NR	NR 同频	NR 系统内移动性	同 NSA 场景

邻区规划较为复杂，一般以工具规划为主。邻区规划的主要参考思路如下：

（1）生成候选邻区：根据设置的最大邻区距离、待选邻区数量等配置参数，按照拓扑关系生成各小区的候选邻区列表。

（2）加入借鉴邻区：5G NR 新建（批量或插花）和扩容，可以选择是否借鉴 4G LTE/5G NR 已有邻区关系。根据界面设置参数"是否借鉴原网邻区关系"及借鉴频点，在候选邻区列表里加入借鉴的邻区关系。

（3）邻区综合排序：根据服务小区与邻区的距离、方位角和层数，对服务小区的所有待选邻区进行综合打分和排序。得分越少，优先级越高。

（4）结果输出：按照用户输入的最大邻区数量获取排序靠前的邻区作为输出结果。

5.2.5 SSB 波束规划

5G NR 将通信信道分成同步广播控制信道（System Synchronization Block，SSB）和业务信道两大类，结合 Massive MIMO 技术的引入，两种信道均采用波束赋形的方法来改善覆盖和减少干扰。相比于 4G LTE 的同步广播控制信道在全小区均使用一个宽波束发送相应的信息，5G NR 在同步广播控制信道引入波束赋形与扫描相结合的方式发送相应的信息，即将小区覆盖的区域划分成 N 个相同波束宽度的窄波束组成的区域（N 由系统相关配置与设备设计实现决定）。5G NR 基站通过波束赋形的方式，发射出相应宽带的波束，并按照时分轮流的方式发射 N 个覆盖方向固定的广播与同步窄波束完成小区的广播同步波束覆盖。小区内的终端用户在可能接收到多个窄波束时，选择最优波束（一般为信号最强/最好波束），完成同步和系统消息的解调。由于系统将宽波束换成窄波束，系统的能量更集中，覆盖增益得到大大提高。

对于同步广播控制信道的波束管理通常使用小区级波束管理方案，即按照基站覆盖区域的建筑、信号环境、人流分布与业务特点等情况进行场景分类，确定出密集城区场景、广场场景、高楼场景、小区干扰场景等典型覆盖场景，5G NR 基站的广播波束按照配置的覆盖场景，将其覆盖的范围由 N 个（$N \geqslant 1$）波束宽度固定的波束（默认场景）按照轮流扫描的方式完成小区的广播波束覆盖。UE 通过接收到覆盖自己位置范围的强波束信号，完成同步和系统消息解调，实现系统的接入。

较之 4G 网络规划，5G 最大的不同在于 SSB 波束规划，当前 5G 广播波束可以根据不同场景进行设置，如表 5-22 所示。5G 可以根据实际场景进行选择，相对于 4G 天线具备更大的灵活性。

表 5-22　5G 波束场景

覆盖场景	场景介绍	水平 3dB 波宽	垂直 3dB 波宽	倾角可调范围	方位角可调范围
默认场景	典型 3 扇区组网，普通默认场景，适用于广场场景	105°	6°	−2°～9°	0°
广场场景	非标准 3 扇区组网，适用于水平宽覆盖，水平覆盖比默认场景大，比如广场场景和宽大建筑，近点覆盖比默认场景略差	110°	6°	−2°～9°	0°
干扰场景	非标准 3 扇区组网，当邻区存在强干扰时，可以收缩小区的水平覆盖范围，减少邻区干扰的影响，由于垂直覆盖角度小，适用于低层覆盖	90°	6°	−2°～9°	−10°～10°

续表

覆盖场景	场景介绍	水平 3dB 波宽	垂直 3dB 波宽	倾角可调范围	方位角可调范围
干扰场景	非标准 3 扇区组网，当邻区存在强干扰时，可以收缩小区的水平覆盖范围，减少邻区干扰的影响。由于垂直覆盖角度小，适用于低层覆盖	65°	6°	−2°~9°	64T：−22°~22° 32T16H2V：−22°~22° 32T8H4V：在本场景不支持调整方向
楼宇场景	低层楼宇，热点覆盖	45°	6°	−2°~9°	−32°~32°
		25°	6°	−2°~9°	−42°~42°
中层覆盖广场场景	非标准 3 扇区组网，水平覆盖最大，且带中层覆盖的场景	110°	12°	0°~6°	0°
	非标准 3 扇区组网，当邻区存在强干扰源时，可以收缩小区的水平覆盖范围，减少邻区干扰的影响。由于垂直覆盖角度相对于 SCENARIO_1~SCENARIO_5 变大，适用于中层覆盖	90°	12°	0°~6°	−10°~10°
		65°	12°	0°~6°	−22°~22°
中层楼宇场景	中层楼宇，热点覆盖	45°	12°	0°~6°	−32°~32°
		25°	12°	0°~6°	−42°~42°
		15°	12°	0°~6°	−47°~47°
广场+高层楼宇场景	非标准 3 扇区组网，水平覆盖最大，且带中层覆盖的场景，当需要广播信道体现数据信道的覆盖情况时，建议使用该场景	110°	25°	6°	0°
高层覆盖广场场景	非标准 3 扇区组网，当邻区存在强干扰源时，可以收缩小区的水平覆盖范围，减少邻区干扰的影响。由于垂直覆盖角度最大，适用于高层覆盖	65°	25°	6°	64T：−22°~22° 32T16H2V：−22°~22° 32T8H4V：在本场景不支持调整方向
高层楼宇场景	高层楼宇，热点覆盖	45°	25°	6°	−32°~32°
		25°	25°	6°	−42°~42°
		15°	25°	6°	−47°~47°

SSB 波束规划时需要注意以下几点。

（1）时隙配置对 SSB 波束数限制。3GPP 规范中规定：中频 5G NR（2.6GHz NR、3.5GHz NR、4.9GHz NR 等）最大支持 8 个 SSB，位于一个半帧最前面的连续的 4 个下行时隙中，如中国移动 2.6GHz NR 使用 5ms 单周期 8:2 时隙配比；连续 4 个下行时隙最大支持 8 个 SSB 波束，中国电信和中国联通 3.5GHz NR 使用 2.5ms 双周期 7:3 时隙配比；连续 3 个下行时隙+1 个特殊时隙最大支持 7 个 SSB 波束。

（2）避免 SSB 对 PDSCH 的干扰。

① 小区间波束数量配置不一致时，可能产生 SSB 对 PDSCH 的干扰，成熟网络、终端功能完备时可以通过速率匹配和干扰协调等方式消除该类干扰。在网络建设初期需要通过协调小区间的波束配置来避免该类干扰。

② 主力覆盖层是小区间产生重叠的主要覆盖波束，应尽量做出统一的安排。下层填充层由于只覆盖小区中心的位置，对邻区的干扰较小，不同小区可以配置或不配置该层。有高层覆盖要求的上层波束并不建议大规模使用，而是只在有明确覆盖目标时使用，这样对于网络内其他小区的 PDSCH 干扰能够控制在更小的范围内。

（3）避免室内外的 SSB 间干扰。室内外同频组网时，一般室内小区没有波束赋形和波束扫描的需求，会使用一个 SSB 的方式减少资源开销。这种情况下需要考虑宏站多波束的干扰，应尽量避免 SSB0 和 SSB1 之外的波束直接覆盖布设室分的楼宇。

5.3 5G 室内覆盖规划

在大型建筑物室内、高铁和地铁隧道等场景，室外基站发射的信号由于受到建筑物墙体等障碍物阻挡，室内用户终端接收到的信号强度不足或干扰过大，往往导致室内通信效果很差，甚至服务中断。同时，随着移动通信服务的逐步普及，室内场景的业务需求也越来越高，如在一些交通枢纽，人流量大，即使室外基站能够覆盖到室内，容量也是难以满足的。因此，为了满足室内场景的覆盖和容量需求，运营商需要在建筑物内部建设室内分布系统，加强网络覆盖、基站容量配置。

室内分布系统就是在建筑物内部采用分布式方式建设的信号分配网络，利用射频电缆、网线或光纤、无源器件、天线、分布式微站等元器件或设备将基站信号输送到需要覆盖的区域，如图 5-16 所示。随着人们通信需求的日益增强，室内分布系统是提升室内网络覆盖和容量的普遍手段，也成为移动通信网络的重要组成部分。

网络覆盖是 5G 使能数字化社会的前提，室内覆盖作为 5G 业务主战场，不仅是运营商核心竞争力之一，还是运营商管道增值的重要切入点。5G 室内覆盖需求在业务类型、部署场景和网络指标需求等方面具有多样性的特点，这也对室内覆盖网络提出了更高要求。本节将从 5G 室内覆盖面临的挑战入手，介绍 5G 室内覆盖新技术，并就其规划和建设的原则、场景、方案等方面进行探讨。

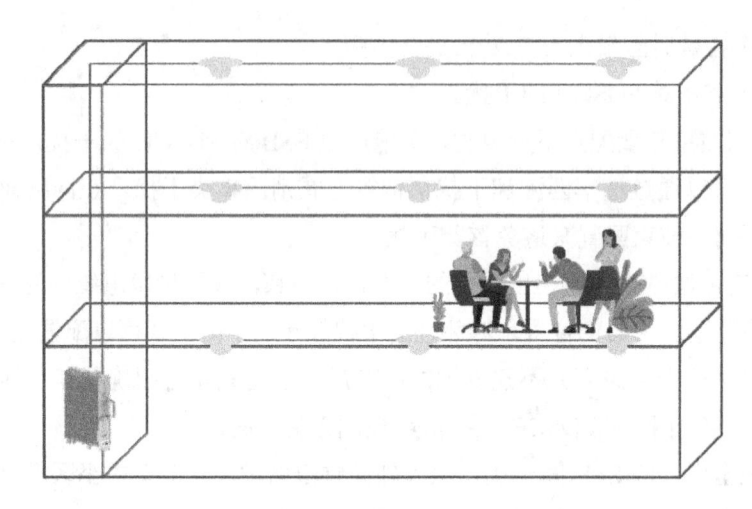

图 5-16　室内分布系统组成示意图

5.3.1　5G 室内覆盖面临的挑战

随着移动互联网的快速发展，室内场景的业务占比越来越高。据统计，4G 网络 70%以上的业务发生在室内，业界预测未来 5G 网络超过 80%的业务将发生在室内。较之 4G 室内覆盖网络的规划，5G 覆盖需求在业务类型、部署场景和网络指标需求等方面具有多样性的特点。

首先，5G 业务类型更加多样性，包括增强型移动宽带 eMBB、海量机器类通信 mMTC 和高可靠低时延通信 uRLLC 在内的三大应用场景，将 5G 业务从人与人的连接拓展到万物互联，并渗透到超低时延和超高可靠等关键任务的应用领域，而其中大量发生在室内场景之中，这对 5G 室内网络提出了更高要求。

其次，5G 部署场景更加多样性。5G 将渗透至人们生活与工作的所有领域，既包括交通枢纽、体育场馆和大型商场等空间开阔的覆盖场景，高端酒店、写字楼、学校宿舍、居民住宅楼等结构复杂的覆盖场景，还包括地铁、隧道等特殊覆盖场景，这必然使得 5G 室内部署场景具有多样化特征。

再次，5G 网络指标需求更加多样性。AR/VR、8K 高清、智能制造、无线医疗、远程教育等 5G 典型业务，主要发生在室内场景，其对带宽、时延等网络指标的要求也更高。以 5G 典型业务 VR 为例，VR 设备需要在本地进行大量实时计算和图像渲染，同时，VR 设备还需要与云端内容服务器进行高速交互，虽然现有 4G 网络峰值速率能达到 100Mbps 以上，但平均体验速率往往只有每秒数十兆字节，难以满足高阶 VR 极致业务体验的要求，如表 5-23 所示。

表 5-23　VR 业务的网络需求

业　　务	上　　行				下　　行
	VR				高清视频
	Pre-VR	入门级 VR	高级 VR	终极 VR	
分辨率	4K/30 帧	8K/30 帧	12K/60 帧	24K/120 帧	2K/30 帧
编码速率	16Mbps	64Mbps	279Mbps	3.29Gbps	6.7Mbps
传输带宽	25Mbps	100Mbps	419Mbps	4.93Gbps	10Mbps

较之 4G 时代，完善的 5G 室内网络覆盖更为重要，同时也带来诸多挑战。

1. 高频段致使室内覆盖难度大

我国 5G 首发频段主要包括 2.6GHz、3.5GHz、4.9GHz，未来继续发放毫米波。相比当前 4G 主流频段，5G 频段更高。频段越高，穿透建筑物墙体等障碍物的损耗就越大。测试表明，4G 主力频段可穿透两堵砖墙，但 5G 的中频段（2.6GHz、3.5GHz）只能穿透一堵砖墙，毫米波不具备穿墙能力。通过 5G 室外基站信号覆盖室内相对于 4G 将更为困难，室内场景更加依赖室内分布系统进行覆盖，这就意味着重要室内场景都有 5G 室内分布系统建设需求，5G 室内分布系统建设的重要性更加突出。

2. 建设规模和投资规模更高

随着我国移动通信网络的高速发展和城市建设的日新月异，运营商 2G/3G/4G 室内分布系统的总规模已经超过 100 万套，将来这些规模庞大的存量室内分布系统都有升级 5G 的潜在需求。存量场景有两个特点：一是 80%以上的存量室内分布系统都采用 1T1R 方式建设，如果 5G 仍然采用 1T1R，将难以充分发挥 5G 大带宽、高速率的优势；二是绝大部分存量室内分布系统只能支持到 2.5GHz 频段，不能很好地支持 2.6GHz、3.5GHz 等 5G 新频段。运营商出于投资收益的考虑，在网络建设初期虽然可能会采用低频重耕的方式尽量利用存量室内分布系统快速开通 5G，但从长期来看，作为 5G 主要应用场景的室内区域，频率资源更为丰富的 5G 中频段（2.6GHz、3.5GHz）必然是室内覆盖的主力频段。

因此，作为 5G 主要建设场景的存量室内分布系统，无论是采用改造再利用的方式，还是采用重新建设的方式，成本和投资都非常高。除此之外，新建设的高铁、地铁、大型商务楼宇等也都有 5G 覆盖需求。总的来说，预计 5G 室内分布系统投资将超过无线网总投资的 30%，达到数千亿级别。

3. 存量场景的实施难度加大

室内分布系统建设的场景类型多、建设周期长、业主关系复杂，入场难、建设难是运营商面临的一个长期难题。特别是 5G 室内分布系统建设的主战场是存量场景，绝大部分存量场景都已存在三套独立的室内分布系统，如果运营商仍然各自分别改造或新建 5G

室内分布系统，合适的天线安装位置、机房和走线空间等资源都面临不足，同时也容易带来入场成本高、入场难、实施难等问题。为了降低落地实施难度，实现5G网络快速、规模化部署，5G室内分布系统应加大统筹协调、共建共享力度。

5.3.2　5G主流室内分布系统技术

1．无源室内分布系统技术

1）技术简介

无源室内分布系统主要由大功率基站信源、射频电缆、漏泄电缆、无源器件、天线等设备和元器件组成。基站信源射频信号通过各种类型的无源器件进行功率分配，经由射频电缆、漏泄电缆等将信号传送到分散安装在建筑物各个区域的天线及漏泄电缆辐射孔，对建筑物平层及隧道等区域进行无线网络覆盖，解决室内无线通信问题。

无源室内分布系统如图5-17所示。

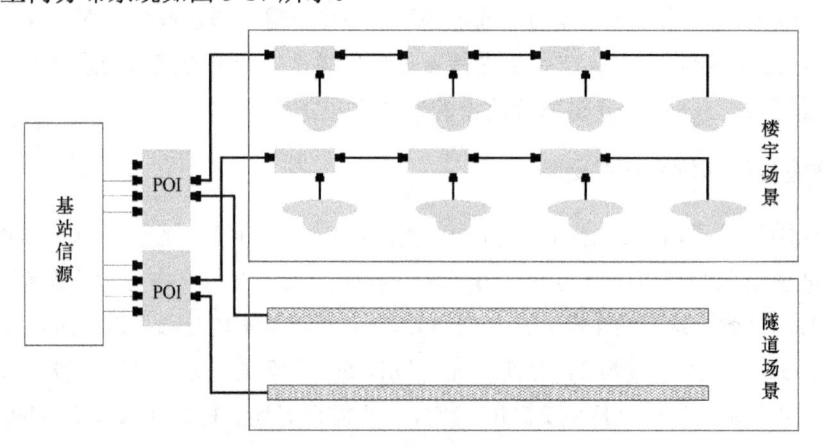

图5-17　无源室内分布系统

2）主要产品

（1）无源器件。无源器件在室内分布系统中主要发挥功率分配作用，主要产品包括功分器、耦合器、衰减器、负载等，如表5-24所示。目前，5G室内分布系统使用的无源器件一般可支持700~3 700MHz。

表5-24　常用无源器件类型

产品分类	功　　能	常　见　规　格
功分器	平均分配信号功率	二功分、三功分、四功分
耦合器	按比例分配信号功率	5dB、6dB、7dB、10dB、12dB、15dB、20dB、30dB、40dB
衰减器	按需衰减信号功率	3dB、6dB、10dB、15dB、20dB、30dB
负载	终接空载的输入端口或末端链路	5W、25W

（2）天线。天线在室内分布系统中主要发挥辐射功率的作用，常用的类型主要有全向吸顶天线、定向壁挂天线、对数周期天线、赋形天线等，如表5-25所示。

表5-25 常用天线类型

天线类型	全向吸顶天线	定向壁挂天线	对数周期天线	赋形天线
典型覆盖区域	最常用的天线类型，一般走廊、房间等区域均适用	大堂、站厅等空旷区域	电梯、隧道等狭长区域	体育场看台等高密度、高容量区域精准覆盖

（3）射频电缆。射频电缆在室内分布系统中主要发挥传输射频信号的作用，常用的类型主要有1/2"射频电缆、7/8"射频电缆，如表5-26所示。传输损耗（衰减常数）反映电磁波在电缆中传输时能量损耗大小，主要影响信号强度，是衡量射频电缆传输性能最重要的指标。

表5-26 常用射频电缆的传输性能

指标	单位	频率/MHz	1/2"射频电缆	7/8"射频电缆
传输损耗，20℃	dB/100m（Max）	800	7.22	3.83
		900	7.70	4.08
		1 800	11.23	6.08
		2 100	12.55	6.85
		2 600	14.07	7.74
		3 500	16.19	9.61

（4）漏泄电缆。漏泄电缆一般应用于地铁隧道、高铁隧道等场景的覆盖，既能传输射频信号，又能通过漏泄电缆上的槽孔辐射射频信号，常用的类型主要有1-1/4"漏泄电缆和1-5/8"漏泄电缆，如表5-27所示。由于截止频率限制，1-5/8"漏泄电缆只能用于3GHz以下的通信系统，1-1/4"漏泄电缆可以支持更高频率的3.5GHz通信系统。传输损耗（衰减常数）和耦合损耗分别是衡量漏泄电缆传输和辐射性能的重要指标。

表5-27 常用漏泄电缆的传输和辐射性能

序号	项目	单位	频率/MHz	1-1/4"漏泄电缆	1-5/8"漏泄电缆
1	传输损耗，20℃	dB/100m（Max）	800	2.9	2.3
			900	3.2	2.5
			1 800	4.5	4.0
			2 100	5.6	5.0
			2 600	6.6	6.2
			3 500	10.1	—

续表

序 号	项 目	单 位	频率/MHz	1-1/4"漏泄电缆	1-5/8"漏泄电缆
2	耦合损耗（95%），距电缆2m处测量值	dB（Max）	800	85.0	75.0
			900	83.0	74.0
			1 800	76.0	72.0
			2 100	74.0	71.0
			2 600	73.0	68.0
			3 500	71.0	—

3）主要特点

在 2G/3G/4G 网络中，90%以上的室内场景使用的都是无源室内分布系统，无源室内分布系统同样也可支持 5G 频段。从业界测试情况来看，2T2R 的 5G 无源室内分布系统峰值速率能达到 800Mbps 以上，是 4G 的 5 倍以上，完全可以满足一般场景的覆盖和容量需求。5G 无源室内分布系统的优势主要体现在两个方面：一是造价降低，在无源室内分布系统中价格最贵的产品是基站信源，分布式部署的无源器件、射频电缆、天线价格都非常低，在容量需求较低的场景，单个基站信源的覆盖面积为 7 000m² 以上，可以大幅降低室内分布系统单位覆盖面积的造价；二是共享能力强，无源室内分布系统支持的频段范围广，同一套室内分布系统即可支持 700～3 700MHz 的多家运营商 2G/3G/4G/5G 全面共享，通过共享还能进一步降低造价。

2. 数字化室内分布系统技术

1）技术简介

数字化室内分布系统也称有源室内分布系统，其中最典型的一类产品是分布式微站，它采用三级网络架构，由 BBU（基带单元）、RHub（汇聚单元）和 pRRU（射频远端单元）组成，如图 5-18 所示。

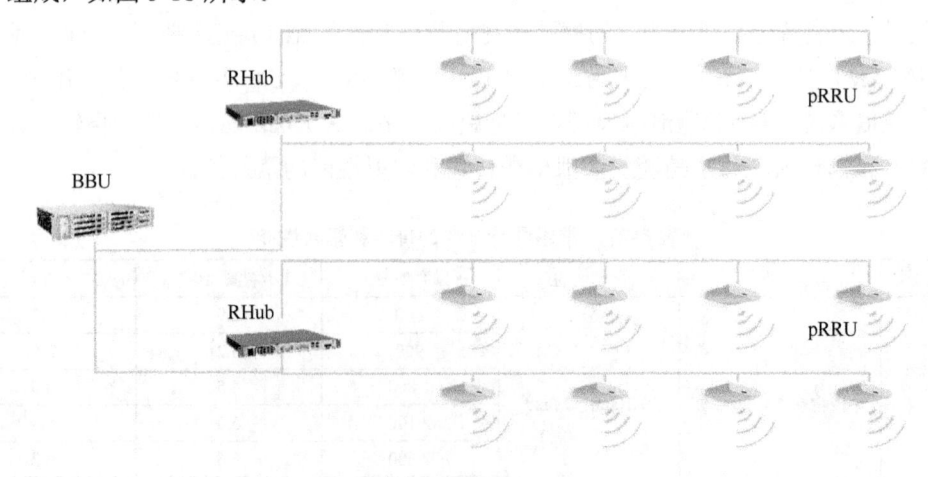

图 5-18 分布式微站系统图

(1）BBU。BBU 主要实现基带信号的调制和解调功能，以及无线资源管理、IP 头压缩、用户数据流加密、UE 核心网参数配置、选择、设置，提供 gNB 测量等功能。

（2）RHub。RHub 配合 BBU 和 pRRU 使用，接收 BBU 发送的下行数据，经过分路处理后传给 pRRU；并将 pRRU 发送的上行数据经过一定的处理后向 BBU 发送，实现与 BBU 的通信。

（3）pRRU。pRRU 实现射频信号的发射和接收，接收来自 RHub 的下行信号，调制为射频信号后通过天线发射；从天线接收射频信号，进行相应信号处理后，通过 RHub 发送给 BBU 处理。

BBU 与 RHub 之间采用光纤连接，RHub 与 pRRU 之间通过网线连接。不同的设备商提供的解决方案中相应设备单元的名称存在差异，但作用基本类似。BBU 与现网的 BBU 一致，可以共享宏站的 BBU，作为室内分布的信号源。RHub 接收 BBU 发送的下行基带数据，经过分路处理后传给 pRRU，并将 pRRU 的上行基带数据经过一定的合路处理后向 BBU 发送，实现与 BBU 的通信，支持 PoE 供电。pRRU 为室内小功率拉远模块，可与室内天线集成在一起，架构灵活，可以支持 2G/3G/4G 等系统叠加。4G 分布式射频远端单元发射功率一般为 2×125MW，5G 射频远端单元发射功率一般为 2×250MW 或 4×250MW。

2）主要特点

数字化室内分布系统的特点和优势主要体现在以下几个方面。

（1）易于施工和维护。数字化室内分布系统的网络结构简单，使用网线或光电复合缆同时作为传输介质和供电线路，大幅降低了施工安装的难度和工艺要求，安装非常便利，能够快捷部署。同时，数字化室内分布系统通过运维平台，可以实时管理任一网元设备，网络和设备状态实时可视。这使得网元参数动态可控，在网络出现故障时自动诊断和愈合，最大化减少人工介入以降低运维成本。

（2）提供大容量服务。数字化室内分布系统本身就是一套基站系统，可以更加便利地支持高阶 MIMO，目前的分布式微站普遍能够支持 5G 频段 4×4MIMO，随着容量需求和产品集成度的提升，预计未来还会出现 8×8MIMO 及以上的产品。此外，数字化室内分布系统的网络结构灵活，通过增加基站处理单元、小区分裂等手段（见图 5-19），可以提供更高的容量配置，满足 1Gbps 的用户体验速率和 $10Mbps/m^2$ 流量密度要求，这一点对于用户密度高、建筑内部空旷的机场、高铁站、体育场馆等场景尤为重要。

（3）支持丰富的增值业务。数字化室内分布系统是用户接入移动通信网、访问互联网的入口，通过能力开放，可将用户在移动通信网、互联网上的数据结合起来，实现更加丰富、精准、便利的应用。当前运营商和设备商主要在探索室内定位、边缘计算等增值业务。例如，在室内定位方面，数字化室内分布系统可以达到 5～7m 定位精度，未来还可以提升到亚米级水平，高精度室内定位将成为网络的基础能力，大量当前不能满足的物联网 LBS 应用将逐渐变成现实，在交通枢纽、大型场馆、展会、医院、校园和公共场所等进行规模应用。另外，边缘计算是 5G 网络的关键技术之一，通过将网络的计算、存储等能力下沉到网络边缘，在靠近移动用户的位置上，提供 IT 的服务、环境和云计算能力，更好地满足低时延、高带宽的业务需求。数字化室内分布系统叠加边缘计算能力，既可以服务于面向人的企业、校园、景区、游乐园、大型商业等用户业务热点场景，也可以服务于面向物的公共基础设施中视频监控等大带宽无线传输场景，如图 5-20 所示。

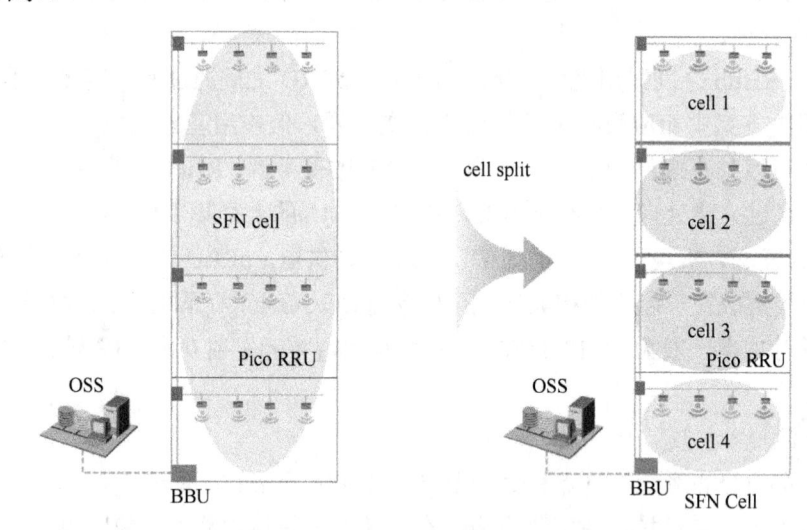

图 5-19　小区分裂适应室内网络容量需求

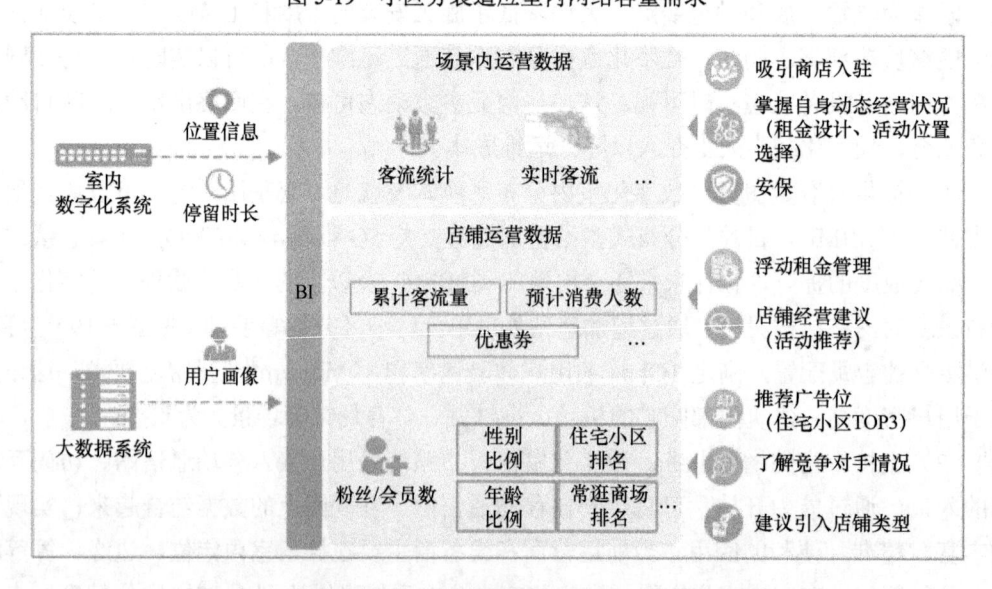

图 5-20　数字化室内分布系统利用 MEC 提升网络增值能力

3. 技术对比

数字化室内分布系统易于施工和维护、可以提供大容量服务、支持丰富的增值业务，在性能上全面优于无源室内分布系统，主要缺点是设备造价较高，所以现阶段两种技术仍将并存、互补，以提供有源与无源结合、性能与造价均衡的解决方案。总的来说，无源室内分布系统适用于内部隔断较多、容量需求不高的普通楼宇（如写字楼、办公楼、宾馆酒店、住宅小区等），以及高铁和地铁等隧道场景。数字化室内分布系统更适合在内部空旷的大型公共场所（机场、高铁和地铁站厅、体育场馆、会展中心等）提供大容量服务。随着我国芯片、集成电路的高速发展，ASIC 芯片、功率器件等关键元器件正在被逐步突破，相信不远的将来数字化室内分布系统的产品价格一定会大幅降低，并逐步发展成为 5G 室内覆盖的主流解决方案。

5.3.3 室内分布系统共享技术

1. 无源室内分布系统共享技术

随着移动通信技术的发展，运营商的频段资源和移动通信系统制式越来越多，即使是只有一家运营商建设无源室内分布系统，也一般会有 2～4 个频段的基站信源接入。此时，有必要让所有基站信源接入同一套分布系统，以节省建设成本。通过多频合路器可以把各个基站信源发射的射频信号合成一路宽频信号，然后通过由无源器件、射频电缆、天线等组成的宽频链路传输、分配、辐射基站信号，即可实现多个基站信源共享无源室内分布系统。当多家运营商共享无源室内分布系统时，接入的 2G/3G/4G/5G 基站信源多达 10 余个，此时需要采用合路能力更强的多系统接入平台（Point of Interface，POI）。

由于接入的移动通信系统较多，而且难以避免运营商会有相邻频段的系统同时接入，如 1.8GHz、2.1GHz、2.3GHz、3.5GHz 等频段都存在相邻的多个系统，为了提供良好的频率隔离度，保持相邻系统同时正常工作，POI 需要进行相应的结构设计。目前，POI 一般采用两级合路设计，整台设备由异频合路器、同频合路器（3dB 电桥）及射频电缆等构成。例如，某一款 12 进 2 出 POI，POI 前级采用两个异频合路器设计，支持多系统信源设备的接入，将频段相邻的系统分别接入不同的异频合路器，以保证系统隔离度和互调指标；POI 末级采用一个同频合路器，将来自两个异频合路器的不同信号合路后功分为两路相同的信号输出，如图 5-21 所示。

以中国铁塔制定的 5G 标准化 POI 产品为例，该 POI 可提供 12 个接入端口，支持三家运营商 2G/3G/4G/5G 全频段共享接入，同时也可灵活地支持中国电信和中国联通的 1.8GHz、2.1GHz、3.5GHz 共享接入或独立接入。

5G 标准化 POI 端口和频段如表 5-28 所示。

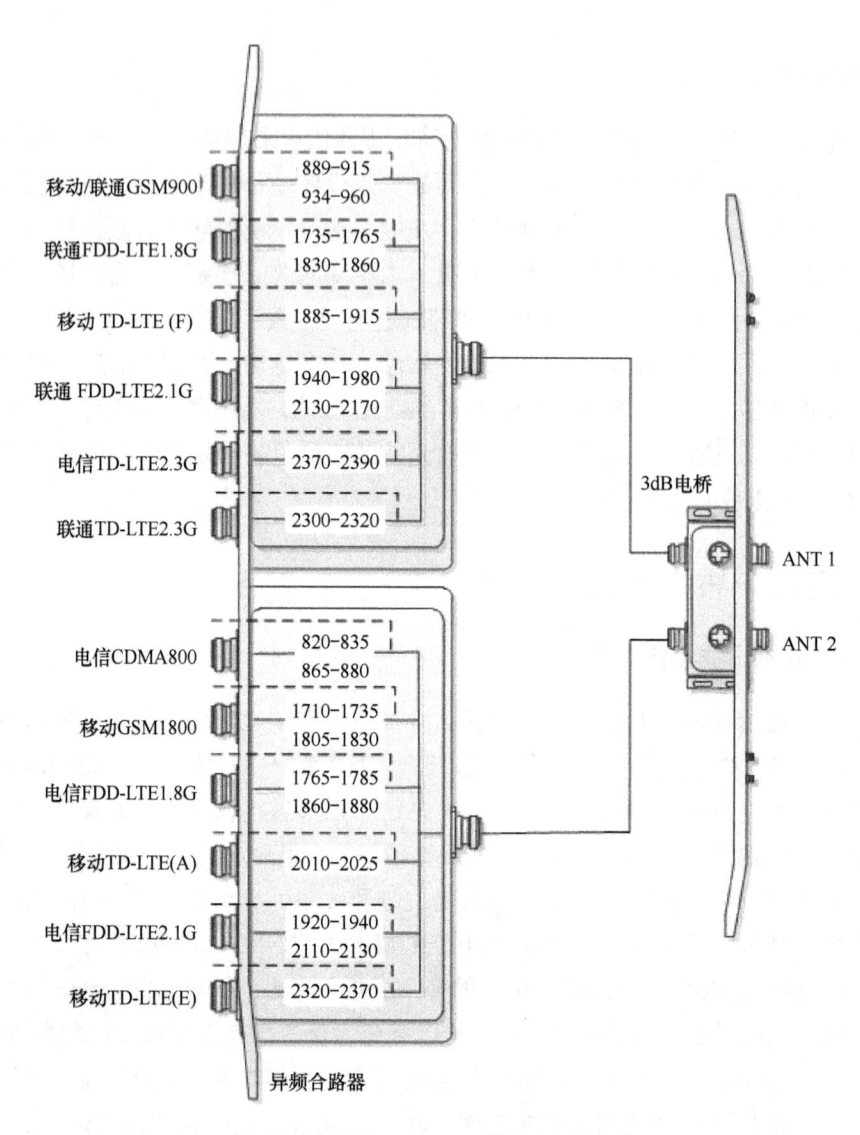

图 5-21 12 进 2 出 POI 内部原理示意图

表 5-28 5G 标准化 POI 端口和频段

频　段	带宽/MHz	下行/MHz	上行/MHz	目前所处该频段的网络制式
频段 1	2×26	934～960	889～915	移动/联通 GSM900
频段 2	2×25	1 805～1 830	1 710～1 735	移动 GSM1800/LTE FDD
频段 3	30	1 885～1 915/2 010～2 025		移动 TD-LTE（F&A 频段）
频段 4	50	2 320～2 370		移动 TD-LTE（E 频段）
频段 5	160	2 515～2 675		移动 TD-LTE/NR2.6G
频段 6	2×15	865～880	820～835	电信 CDMA800
频段 7	2×20	1 860～1 880	1 765～1 785	电信 LTE FDD1.8G

续表

频　　段	带宽/MHz	下行/MHz	上行/MHz	目前所处该频段的网络制式
频段 8	2×60	2 110～2 170	1 920～1 980	电信/电联 LTE FDD2.1G
频段 9	400	3 300-3 700		电信/联通 NR3.5G
频段 10	2×50	1 830～1 880	1 735～1 785	联通/联电 LTE FDD1.8G
频段 11	2×40	2 130～2 170	1 940～1 980	联通 UL2100
频段 12	400	3 300～3 700		联通/电信 NR3.5G

采用多个 POI 组合，搭配多条无源室内分布系统链路，即可支持 2×2MIMO，甚至 4×4MIMO，如图 5-22 所示。

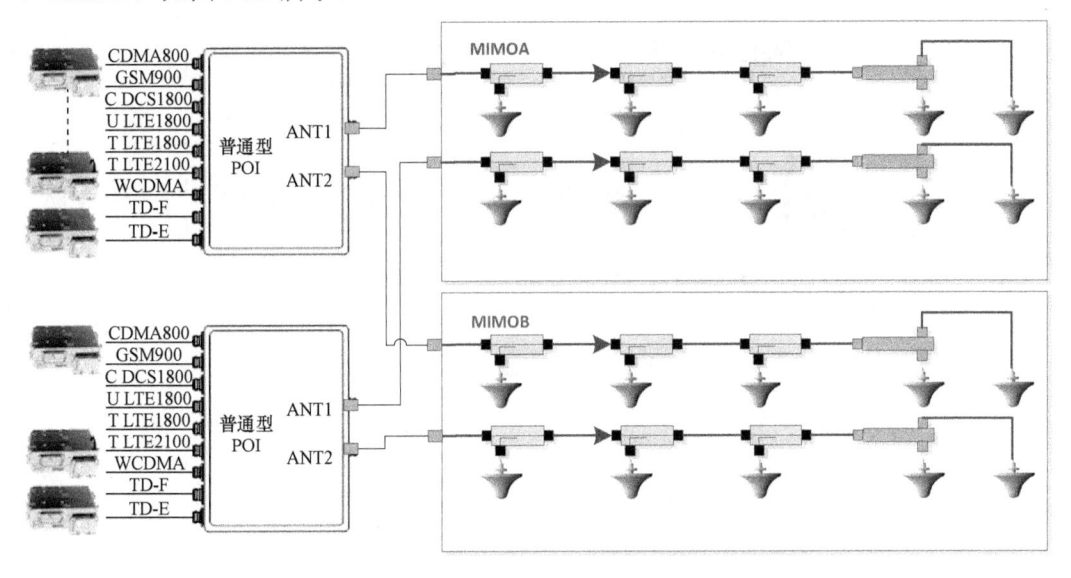

图 5-22　多运营商共享无源室内分布系统

2. 数字化室内分布系统共享技术

多家运营商共享同一套数字化室内分布系统，其本质是 3GPP 提出的 MOCN（Multi-Operator Core Network）网络共享方案，即 RAN 共享，如图 5-23 所示。共享 RAN 可同时与多家运营商的核心网分别建立 NG/S1 接口，支持同时广播多家运营商的 PLMN ID，基于运营商 PLMN ID 进行系统内小区切换、重选、寻呼、位置更新，以及处理异系统间的数据业务切换、重选及语音业务回落。UE 通过解码广播信息，选中其中一个可提供服务的 PLMN ID，其业务流程、处理机制与独立 RAN 无差异。

数字化室内分布系统有两种方式共享：一种是独立载波，运营商各自拥有独立的频谱资源，只共享硬件资源，即物理设备共享，内部逻辑独立；一种是共享载波，运营商之间共享 RAN 资源，包括频谱共享和硬件资源共享，即物理和逻辑都共享，如图 5-24 所示。独立载波只是共享硬件资源，频率资源、网络资源还是独立的，更容易实现，如果涉及基带处理芯片、射频芯片、功率放大器共享，则需要运营商之间协商处理好容量配置、功率配置、小区参数配置等，以避免相互影响。共享载波比独立载波更为复杂，需要运营商之间在独立载波的基础上，进一步协商频率资源分配、调度机制和网络切片策略。目前，3GPP 还没有提供完善的共享载波解决方案，需要业界继续探索研究。

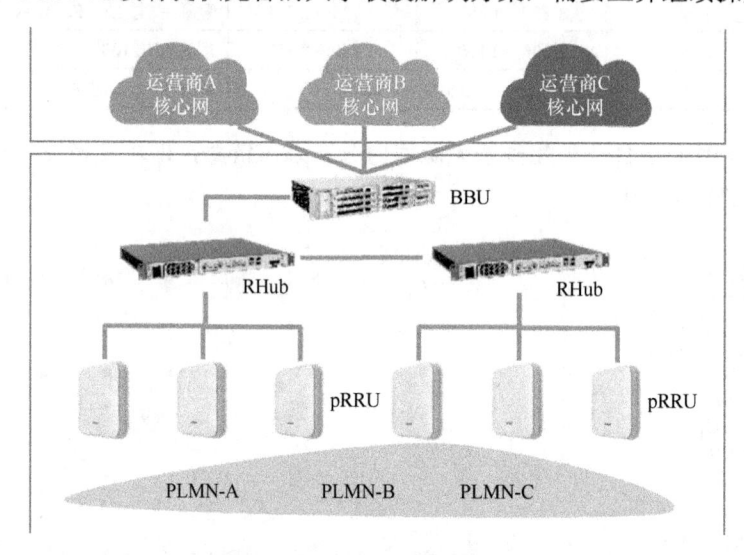

图 5-23　多运营商共享数字化室内分布系统

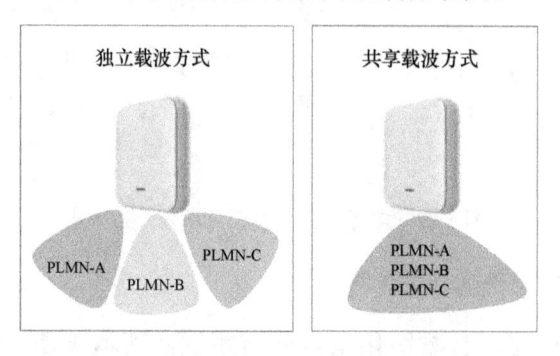

图 5-24　数字化室内分布系统共享方式示意图

5.3.4　5G 室内分布系统规划设计

1. 覆盖场景分类

一般可以将建筑物划分为交通枢纽、大型场馆、公共场所、商场超市、商务楼宇、休闲场所、住宅小区、隧道 8 种场景，如表 5-29 所示。根据建筑物的形态、功能、用户行为等特点选择合适的室内分布系统技术和产品，进行覆盖规划、容量规划、小区划分、切换区划分等室内分布系统规划设计工作。

表 5-29 室内分布系统场景分类

序号	场景分类	场景特点	典型类型
1	交通枢纽	高容量	机场、高铁站厅、地铁站厅
2	大型场馆	高容量	体育场馆、会展中心、会议中心
3	公共场所	高容量	公共图书馆、博物馆、歌剧院、医院
4	商场超市	高容量	购物中心、超市、聚类市场
5	商务楼宇	中容量	写字楼、政府机关、宾馆、酒店
6	休闲场所	中容量	独立休闲场所、沿街商铺
7	住宅小区	低容量、室内外结合	别墅、多层、高层、城中村
8	隧道	中高容量、狭长隧道	地铁隧道、高铁隧道

对于高容量的交通枢纽、大型场馆、公共场所、商场超市场景，主要采用数字化室内分布系统建设，其中用户较少的办公区、停车场等区域可采用低成本无源室内分布系统覆盖。

对于中容量的商务楼宇、休闲场所场景，可根据楼宇等级选择数字化室内分布系统或无源室内分布系统。

对于住宅小区，一般采用室外宏站和无源室内分布系统相结合的方式覆盖。

对于高铁和地铁隧道，一般采用无源室内分布系统中的漏泄电缆覆盖。

2．覆盖指标要求

运营商基于长期的网络优化、仿真和测试明确各个移动通信系统的覆盖指标要求，作为链路预算、规划设计的基准。应参照运营商提出的指标要求进行具体楼宇的室内分布系统规划设计，考虑到建筑物内部各个功能区的用户需求存在差异，各个功能区的覆盖电平也可按不同等级差异化设计。例如，会议室、营业厅等区域覆盖电平可适当加强，电梯、地下停车场等区域覆盖电平可适当减弱。

移动通信系统参考覆盖指标如表 5-30 所示。

表 5-30 移动通信系统参考覆盖指标

序号	网络制式	参考指标	覆盖电平/dBm	覆盖率
1	GSM	RxLev	−85	95%
2	CDMA	RSCP	−85	95%
3	WCDMA	RSCP	−85	95%
4	TD−LTE	RSRP	−105	95%
5	LTE FDD	RSRP	−105	95%
6	2.6G NR	SS−RSRP	−105	95%
7	3.5G NR	SS−RSRP	−110	95%

3. 链路预算

1) 链路预算方法

室内分布系统规划设计时应针对需要接入的移动通信系统及频段逐一进行链路预算分析，上行链路预算以终端最大发射功率、基站接收灵敏度为基础，下行链路预算以基站各信道最大发射功率、终端接收灵敏度为基础，并综合考虑干扰余量、阴影衰落余量、分布系统损耗、人体损耗、天线增益、系统处理增益等确定最大允许空间路径损耗。在具体实践上，由于运营商已经明确要求各个系统的覆盖指标要求，链路预算可以大大简化。对于无源室内分布系统，只需要考虑分布系统的传输和分配损耗，以及室内穿墙损耗和空间传播损耗；对于数字化室内分布系统，pRRU即天线，相比无源室内分布系统链路预算更加简单，没有分布系统的传输和分配损耗，只需要考虑室内穿墙损耗和空间传播损耗，规划设计也更容易。

室内分布系统链路预算示意图如图5-25所示。

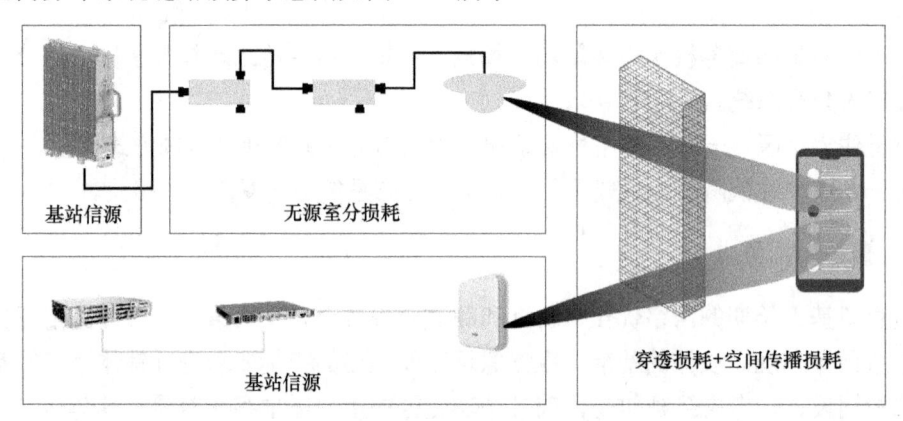

图5-25 室内分布系统链路预算示意图

2) 传播模型

4G和5G常用的室内环境无线传播模型主要有ITU-R P.1238模型、3GPP 38.901模型[45]。

（1）ITU-R P.1238模型。该模型把传播场景分为NLOS（阻挡）和LOS（视距）。NLOS模型公式为

$$PL_{NLOS} = 20\log(f) + N\log(d) + L_{f(n)} - 28\text{dB} + X_\delta$$

式中　N——距离损耗系数；

　　　f——频率，单位MHz；

　　　d——终端与天线的距离，单位为m，$d>1\text{m}$；

　　　$L_{f(n)}$——楼层穿透损耗系数；

　　　X_δ——慢衰落余量，取值与覆盖概率要求和室内慢衰落标准差有关。

LOS 模型公式为

$$\text{PL}_{\text{LOS}} = 20\log(f) + 20\log(d) - 28\text{dB} + X_\delta$$

（2）3GPP 38.901 模型如表 5-31 所示。

表 5-31 3GPP 38.901 模型

Scenario	LOS/NLOS	Pathloss [dB], f_c is in GHz and d is in meters	Shadow fading std[dB]	Applicability range, antenna height default values
InH-Office	LOS	$PL_{\text{InH-LOS}} = 32.4 + 17.3\lg(d_{3D}) + 20\lg(f_c)$	$\sigma_{SF} = 3$	$1\text{m} \leqslant d_{3D} \leqslant 150\text{m}$
	NLOS	$PL_{\text{InH-NLOS}} = \max(PL_{\text{InH-LOS}}, PL'_{\text{InH-NLOS}})$ $PL'_{\text{InH-NLOS}} = 38.3\lg(d_{3D}) + 17.30 + 24.9\lg(f_c)$	$\sigma_{SF} = 8.03$	$1\text{m} \leqslant d_{3D} \leqslant 150\text{m}$
		Optional $PL'_{\text{InH-NLOS}} = 32.4 + 20\lg(f_c) + 31.9\lg(d_{3D})$	$\sigma_{SF} = 8.29$	$1\text{m} \leqslant d_{3D} \leqslant 150\text{m}$

该模型同样把传播场景分为 NLOS（阻挡）和 LOS（视距）。

式中 f_c——频率，单位 GHz；

d_{3D}——终端与天线的距离，单位为 m，$1\text{m} \leqslant d_{3D} \leqslant 150\text{m}$。

（3）传播模型对比。通过曲线拟合发现，在一般天线覆盖的距离 0～15m 范围内，3GPP 38.901 NLOS Optional 模型与 ITU-R P.1238 NLOS 模型较为接近，建议优先选择 3GPP 38.901 NLOS Optional 模型，如图 5-26 所示。

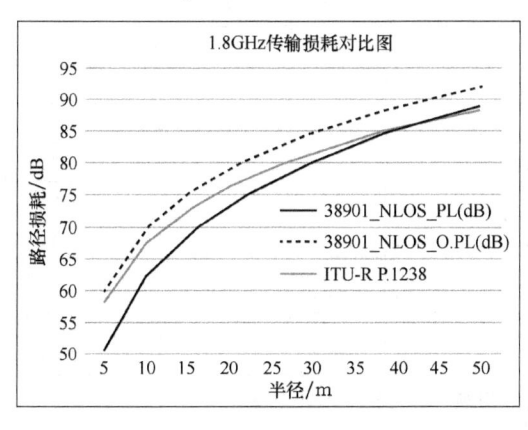

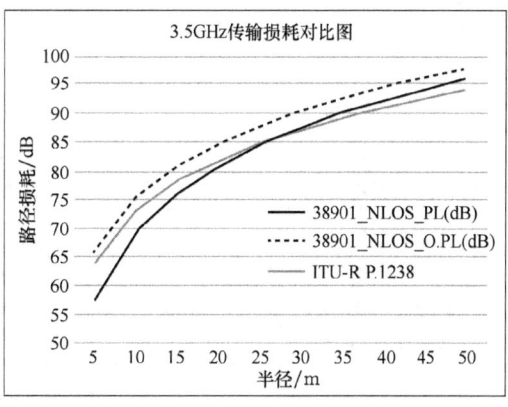

图 5-26 ITU-R P.1238 NLOS 模型与 3GPP 38.901 NLOS Optional 模型对比

3）穿透损耗

3GPP 38.901 标准提供了普通玻璃、镀膜玻璃、混凝土墙、木头 4 种典型材料的穿透损耗计算公式，根据公式可以计算出移动通信系统各个频段的穿透损耗（见表 5-32），用于室内分布系统链路预算和天线覆盖半径估算。需要注意的是，3GPP 38.901 标准提供的只是经验值，实际情况下由于材料的厚度、质量、加工工艺存在差异，穿透损耗也不一样。在规划设计室内分布系统时，建议进行现场模拟测试，以掌握建筑物内部各种材料的实际穿透损耗值[46]。

表 5-32 根据 3GPP 38.901 标准计算的典型频段穿透损耗

材 质	各频段穿透损耗/dB				
	1.8GHz	2.1GHz	2.3GHz	2.6GHz	3.5GHz
普通玻璃	2.36	2.42	2.46	2.52	2.70
镀膜玻璃	23.54	23.63	23.69	23.78	24.05
混凝土墙	12.20	13.40	14.20	15.40	19.00
木门	5.07	5.10	5.13	5.16	5.27

4）链路预算和天线覆盖范围

根据上述覆盖指标要求、链路预算方法、传播模型、穿透损耗，即可计算出在满足覆盖指标要求的前提下，各频段天线的覆盖距离。

室内分布系统典型频段链路预算如表 5-33 所示。

表 5-33 室内分布系统典型频段链路预算

项 目	无源室内分布系统				数字化室内分布系统			
	1.8GHz	2.1GHz	2.6GHz	3.5GHz	1.8GHz	2.1GHz	2.6GHz	3.5GHz
设备总功率/dBm	43	43	50	50	21	21	24	24
基准功率/dBm	12.2	12.2	14.9	14.9	−9.8	−9.8	−11.2	−11.2
天线口功率/dBm	−15.0	−15.0	−15.0	−15.0	−9.8	−9.8	−11.2	−11.2
天线增益/dBi	3.0	3.0	3.0	3.0	3.0	3.0	3.0	3.0
人体损耗/dB	3.0	3.0	3.0	3.0	3.0	3.0	3.0	3.0
混凝土墙穿透损耗/dB	12.2	13.4	15.4	19.0	12.2	13.4	15.4	19.0
10m 空间传播损耗/dB	69.4	70.7	72.6	75.2	69.4	70.7	72.6	75.2
15m 空间传播损耗/dB	75.0	76.4	78.2	80.8	75.0	76.4	78.2	80.8
20m 空间传播损耗/dB	79.0	80.3	82.2	84.8	79.0	80.3	82.2	84.8
10m 边缘覆盖场强/dBm	−96.6	−99.1	−103.0	−109.2	−91.4	−93.9	−99.1	−105.3
15m 边缘覆盖场强/dBm	−102.2	−104.8	−108.6	−114.8	−97.0	−99.6	−104.8	−110.9
20m 边缘覆盖场强/dBm	−106.2	−108.7	−112.6	−118.8	−101.0	−103.5	−108.8	−114.9

注1：由于无源分布系统损耗与具体设计相关，此处为简化处理，取定天线口功率−15dBm；

注2：表中是按混凝土墙计算的穿透损耗，具体项目规划设计时应调整为实际材质的穿透损耗。

从表 5-33 可以看出，由于频段的穿透损耗和空间传播损耗存在差异，其天线覆盖范围也是不一致的。因此，如果同一套室内分布系统中需要接入多个移动通信系统，需要均衡考虑各个系统的最大路径损耗，根据短板来核算天线覆盖范围、覆盖半径及天线间距。例如，无源室内分布系统 LTE2.1GHz 和 NR3.5GHz 组合，天线覆盖范围应取定 NR3.5GHz 的计算结果约 10m；LTE1.8GHz 和 NR2.6GHz 组合，天线覆盖范围可达到 15m 左右。具体的天线布放位置还应根据天线的类型、建筑物的结构等因素综合考虑。

4．小区划分

（1）小区划分应综合考虑各系统容量配置、覆盖效果、干扰规避、切换区域划分等多种因素，保证室内分布系统性能满足要求，并确保室内外网络的协同覆盖效果。

（2）小区划分要充分考虑室内具体环境。划分时重点考虑小区之间的隔离，可以借助建筑物的楼板、墙体等自然屏障产生的穿透损耗形成小区间的隔离。

（3）楼层较多的建筑物，主要采用垂直分区，同一平面划分为同一小区，小区设置应利用楼层楼板进行隔离。

（4）对于单层面积较大的建筑如体育场馆、机场、车站、会展中心等，主要采用水平分区，应充分考虑利用墙体、隔断进行小区之间的隔离。在采用水平分区时，应避免多个小区边界相交，避免导频污染或小区间的频繁切换。

室内分布系统分区示意图如图 5-27 所示。

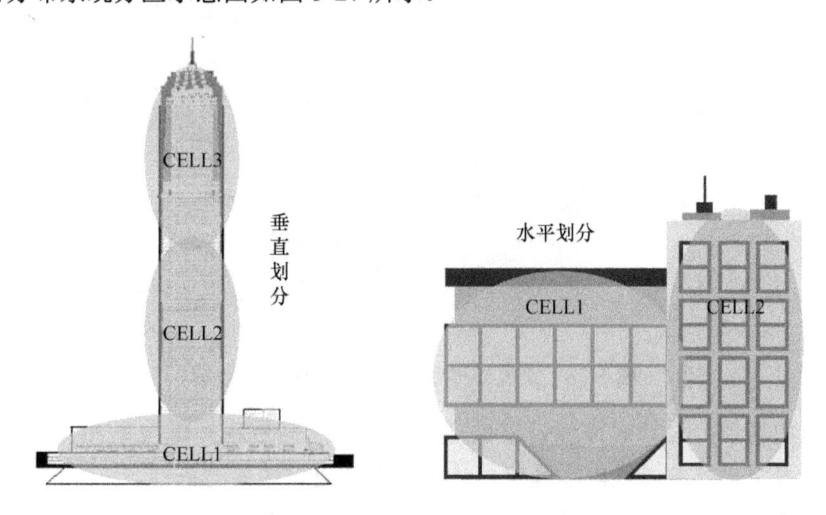

图 5-27 室内分布系统分区示意图

5．切换区设置

1）设置原则

（1）室内小区间切换区设置原则。

① 室内分布系统的小区切换区域应综合考虑用户流动性、切换时间要求及小区间干扰水平等因素。

② 建筑物内的用户以同层流动为主，小区宜以楼层进行划分，避免平层移动时发生切换；对于平层面积较大的建筑物，切换区应设置在隔离度较大的区域。

③ 电梯宜与低层划分为同一小区，电梯与平层的切换区应设置在电梯厅。

④ 电梯井道内引入两个小区时，应根据电梯运行速度设置足够的重叠覆盖区。

（2）室内与室外小区间切换区设置原则。

① 避免出现同一区域由于室内分布系统覆盖信号电平与室外覆盖电平相当而导致用户在室内小区和室外小区间频繁切换的情况。

② 应严格控制室内小区信号的泄漏，在建筑物一定距离外应保证室外小区信号占主导地位。

③ 应根据室外基站在建筑物内的覆盖情况合理设置室内覆盖目标，在建筑物高层可适当提高室内覆盖电平，尽量保证室内小区信号占主导地位。

④ 室内外小区的切换区设置应保证避免用户移动时大量集中的小区间切换发生，切换区域的范围应保证切换的可靠进行。

2）切换区域

室内分布系统小区切换区域应综合考虑切换时间要求及小区间干扰水平等因素设定。切换主要发生在窗边、大堂出入口、车库出入口、电梯口、楼梯间等区域，如图 5-28 所示。

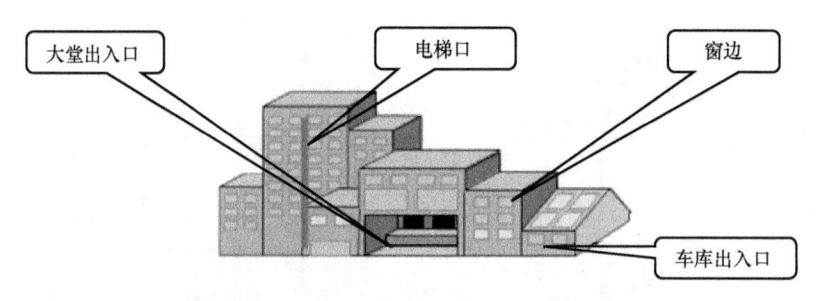

图 5-28　室内分布系统小区切换区域示意图

（1）窗边切换。设计时需保证窗边室内分布系统信号达到覆盖要求，可适当提高覆盖电平，室内用户只占用室内小区信号，同时需避免窗边信号外泄。

（2）建筑物出入口切换。室内分布系统小区与室外宏基站的切换区域应设置在建筑物的出入口处，如图 5-29 所示。

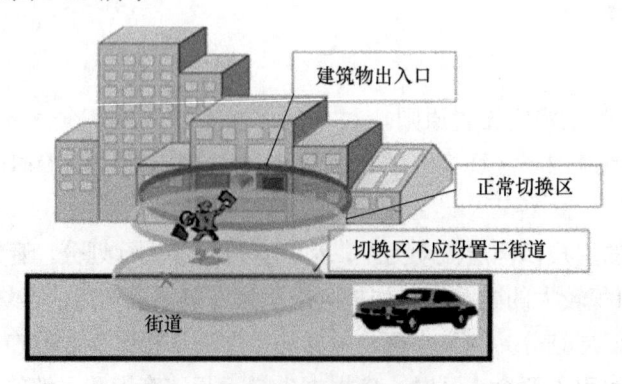

图 5-29　建筑物出入口切换区域示意图

(3) 电梯切换。

① 对于小型建筑物，电梯井道与楼宇同小区，进出电梯及电梯运行中不会发生切换。

② 对于大中型建筑物，需规划为多个小区时，电梯井道宜规划为与低层同小区，可避免电梯运行过程中发生切换，需保证电梯与其他平层的切换；电梯井道引入两个小区信号时，需设置足够的重叠覆盖区，保证电梯运行中的小区切换，如图 5-30 所示。

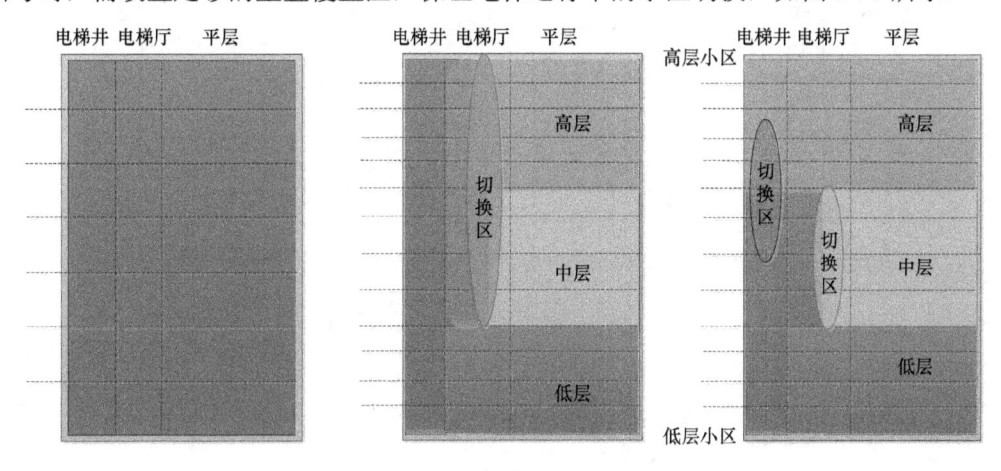

图 5-30　电梯切换区域示意图

5.3.5　典型场景 5G 室内覆盖方案

1. 商务楼宇场景

1）概述

商务楼宇主要包括写字楼、政府机关、宾馆、酒店等类型，是室内分布系统建设的一类主要场景。

商务楼宇内部按照功能可分为大厅、平层、电梯、地下停车场等区域。大厅一般设有咖啡厅、休息区、大堂吧、前台等，多数大厅中空，高度较高，大厅内人流密度在上下班高峰期呈现短时期高度密集。平层内部建筑隔断较多，对无线信号的阻挡比较严重，一般分为走廊+单双边房间、隔断式办公区、无隔断办公区等结构。电梯的井道墙体较厚，电梯轿厢为金属材料，信号衰减严重。地下停车场为钢筋混凝土结构，中间有较多较粗的承重钢筋混凝土立柱，结构比较简单，开阔空旷。

商务楼宇的容量需求中等，可采用无源室内分布系统、数字化室内分布系统，或者两种技术手段相结合的方式进行覆盖。

2）覆盖技术要点

（1）大厅覆盖要点。大厅高度较低时，可采用全向天线覆盖，如图 5-31 所示；大厅挑高时，宜采用定向天线覆盖，布放在有阻挡的位置或贴墙朝向大厅内部，控制信号外泄，如图 5-32 所示。

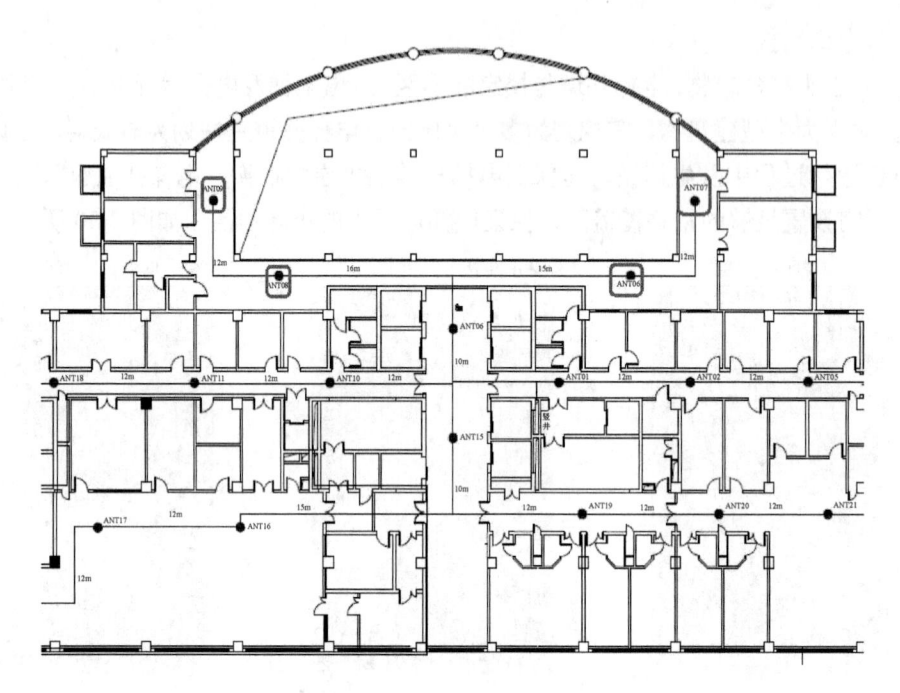

图 5-31 大厅全向天线覆盖图

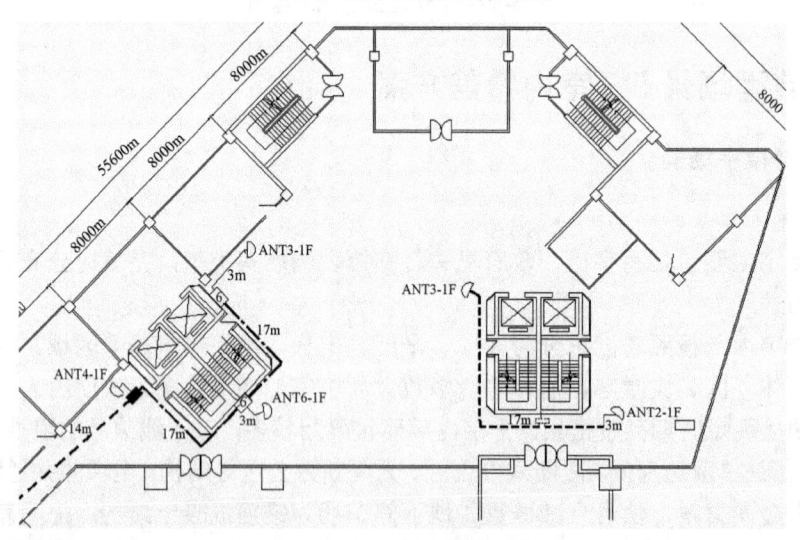

图 5-32 大厅定向天线覆盖图

（2）平层覆盖要点。对于采用纤维板、石膏板、玻璃等轻隔断的办公区，或者进深 10m 以内的房间，一般在走廊布放天线覆盖，如图 5-33 所示；对于采用金属镀膜玻璃等穿透损耗较大的隔断，或者进深超过 10m 的大房间，宜在房间内部布放天线覆盖，如图 5-34 所示。

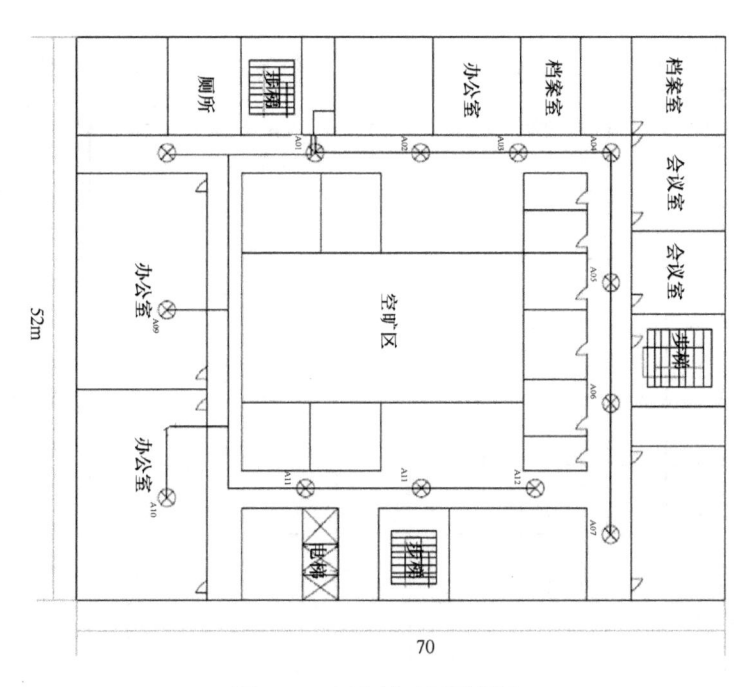

图 5-33　写字楼平层覆盖图

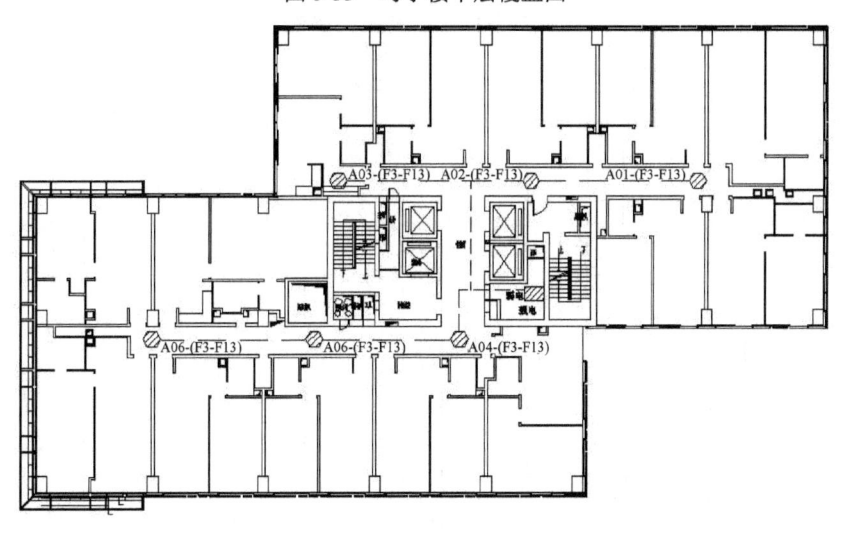

图 5-34　酒店平层覆盖图

（3）电梯覆盖要点。

① 电梯井道内布放对数周期天线，主瓣方向朝下覆盖，单天线覆盖楼层一般为 4 层；对于共井电梯，可在中间位置布放天线，一般覆盖 3 部电梯，如图 5-35 所示。

② 电梯井道内布放定向壁挂天线，主瓣方向朝向电梯厅，兼顾对电梯厅覆盖，单天线覆盖楼层一般为 3 层；对于共井电梯，可在中间位置布放天线，一般覆盖 3 部电梯，如图 5-36 所示。

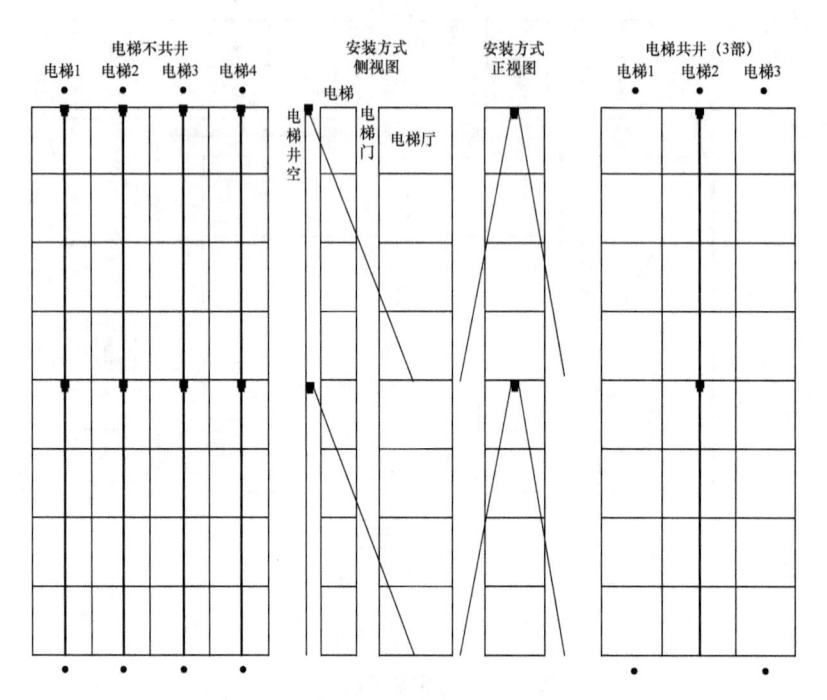

图 5-35 电梯井道对数周期天线覆盖示意图

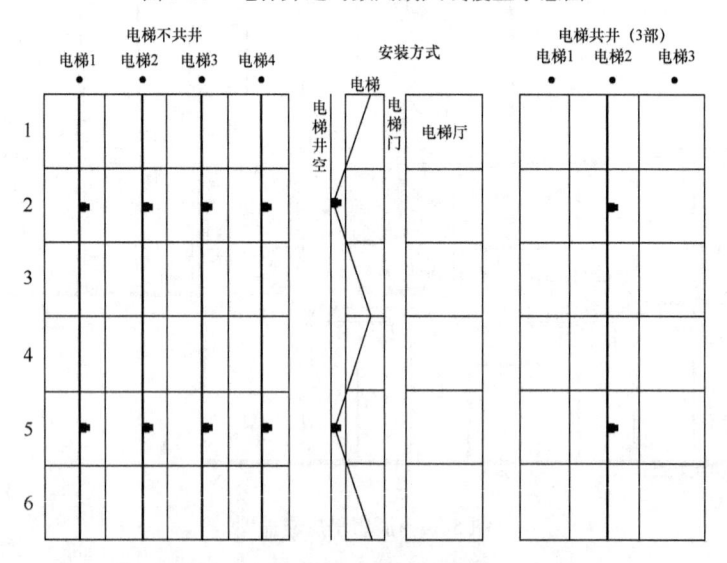

图 5-36 电梯井道定向壁挂天线覆盖示意图

观光电梯一般为 180°玻璃隔断面向室外，低层的观光电梯一般无须专门覆盖。高层的观光电梯需要进行信号测试，无线信号不能满足网络覆盖需求时，宜在楼层的电梯厅口布放全向吸顶天线进行覆盖。

（4）地下停车场覆盖要点。地下停车场可以采用对数周期天线、定向壁挂天线和全向吸顶天线相结合的方式进行覆盖，如图 5-37 所示。

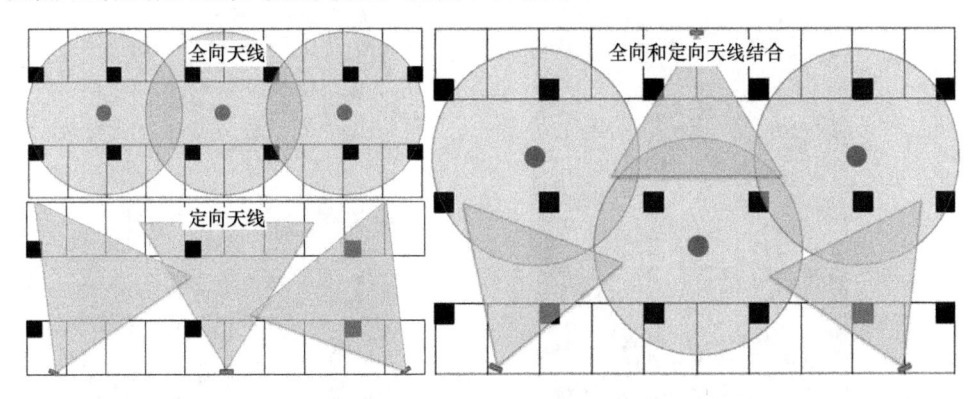

图 5-37　地下停车场覆盖示意图

对于狭长的地下停车场，在隔断较多的情况下，宜采用中轴线上布放全向吸顶天线的方式覆盖；在隔断较少的情况下，宜采用在离信源较近的单侧墙壁上安装定向壁挂天线或对数周期天线的方式覆盖，避免天线主瓣正对立柱，如图 5-37 所示。

对于宽度较大的停车场，可以采用两侧墙壁上交替安装定向壁挂天线或对数周期天线与中间交错布放全向吸顶天线相结合的方式覆盖，避免天线主瓣正对立柱。

进出口分为直道和弯道两种情况，直道场景结合天线的实际安装条件，宜采用定向壁挂天线或对数周期天线的方式覆盖，无法安装定向壁挂天线或对数周期天线时，采用全向吸顶天线覆盖场景；弯道场景一般采用定向壁挂天线或对数周期天线覆盖，安装位置一般控制在弯道附近，如图 5-38 所示。

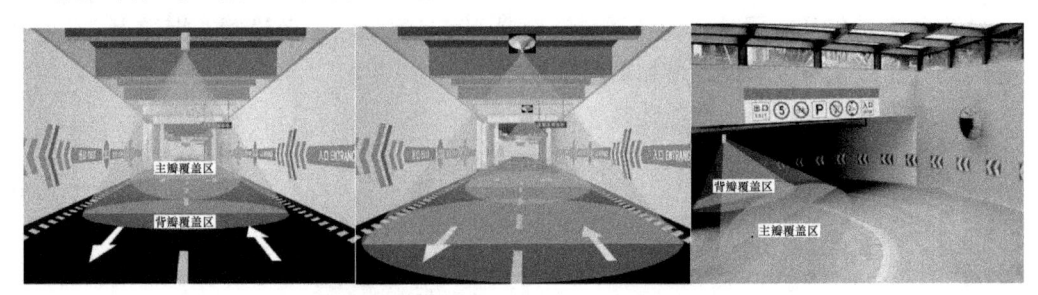

图 5-38　地下停车场进出口覆盖示意图

3）小区划分

对于面积较小的小型商务楼宇，整栋楼宇划分为一个小区即可满足容量及覆盖需求。

对于面积较大的大中型商务楼宇，一般可采用垂直分区方式划分为两个或多个小区。综合考虑施工条件、建设成本、小区切换等因素，同一处电梯井道引入小区数量不宜超过两个，宜将电梯井道和电梯厅规划为同一个小区。根据实际情况，电梯井道可与低层规划为同一小区或引入高层、低层两个小区,如图 5-39 所示。

图 5-39 大中型楼宇小区划分示意图

4)小区切换

(1)大厅与室外小区的切换。当室外宏站信号较强时,切换区域宜设置于室内区域,天线安装在室内靠近门口处,通过门口玻璃或横梁限制信号外泄,同时室外信号通过玻璃或墙体遮挡而比室内信号弱,保证用户进入室内后能让室内小区占主导,迅速切换至室内小区;反之,在门外区域,室外小区会占主导,保证用户出去时能迅速切换至室外小区。

当室外宏站信号较弱时,切换区域应设置于室外区域,避免设置在街道上,宜在大厅出入口处布放全向吸顶天线增加重叠区域。

大厅与室外小区切换示意图如图 5-40 所示。

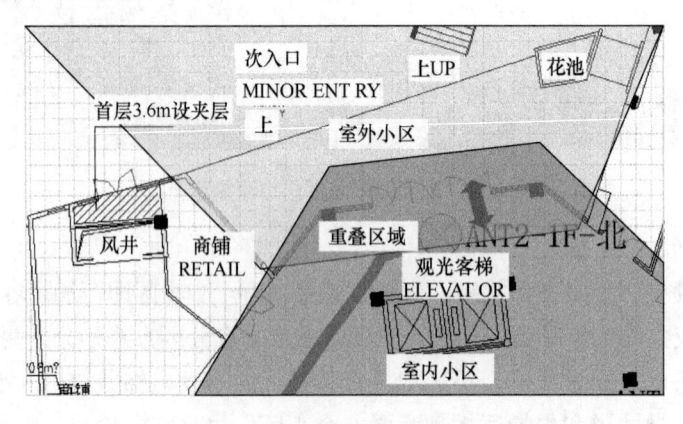

图 5-40 大厅与室外小区切换示意图

（2）地下停车场切换。地下停车场进出口有较大弯道时，天线一般采用定向壁挂天线或对数周期天线向外进行覆盖，安装位置一般在弯道附近，确保能将室内外信号良好衔接，保证合理的切换带。地下停车场进出口较直时，可以结合现场的安装条件，宜采用定向壁挂天线或对数周期天线进行覆盖，保证合理的切换带。

（3）电梯切换。电梯井道和平层不同小区时，宜采用定向壁挂天线兼顾覆盖电梯厅，应设计好电梯厅附近区域的平层天线信号强度，保证电梯厅与平层有足够的重叠区，确保由平层进出电梯时在电梯厅完成切换。

电梯井道划分为两个小区时，在小区重叠处需设置足够的重叠覆盖区，保证电梯运行中的小区切换。

电梯切换区设置示意图如图 5-41 所示。

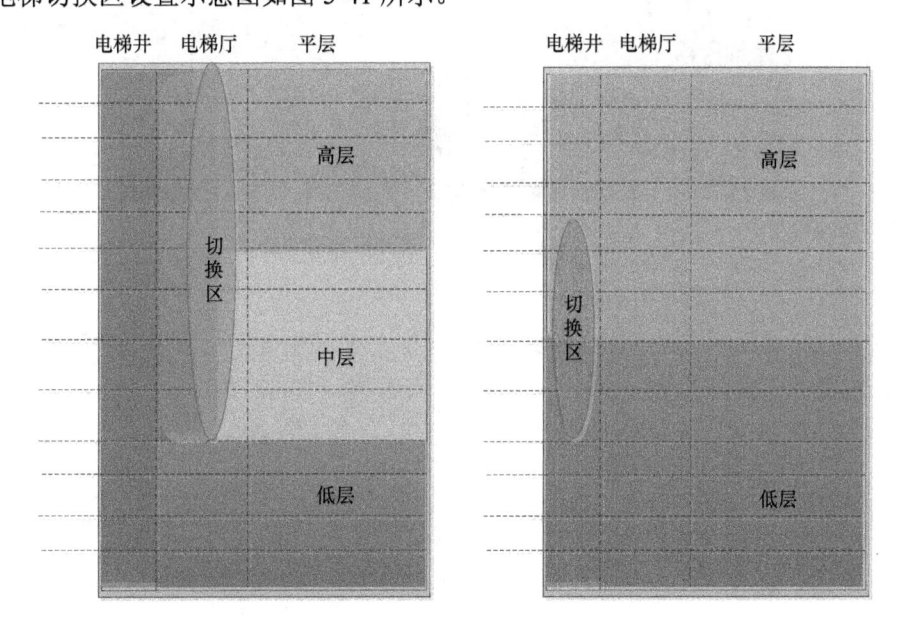

图 5-41　电梯切换区设置示意图

2．地铁场景

1）概述

地铁场景主要是指城市地下轨道交通的场景，是大中型城市的首选公共交通工具，人流量非常密集。

地铁一般包含站厅、站台、地下区间隧道等区域。站厅连接地面及站台层，一般一个站会有多个出入口连接地面，站厅层为购票区域。站台层为旅客候车区，一般有侧式站台（分为单线轨道式和双线轨道式）和岛式站台两类。地铁隧道分为上、下行两条线路，一般情况下，两条线路为单洞单轨隧道，隧道宽度约 4.5m、高度约 5m。地铁站与站之间的距离在 500～3 000m 不等，市区的站间距较小，郊区的站间距较大。地铁列车车厢宽度一般在 3m 左右，车厢玻璃车窗距离轨面的高度约为 2.5m。

在地铁站厅、站台，乘客停留的时间长，容量需求大，一般采用数字化分布系统进行覆盖。隧道部分地铁运行区间，容量需求处于中高水平，基于行车安全性和后期运维便利性的考虑，一般采用漏泄电缆进行覆盖。

地铁场景覆盖示意图如图 5-42 所示。

图 5-42　地铁场景覆盖示意图

2）站台、站厅覆盖技术要点

地铁站包括站厅层和站台层，内部结构开阔，一般采用数字化室内分布系统的 pRRU 覆盖，天线覆盖范围可达 20~30m，天线间距可达 30~50m，如图 5-43 所示。

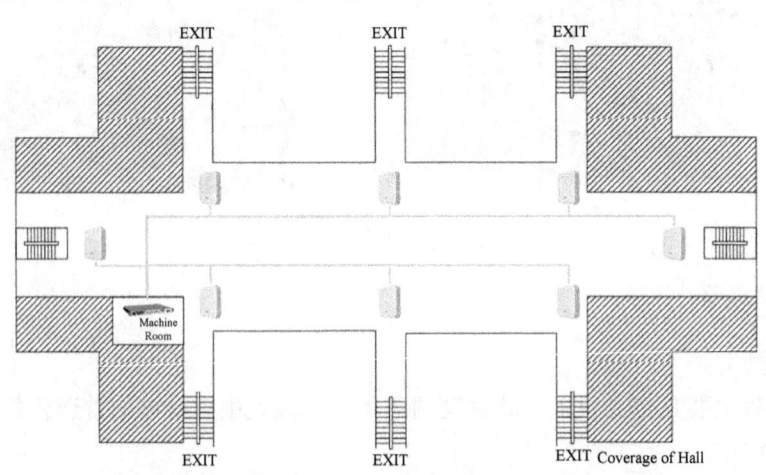

图 5-43　站台、站厅覆盖示意图

3）地铁隧道覆盖技术要点

（1）技术方案。在地铁隧道场景，由于安装空间等资源有限，基本上都是多家运营商共享一套室内分布系统，接入的移动通信系统往往多达 10 个。基于安全和稳定性的考虑，地铁隧道宜采用 POI+漏泄电缆的技术方案进行覆盖。为降低方案的复杂性，实现最大化共享，降低建设成本，优先采用全频段 1-1/4"漏泄电缆，可以实现多家运营商 700～3 700MHz 全频段系统接入。采用 2 条 1-1/4"漏泄电缆，可实现 4G/5G 2T2R 部署，如图 5-44 所示；采用 4 条 1-1/4"漏泄电缆，可实现 4G 2T2R、5G 4T4R 部署，同时可通过各系统的分缆设置，降低系统间频率干扰风险，如图 5-45 所示。

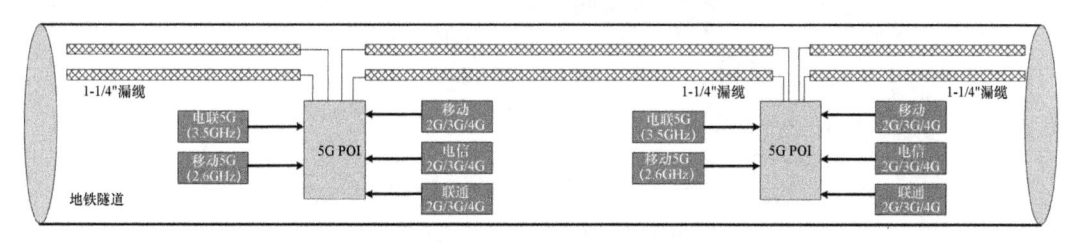

图 5-44 地铁隧道 2 条 1-1/4"漏泄电缆技术方案

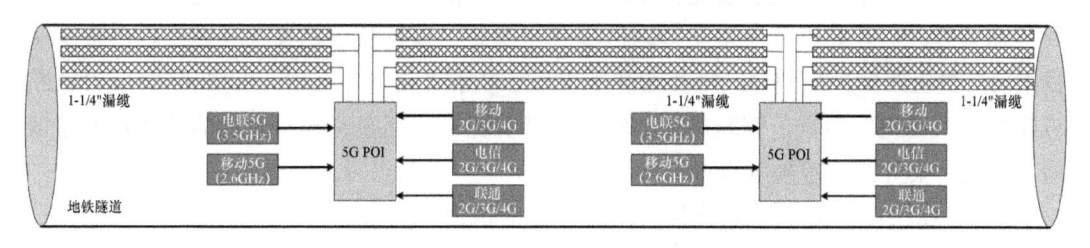

图 5-45 地铁隧道 4 条 1-1/4"漏泄电缆技术方案

根据三阶互调干扰理论计算和实践经验，采用 4 条 1-1/4"漏泄电缆部署时，各系统可参照表 5-34 所示组合方式馈入，可在一定程度上降低组合互调干扰，提升网络质量。

表 5-34 4 缆方案各系统馈入方式建议表

序号	馈入系统	漏缆 1	漏缆 2	漏缆 3	漏缆 4	通道数
1	移动 900MHz	TRX		TRX		2T2R
2	移动 1.8GHz	TRX		TRX		2T2R
3	移动 1.9GHz		TRX		TRX	2T2R
4	移动 2.6GHz	TRX	TRX	TRX	TRX	4T4R
5	联通 900MHz	TRX		TRX		2T2R
6	联通 1.8GHz	TRX		TRX		2T2R
7	联通 2.1GHz	TRX		TRX		2T2R
8	电信&联通 3.5GHz	TRX	TRX	TRX	TRX	4T4R
9	电信 800MHz		TRX		TRX	2T2R
10	电信 1.8GHz		TRX		TRX	2T2R
11	电信 2.1GHz	TRX		TRX		2T2R

（2）覆盖距离测算。在地铁隧道覆盖技术方案中，基站信源从漏泄电缆的两端注入

射频信号，沿着漏泄电缆一边传输信号、一边辐射信号，直到射频信号衰减到无法满足覆盖要求，该距离即为信号源的有效覆盖距离。基站信源的距离即为漏泄电缆的断点距离，是基站信源单侧覆盖距离的 2 倍，如图 5-46 所示。

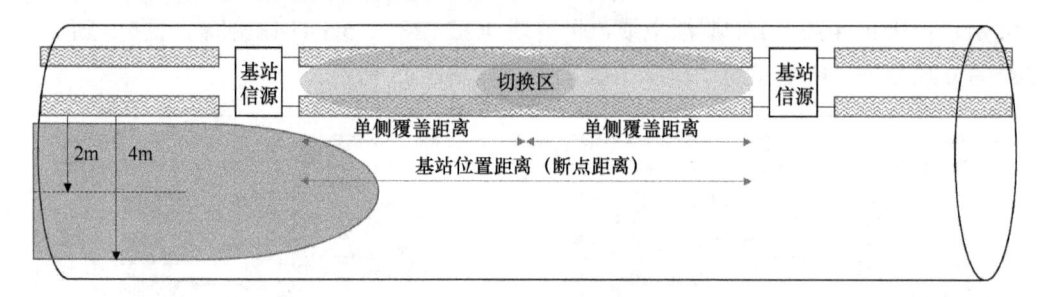

图 5-46 漏泄电缆覆盖模型示意图

根据地铁隧道漏泄电缆覆盖模型，结合基站设备、无源器件、漏泄电缆等射频参数及传播模型，可计算出各个系统基站信源单侧覆盖距离及断点距离。考虑到各个系统路径损耗、覆盖距离存在差异，以及地铁隧道场景多系统共享等因素，应按 3.5GHz 设计断点距离。需要说明的是，链路预算与实际测试情况可能存在差异，具体的地铁隧道覆盖项目应根据实际测试值规划设计。

地铁隧道 1-1/4"漏泄电缆链路预算表如表 5-35 所示。

表 5-35 地铁隧道 1-1/4"漏泄电缆链路预算表

项　　目	800MHz	900MHz	1.8GHz	2.1GHz	2.6GHz	3.5GHz
设备总功率/dBm	43	43	43	43	50	50
基准功率/dBm	12.2	37	12.2	12.2	14.9	14.9
POI 损耗/dB	5	5	5	5	4	4
跳线及接头损耗/dB	1	1	1	1	1	1
漏泄电缆入口功率/dBm	6.2	31	6.2	6.2	9.9	9.9
1-1/4"漏泄电缆传输损耗/(dB/100m)	2.8	3.2	4.6	5.2	6.5	9.4
1-1/4"漏泄电缆耦合损耗/dB	78	76	72	70	68	66
4m 处衰减因子/dB	3	3	3	3	3	3
车体损耗/dB	10	10	12	12	13	14
人体损耗/dB	3	3	3	3	3	3
工程余量/dB	3	3	3	3	3	3
覆盖边缘场强/dBm	−105	−85	−105	−105	−105	−110
最大允许漏泄电缆损耗/dB	14.2	21	18.2	20.2	24.9	30.9
单侧漏泄电缆覆盖距离/m	507	656	396	388	382	328
列车时速/(km/h)	80	80	80	80	80	80
单向切换时长/s	1	6	1	1	1	1
重叠覆盖区长度/m	45	270	45	45	45	45

续表

项　目	800MHz	900MHz	1.8GHz	2.1GHz	2.6GHz	3.5GHz
考虑切换单侧漏泄电缆覆盖距离/m	462	386	351	343	337	283
漏泄电缆断点距离/m	924	773	701	687	675	566

注1：1-1/4"漏泄电缆的传输损耗和耦合损耗取自某厂家实际测量值。

注2：900MHz按GSM考虑，800MHz、1.8GHz、2.1GHz按LTE考虑，2.6GHz、3.5GHz按5G考虑。

（3）漏泄电缆布放原则。由于地铁列车车体由金属材料及玻璃组成，车窗是损耗相对较小的位置，宜将漏泄电缆布放在车厢车窗上沿高度位置，开孔方向朝向列车，有利于电磁波穿透车窗对用户进行覆盖。当在隧道布放多条漏泄电缆时，为实现更好的MIMO性能，漏泄电缆之间的垂直距离宜不小于0.5m。

4）小区划分

对于郊区非换乘站，高峰人流量不大，站台、站厅及隧道宜规划为同一个小区，如图5-47所示。

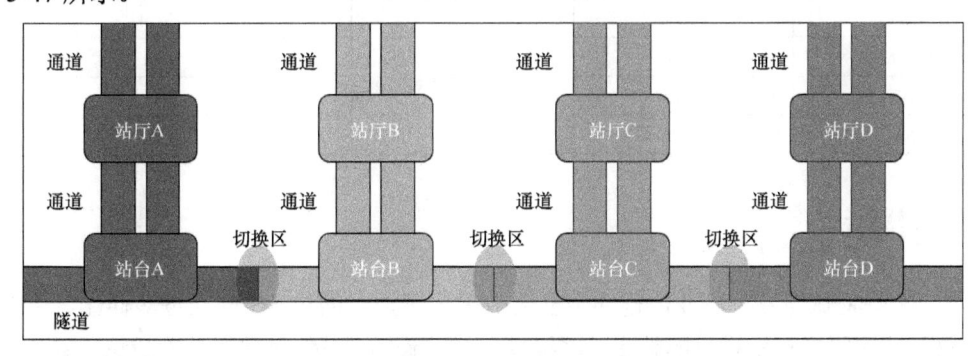

图5-47　站台、站厅、隧道共小区示意图

对于城区非换乘站，高峰人流量较大，站台与隧道宜规划为同一小区，站厅单独规划为一个小区，如图5-48所示。对于换乘站，每条地铁的隧道及相应站台宜各规划为一个独立小区，站厅单独规划为一个小区，同时要考虑多个小区间的切换问题。

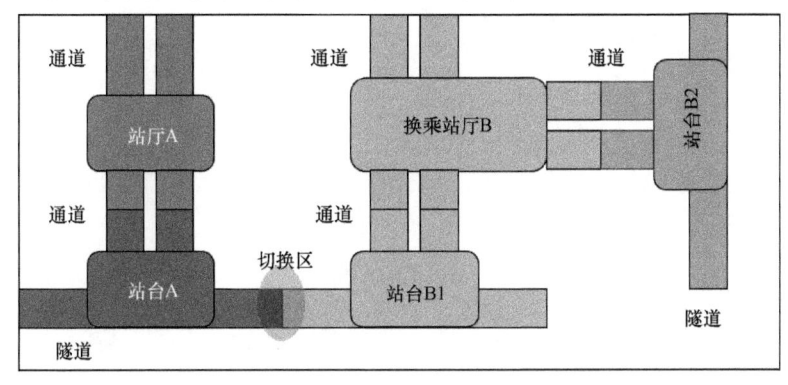

图5-48　站厅独立小区示意图

5）小区切换

地铁场景的小区切换主要发生在地铁站出入口、站厅与站台之间、隧道内等几个位置。

乘客出入地铁站会产生室外宏基站信号和地铁站厅信号之间的切换，可以在扶梯中间位置的顶部安装天线，以保证足够的重叠覆盖。

站厅与站台如果设计成两个小区，切换区宜设置在站厅与站台之间的上下扶梯处。

在隧道内，列车经过两个小区交会处时会发生信号切换，由于列车运行速度较快（约80km/h），应设置足够的重叠覆盖区保证切换顺利进行，各系统的重叠覆盖区切换时长参考值如表5-36所示。为保证各系统在隧道内小区之间都能正常切换，应以切换重叠区要求最高的系统为基准进行设计。

表5-36 各系统的重叠覆盖区切换时长参考值

移动通信系统	切换时长	列车速度	重叠覆盖区
GSM	≤6s	80km/h	134m
WCDMA	≤2s		45m
LTE	≤1s		23m
NR	≤1s		23m

5.4 小结

5G网络将赋能各行各业，推动全社会数字化转型。面对5G的业务多样化、部署场景多样化、网络指标多样化的特点，网络规划与建设将是5G时代的关键战场。本章重点对5G网络规划方法和规划要点进行分析，并结合5G较之4G的技术差异点，以满足业务需求和建设场景为目标，重点阐述了5G规划的关键问题和实施要点，以期对后续5G网络工程建设的实施有所指导。

第 6 章　5G 网络共建共享

随着 5G 技术的成熟和 5G 网络的大规模部署，移动用户业务体验进一步提升，峰值速率达到 Gbps 级，同时 5G 网络也带来了垂直行业数字化的发展。5G 网络的部署将在各个方面改变社会的生产方式和生活方式，但作为 5G 网络的建设者、运营者和业务提供者的电信运营商却面临着巨大的成本压力挑战。

首先，在国家提速降费战略的指引下，运营商数据流量单价会持续降低，虽然 5G 网络能力的提升带来每比特成本降低，但运营商面临着 5G 数据业务增量不增收的局面；其次，5G 网络引入 Massive MIMO 技术，造成单站成本大幅提升，同时随着频率的提高，基站数量也会高于 4G，AAU 设备需要单独的天面资源，这些都造成了巨大的网络建设成本压力；最后，5G 基站设备功耗相比 4G 网络增加了 3~4 倍，网络运营成本大幅增加。

国家积极推动 5G 基础设施共建共享，实现降本增效。中国运营商积极响应国务院提出的"5G 领先"战略要求，努力探索 5G 网络共建共享技术和方案，通过"创新、开放、共享"方式，打造全国性 5G 网络，满足不同地区、不同发展阶段的人民需求。本章从 5G 共建共享战略、意义和分类、国外案例、技术方案、演进路线、网络规划、站点建设、4G/5G 配合和协同，以及语音解决方案等方面，系统化地阐述 5G 网络共建共享所涉及的主要内容。

6.1　5G 共建共享含义和意义

6.1.1　5G 共建共享含义

通信领域中共建共享是指不同运营商共同建设或使用同一网络的建设和运营模式。根据面向的实体不同，共建共享可分为基础设施共建共享和网络设备共建共享两个层面。基础设施共建共享面向的实体是铁塔建设、维护、运营，基站设备的维护，基站机房、电源、空调，室内分布系统建设、维护、运营等；而网络设备共建共享面向的实体是无线主设备、天线射频、核心网设备、传输网设备及业务平台等，如图 6-1 所示。

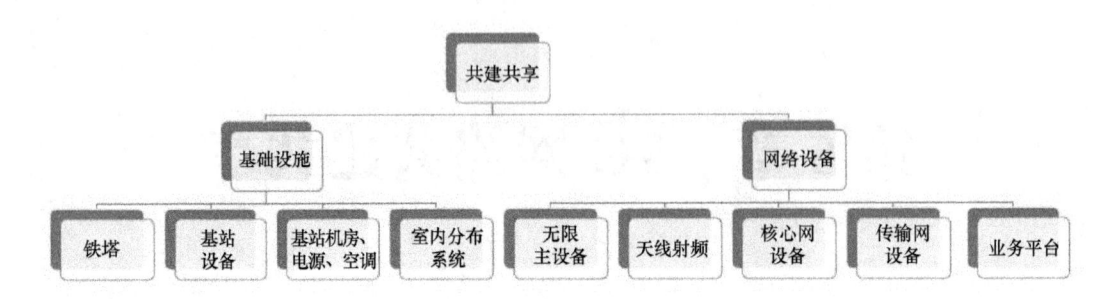

```
                          共建共享
                    ┌────────┴────────┐
                 基础设施            网络设备
        ┌────┬────┼────┬────┐   ┌────┬────┬────┐
       铁塔  基站  基站机房、室内分布 无限  天线射频 核心网 传输网 业务平台
            设备  电源、空调 系统  主设备      设备   设备
```

图 6-1 共建共享

共建共享形式多种多样，按照共享基础设施的范围来划分，包括共享站址（铁塔）、共享基站不共享核心网、共享基站又共享核心网及虚拟运营商等形式。

6.1.2 国内外运营商共建共享实践

1. 基础设施共建共享

在基础设施共建共享层面，世界各国政府出台了各种政策，并采用专业公司形式，保障运营商基础设施共建共享的实施。美国铁塔公司（American Tower）、SBA 通信公司（SBA Communications）和冠城国际公司（Crown Castle）等铁塔企业在 20 世纪 90 年代就引领了一场基础设施共建共享的革命。全球三分之二以上的铁塔已经从移动网络运营商手中转至铁塔企业或是由铁塔企业所建造。

2008 年 9 月，工信部和国资委联合下发《关于推进电信基础设施共建共享的紧急通知》，要求国内三大运营商必须"共建共享"电信基础设施，减少电信重复建设，提高电信基础设施利用率。随着共建共享政策的逐步完善，机房、电源、室内分布系统等逐步纳入共建共享范围。2014 年，在落实"网络强国"战略、深化国企改革、促进电信基础设施资源共享的背景下，由中国移动、中国联通、中国电信等出资设立了大型通信铁塔基础设施服务企业——中国铁塔，主要从事通信铁塔等基站配套设施和高铁/地铁公网覆盖及大型室内分布系统的建设、维护和运营。中国铁塔因共享而生，成立 5 年多来，与电信企业一起深化共建共享，新建铁塔共享率由 14%提升至 80%，支撑物理站址规模增长了 1.2 倍，助力我国建成全球最大的移动宽带网络，资源利用效率和基站建设速度显著提高。截至 2020 年 5 月月底，中国铁塔建成的 25.8 万个 5G 基站超过 97%的建设需求是通过利用存量资源满足的。

2. 网络设备共建共享

国外电信市场上运营商数量较多，建设与运营成本成为网络运营中的重要考量因素，基于降低成本考虑，很多运营商需要进行共建共享。4G 时代，全球共 30 个运营商采用了共建共享方案，其中欧洲运营商 14 个，共享载波方案 16 个，独立载波方案 14 个。下面列举了英国和瑞典的案例[47]。

（1）英国。英国运营商 C 和 D 分别为该国第二和第三大运营商，面临第一大运营商的竞争压力非常大。为迅速实现 LTE 网络覆盖，两家运营商网络部署方案为 LTE 站点全部共建共享，即将英国划分为东部和西部两大区域由两家分别部署 eNodeB，核心网独立，涉及频段包括 800MHz 和 1 800MHz（两段频率两个运营商均占有资源）。eNodeB 配置运营商 C 和 D 两家频段，采用独立载频共享方案，两个运营商各自采用自有品牌独立运营。

（2）瑞典。瑞典运营商 E 与 F 分别为瑞典第二和第三大运营商，第一大运营商在 2009 年年底首先开始商用 LTE，以先发优势占领了市场。后进运营商 E 和 F 为了减轻竞争压力，实现 LTE 快速部署上市、降低投资和运营成本，联合成立合资公司，专门负责管理 LTE 网络，将瑞典等分为 4 个区域，由运营商 E 和 F 分别建设 LTE 站点，并将 LTE 站点和频谱归属合资公司。合资公司不直接运营网络，通过将 LTE 站点以共载频共享方式租给运营商 E 和 F，根据流量独立结算，而运营商 E 和 F 通过共享载波使用各自品牌运营 LTE 业务。

随着国内 5G 网络建设启动，中国也加快了网络设备层面的共建共享步伐。

2019 年 9 月 9 日，中国电信股份有限公司（简称"中国电信"）与中国联合网络通信有限公司（简称"中国联通"）签署了《5G 网络共建共享框架合作协议书》。根据合作协议，中国电信将与中国联通在全国范围内合作共建一张 5G 接入网络。双方划定区域，分区建设，各自负责在划定区域内的 5G 网络建设相关工作，谁建设、谁投资、谁维护、谁承担网络运营成本。5G 网络共建共享采用接入网共享方式，核心网各自建设，5G 频率资源共享。双方联合确保 5G 网络共建共享区域的网络规划、建设、维护及服务标准统一，保证同等服务水平。双方各自与第三方的网络共建共享合作不能损害另一方的利益。双方用户归属不变，品牌和业务运营保持独立。截至 2020 年 6 月，中国联通与中国电信已累计开通 5G 基站 13 万个，预计年底 5G 基站总规模将超过 30 万个，实现全国所有地级以上城市覆盖。

此外，2020 年 5 月 20 日，中国移动通信集团有限公司（简称"中国移动"）与中国广播电视网络有限公司（简称"中国广电"）签署 5G 共建共享合作框架协议，双方将充分发挥各自优势，本着"共建、共享、共赢"的共识，基于"平等自愿、共建共享、合作共赢、优势互补"的总体原则，开展 5G 共建共享，以及内容和平台合作。根据协议，双方联合确定网络建设计划，按 1∶1 比例共同投资建设 700MHz 5G 网络，共同所有并有权使用 700MHz 5G 网络资产。中国移动向中国广电有偿提供 700MHz 频段 5G 基站至中国广电在地市或省中心对接点的传输承载网络，并有偿开放共享 2.6GHz 频段 5G 网络。中国移动将承担 700MHz 无线网络运行维护工作，中国广电向中国移动支付网络运行维护费用。在 700MHz 频段 5G 网络具备商用条件前，中国广电有偿共享中国移动 2G/4G/5G

网络为其客户提供服务。中国移动为中国广电有偿提供国际业务转接服务。双方将在保持各自品牌和运营独立的基础上，共同探索产品、运营等方面的模式创新，开展内容、平台等多方面深入合作，并开展渠道、客户服务等方面合作运营。

国内电信基础网络共享突破了运营商之间独立投资建网的限制，实现了无线接入网甚至是核心网的深度共享。

6.1.3　5G 共建共享意义

5G 共建共享具有重要的意义，有助于降低 5G 网络建设和运维成本，高效实现 5G 网络覆盖。

（1）共建共享是落实网络强国战略的重要体现。为落实网络强国战略，加快 5G 网络部署，同时响应国家"十三五"规划提出的"创新、协调、绿色、开放、共享"的发展新理念，开展 5G 网络共建共享是践行新发展理念的重要体现。

（2）共建共享是缓解 5G 网络建设投资压力必由之路。5G 网络具有"三高（高带宽、高速率、高频段）"特点，必然增加运营商的投资成本压力。依靠一家运营商之力很难在短时间内实现大规模 5G 网络覆盖，通过共建共享发挥多家运营商投资加总作用，将大幅减少重复投资、重复建设。

（3）共建共享是缓解 5G 网络运营成本压力的重要手段。5G 高速率和高频段特点在提升网络能耗的同时，加大了网络运维的复杂性，同时 5G AAU 与现网 2G/3G/4G 无源天线同址部署，天面空间更加紧张，且相应增加铁塔和天面站址租金支出。通过共建共享，由于单家运营商运维基础网络设施减少，将会大幅降低网络运营成本。

（4）共建共享有利于提升 5G 产业竞争力。目前移动通信网络流量价格进一步降低，5G 步伐虽在加快，但 5G 业务模式尚不清晰，行业应用收入后延，整体来看，5G 产业收入压力巨大。通过在全国范围内合作共建一张 5G 接入网络，能够高效实现 5G 网络覆盖，快速形成 5G 服务能力，增强 5G 网络和服务的市场竞争力，提升网络效益和资产运营效率，达到合作双方的互利共赢。

6.2　5G 共建共享方式

基于运营商的深度合作和网络共享技术涉及的技术手段，网络共享方式包括站址基础设施共建共享、异网漫游、MOCN（分为载波是否共享两种方式）和 GWCN（也分为载波是否共享两种方式），如图 6-2 所示。3GPP R15 标准规定了异网漫游和 MOCN 两种共享技术。基础设施的共享不涉及物理设备的共享，而其余几种都可以共享接入网的物理设备。随着共享资源比例的提高，CAPEX 逐渐降低，但同时部署可控性、运营商之间的协调复杂度上升。

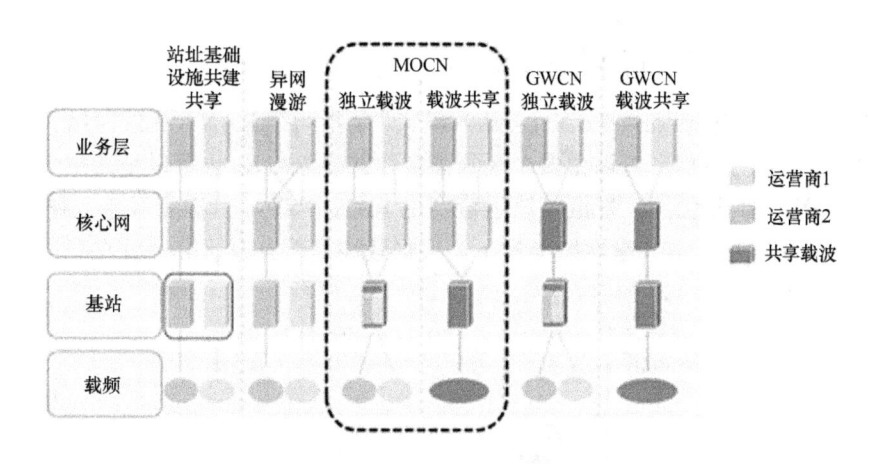

图 6-2 网络共建共享方式

1. 站址基础设施共建共享

站址基础设施共建共享是比较常见的方式，从铁塔到机房、从电源到方舱，都可以进行共享，但是每一个运营商的具体网元（BBU、AAU、RRU）都是独立运营的，网管、核心网也都完全独立，平常的网络操作也不需要协同配合。基础设施的共享主要解决选址困难问题，是最常见的网络共享方式，多个运营商共用站址、机房、传输和塔台等。站址基础设施共建共享的优点是基础物理设备成本降低，各运营商无线设备独立，操作维护简单，不涉及具体网络设备，但是供电和传输是多套运营商设备的叠加。

2. 异网漫游

漫游也是最常见的网络共享方案。国与国之间、运营商区域与区域之间，最常见的共享方式就是漫游。漫游方式的共享一般是两个或多个运营商在一个国家的部分区域部署整个网络，在没有部署自有网络的区域则与其他运营商签署漫游共享协议，在自有网络覆盖的地区中，用户接入归属网络，在自有网络覆盖以外的地方则允许用户接入签有漫游共享协议的网络。其优点是漫游时所有的非主运营商需要和主运营商的核心网对接，通过对接的接口和主运营商共享某一区域的接入网基础设备，如图 6-3 所示。

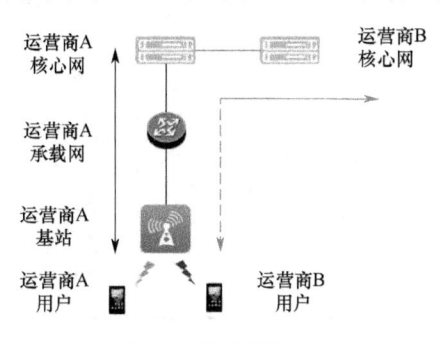

图 6-3 异网漫游方式

3. MOCN 模式（无线接入网共享模式）

MOCN（Multi-Operator Core Network）模式[6]是指一个 RAN（无线网络）可以连接到多个运营商核心网节点，可以由多个运营商合作共建 RAN，也可以是其中一个运营商单独建设 RAN，而其他运营商租用该运营商的 RAN 网络，也称无线接入网共享，如图 6-4 所示。无线接入网共享网络架构下，根据载波是否共享又分为独立载波网络共享和共享载波网络共享。

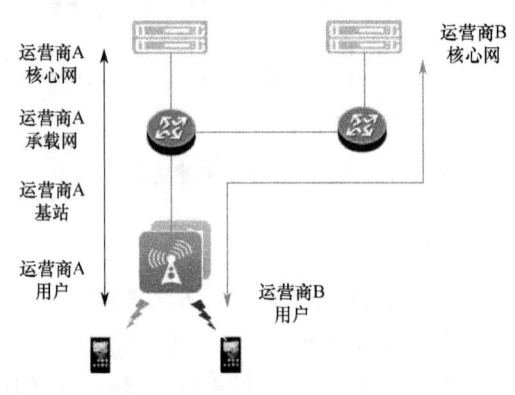

图 6-4 无线接入网共享模式

4. 网络设备共建共享方式对比

异网漫游与接入网共享方式对比如表 6-1 所示。

表 6-1 异网漫游与接入网共享方式对比

类别		接入网共享	异网漫游
用户体验	运营商 LOGO	各自独立	各自独立（需对端网络配合修改）
	移动性	共享区和非共享区业务连续，不中断	（1）漫游区和非漫游区交界处业务中断，然后在对方网络接入； （2）交界区重选需要在对方网络重新接入； （3）漫游区漫游方 NSA 用户一直对方网络
	时延	（1）本地 4G 网络到对方锚点 4G 的切换，几百毫秒级别； （2）其他信令和数据时延增加传输绕行部分	（1）首次附着时延增加一倍以上； （2）所有信令和数据均有回归地传输时延； （3）存在本地 4G 到对方锚点 4G 的重定向过程
	QoS	保障强	保障弱
代价	涉及改动	核心网：无 基站：基站版本升级；双接核心网；传输互配邻区；网规网优处理、重选参数下发；基于 PLMN 资源、优先级、切换等处理	核心网：支持基于 PLMN+UE 能力下发 EPLMN；基于 CC+APNOI 查询 DNS 获取归属 PGW；基于终端能力及位置区下发 SPID。 基站：基站版本升级；开放 S6a、S8 接口；对方频点配置；重定向；多 PLMN 双连接处理
	难易程度	核心网：无 基站：相对复杂	核心网：中 基站：相对容易

5G 无线接入网共享方案成为当前各国运营商选择的主流方案。

6.3 5G 网络设备共建共享

6.3.1 异网漫游共享技术

核心网异网漫游方案是指 5G 网络由一个运营商建设和运营,其他运营商的用户采用类似"国际漫游"的方式接入该 5G 网络,实现网络共享。与国际漫游类似,核心网异网漫游用户所进行的业务也应回归属运营商网络进行控制和处理,即共享运营商需自建部分核心网网元,如 UPF、SMF、UDM、PCF 及 SEPP(Security Edge Protection Proxy,安全边界保护代理)等,以实现对策略控制、计费、自有业务等拥有完全控制权。核心网异网漫游方案的架构如图 6-5 所示。

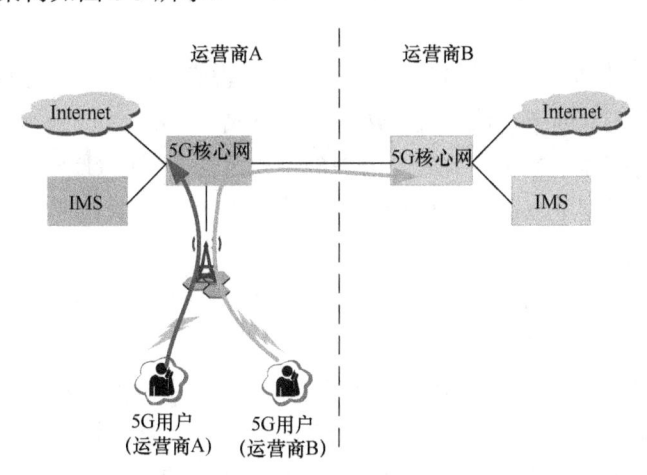

图 6-5 核心网异网漫游方案的架构

虽然从架构上来看异网漫游方案与国际漫游类似,但具体来看,5G 核心网异网漫游方案与国际漫游方案仍存在一定差异。

(1)国际漫游下,漫游区域无本网覆盖,但 5G 核心网异网漫游区域通常共享运营商仍有 2G/3G/4G 本网覆盖。

(2)由于异网漫游区域共享运营商仍有本网,故通常仅考虑 5G 用户漫游。

(3)通常国际漫游用户数有限,但异网漫游用户数较多,可能涉及承建运营商现网的扩容。

(4)国际漫游通常仅关注基本的语音及数据业务,在业务继承和质量方面,要求较低;但在 5G 核心网异网漫游方案下,共享方 5G 用户均需通过承建方 5G 网络提供服务,故对于承建方的 5G 网络要求较高。

基于上述所分析的核心网异网漫游的实现方案及特点，5G核心网异网漫游方案在实施中需重点考虑以下问题。

（1）终端USIM卡中Forbidden PLMN ID的问题。为了保障用户的业务体验，通常来说，国内运营商会将国内其他运营商的网号（PLMN）写入USIM卡的禁止漫游列表中，以使得本网用户的手机不会对其他运营商的网络发起不必要的手机选网。故核心网异网漫游方案下，共享方用户无法通过承建方网号接入承建方网络，若想解决该问题，可考虑以下方案。

① 采用手动选网方式[48]。用户在手机的网络设置里，通过手动方式选择其他运营商的网络尝试登录，选网成功后用户即可使用所选运营商的网络。此外，手机也会将所选网络从禁止接入的运营商列表中去除。

② 采用营业厅写卡方案。该方案需要用户前往归属运营商的营业厅，将运营商禁止接入列表信息清除。

③ 采用运营商换卡方案。该方案从实现方式来说有两种，一种是共享运营商主动为所有用户更换新的USIM卡，该方式虽然有效，但成本较高，且工作量较大，实现困难；另一种方式是仅为有需求的用户换卡，考虑到目前运营商通过OTA（Over the Air，空中下载）方式取消对异网PLMN限制的成功率较低，所以大多数还需用户至营业厅或通过网上方式换卡。

④ 共享方运营商申请并使用新的PLMN。该方案需要共享运营商申请新的PLMN，但考虑到目前PLMN资源有限，申请难度较大。

（2）用户侧显示问题。在常规国际漫游方案下，用户侧仅显示漫游运营商的标识，但在核心网异网漫游方案下，为了保证运营商品牌口碑和独立性，共享方运营商通常希望其用户侧显示归属运营商的标识，故需要共享双方运营商在协商一致的情况下，由承建方网络同时广播归属运营商和共享运营商的PLMN。

（3）对语音业务的影响。以5G SA架构为例，SA网络部署初期，VoNR功能尚不成熟，运营商通常会考虑采用EPS Fallback方式回落4G提供VoLTE语音业务，但5G共享区域内，若双方4G不共享，则共享方用户无法回到归属4G网络进行VoLTE语音业务。若要解决该问题，需要承建运营商和共享运营商的4G和5G网络同时共享，该方案对共享区域内共享运营商的4G网络将产生较大影响。

（4）空闲态共享方用户回归属运营商时间较长的问题。前面分析中已经提到，异网漫游与国际漫游一个最主要的区别就是5G核心网异网漫游下，共享方运营商仍有自己独立的2G/3G/4G网络，故会涉及空闲态共享方用户回归属运营商网络的问题，该问题与承建方运营商的PLMN广播方式直接相关，具体如下。

① 如果共享网络下仅广播承建运营商的PLMN，除了用户手动选网回到联通网络或用户离开共享区域终端脱网后重新选网回到归属网络以外，唯有在重叠区域依赖终端自

动检测回归属运营商的功能使得用户回到归属运营商的网络上。按照 3GPP 的定义[3]，在国内异网漫游时，终端会周期性地搜索归属运营商的网络（对应 Equivalent HPLMN 或 HPLMN）。通常来说，第一次搜索周期由终端决定，如某些终端设定为 2 分钟，若第一次检测未发现归属运营商信号，则后续搜索周期由 USIM 卡中"Minimum Periodic Search Timer"控制，该参数取值范围为 6 分钟到 8 小时，以 6 分钟为粒度。如 USIM 中无此配置信息，则终端默认每 60 分钟执行一次搜索归属运营商网络的操作，在这段时间内，用户一直驻留在共享网络中。总体来看，空闲态共享方用户虽有自动检测机制回归属运营商，但通常时间较长，用户体验不佳。

② 如果共享网络下承建运营商同时广播双方的 PLMN，则用户仅能通过手动选网或用户离开共享区域终端脱网后才能再次回到归属运营商的网络。

综上所述，在 5G 核心网异网漫游方案下，共享方空闲态用户回其归属运营商非共享网络的时间较长，用户体验较差。

（5）5G 业务问题。5G 核心网异网漫游方案下后续行业应用的实施及新功能（如 MEC、端到端切片）的引入难度都将更大。

6.3.2 无线网共享技术

1. 共建共享网络架构

无线网共建共享技术是移动网络的基站共享，物理上一个基站，而逻辑上为两个基站，两个基站分别接入各自核心网，而承载网需要两家运营商共享互通。上层的核心网与 IT 管理系统基本无变化。无线网共享网络架构如图 6-6 所示。

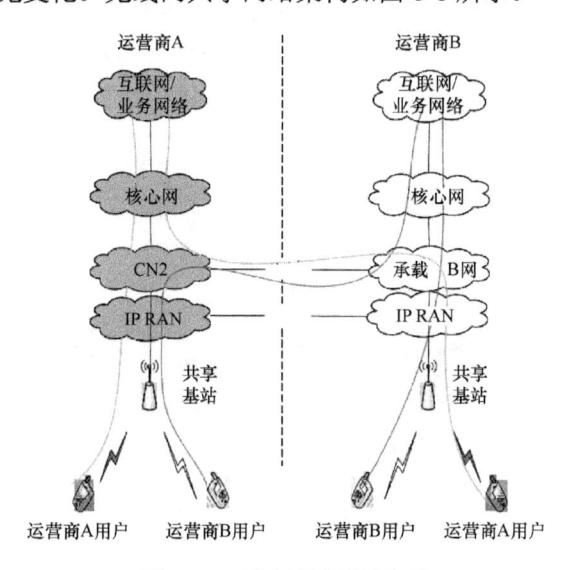

图 6-6 无线网共享网络架构

2. 载波共享技术方案

基站实现共享功能包括两种技术手段[49]。

（1）独立载波。独立载波方案配置两个载波（单载波×2），如图 6-7 所示，该方式在不同的载波上广播各自的网络 PLMN ID（Public Land Mobile Network IDentification，公共陆地移动网络标识）。共享双方小区独立，各家调度各家资源，不存在业务上互相争抢的情况，不需要考虑资源分配策略，可以使用一些业务差异化创新，适用于业务量较高的区域。

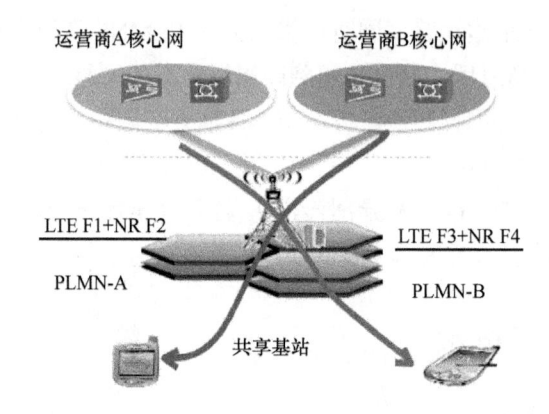

图 6-7 独立载波原理

（2）共享载波。共享载波方案配置一个或两个载波实现频率资源共享，如图 6-8 所示。共享双方运营商的小区共享，小区内同时广播两个网络号，且使用相同的小区级特性参数，具体参数需双方协商统一配置，如需要协商分配空口资源，且采用相同的 QoS 策略。该方案的优点是载波带宽可配置，既适用于业务量低的区域（共享单载波 100MHz 带宽），也适用于业务量高的区域（共享双载波 200MHz 带宽）。

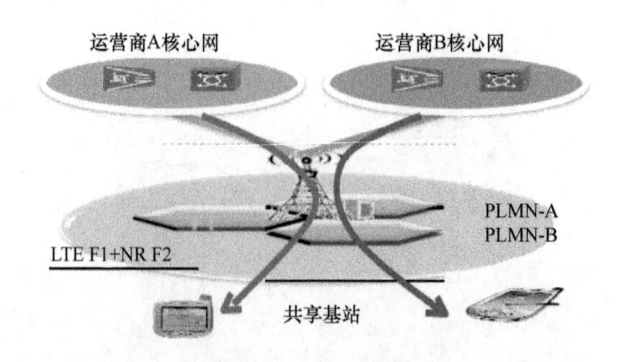

图 6-8 共享载波原理

独立载波与共享载波方案对比如表 6-2 所示。

第 6 章　5G 网络共建共享

表 6-2　独立载波与共享载波方案对比

项　目	独 立 载 波	共 享 载 波
标准情况	已支持	R15 标准定义了基本功能，R16 会继续完善
性能影响	业务独立性高，QoS 独立	空口资源无公平保障，业务失去独立性，无差异化精准建网，切片无法落地，独立业务 QoS 需双方提前协商
运维管理	规划独立，配置独立，小区级特性独立	协同难，效率低
业务开通	独立载波业务独立性好，灵活度高于共享载波	端到端工作量大，新业务发放需要两家同时支持，灵活性差，缺乏业务独立性，双方网络不通可能会导致业务不连续
投资建设	部署需新建 OBW 带宽为 55MHz 的设备，无法快速部署	所用带宽资源少，仅在原设备上升级即可

现网部署 NSA 网络除共享 5G 锚点基站外还需同时共享 4G 锚点基站，实现用户区隔和互操作，并逐步演进到 SA 网络。

3．NSA 共享技术方案

在 NSA 阶段，4G 和 5G 需要同时共享（5G 基站共享，4G 基站按需共享），如图 6-9 所示，需要打通 4G 基站与 5G 基站间的 X2 接口。4G 和 5G 基站需要同厂家，5G 和 4G 锚点基站同站址，这也给网络规划带来很大难度，在全球范围内无应用案例，是共建共享技术方案实现的一大难点。

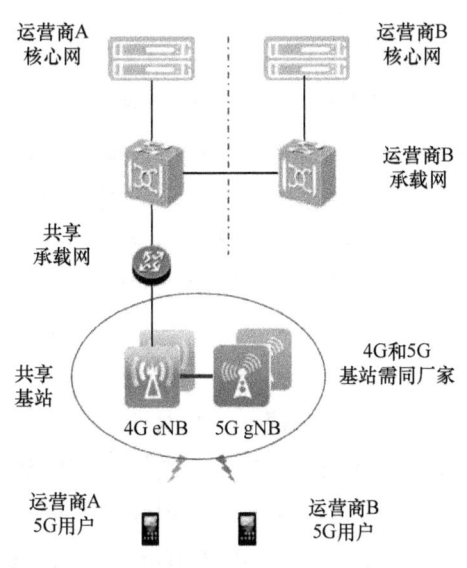

图 6-9　NSA 共享示意图

NSA 共享技术的实现方式有两种：双锚点与单锚点。双锚点是指 5G 基站分别连接各自4G锚点基站(4G锚点基站不共享)。单锚点是指5G基站连接一个4G锚点基站(4G锚点基站两家共享,需开通共享功能)。

1)双锚点技术实现

NSA双锚点实现方式如图6-10所示,合作双方运营商仅共享5G基站,不共享4G基站,由于需要打通X2接口,双方4G基站与5G基站必须同厂家。5G基站开通共享功能广播双方PLMN ID,双方的4G基站升级至支持锚点功能。此方案适用于双方4G同厂家区域,可在对4G改造较小的情况下,快速实现5G网络共建共享。

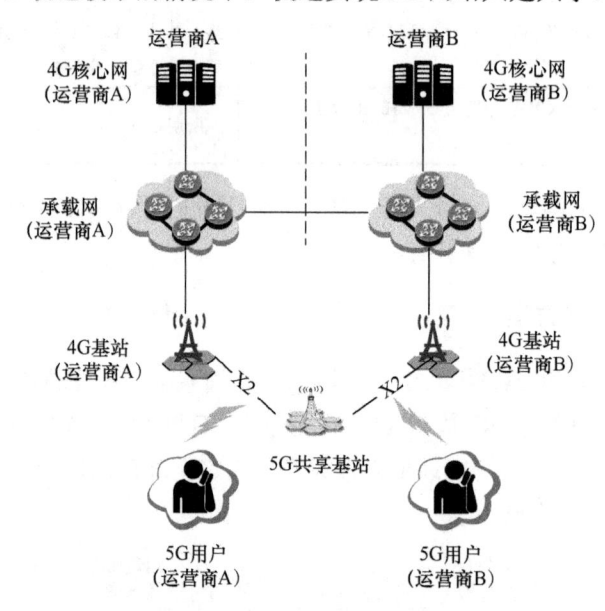

图6-10 NSA双锚点实现方式

双锚点共享网络对5G用户的开机流程与移动状态基本与自建网络相同。5G终端开机后,搜索本网4G,驻留在4G锚点基站,在锚点基站的引导下,按需添加5G NR连接。5G终端在移动状态下基于本网4G情况执行锚点间的切换,首先断开5G NR连接,保留4G连接,通过4G切换,切换完成后再次激活5G NR连接。

2)单锚点技术实现

NSA单锚点实现方式如图6-11所示,合作双方运营商5G和4G锚点基站均共享,且需要同厂家。此方案需要双方各自申请一个新网号,承建方的4G和5G基站同时广播老网号和新网号,承建方的4G基站需要扩容承接共享方的5G用户接入。5G终端出厂需内置对方新网号为等效归属PLMN,并配置映射关系。

在单锚点组网下,5G终端开机后搜索本网4G,本网4G基站识别5G终端并将其引导至承建方4G锚点基站,在锚点基站的引导下按需添加5G NR连接。共享方4G终端开机后,搜索并驻留本网4G,因不能识别新网号,因此不接入共享的4G网络(锚点基站)。

5G 终端移动时，若终端处于空闲态，从非共享区移动到共享区，共享方 5G 终端从本网 4G 基站获得专用频点优先级，随后被指引重选到承建方 4G 锚点基站；若终端处于连接态，从非共享区移动到共享区，共享区域内的共享方边界小区配置承建方 4G PLMN 异频邻区，并针对 5G 终端执行切换到承建方 4G 锚点基站。

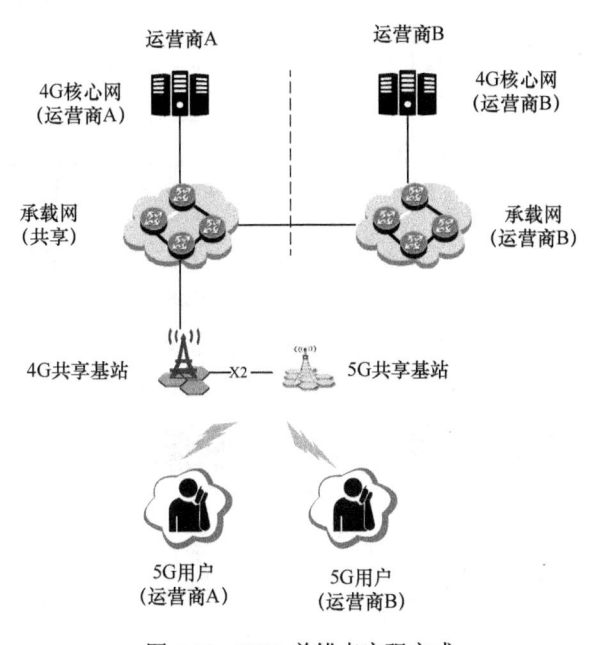

图 6-11 NSA 单锚点实现方式

根据锚点基站采用载波共享的技术方式不同，单锚点技术实现又分为共享载波单锚点共享方案与独立载波单锚点共享方案。这两种组网方案的优缺点与共享载波和独立载波对比的特点相同，运营商可根据现网情况自行选择，实现 5G 共享技术混合组网。

4．NSA 到 SA 接入网共享的演进方案

从国内运营商的 5G 网络建设来看，当前各运营商所建设的 5G 网络均采用 NSA 架构，但 NSA 网络仅为过渡期部署方案。2020 年国内各运营商均计划向 SA 网络演进，但考虑到目前运营商现网中仍存在一定量的 NSA 单模终端（仅能在 NSA 的网络下才能使用 5G 服务），且目前 SA 的国际漫游尚不完善，故是否需要考虑 NSA/SA 双模阶段成为运营商在网络演进中不得不考虑的问题。具体来看，NSA 向 SA 演进的方案大体可分为 4 种，如图 6-12 所示。

1）全网 SA 组网方案

业界公认 SA 组网是运营商 5G 的目标网络，故全 SA 组网是 NSA 接入网共享演进方案中最理想的方案，即在 NSA 向 SA 演进时，一方面对原有 NSA 区域进行改造，包括新建 5G 核心网，同时 5G 基站断开和 4G 的连接，并双上联至双方 5G 核心网，升级为 SA

网络；另一方面对于新建的 5G 区域直接采用 SA 组网架构进行建设，以最终实现全网 SA 组网的目的。SA 接入网共享方案架构如图 6-13 所示。

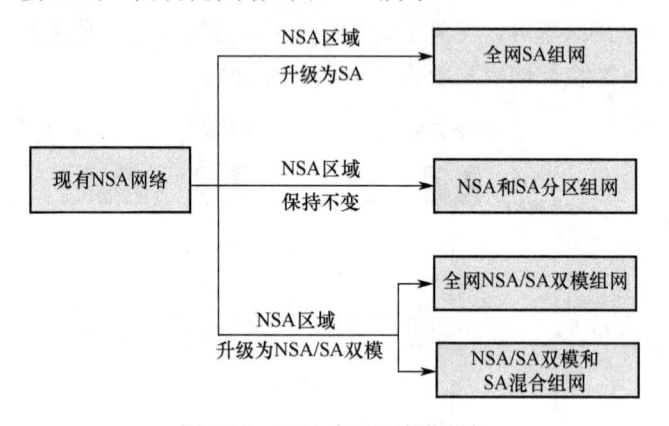

图 6-12　NSA 向 SA 演进方案

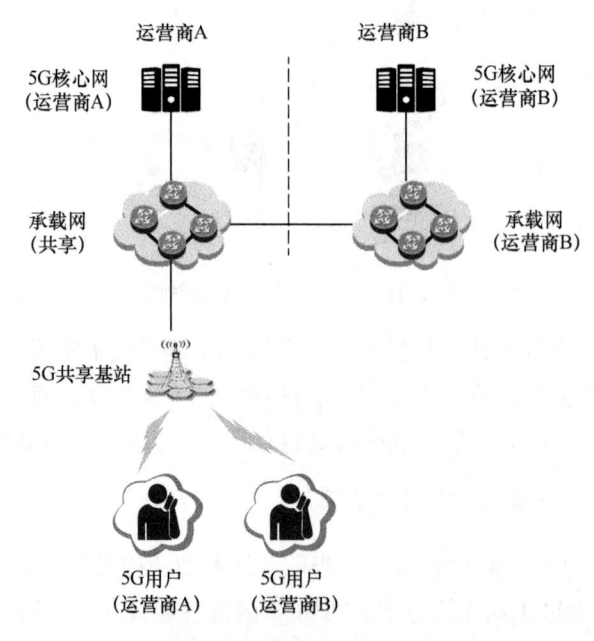

图 6-13　SA 接入网共享方案架构

该演进方案一步到位，运营商的网络直接演进到 5G SA 组网，组网方式最为简单，全网采用 5G SA 组网方式，除了能够支撑原有的 eMBB 业务外，还可以更好地支撑 uRLLC、mMTC 等多种业务。同时，需要注意的是，如果 5G 终端仅支持 NSA 单模，运营商直接演进到 SA 网络时，后续现有 NSA 单模终端将无法再使用 5G 服务，且目前 SA 漫游协议尚不完善，只要国外运营商采用 NSA 网络架构，按照现有协议标准，国际漫入用户无法使用 SA 网络，仅能在 4G 网络下为国际漫入用户提供服务，将对漫游用户的业务体验产生一定影响。

2) NSA 和 SA 分区组网方案

第二种演进方案是 NSA 和 SA 分区组网方案，即在 NSA 向 SA 演进时，原有 NSA 部署区域无须任何改造，保持不变，仅后续新建 5G 区域采用 SA 组网架构进行网络建设。

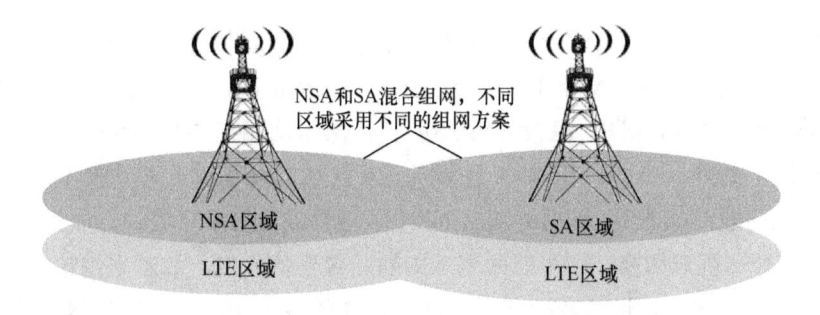

NSA 和 SA 分区组网示意图如图 6-14 所示。从图 6-14 可以看出，NSA 和 SA 分区组网方案的核心是需要 NSA/SA 双模终端根据网络能力自适应选择网络，故本演进方案下，需要重点关注终端的选网问题，以及 NSA 与 SA 间的互操作问题。

图 6-14　NSA 和 SA 分区组网示意图

首先来看终端的选网过程，按照 3GPP 的定义[7,8]，终端选网流程如图 6-15 所示。

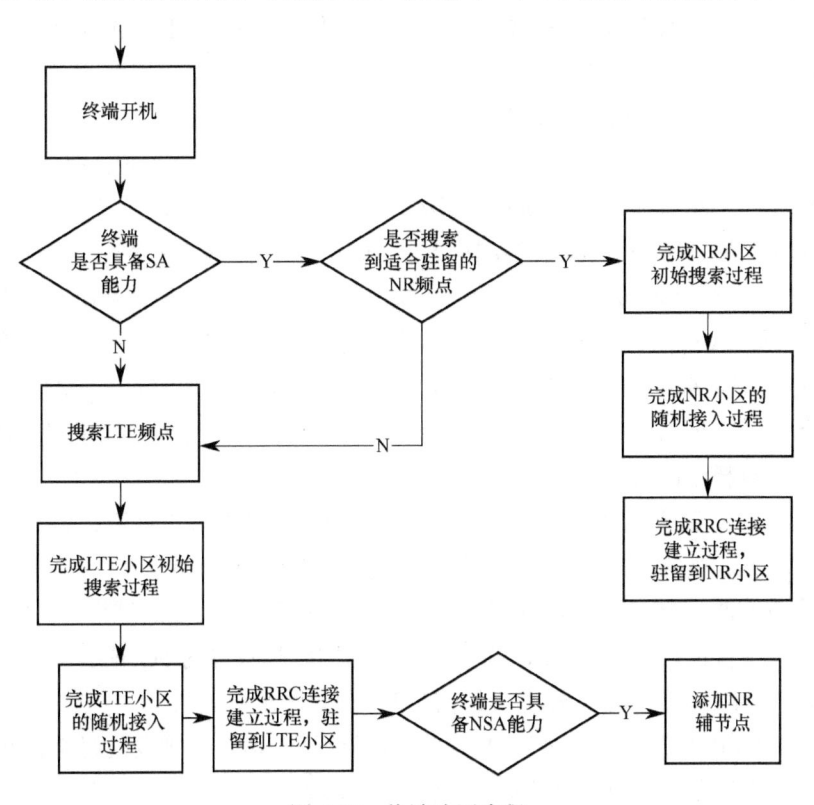

图 6-15　终端选网流程

依据终端选网流程，在 NSA 和 SA 分区组网下，不同终端在不同网络下的选网情况如表 6-3 所示。

表 6-3　不同终端在不同网络下的选网情况

终　　端	NSA 区域	SA 区域	4G 区域
NSA 单模终端	4G 选网，可使用 NSA 网络	4G 网络	4G 网络
NSA/SA 双模终端	4G 选网，可使用 NSA 网络	5G 优先，使用 SA 网络	4G 网络

该方案下不同能力的 5G 终端业务体验会存在差异。此外，影响本演进方案网络性能的一个关键点是端到端对 SA 与 NSA 间互操作的支持情况。从目前产业链来看，SA 与 NSA 间基本的移动性可保证，但 NSA 到 SA 的互操作功能支持尚不完全，还需运营商后续进一步推进。此外，当用户在 NSA 区域与 SA 区域间移动时，若切换不及时，很可能面临同频干扰问题，如 NSA 单模终端从 NSA 区域移动到 SA 区域时，如果 NSA 单模终端依据 4G 信号一直未切换，则可能面临 NR 的同频干扰问题。故若采用该演进方案，在后续网络的运维优化中，运营商应着重关注互操作的设置策略，同时应尽可能避免 NSA 和 SA 大量插花部署。

总体来看，该方案组网相对简单，但 NSA 单模终端仅能在现有 NSA 区域使用 5G，用户体验与 NSA/SA 双模终端差异较大，且只要国外运营商采用 NSA 网络架构，按照现有协议，国际漫入用户无法使用 SA 网络。

3）全网 NSA/SA 双模组网方案

第三种演进方案是全网均采用 NSA/SA 双模组网方案，具体来说，就是原有 NSA 区域升级支持 NSA/SA 双模，而新建的 5G 区域直接按照 NSA/SA 双模架构进行网络建设。

该方案实现的关键是需要 5G 终端根据自身能力自适应地选择网络，同时若终端具备 SA 能力，则应优先接入 SA 网络。从前面的描述不难发现，由于全网所有 5G 区域都同时具备 NSA 和 SA 能力，故 NSA 单模终端在所有 5G 区域都能够享受到 5G 服务，用户体验好；同时只要终端具备 SA 能力，全网均可支撑 eMBB、uRLLC、mMTC 等 5G 新业务。但与此同时，正因为所有 5G 区域都同时具备 NSA、SA 能力，其组网复杂度较高。全网 NSA/SA 双模组网架构如图 6-14 所示。

全网 NSA/SA 双模组网下与 LTE 强耦合，接口、参数配置、告警、KPI 指标、故障/投诉处理、版本升级等都需要 4G/5G 同步或配合，具体影响如下。

（1）接口方面。在 NSA 组网向全网 NSA/SA 双模组网演进的过程中，除原有 NSA 网络的接口和连接保持不变外，5G 共享基站还需同时与双方的 5G 核心网均建立 NG 接口，此外，5G NR 基站间也需要建立 Xn 接口，接口数量明显增多。

（2）维护/优化方面。在全网 NSA/SA 双模组网下，运营商需要同时维护 NSA 和 SA 两个系统，故系统参数、邻区及数据配置都更加复杂。此外，5G 共享基站也需同时支持

4G QoS 架构和 5G QoS 架构；移动性管理方面也将面临 5G 系统内切换、NSA 与 SA 间互操作、5G 与不同运营商 4G 系统间的互操作等更多的移动性场景、更高的互操作概率，以及更复杂的邻区关系配置。

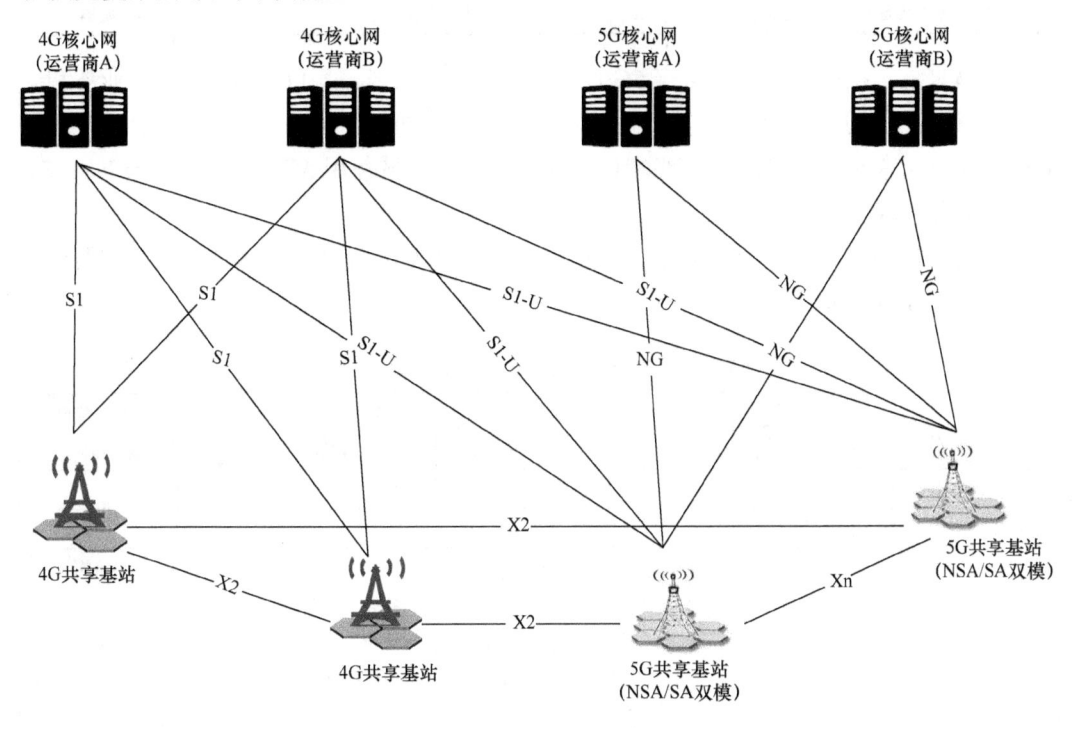

图 6-16 全网 NSA/SA 双模组网架构

（3）网络监控方面。考虑到 NSA 与 SA 关键告警、KPI 指标不完全相同，故全网 NSA/SA 双模组网下需要同时监控 NSA 和 SA，监控内容增加。

（4）故障、投诉处理方面。在全网 NSA/SA 双模组网下，网络的故障和投诉需要 NSA/SA 网络与双方的 4G 网络联合定位，更为复杂。

（5）版本升级方面。由于 NSA 组网与 4G/5G 版本强耦合，所以在全网 NSA/SA 双模组网下，也需要 4G 和 5G 同步版本升级。

总体来看，在全网 NSA/SA 双模组网下，由于网络同时支持 NSA 和 SA 两种模式，故无论是本网用户、共享用户，还是国际漫入用户的用户体验最佳，但与此同时也不可避免地带来组网及后续运维优化方面的复杂度。

4）NSA/SA 双模和 SA 混合组网方案

最后一种演进方案是 NSA/SA 双模和 SA 的混合组网方案，该方案主要是考虑将原有 NSA 区域升级为 NSA/SA 双模，而新建的 5G 区域直接采用 SA 架构进行网络建设。该方案下，仍然需要 5G 终端依据自身终端能力及网络能力自适应地选择网络接入，如表 6-4 所示。

表 6-4　不同终端在不同网络下的选网情况

终　端	NSA/SA 区域	SA 区域	4G 区域
NSA 单模终端	4G 选网，可使用 NSA 网络	4G 网络	4G 网络
NSA/SA 双模终端	5G 优先，使用 SA 网络	5G 优先，使用 SA 网络	4G 网络

总体来看，在该方案下，所有 5G 区域均支持 SA 模式，均可支撑 5G 的新业务和新特性（如切片等），但 NSA/SA 双模组网区域同样面临组网及后续的运维/优化复杂等问题；此外，需要注意的是，NSA 单模终端仅能在 NSA/SA 区域使用 5G，用户体验与 NSA/SA 双模终端差异较大。

针对不同演进方案在组网复杂度、运维优化复杂度、用户业务体验等重要方面进行了对比，如表 6-5 所示。

表 6-5　NSA 接入网共享演进方案对比

项　目	全 SA 组网	NSA 和 SA 分区组网	全网 NSA/SA 双模组网	NSA/SA 双模和 SA 混合组网
组网复杂度	低	较低	高	中
运维/优化复杂度	低	较低	高	中
用户体验	NSA 单模终端不能使用 5G，且国际漫游受影响	NSA 单模终端较 NSA/SA 双模终端业务体验差，且部分区域（SA 区域）国际漫游受影响	各类 5G 终端在全网均能体验 5G 业务，用户体验最佳	NSA 单模终端较 NSA/SA 双模终端业务体验差，且部分区域（SA 区域）国际漫游受影响

受限于国际漫游、NSA 单模终端等因素，NSA 接入网共享向 SA 接入网共享演进的过程中必然存在 NSA 和 SA 共存的过渡阶段，本节对几种潜在的接入网共享演进方案进行了详细的阐述和分析，总体来看，不同接入网共享演进方案在组网复杂度、运维/优化复杂度、用户业务体验等方面各有优劣，运营商在网络演进过程中可结合网络的实际需求按需选择。

5．5G 语音业务方案

共建共享成为 5G 移动网络提质降本的关键举措，而传统语音业务需求则是 5G 网络建设的基础业务。R15 标准已明确 5G 仍沿用基于 IMS（IP Media System，IP 多媒体子系统）的 4G 语音业务架构，但减少与 2G/3G 互操作[2]。VoNR（Voice over New Radio，5G IP 语音）是 5G 网络的目标语音解决方案[3]，从 5G 商用初期选择的语音方案演进到了 VoNR，如图 6-17 所示。

1）NSA 组网语音业务

在 NSA 组网模式下，4G LTE 与 5G NR 采用双连接模式，语音业务通过 4G 提供的

VoLTE 来保证业务连续性。考虑到共享双方 4G 涉及多个频段，以国内共享运营商 4G 频点为例，设定运营商 4G 网络分别采用 2.1GHz 和 1.8GHz 两个频点，则 5G 单锚点接入网共享包括 2.1GHz 锚点独立载波和 1.8GHz 锚点共享载波两种主流方案，所对应的 VoLTE 业务切换策略也有所不同。

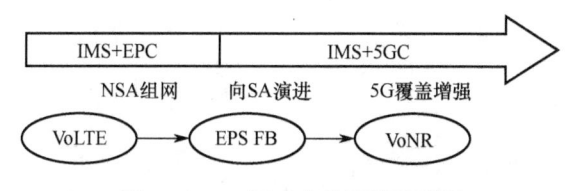

图 6-17 5G 语音业务演进示意图

在 2.1GHz 4G+5G NR 共享方案中，运营商 A 的 4G 用户在非锚点 4G 频点 A（如 1.8GHz 中指定给运营商 A 的 20MHz 频率）进行 VoLTE 业务，运营商 B 的 4G 用户在非锚点 4G 频点 B（如 1.8GHz 中指定给运营商 B 的 20MHz 频率）进行 VoLTE 业务。运营商 A 和运营商 B NSA 用户可驻留在 2.1GHz 锚点进行 VoLTE 业务，并显示 5G 标志，但可能会由于 2.1GHz 不连续覆盖影响质量，也可以通过业务类型切换至相应的 4G 网络进行业务，但不显示 5G 标志。

在 1.8GHz LTE +5G NR 共享方案中，若运营商 A 作为 1.8GHz 共享锚点层承建方，运营商 A VoLTE 用户可以直接在 1.8GHz 锚点承载语音业务，同时运营商 B VoLTE 用户也将基于业务类型切换到其 1.8GHz 非锚点进行语音业务，如图 6-18 所示。若运营商 B 作为 1.8GHz 共享锚点层承建方，则基于 VoLTE 业务类型的切换策略，可将运营商 A VoLTE 用户切换至附近 1.8GHz 及其他频点基站承载语音业务，运营商 B VoLTE 业务保持现网策略即可，如图 6-19 所示。

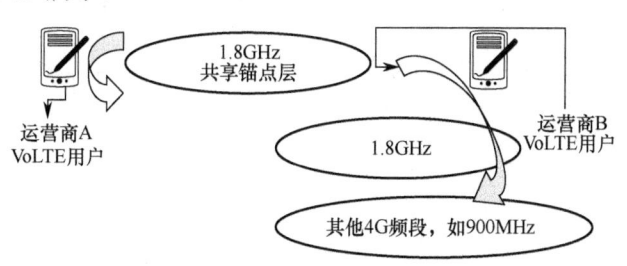

图 6-18 运营商 A 承载 VoLTE 切换示意图

基于业务类型切换流程如图 6-20 所示。

2）SA 组网语音业务

在 5G SA 组网部署初期，VoNR 成熟度不足，需要 EPS Fallback 作为临时过渡方案实现语音业务回落到 4G LTE 网络[1]。因此，5G 基站需开启基站共享功能，且配置双方 4G 基站作为邻区。若 5G 和 4G 基站均共享，则 VoLTE 业务回落承建方 4G 网络（若 4G

基站 NSA 阶段已共享，则无须改造），若仅共享 5G 基站，则 VoLTE 业务回落各自的 4G 网络。

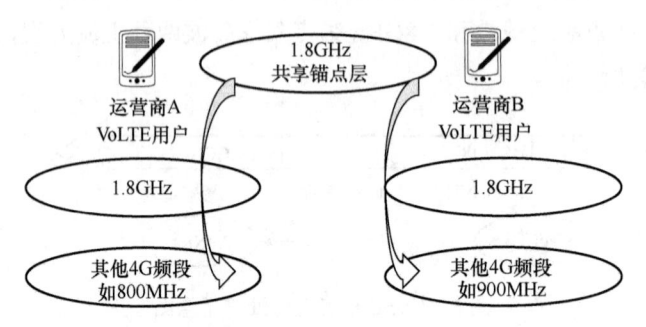

图 6-19 运营商 B 承载 VoLTE 切换示意图

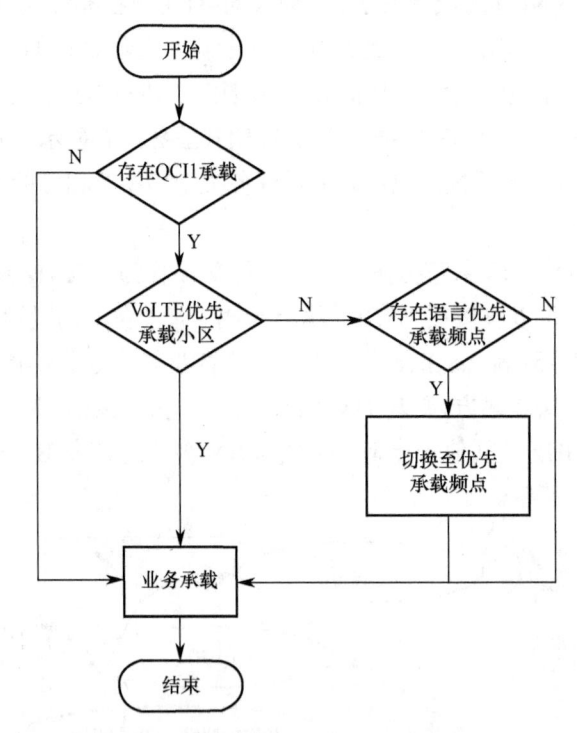

图 6-20 基于业务类型切换流程

EPS FB 后续的语音业务由 VoLTE 接管，5G 只做数据业务，且 NR 只和 4G 进行互操作，保证语音业务连续性。当终端发起语音呼叫时，gNB 在 NR 上建立 IMS 语音通道时触发切换，此时 gNB 向 5GC 发起重定向或 inter-RAT 切换请求，回落到 LTE 网络，由 VoLTE 提供语音服务，如图 6-21 所示。需要注意的是，EPS Fallback 方案允许 5G 终端驻留在 5G NR，但不在 5G NR 上提供语音业务。由于回落过程中会有一定时延，呼叫建立时长增加。

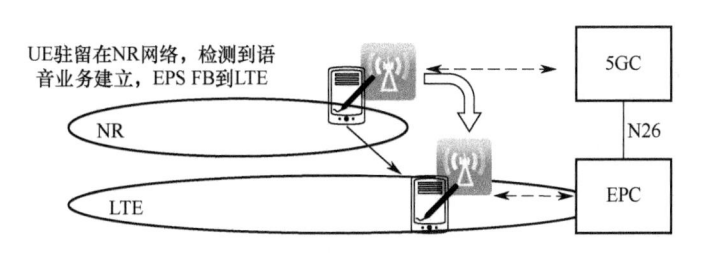

图 6-21　EPS FB 示意图

当 VoNR 发展成熟（网络完善、终端渗透率高）后，仅共享 5G 基站。NR 接入 5GC，LTE 接入 EPC，通过 VoNR 来提供语音，到了 5G 覆盖边缘，通过 N26 切换到各自 4G VoLTE，后续的语音业务由 4G 接管，如图 6-22 所示。VoNR 全部业务承载于 5G 网络上，可实现数据与语音业务在同一网络下的统一。部署 VoNR 后语音质量可以得到一定提升。

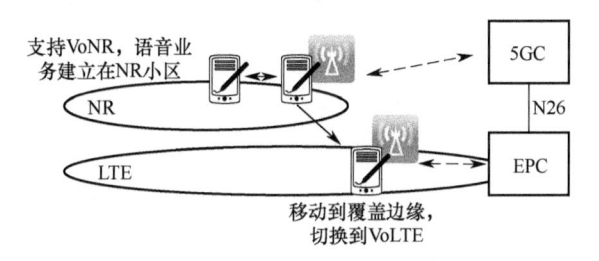

图 6-22　VoNR 切换示意图

VoNR 与 VoLTE 的架构对比如表 6-6 所示。

表 6-6　VoNR 与 VoLTE 的架构对比

项　　目	VoNR	VoLTE
IMS	无区别	无区别
接入网	基于 5G 空口，5G 新架构	4G 空口，4G 扁平架构
核心网	5GC：基于 5G 服务化架构	EPC
UE	支持 VoNR/VoLTE	支持 VoLTE/SRVCC/CSFB

6.4　小结

5G 网络共享是运营商 5G 网络建设中实现降本增效的有效手段之一，总体来看，核心网异网漫游方案和接入网共享方案技术上均可行，但在用户感知、实施复杂度及业务影响等方面各有优劣，运营商可结合自身网络情况及不同地域特点，考虑多样化的 5G 网络建设及共享方案，从而尽可能地降低网络建设和维护成本，加快 5G 新基建步伐，快速实现 5G 服务。

第4篇
业 务 篇

第 7 章　5G 融合创新应用

5G 业务包括 4G 业务增强和 5G 新兴业务两个基本维度,重点业务涵盖基础业务、通用业务和垂直行业应用三大类别,如图 7-1 所示。对于基础业务,5G 时代语音、短消息等传统业务将进入高质量发展阶段,eMBB 场景下的更高速率和 QoS 保障的移动宽带接入业务将出现,而富媒体通信(Rich Communication Suite,RCS)和基于 5G 的 VoNR 业务,将使得语音与即时通信业务更加丰富多彩、音质更加清晰。对于通用业务,随着 5G 时代的到来,边缘计算、网络切片、VR/AR、4K/8K 高清视频、机器人和无人机等业务,成为 5G 时代典型的新兴业务门类,其将以网络和业务能力封装的形式成为运营商垂直行业赋能的基础,成为 5G 业务生态圈合作的核心竞争力。垂直行业应用本质为以 5G 为代表的数字技术在具体场景化需求中的集成解决方案,该方案以数据为核心,遵循数据的感知、传输、存储、分析、决策和安全的流动环节,使用物联网、5G、云计算、大数据、人工智能和安全可信技术实现自下而上的闭环。5G 为数据信息的有效传递构建了一张安全、高速和智能的网络,成为数字经济发展中必不可少的关键环节。

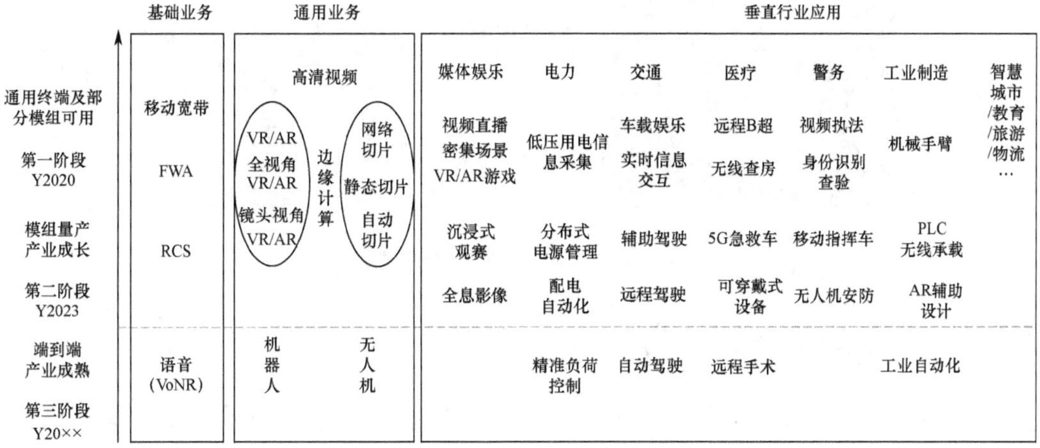

图 7-1　5G 业务总体视图

边缘计算和网络切片作为 5G 区别于 4G 的变革性技术，在提供 5G 赋能行业发展的基本能力的同时，本身也是 5G 的两个通用业务。5G 以边缘计算和网络切片为基础，与云计算、人工智能、XR 等基础技术相结合，进一步产生或优化大量的通用能力，提供应用于智慧城市、智慧生产、智慧生活的应用场景解决方案，为用户带来了更好的使用体验。

7.1 基于边缘计算的 5G 通用业务

随着全球数字化浪潮的到来，边缘计算逐步兴起，并成为新时代改变通信信息服务模式的关键创新之一。边缘计算既是 5G 跨越 4G 的变革性技术，也是 5G 赋能行业的基础能力。

参考 ETSI 的边缘计算通用业务架构，如图 7-2 所示，边缘计算系统位于无线网和核心网之间，由边缘计算服务器和边缘云设施两部分构成。其中，边缘计算服务器负责对边缘云设施进行管理，而边缘云既可以提供本地化的公有云服务，也可连接企业云实现混合云服务。边缘计算系统提供基于云平台的虚拟化环境，支持第三方应用在边缘云内部署运行。

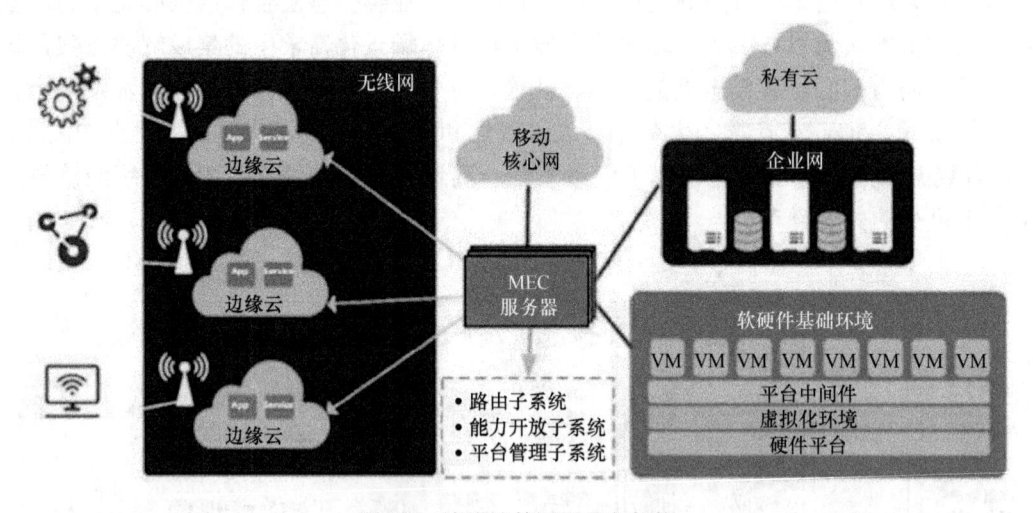

图 7-2 边缘计算通用业务架构

7.1.1 典型边缘计算业务场景

典型的边缘计算业务场景与边缘计算的 4 大特征密切相关（本地分流、本地计算、边云协同和能力开放），通过将计算/存储能力与业务服务能力向网络边缘迁移，使应用、服务和内容可以实现本地化、近距离和分布式部署，在一定程度上解决了 5G 三大应用场景的业务需求。同时，边缘计算通过对移动网络数据的感知和分析，以能力开放的形式提供给第三方业务应用，在提升新兴业务便捷部署的同时，也将有效提升网络智能化水平。

1. 边缘计算在车联网的应用

如图 7-3 所示为边缘计算在车联网中的应用。

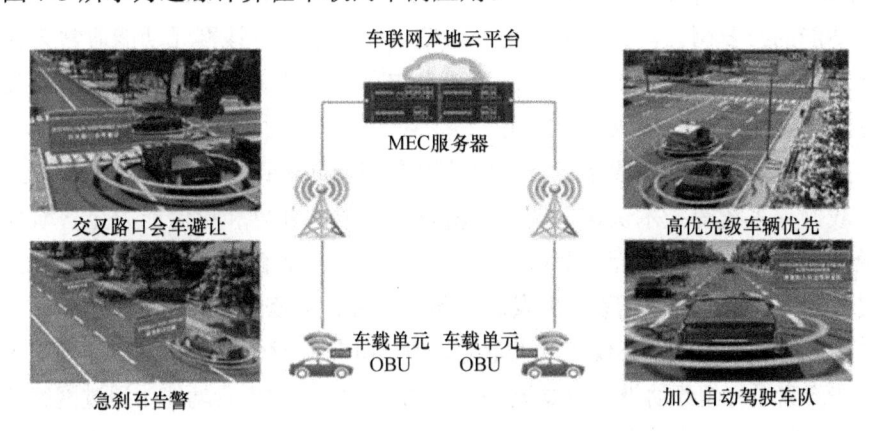

图 7-3　边缘计算在车联网中的应用

边缘计算在以车联网业务为代表的城市交通领域占据重要位置。

一方面，由于需要历经无线网、核心网、平台、应用服务器等多个环节，导致传统架构下的移动通信端到端的时延较长，性能上无法满足车联网业务对时延的苛刻要求。例如，车联网中的远程车检与控制业务的时延要求为 20ms，而自动驾驶时延要求更是在 5ms 以下。基于边缘计算的本地分流和本地计算特征，由于计算和业务能力下沉至更接近用户的位置，通过实时数据处理和分析功能，处理时延大幅降低，可以更好地支持车联网中的无人驾驶、交通流量疏导和拥堵预测等业务功能。

另一方面，边缘计算通过自身平台可以提供本地服务托管环境，能够支持部署本地更具地理和区域特色的车联网服务。例如，通过边缘计算平台可以实现路径优化分析、行车与停车引导、安全辅助信息推送和区域车辆服务指引等本地业务。此外，本地监控数据经过处理后，再将有效数据上传云/数据中心进行进一步分析，不仅可以降低对移动网络的回传要求，同时可充分体现边缘计算的边云协同优势。

因此，边缘计算已经成为车联网解决方案中不可或缺的组成部分。

各类车联网应用场景在时延、带宽和数据处理能力等方面对网络指标提出了不同的要求。例如，3GPP TR38.913 对自动驾驶和传感器共享场景的时延要求最低达到 3ms，而传感器共享场景对带宽的需求超过每秒吉字节。此外，全局路况分析场景需要快速实现视频、雷达信号等感知内容进行精准分析和处理，必然对业务平台的运算处理能力要求提升。面对各种车联网场景下低时延、大带宽、高算力的网络需求，通过边缘计算平台将应用部署到网络边缘的模式成为重点解决方案。

现阶段的车联网业务,一种类型集中在安全类 V2V 通信场景,如前向碰撞预警、交叉路口碰撞告警、紧急制动预警、车辆安全功能失控告警等业务,通常基于 PC5 接口实现;另一种类型的车联网通信场景,如闯红灯预警、弱势交通参与者碰撞预警、基于信号灯的车速引导等业务场景,通常需要通过路侧设施(V2I)或广域覆盖的移动通信网络(V2N)方式实现。在第二类应用场景中,车联网服务器(V2X Server)是提供 V2X 消息路由分发功能的必要网元,为保证端到端通信时延的要求,该网元功能通常会选择部署在边缘计算平台上。可以看出:边缘计算能力与车联网基础设施结合,在增强其通信能力的同时,也支持了车联网业务的实现。

此外,车联网业务的发展逐步呈现出从单车智能向车路协同的发展趋势。虽然计算芯片和车载操作系统等技术快速发展,使得车载终端的计算和存储能力显著增强,但对于大规模的辅助计算、数据存储等能力的支持,并不都适合通过车端实现。例如,高精度地图实时加载、匝道合流辅助、突发恶劣条件预警、大范围协调调度、危险驾驶提醒、车辆感知共享等复杂场景,不仅需要大量的传输、计算和存储资源,同时需要对大区域的交通信息和要素进行组织协调,这是无法在车端层面实现的场景功能。通过网络侧的边缘计算能力与车端感知能力的融合,相互协同,共同满足应用场景对时延、带宽、可靠性、计算与存储能力的需求,从而可以成为车联网业务实现性能和成本平衡的最佳选择。

1)单车与边缘计算节点的交互场景

车联网应用中的本地信息分发、动态高精度地图、车载信息增强、车辆在线诊断等功能,通过单车与边缘计算进行交互即可实现,如图 7-4 所示。

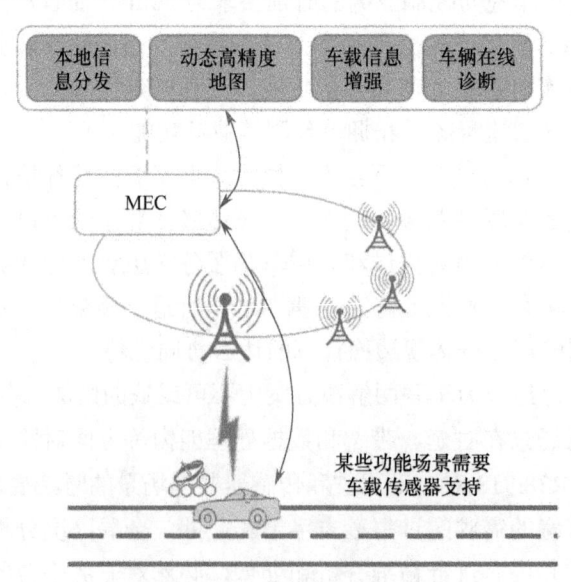

图 7-4 单车与边缘计算交互场景

（1）本地信息分发。边缘计算作为内容分发的边缘节点，实现在线分发和流量卸载的功能，为车辆提供音视频等多媒体休闲娱乐信息服务、区域性商旅餐饮等服务信息和软件/固件升级等服务。根据接入用户数和服务流量灵活选择边缘计算的部署位置，通常可部署在 RSU 或基站的汇聚节点后，旨在提供相对较大的范围服务。

（2）动态高精度地图。边缘计算节点可以提前存储动态高精度地图，通过向车辆实时分发地图信息，减少时延并降低对核心网传输带宽的压力。一方面，在应用中，车辆向边缘计算发送自身具体位置及目标未知地理区域信息，部署在边缘计算的地图服务提取相应区域的高精度地图信息发送给车辆；另一方面，当车辆传感器检测到现实路况与高精度地图存在偏差，车辆将地图实时更新并上传边缘计算，随后边缘计算的地图服务可选择将更新的高精度地图信息回传给中心云平台。在此类场景中，边缘计算提供存储高精度地图能力、用于动态地图更新的计算能力及与中心云的交互能力。

（3）车载信息增强。边缘计算提供车载信息增强功能，车辆可将车载传感设备感知的视频/雷达信号等上传至边缘计算节点，边缘计算可以在视频分析、感知融合、AR 合成等多方面实现车载信息增强功能，并将结果下发至车辆进行直观显示。在此类场景中，边缘计算提供用于视频分析、感知融合、AR 合成等多个应用的计算能力，同时提供低时延、大带宽的通信能力，车辆通过智能传感器及通信模组实现数据上传和下载。

（4）车辆在线诊断。当车辆处于自动驾驶状态时，可将其状态、决策等信息上传至边缘计算节点，在线诊断功能对实时数据进行监控分析，用于试验、测试、评估或应对紧急情况处理。同时，边缘计算节点将样本及诊断结果汇总压缩后回传中心云平台。在此场景中，边缘计算提供支持实时处理大量数据的计算能力、数据存储能力和低时延的通信能力及与中心云的交互能力。

2）单车与边缘计算节点及路侧智能设施的交互场景

车联网应用中的危险驾驶提醒、车辆违章预警等功能，可以通过单车、路侧智能设施和边缘计算三者交互实现，如图 7-5 所示。

（1）危险驾驶提醒。边缘计算节点的危险驾驶提醒功能可结合路侧智能设施，一是通过车牌识别等功能分析车辆行驶时间，提供疲劳驾驶提醒；二是通过夜间视频分析提醒车辆正确使用灯光；三是在突发车辆事故或恶劣天气状况时提醒附近车辆安全驾驶。同时，边缘计算节点可以周期性地将感知和接收到的危险驾驶信息上传中心云平台。

（2）车辆违章预警。边缘计算节点的车辆违章预警功能，可结合路侧智能设施，通过视频分析、信号处理、车牌识别、违章判定等计算能力，对超速、逆行、长期占据应急车道等违章行为进行判定，并下发对应车辆的违章预警信息，提醒车辆遵守交通规则。

3）多车与边缘计算节点的协同交互场景

车联网应用中的车与车（V2V）信息转发、车辆感知共享、信号灯优化控制等功能，可以通过多车与边缘计算节点的协同交互实现，如图 7-6 所示。

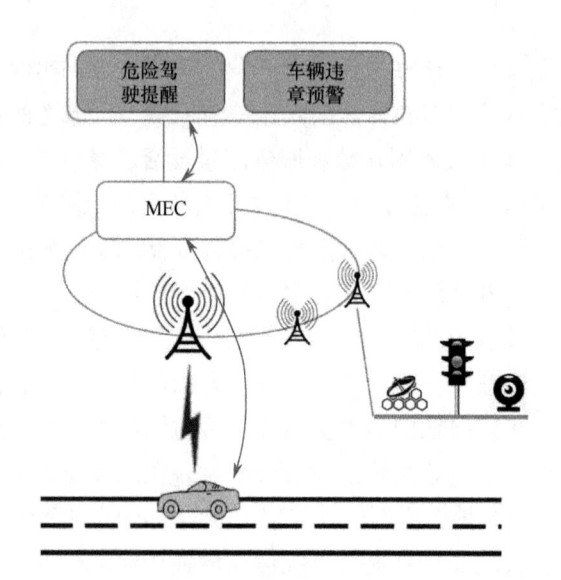

图 7-5　单车、路侧智能设施和边缘计算三者交互场景

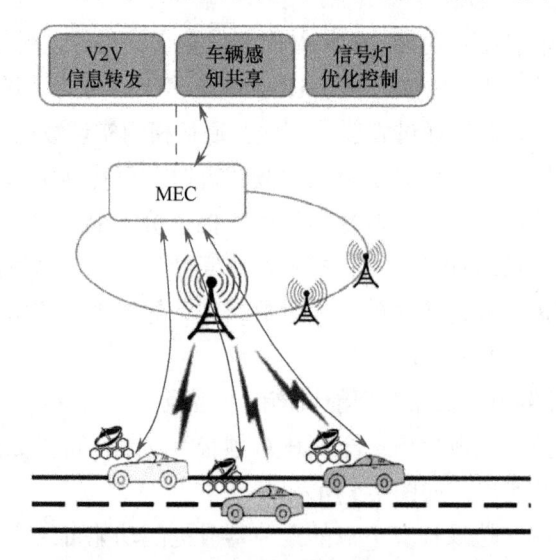

图 7-6　多车与边缘计算节点的协同交互场景

（1）车与车的信息转发。具备信息转发功能的边缘计算节点作为桥接节点，以 V2N2V 的方式实现车与车之间的通信，实时交流车辆位置、速度、刹车、双闪等车辆状态信息，提升道路安全。

（2）车辆感知共享。边缘计算节点部署车辆感知共享功能后，可以将具备环境感知车辆的感知结果转发至周围其他车辆，扩展其他车辆的感知范围。以典型的穿透应用（See-Through）为例，配置车载传感器/摄像头和车联网通信模组的车辆，将前方路况信息上传至边缘计算节点，通过边缘计算节点的低时延、大带宽的通信能力及对传感信息、视频流等的实时处理和转发功能，实时共享给后方车辆，为后方车辆在扩展视野的同时，有效解决汽车行驶中的盲区问题,提高车辆的驾驶安全。

(3)信号灯优化控制。行驶车辆通过 4G/5G 广域网或 OBU 经路侧单元 RSU,将车辆位置、速度、方向等信息传送给边缘计算节点。边缘计算节点的信号灯优化控制功能可以对交通信号灯参数进行统筹优化,减少车辆通过交叉路口的时延,从而提高交叉路口的通行效率。

4)多车与边缘计算节点及路侧设施的协同交互场景

车联网应用中的匝道合流辅助、智慧交叉路口、广域协同调度等功能,通过多车与边缘计算节点及路侧设施的协同交互实现,如图 7-7 所示。

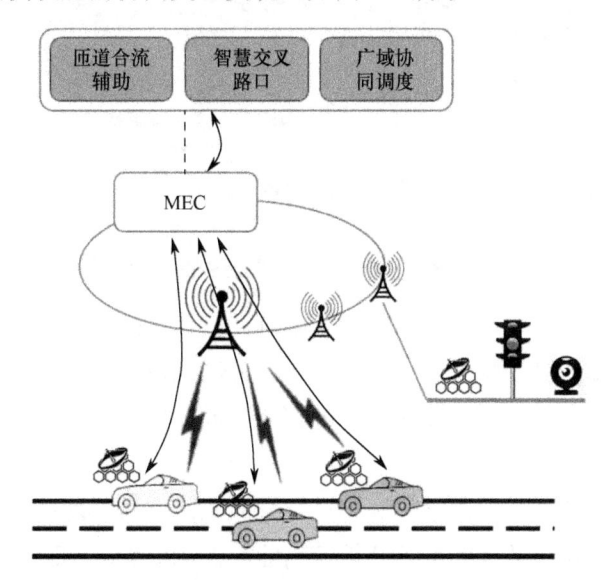

图 7-7 多车与边缘计算节点及路侧设施的协同交互场景

(1)匝道合流辅助。边缘计算部署了匝道合流辅助功能,使匝道合流汇入点对主路和匝道车辆的监测信息和车辆状态信息,可以实时传输到边缘计算节点。边缘计算节点的匝道合流辅助功能对车、人、障碍物等的位置、速度、方向角等进行分析和预测,并将合流点动态环境结果实时发送给相关车辆,提升车辆的周边环境感知能力,减少交通事故,提升交通效率。

(2)智慧交叉路口。与匝道合流辅助功能类似,交叉路口的车辆监测信息和车辆状态信息,可以实时传输到边缘计算节点,实现对交叉路口周边的车辆、行人等位置、速度和方向角等的分析和预测,提升车辆通过交叉路口的安全性和舒适性。

(3)广域协同调度。边缘计算节点收集多种传感信息和周边大量车辆状态信息,通过海量数据处理和综合路径规划等计算能力及与中心云平台的交互能力,实现一定范围内大规模车辆协同、车辆编队行驶及车辆的综合导航调度,减少道路拥堵,实现城市级车辆管理效率的提升。

2. 边缘计算在物联网中的应用

边缘计算在物联网中的应用如图 7-8 所示。

图 7-8　边缘计算在物联网中的应用

目前，物联网应用的发展面临网络能力限制、数据时效性、终端资源限制、异构系统互联及安全和隐私的诸多挑战。边缘计算在靠近物或数据源头的网络边缘侧提供智能服务，可满足物联网应用在业务实时、业务智能、数据聚合与互操作、安全与隐私保护等方面的关键需求。

（1）低时延保障能力。在网络边缘侧进行分布式部署边缘网关，可以就近实现数据收集、数据预处理、协议转换和数据分析等功能，保障业务的低时延需求，减轻终端上传云/数据中心的网络流量压力，并屏蔽不同终端类型和异构网络协议的影响。同时，边缘计算与云/数据中心采用分层处理机制，时延不敏感和算力高要求的任务上传云端处理，大幅提升了处理效率，降低了传输成本。

（2）本地计算能力。边缘计算节点可以提供强大的计算能力，通过数据存储、分析和 AI 算法集成，适合物联网终端的数据处理和分析任务的本地实现。

（3）边缘 AI 能力。本地计算能力为 AI 算法的集成提供了基础保障，物联网应用将提供更加强大的智能化服务。

（4）安全保护能力。边缘计算将物联网敏感数据保存在本地设备上，有助于改进业务应用中的安全和隐私问题。

边缘计算在物联网中的应用领域非常广泛，特别适合具有低时延、大带宽、高可靠、海量连接、异构汇聚和本地安全隐私保护等业务要求的应用场景。

1）家庭互联网

家庭互联网中的密码锁、智能照明、智能空调、安防监控、智能卫浴、室内环境监控、家庭影院多媒体系统等智能家电设备，通常需要与云端业务平台连接实现远程控制功能。存放云端的家庭数据存在泄露问题，并占据通信带宽。

边缘计算技术将家庭音视频的数据存放在本地边缘计算网关设备上，确保用户的隐私不被泄露，同时，本地边缘计算节点通过统一实时协调，实现对多个智能家电设备之间的联动，如图 7-9 所示。

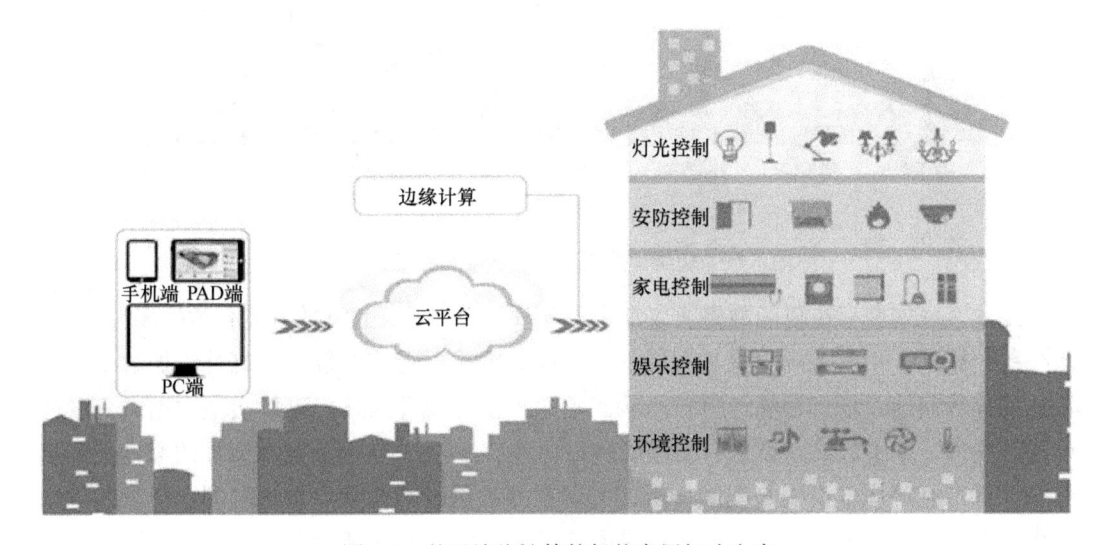

图 7-9　基于边缘计算的智能家居解决方案

2）工业互联网

工业物联网应用场景相对复杂，不同行业的数字化和智能化水平不同，对边缘计算的需求也存在较大差别。

以工业机器人为例。工业机器人是实现智能制造的基础，应用领域主要集中在汽车制造、3C 行业、物流、金属加工、塑料和化工等行业，通过机器人完成搬运和上下料、装配和拆卸、焊接等工作环境恶劣、自动化/执行精度和安全程度要求非常高的工作。

工业机器人需要具备应对复杂的现场环境，并结合当前工作流程进行综合分析和判断的能力，同时完成与其他机器人的任务协作，需要机器人配备智能控制器以执行复杂的计算任务。对于均配备复杂的智能控制器的大量机器人必将带来高昂的成本。通过边缘计算技术，在生产车间的边缘计算节点部署工业机器人的智能控制器功能，既可以在保证时延的前提下实现集中控制，还可以完成大量机器人之间的协同联动，大大降低了工业机器人的部署成本，如图 7-10 所示。

再以离散制造为例，离散制造业需要实现生产设备网络化、生产数据可视化、生产文档无纸化、生产过程透明化、生产现场无人化等先进技术应用，做到纵向、横向和端到端的集成，以实现优质、高效、低耗、清洁、灵活的生产，从而建立基于工业大数据和互联网的智能工厂。边缘计算技术在离散制造的预测性维护、产品质量保证、个性化生产及流程优化方面发挥了重要作用。

图 7-10 边缘计算实现工业机器人的集中管理

工业互联网中存在现场网络协议众多，互联互通困难，且开放性差；数据多源异构，缺少统一格式，不利数据交换与互操作；产品缺陷难以提前发现；预测性维护缺少有效数据支撑等问题。通过边缘计算技术构建的统一工业现场网络，可以实现数据的互联互通与互操作；基于边缘计算平台构建的虚拟化 PLC，支持生产工艺与流程的柔性；加强边缘计算节点的图像识别与视频分析，实现产品质量缺陷检测，并适配制造场景的边缘计算安全机制与方案，满足工业互联网场景需求，如图 7-11 所示。

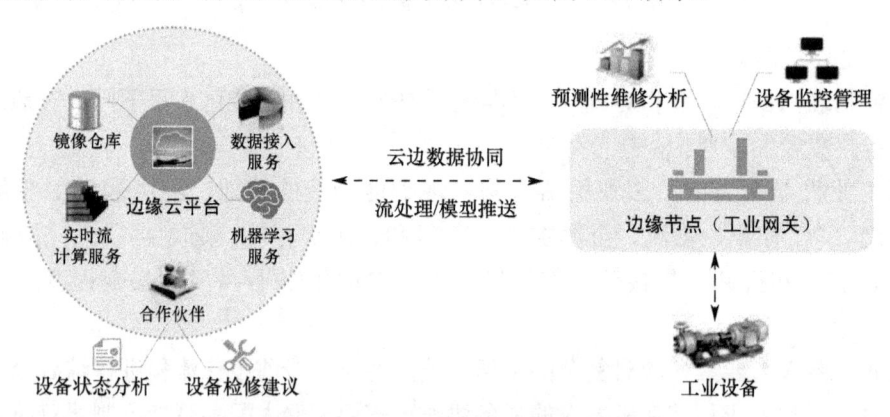

图 7-11 工业物联网边缘计算实现架构

3. 边缘计算在视频加速中的应用

视频流量在移动数据流量中占比较高，传统通信网络架构下的长距离传输时延和链路故障等因素，无法保证 5G 时代下的 AR/VR 和超高清视频的用户体验质量。边缘计算平台部署了边缘内容分发网络（CDN）系统，内容提供商通过租用边缘服务器实现视频的高速低时延分发，如图 7-12 所示。

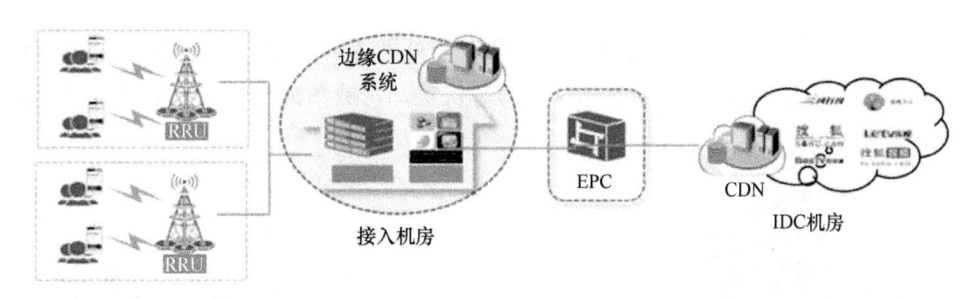

图 7-12　基于边缘计算实现移动 CDN 下沉架构

此外，边缘计算平台可以通过北向接口获取视频业务的应用层和网络层信息，以及通过南向接口获取信号质量、用户位置等无线侧信息，实现不同用户的 QoS 差异化体验，通过双向跨层优化来提升用户的感知体验，实现通信管道的智能化，如图 7-13 所示。

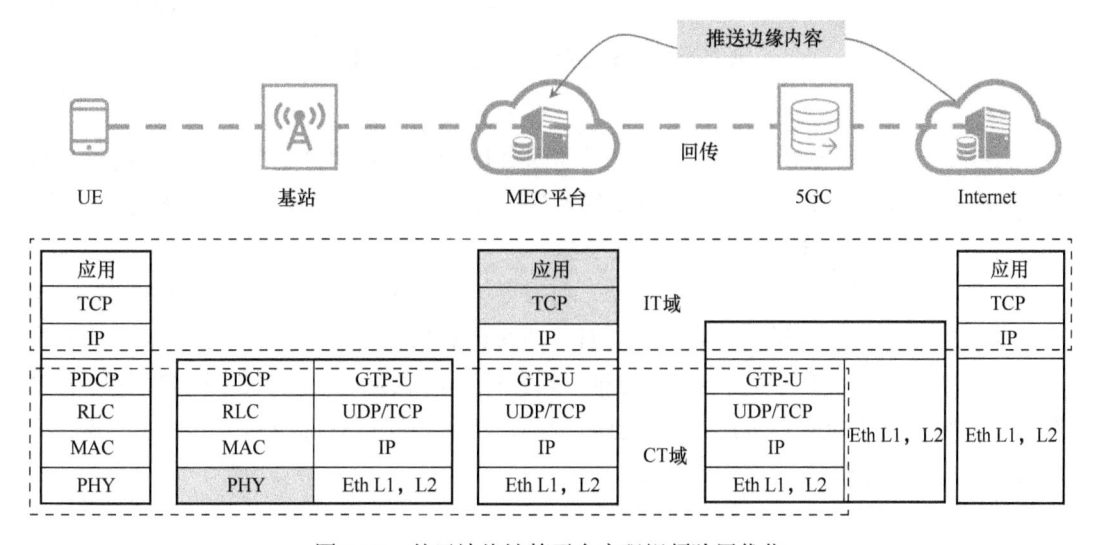

图 7-13　基于边缘计算平台实现视频跨层优化

4．边缘计算的运算密集型应用

运算密集型应用包括增强现实（AR）、虚拟现实（VR）和本地视频监控与智能分析等场景，其特征是实时性要求较高，需要很短时间内完成大量计算。

1）虚拟现实（VR）

作为 5G 视频业务的典型代表，VR 是一种利用计算机融合多元信息和实体行为而模拟出来三维动态视景的计算机仿真技术，需要收集包括用户位置和朝向等用户状态相关的实时信息，然后进行计算并根据计算结果加以处理。在电竞、球赛、F1 赛车、演唱会等大型直播场景，时延是用户沉浸式体验质量的关键因素，而时延不仅需要将 VR 视频源进行本地处理，而且本地设备计算能力也直接决定时延。如图 7-14 所示，构建更接近于用户的边缘计算平台，实现 VR 视频源的本地映射和实时分发，不仅可以为用户提供高品质的 VR 视频体验，而且可以通过多角度全景摄像头为用户带来独特的视角体验。边缘计算的低时延、大带宽、本地计算能力等优势，可有效避免观看 VR 的眩晕感，并减少对回传资源的消耗。

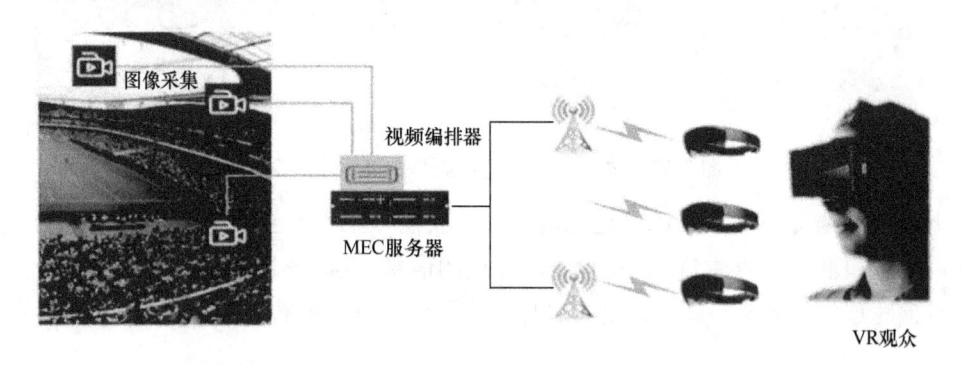

图 7-14　基于边缘计算平台的 VR 直播

2）增强现实（AR）

AR 是一种利用计算机产生的附加信息对使用者所看到的真实世界景象进行增强或扩展的技术。现有 AR 解决方案通常依靠用户终端 App 实现，受限于终端处理器、内存、和存储容量等因素，难以保证 AR 体验质量。

如图 7-15 所示，基于边缘计算技术，利用更加强大的本地处理能力和硬件配置，AR 密集型运算和处理更易于实时实现。同时，边缘计算平台通过网络数据信息确定用户位置，并结合本地服务器的实时 AR 内容进行匹配计算和推送，从而实现本地实景和 AR 内容实时聚合，这不仅可以为用户呈现独特的用户体验，还可以形成基于位置的广告、新闻等就近内容推送等商业模式。

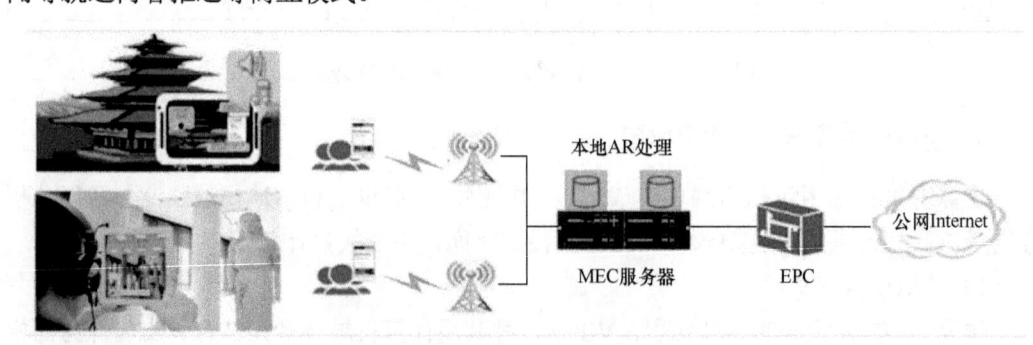

图 7-15　基于边缘计算平台的增强现实

3）本地视频监控

作为 5G 时代的典型业务，视频监控借助 5G 大带宽特性可以实现多路的高质量回传，但依然存在诸多问题没有得到有效解决。一方面，大流量视频回传占据的带宽和存储成本提升，而视频监控的大部分画面多数是静止的，增量价值较小，投入产出比不高；另一方面，视频分析通常需要把视频流全部上传至云端服务器或摄像头进行视频处理，成本高，效率也较低。

针对视频监控中存在的问题，可以考虑在靠近摄像头的无线网络侧直接部署边缘计算服务器，进行视频内容分析和处理，而只是把监控画面增量变化内容进行回传，不仅能够有效地节省传输资源，避免大流量业务回路带来的时延大和体验差的问题，而且可以达到降低成本和提升效率的目的，如图 7-16 所示。

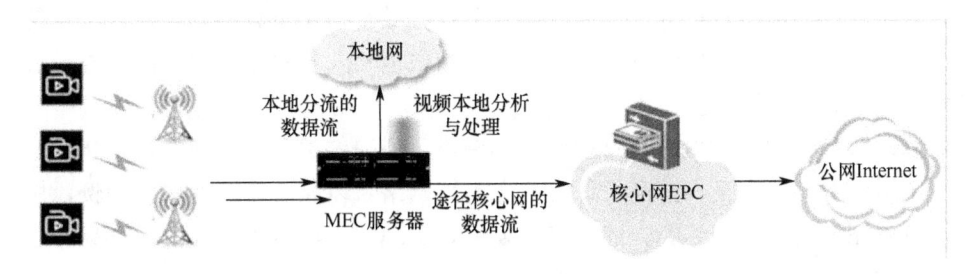

图 7-16 基于边缘计算的视频监控与智能分析

5．边缘计算的能力开放服务

能力开放是通过应用程序接口（API）方式为运行在边缘计算平台的第三方应用提供无线网络信息、位置信息等多种服务。该服务需要充分保证能力开放的通用性，考虑第三方应用平台在系统架构及业务逻辑方面的差异性，实现网络能力的简单、友好、开放，还应保证网络能力的开放具有足够的灵活性，从而使第三方平台和网络系统自身不需要进行复杂的改动。

网络能力的开放可以有效体现应用的价值。以位置服务为例。移动终端的普及和移动互联网的迅速发展，使得线上与线下的互动需求也明显增加，用户位置信息正是连接线上、线下的关键纽带，孤立的用户位置数据信息价值十分有限，只有通过用户位置将人、物和数据之间的连接情景化，才能充分拓展信息的商业价值。相较于其他定位方式，室内基站定位最大的特点是可将用户授权的在移动网络产生的用户身份信息、业务信息、行为习惯信息实时地与用户位置相结合，形成充分满足用户需求的、以用户为核心的个性化、互动式服务。基于边缘计算的开放接口，第三方应用开发商可以充分利用移动通信网络的底层信息，开发基于位置的精准营销服务，并且利用大数据分析，提供高价值智能服务。

7.1.2 典型边缘计算业务应用案例

行业为满足其自身组织管理、安全生产、指挥调度等特定需求，通常会使用非授权频谱或行业自有频率自建专网。随着行业需求驱动和专网技术的演进，专网通信不断向宽带化、移动化、物联化、多业务融合的数字化方向发展。行业数字化对网络的诉求逐步提升。

首先，差异化网络是行业数字化的关键诉求。行业应用的需求千差万别，如以远程抄表为代表的物联网业务更关注网络连接能力，对大带宽和低时延不敏感，但远程医疗、自动驾驶等业务则对网络的确定性低时延、安全可靠提出更高的要求。

其次，专属网络保证数据安全隔离和数据隐私的保护是行业应用的普遍要求。对于工业互联网、智能电网等行业，网络安全、分权分域管理、资源的隔离、数据及信令的保护，是此类行业应用场景的基本要求；而用户数据和业务数据不出园区，要求做到公网专用，是行业应用的共性需求。

最后，可自主配置的网络是行业敏捷创新不可或缺的部分。响应快速变化的业务需求，行业用户希望自定义、按需设计、自主配置网络。以园区物联网场景为例，用户希望可以自主完成物联网服务能力的编排、调度、管理，灵活地组网并部署创新应用，随时添加或删除设备。

面对日益增长的行业数字化诉求，企业如果依然使用非授权频谱或行业自有频率自建专网，不仅增加企业网络建设和运维成本，同时专网的资源也未充分利用，因此基于公众网络为企业提供虚拟专网成为有效的解决方案。随着5G商用和智慧城市的大规模建设，市场对无线专网有巨大的需求和动力。5G凭借多维度的有体验保证的网络能力，为行业数字化打开想象空间，同时 5G 企业专网是通信行业和垂直行业深度融合的典型场景，对于促进垂直行业发展具有重要意义。运营商充分发挥在无线网络方面的潜能，利用 5G 技术和授权频谱，为企业客户提供个性定制、灵活便捷的 5G 专网服务。根据 Keystone Strategy & Huawei SPO Lab 预测：5G 产业链的运营商可提供的服务在不断扩展，从基础设施提供的连接管道服务到行业数字化整体解决方案及行业应用等相关服务。预计到 2025 年，运营商 5G 消费者市场空间将平缓增长至 2 380 亿美元，而 5G 行业解决方案和应用服务带来的收入总规模将超过 6 000 亿美元[50]，如图 7-17 所示。

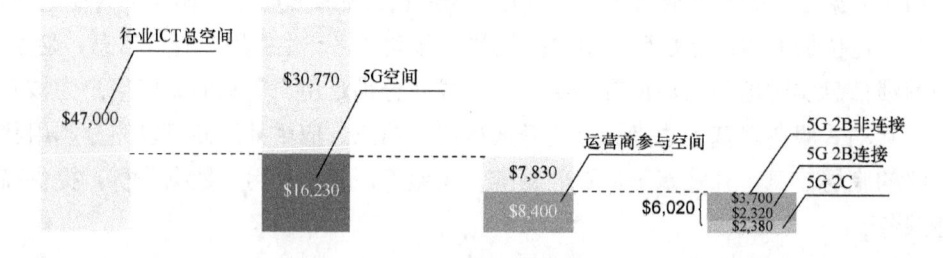

图 7-17　2025 年全球 ICT 投资市场规模预测

数据来源：Keystone Strategy & Huawei SPO Lab

为了满足 5G 公网的专网化应用，通过边缘计算、网络切片和时间敏感性技术的融合，提供不同等级的网络能力，成为业界关注的焦点。在全球运营商 5G 部署初期，

5G 公网的专网化部署不会一蹴而就，运营商需要选择合适行业与场景并结合自身的网络规划节奏逐步探索。特别是在 5G 基础网络覆盖尚不完整时，结合 5G 边缘计算能力可以进行区域化的部署，如企业园区、港口码头等独立性较强的区域可以作为优先选择。

下面以企业园区为例，介绍以边缘计算为基础的 5G 公网的专网化应用案例。

1．应用需求分析

企业客户对于企业管理及生产协同的主要需求包括以下几方面。

（1）移动办公。一是支持在园区内部的远程系统查询、业务处理等移动办公方式，提高生产办公效率，需要保证员工进入园区办公系统的安全、稳定和实时性；二是企业数据内部传输，设备间互联互通等，保证数据不出园区。

（2）生产调度。一是同一终端支持语音和视频业务，实现可视化生产调度指挥；二是支持视频分发，在远程专家指导下，进行现场作业和应急事故处理；三是支持实时定位，提高员工作业安全。

（3）应急指挥。当出现警情时，应急指挥人员可以和现场人员进行语音、视频互动，可支持多路移动视频采集和多路视频信息的统一呈现，指挥中心如身临现场，全面收集一线信息，精准决策，高效解决问题。同时，需要支持和视频监控、视频会议系统融合，提升调度、应急效率。

（4）厂区巡检。实时掌握巡检人员位置信息，通过现场视频实时回传，详细记录整个巡检过程。出事故后快速进行回溯，可以远程查阅生产信息系统，对照现场情况进行确认。远程对人员、时间、地点、数据、视频全方位的核实，确保巡检质量，按照电子流程逐一检查，不致漏检。

（5）事件监控。在园区日常视频监控点位外，可针对外来施工临时点及重要检修、污染物排放点等实施临时/长期视频监控，实现高清视频实时回传。生产管理人员可以随时抽查了解现场视频信息，能够与其他安防系统报警联动，快速切换至事件现场。

（6）数据采集。企业内仪表、设备种类比较多，但往往有些环境情况会导致布线困难，需解决复杂和困难环境下的远程数据采集。

运营商提供的 5G 专网在满足用户业务需求的同时，还需要满足企业对数据安全、灵活可控、工程建设和保障服务等方面的需求，具体包括以下几方面。

（1）灵活定制。通信能力、隔离度、QoS、可靠性等特性指标可定制可配的能力。

（2）多业务承载。一张网提供园区人、物智能联网的综合业务解决方案。

（3）自主管控。企业可基于专网进行自主管控，实时按需调整网络、管控终端，不受运营商公网影响。

（4）安全隔离。与公网安全隔离，数据不出园区，保障用户独立和信息安全。

（5）数据集中。专网数据一点汇聚、流量可视、内容可析、网络状态实时洞察。

（6）服务等级。与客户签署网络服务等级协议，规范业务开通、日常维护、故障处理等标准，保证高质量的网络服务。

（7）专属维护。根据用户需求，可提供7×24小时的驻地化、专属运维，保证网络服务体验等。

2．园区专网方案

为满足行业用户安全隔离、高效可靠、灵活调整、自主管控等多样化、差异化的需求，运营商5G专网需要从无线网、核心网、管理维护和业务能力等多方面进行考虑。

（1）无线网。在无线网层面，运营商5G专网通过动态资源分配的空口接入能力、灵活带宽特性可以满足不同带宽能力终端的业务体验需求。在无线网层面，公网和专网频率、基站硬件资源也可以按需灵活配置。可根据客户需求，考虑低成本的公网、专网共享基站和频率的部署方式，或者为专网部署独立基站、分配专有频段，减少甚至消除公网对专网的影响。

（2）核心网。运营商5G专网应按需实现灵活组网、等级化隔离的核心能力。根据行业客户的需求，5G专网的核心网层面可通过多种部署方式实现不同程度的隔离。对于隔离性要求一般的行业用户，共享运营商核心网用户面和控制面；对于隔离性要求较高的行业用户，可以共享运营商核心网的控制面，将核心网用户面下沉到园区内，实现应用数据不出园区的同时，提供低时延的数据传输；对于隔离性要求极高的行业用户，则独立部署核心网，保证任何数据不出园区。

（3）管理维护。5G专网应能够向用户提供专属化的运营和维护平台，实现网络和业务的敏捷开通，提供建设、维护、优化一体化服务。该平台应同时面向运营商内部运维人员和行业用户，支持园区网管和公网网管的协同；支持以用户为单位，呈现无线、传输、公网核心网、园区核心网的运行状态和关键指标；支持固定IP、黑白名单、DDN专项等关键能力的自助设置；支持调用API接口数据，实现能力开放。

（4）业务能力。运营商5G专网应具备丰富的业务能力，助力企业智能化转型。基于运营商丰富的中心云和边缘云资源，向用户提供计算、存储、大数据分析等能力；基于运营商先进的网络技术，向用户提供物联网、语音、短信、集群通信等通信能力；基于运营商的创新平台，向用户提供定位、视频会议、AI、安全防护等能力。

运营商5G专网可以分为独立专网和虚拟专网两大类。其中，独立专网指专网资源独立部署，与公网无关；虚拟专网指专网资源与公网资源存在一定程度的融合共享。

第 7 章　5G 融合创新应用

1）独立专网

独立专网主要用于对隔离性、可靠性、QoS 要求极高的大型行业用户的局域园区场景，如图 7-18 所示。独立专网是指采用独立的无线设备、频率资源、承载网和核心网，与公网无线网、承载网、核心网完全隔离，公网业务变化完全不会影响专网数据传输质量，形成严格隔离的行业专网。独立专网所有设备都需要单独建设，并且考虑高可靠性，建设和维护成本较高。

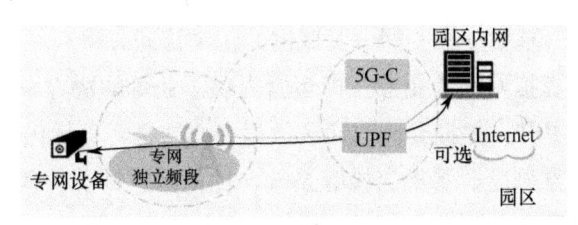

图 7-18　5G 独立专网

专网流量通过独立频段的空口接入独立基站，内部应用流量通过本地 UPF 分流，直接流向园区内私有云或边缘云承载的应用平台，信令流量则直接通过专网独立核心网进行处理。独立专网的架构降低了传输时延，保证园区内部业务数据、终端卡号等控制信息均不出园区，实现严格的数据隔离。

2）虚拟专网

虚拟专网主要用于对隔离性、可靠性、QoS 要求较高的大中型行业用户的局域园区场景或多局域园区互通场景。园区内专网与公网共享无线接入设备，共享也可以部分独占运营商公网频率。根据行业用户对数据安全隔离和时延的不同要求，核心网部署可以考虑将专网核心网用户面下沉到园区，或者在园区内建设独立核心网等不同方式。

如图 7-19 所示，在典型的基于边缘计算的 5G 园区虚拟专网方案中，通过 MEC 平台实现园区流量本地分流的基础上，利用虚拟专网为企业提供智能化的网络基础设施和服务，促进企业降本增效，提升竞争力。

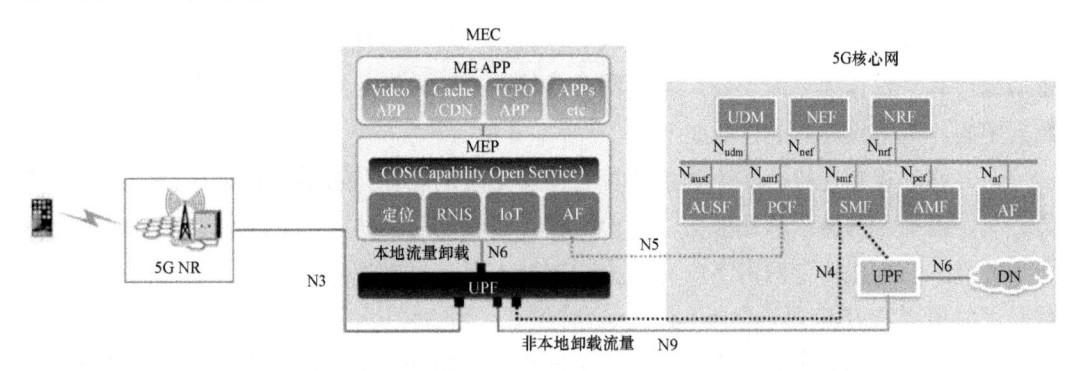

图 7-19　基于 5G 的园区虚拟专网方案

视园区具体网络覆盖状况和业务需求，通过复用或新建基站方式确保园区写字楼、工厂车间、现场设备间、中控室和仪表机柜间的 5G 网络全面覆盖，并保证无线承载稳定、可靠和安全。流量通过本地下沉的 UPF 分流，直接流向园区企业本地服务器，形成本地专网业务内私有云或边缘计算平台承载的应用平台，从而降低访问时延、保障数据安全。根据用户对安全隔离的需求，信令流量则可通过公网核心网进行处理，也可直接通过专网独立核心网进行处理。如果园区内一般用户（无内网访问权限）访问外网业务时，仍可按原有路径（用户—基站—核心网—互联网）正常访问。

基于边缘计算的虚拟专网为企业生产运营提供了业务解决方案，可以推动园区业务的移动化拓展与效率提升。虚拟专网与园区数据中心结合，可优化部署移动作业/办公、应急指挥、多媒体集群调度、手机巡检等系统，优化园区作业管理工作，提高生产安全保障，并随着网络演进及企业云化，更大地发挥其价值，如图 7-20 所示。

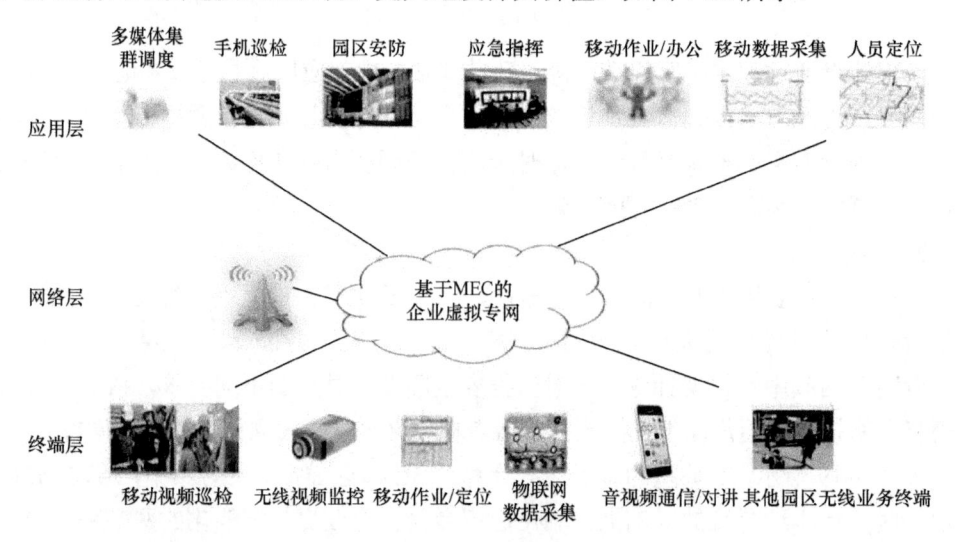

图 7-20　企业业务承载示意图

基于虚拟专网的企业应用部署，既可以直接部署在边缘计算平台之上，也可以只是将边缘计算平台作为分流设备，将专网业务导向企业内网应用，企业应用仍部署于园区数据中心。典型代表业务包括如下：

（1）移动视频巡检。利用边缘计算对终端定位的功能，可规范巡检路线、时间、人员。利用虚拟专网接入承载能力，巡检数据、视频实时回传，遇到突发情况班组长远程指挥处理。利用虚拟专网网络安全能力，巡检人员可以在巡检中实时快捷查询企业内部数据，如图 7-21 所示。

（2）无线终端办公。配合桌面作业票证系统，进行辅助的现场作业开票、签字和数据传输工作，现场完成作业票查询、验证。

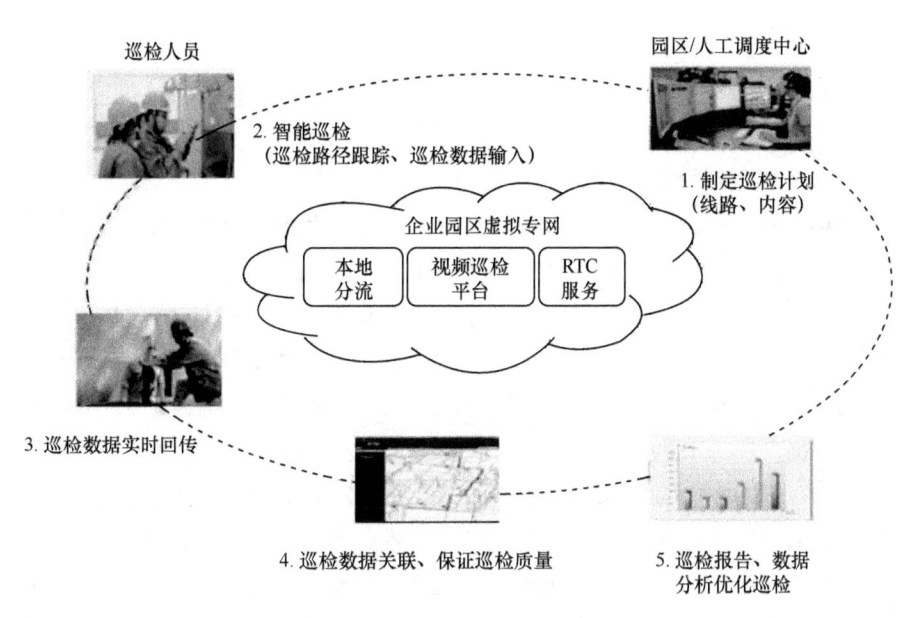

图 7-21　移动视频巡检业务流程

（3）远程指导培训。对于危险性较大的操作教学，可使用无线视频回传现场操作情况，减少学员现场观摩次数。

（4）智能监控与报警。利用 4G 或 5G 网络的广覆盖和深覆盖，在原有偏远不宜布线的生产区域做到视频监控，在临时施工环境，灵活快速部署无线视频监控，做到全域覆盖、全时监控和预警。

（5）助力调度管理系统整合。一张网络提供电话、无线对讲等语音能力，助力调度中心将监控视频、会议视频、指挥视频统一整合呈现，便于多系统统一管理，提高工作效率和指挥能力。

（6）无线数据采集。企业可利用边缘计算平台构建园区无线数据采集传输系统，降低安装成本和调试时间，构建数据可视化服务。

（7）未来可拓展业务。利用边缘计算处理能力使 AR 计算上移，未来可降低 AR 眼镜配置要求，拓展 AR 维修业务，利用边缘视频识别、分析，AR 维修支撑功能更丰富。

7.2　基于网络切片的 5G 通用业务

由于 5G 在网络能力指标方面较之 4G 具有更大的冗余度，通过网络切片可以基于统一的基础设施和统一的网络提供多种端到端虚拟专用网络，从而可以满足不同行业用户业务需求的多样性和复杂性。网络切片是 5G 区别于 4G 的关键技术，基于网络切片构建虚拟专网服务于垂直行业，将是运营商拓展行业用户、催生新型业务、提高网络价值的重要路径。

7.2.1 5G 网络切片业务形态

5G 网络中可以通过两种形态提供网络切片业务。

（1）网络切片作为运营商网络的内部实现，不对外呈现。运营商出于内部网络优化等目的，决定部署网络切片来为用户提供通信服务，该商业形态下的网络切片由于不是用户通信服务产品的一部分，因此网络切片对于用户不可见。通过管理接口界面，运营商能够向用户提供服务性能、终端信息、故障信息、流量数据和计费账单等服务状态信息，实现网络指标的可视化，但只允许用户监视通信业务的服务状态，不允许用户监视切片的运行状态。

（2）以 NSaaS（Network Slice as a Service，网络切片即服务）业务方式提供给第三方。运营商提供的 NSaaS 业务通常是使用无线接入技术、带宽、端到端时延、可靠性、保证/不保证的 QoS 和安全级别等属性，来表征不同的网络切片。该商业形态下的网络切片的直接用户包括两类：一是订购运营商网络切片的第三方企业，他们将以网络切片为基础向自己的用户提供通信服务；二是其他运营商（如虚拟运营商），该运营商可以通过订购的网络切片在更大范围内向最终用户提供通信服务。与第一种商业形态不同，在 NSaaS 商业模式下的网络切片用户不仅能够监视通信业务的服务状态，还可以管理网络切片实例，如图 7-22 所示。

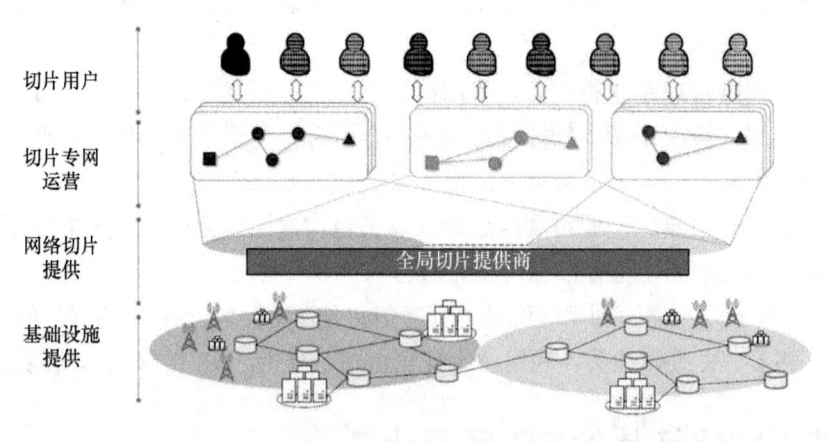

图 7-22 多用户切片视图

7.2.2 5G 网络切片业务等级

5G 网络切片联盟基于网络现有能力，根据无线网、传输网、核心网和安全及运营等能力的冗余性组合成不同的网络切片等级，为不同业务提供差异化的可定制网络[50]，如图 7-23 所示。

第 7 章　5G 融合创新应用

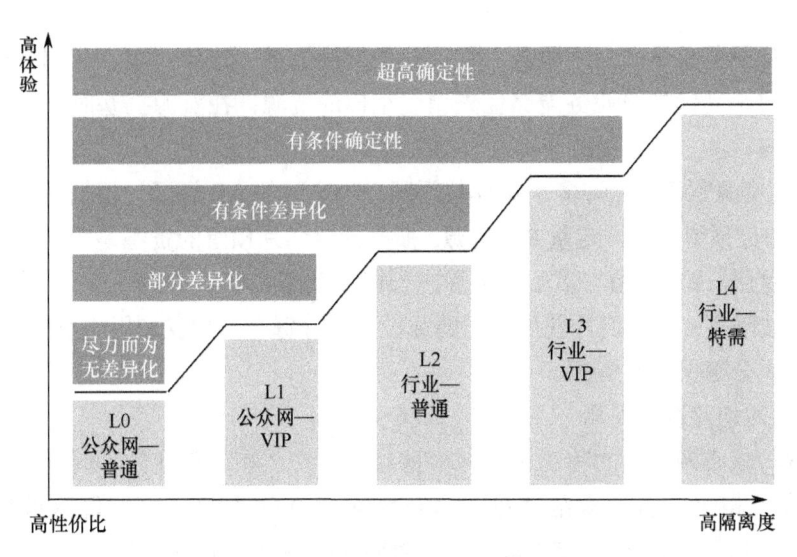

图 7-23　网络切片业务等级

网络切片业务等级说明如表 7-1 所示。

表 7-1　网络切片业务等级说明

切片等级	网络类型	等级划分	定义	资源定制 资源隔离	业务体验 安全	运营运维	定制化服务
L0	公众	普通	基于 5G 公众基础设施构建,无特殊需求	完全共享	基本安全	无	默认
L1	公众	VIP	基于 5G 公众基础设施构建,叠加定制化需求	完全共享或部分独占	eMBB 增强安全	无	定制化
L2	行业	普通	基于 5G 行业基础设施构建,提供增值服务	完全共享或部分独占	业务特性安全	可视	定制化
L3	行业	VIP	基于 5G 行业基础设施构建,提供部分资源独占和高级服务	部分独占	业务特性高阶安全	可管	定制化
L4	行业	特需	基于 5G 行业基础设施构建,提供全部资源独占能力和可靠性服务	完全独占	全面高阶安全	可管	定制化

其中，资源定制包括完全共享、部分独占和完全独占三种选项，主要是对无线网、传输网和核心网的资源隔离性进行区分。

1）无线网切片资源隔离

无线网切片资源隔离方案主要实现网络切片在 NR RAN 部分的资源隔离和保障。根据业务的时延、可靠性和隔离要求，其可以分为切片级 QoS 保障、空口动态预留、静态预留等。

（1）基于 QoS 的调度：可以确保在资源有限的情况下，不同业务"按需定制"，为业务提供差异化服务质量的网络服务,包括业务调度权重、接纳门限、队列管理门限等。在资源抢占时,高优先级业务能够优先调度空口的资源;在资源拥塞时,高优先级业务也可能受影响。

(2) RB 资源预留:允许多个切片共用同一个小区的 RB 资源。根据各切片的资源需求,为特定切片预留分配一定量 RB 资源。根据指定切片预留的资源是否允许一定程度上和其他切片复用,RB 预留可以配置为静态预留和动态共享。

(3) 载波隔离:不同切片使用不同的载波小区,每个切片仅使用本小区的空口资源,切片间严格区分确保各自资源。

2) 传输网切片资源隔离

无线网与核心网之间的移动传输网根据对切片安全和可靠性的不同诉求,分为硬隔离和软隔离。根据业务要求隔离度、时延和可靠性的不同需求,传输承载技术包括 FlexE/MTN 接口隔离、MTN 交叉隔离和 VPN+QoS 隔离等不同技术选项。

(1) 硬隔离技术:一是 FlexE/MTN 接口隔离,FlexE/MTN 接口是基于时隙调度将一个物理以太网端口划分为多个以太网弹性硬管道,在网络接口层面基于时隙进行业务接入,在设备层面基于以太网进行统计复用;二是 MTN 交叉隔离,基于以太网 64/66B 码块的交叉技术,在接口及设备内部实现 TDM(时分复用)时隙隔离,实现极低的转发时延和隔离效果。此外,FlexE/MTN 接口隔离技术可以组合 MTN 交叉隔离技术或分组转发技术进行报文传输,每个 FlexE/MTN 接口的 QoS 调度是隔离的。

(2) 软隔离技术:即 VPN+QoS 隔离,通过 VPN 实现多种业务在一个物理基础网络上相互隔离,软隔离不能实现硬件、时隙层面的隔离,无法达到物理隔离效果。

3) 核心网切片资源隔离

核心网切片资源隔离主要实现网络切片在 5G 核心网部分的资源隔离和通信服务等级 SLA 的保障。资源隔离涉及 5G 核心网硬件资源层、虚拟资源池、网元功能层及 5G 核心网数据中心内的交换机/路由器设备的隔离性。

(1) 硬件资源层:主要指基于×86 或 ARM 架构的各种服务器,可支持"共享"和"独占"两种隔离模式,硬件资源层的独占模式为物理隔离模式。

(2) 虚拟资源池:通用性硬件上基于虚拟机、容器等技术,承载传统通信设备功能的软件处理,从而实现新业务的快速开发、部署和弹性扩容/缩容。虚拟资源池支持"共享"和"独占"两种隔离模式,虚拟资源池独占模式是逻辑隔离模式。

(3) 网元功能层:基于 3GPP 标准定义的网络虚拟化 NFV 和服务化架构 SBA,5G 核心网的网络功能/虚拟网络功能层(NF/VNF)支持不同层级的按需隔离模式,保证不同切片间的业务独立性。通过完全共享模式、部分独占模式和完全独占模式,可以逐步提高网络安全隔离性要求,从而满足从公众用户到不同行业用户的差异性需求。

网络切片作为 5G 的标志性技术,通过差异化的网络能力服务于大网及行业用户的不同网络需求，对不同行业及场景提供不同网络能力的组合，对于网络切片服务的提供者及消费者都至关重要。不同网络切片提供的服务等级不同、其所需付出的网络成本和代价势必存在差异，不同行业用户需要根据应用场景和需求特点，按需选择和定制最适宜等级的网络切片。此外，随着 SA 部署和 3GPP R16 版本冻结，5G 承载网和 5G 核心网已经可以支持不同的软、硬隔离方案，而 5G NR 侧主要依托于 QoS 调度机制等技术实现广域场景下的软隔离，或者通过园区行业专用 5G NR（包括微站、室分等多形态小型无线基站）实现局域场景下的硬隔离。因此，端到端网络切片解决方案的发展是个不断迭代、逐步成熟的发展过程。

7.2.3 典型网络切片业务应用案例

1. 公众网络切片业务——云游戏切片

5G 技术与云计算技术融合作用于游戏产业，将为诸多领域带来颠覆性变革和发展机会。云游戏受网络传输能力制约，其使用场景多年来局限在计算机、电视等有线类终端，而移动用户数的逐年上升和手游的火爆凸显了游戏移动化的需求。5G 助力云游戏实现了向移动端的迁移，让用户在移动端侧玩大型游戏成为可能。

云游戏是以云计算为基础的游戏方式，本质上为交互性的在线视频流。在云游戏的运行模式下，游戏在云端服务器上运行，并将渲染完毕后的游戏画面或指令压缩后通过网络传送给用户。云游戏在移动场景上的瓶颈主要源于网络传输技术的局限性，主要表现为：一是源于带宽不够，致使网络层无法实现低时延的传输；二是网络资源共享制度，导致网络的不确定性，无法保证游玩体验的持续稳定。随着 5G 网络的部署，5G 的边缘+切片技术可实现业务优先策略，为云游戏业务开辟一条逻辑上的专用通道，网络一致性和可靠性获得保障，从而使云游戏发展制约得以有效解决。此外，现有沉浸式 VR 游戏的画面、响应速度提升，交互式 AR 游戏具备实现可能。

IHS Markit 基于全球 16 家云游戏服务的表现统计得出，2018 年全球云游戏市场规模达到 3.87 亿美元，预计到 2023 年将达到 25 亿美元，如图 7-24 所示。

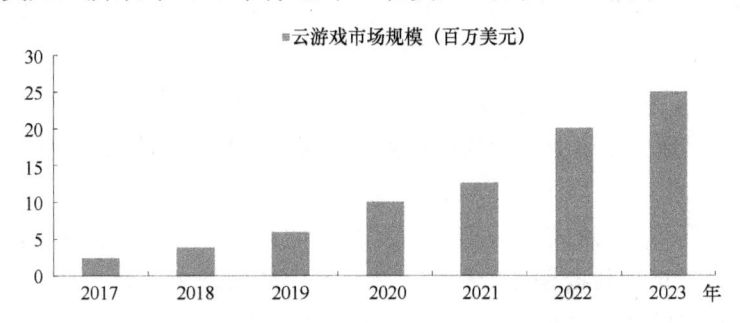

图 7-24 全球云游戏市场规模预测

数据来源：IHS Markit

云游戏部署的一个先决条件是达到媲美主机游戏的用户体验，游戏终端采集的超高清图像、VR视频等实时上传到云端的游戏服务器，并将云端计算、渲染的数据结果实时推送到手机端。云游戏不要求与普通公众网业务硬性隔离，但对低时延、用户体验有很多定制化需求，需要通过公众网VIP网络切片方式进行部署。

以增强现实技术的网络性能要求为例。增强现实技术是一种将真实世界信息和虚拟世界信息"无缝"集成的新技术，是把原本在现实世界的一定时间、空间范围内很难体验到的实体信息（视觉、听觉、味觉、触觉等），通过模拟仿真后再叠加，将虚拟的信息应用到真实世界，被人类感官所感知，从而达到超越现实的感官体验。云端的虚拟场景下载到本地是AR在未来5G云游戏中的主要应用场景，而虚拟场景多人协同已经是AR业界头部玩家正在研发的产品模式，在未来云端虚拟世界多人共享将成为重要的云游戏AR应用场景。

对于虚拟场景云端下载而言，早期的AR应用场景对5G网络切片的需求与小视频应用场景类似，要求大带宽和低时延，如图7-25所示。

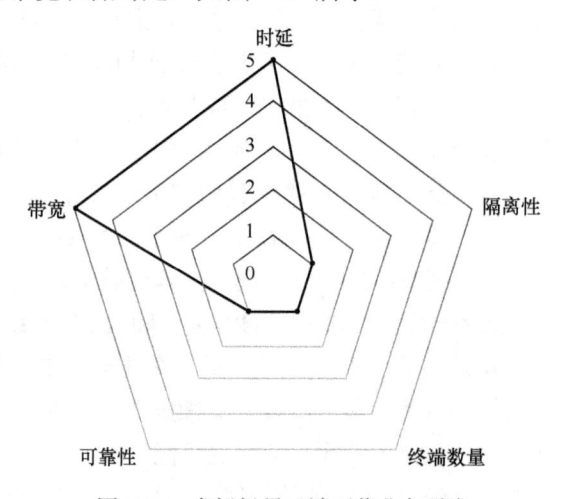

图7-25 虚拟场景云端下载业务需求

对于云端虚拟世界多人协同而言，虚拟世界多人协同要求场景支持实时加载，互动信息能够实时同步给其他用户，重点要求提供大带宽和低时延的网络体验，如图7-26所示。随着技术发展，为了追求更好的用户体验，并维护虚拟世界的数据一致性和安全性，云端计算和渲染将成为未来业务的发展趋势，能够有效减少智能设备计算量并极大提升设备的续航能力。

智能设备采集传感器的信息（包括视频流、陀螺仪、红外等）传递给云端，云端将需要渲染的虚拟场景数据传递给智能设备。网络带宽越大，时延越低，则对数据压缩和两端的计算量的需求越低，耗能越少。如表7-2所示为VR业务对5G网络技术的要求。

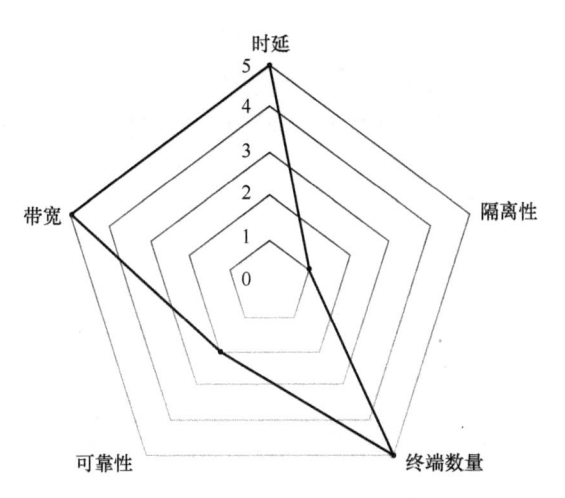

图 7-26 虚拟世界多人协同业务需求

表 7-2 VR 业务对 5G 网络技术的要求

序号	分辨率名称	业务类型	屏幕分辨率 pixel/frame H	屏幕分辨率 pixel/frame V	色深 bit/pixel	帧率/fps	视频编码 编码压缩率	视频编码 编码协议	网络传输开销系数	网络速率要求/Mbps 典型速率	网络速率要求/Mbps 建议速率取值范围	时延要求/ms	可靠性要求(误码率)
1	1 080P	VR	1 920	1 080	10	60	165	H.265	1.3	10	[6, 15]	50	$1.4×10^{-4}$
2	4K	VR	3 840	2 160	10	60	165	H.265	1.3	40	[25, 60]	40	
3	8K 2D	VR	7 680	4 320	10	60	165	H.265	1.3	150	[90, 230]	30	$1.5×10^{-5}$
4	8K 3D	VR	7 680	4 320	18	120	165	H.265	1.3	540	[360, 800]		
5	12K 2D	VR	11 520	5 760	10	60	215	HEVC/VP9	1.3	240	[160, 360]	20	$1.9×10^{-6}$
6	24K 3D	VR	23 040	11 520	18	120	350	H.266 3D	1.3	2 300	[1 500, 3 500]	10	$5.5×10^{-8}$

采用网络切片技术为云游戏，特别是对网络性能要求较高的 VR 能力提供定制化保障，如图 7-27 所示。基于 5G 网络切片分级能力可为云游戏用户提供区别于普通上网业务的游戏加速服务。

（1）无线侧采用 QoS 优先级保障方案为游戏用户提供高业务等级服务，针对专业级玩家和电竞选手，可考虑采用 RB 资源预留技术进一步提升游戏低时延和确定性保障。

（2）核心网侧针对游戏的低时延特点，可为游戏用户开辟独立的 UPF，提升服务转发效率和时延体验。

（3）针对云游戏等对公众网有更高需求业务体验的切片用户，除公众网 VIP 切片的基本保障能力之外，还会根据具体行业用户的需求提供进一步定制化服务，最优保障行业用户的业务体验。

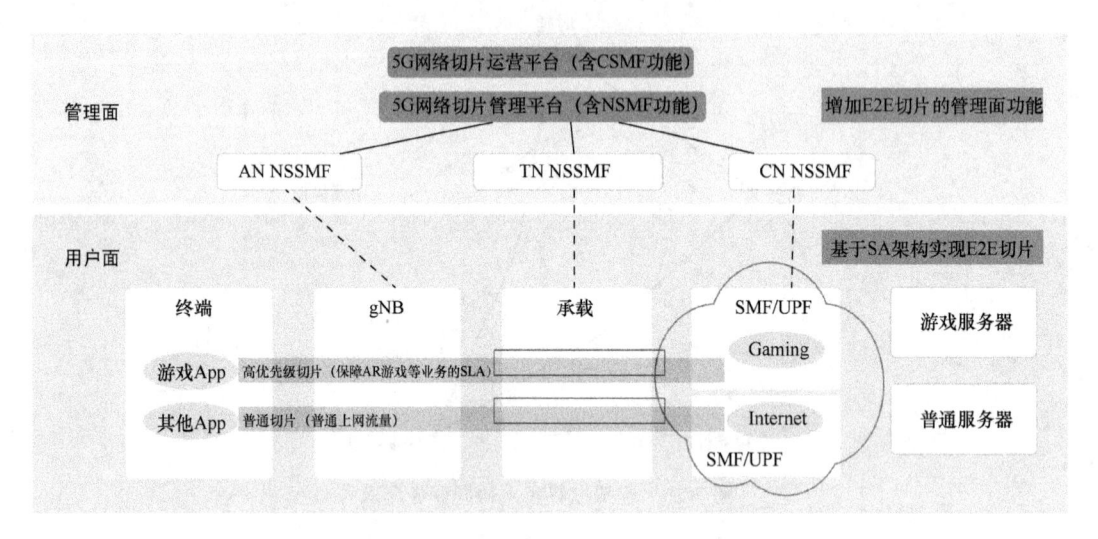

图 7-27　基于 5G 网络切片的云游戏业务场景

2. 行业网络切片业务——智能电网切片

1）5G 网络切片智能电网典型业务场景

从电流走向视角来看，电网主要包括五大环节：发电、输电、变电、配电及用电。其中，5G 网络切片使能的最具典型代表意义的四大智能电网应用场景为：智能分布式配电自动化、毫秒级精准负荷控制、低压用电信息采集、分布式电源[51]。

（1）场景 1：智能分布式配电自动化。

配电自动化（Distributed Automation）是一项融计算机技术、数据传输、控制技术、现代化设备及管理为一体的综合信息管理系统。其目的是提高供电可靠性，改进电能质量，向用户提供优质服务，降低运行费用，减轻运行人员的劳动强度。随着计算机技术的发展，配电自动化从机械式控制逐步演进至相对完备的配电自动化系统，形成了集配电网 SCADA 系统、配电地理信息系统、需方管理（DSM）、调度员仿真调度、故障呼叫服务系统和工作管理等功能一体化的综合自动化系统，以及融变电所自动化、馈线分段开关测控、电容器组调节控制、用户负荷控制和远方抄表等系统为一体的配电网管理系统。

当前主流方案采用集中式配电自动化方案，其通信系统主要传输数据业务，包括终端上传主站（上行方向）的遥测、遥测信息采集业务及主站下发终端（下行方向）的常规总召、线路故障定位（定线、定段）隔离、恢复时的遥控命令，上行流量大、下行流量小，主站为地市集中部署。

随着电力可靠供电要求的逐步提升，要求高可靠性供电区域能够实现不间断持续供电，将事故隔离时间缩短至毫秒级，实现区域不停电服务，这对集中式配电自动化中的主站集中处理能力和时延等提出了更加严峻的挑战，因此智能分布式配电自动化成为未来配网自动化发展的方向和趋势之一。其特点在于将原来主站的处理逻辑分布式下沉到智能配电化终端，通过各终端间的对等通信，实现智能判断、分析、故障定位、故障隔离及非故障区域供电恢复等操作，从而实现故障处理过程的全自动进行，最大可能地减少故障停电时间和范围，使配网故障处理时间从分钟级提高到毫秒级。

智能分布式配电自动化对通信网络的关键需求如下：

① 超低时延：毫秒级。

② 高隔离：配电自动化属于电网Ⅰ/Ⅱ生产大区业务，要求和其他Ⅲ/Ⅳ管理大区业务完全隔离。

③ 高可靠性：99.999%。

（2）场景2：毫秒级精准负荷控制。

电网负荷控制主要包括调度批量负荷控制系统和营销负荷控制系统两种控制模式。在电网故障情况下，负荷控制主要通过第二道防线的稳控系统紧急切除负荷，防止电网稳定性被破坏；通过第三道防线的低频低压减载装置使负荷减载，避免电网崩溃，这种稳控装置集中切除负荷对社会影响较大，电网第三道防线措施意味着用电负荷更大面积的损失。在目前特高压交直流电网建设过渡阶段，安全稳定控制系统依然是紧急情况下保障电网安全的重要手段。若某馈入特高压直流发生双极闭锁，受端电网损失功率超过一定限额，电网频率将产生严重跌落，甚至可能导致系统频率崩溃。为确保直流故障后电网稳定安全地运行，通常综合采用多直流提升、抽蓄电站切泵等措施来平衡电网功率的缺额，但上述措施在直流严重故障下仍不足以阻止电网的频率跌落，紧急切负荷措施依然是必要手段。针对类似直流双极闭锁等严重故障，若采用传统方式以110kV负荷线路为对象集中切除负荷的方式，将会触发国务院第599号令所规定的电力事故等级，造成较大的社会影响。而采用基于稳控技术的精准负荷控制系统，控制对象精准到生产企业内部的可中断负荷，既满足了电网紧急情况下的应急处置，同时又仅涉及经济生活中的企业用户，且为用户的可中断负荷，将经济损失、社会影响降至最低，是目前负荷控制系统的一大技术创新。

传统配网由于缺少通信网络支持，切除负荷手段相对简单粗暴，通常只能切除整条配电线路。从业务影响、用户体验等角度出发，希望尽可能做到减少对重要用户的影响，通过精准控制，优先切除可中断非重要负荷，如电动汽车充电桩、工厂内部非连续生产的电源等。

毫秒级精准负荷控制对通信网络的关键需求如下：

① 超低时延：毫秒级。

② 高隔离：精准负荷控制属于电网Ⅰ/Ⅱ生产大区业务，要求和其他Ⅲ/Ⅳ管理大区业务完全隔离。

③ 高可靠性：99.999%

（3）场景3：低压用电信息采集。

低压用电信息采集业务是对电力用户的用电信息进行采集、处理和实时监控的系统，实现用电信息的自动采集、计量异常监测、电能质量监测、用电分析和管理、相关信息发布、分布式能源监控、智能用电设备的信息交互等功能。

电力用户用电信息采集业务当前主要用于计量主要传输数据业务，包括终端上传主站的状态量采集类业务及主站下发终端（下行方向）的常规总召命令，呈现出上行流量大、下行流量小的特点。现有的通信方式主要包括230MHz电力无线专网、无线公网和光纤传输方式，各类用户终端采用集中器方式。目前，主站为省公司集中部署，分为5min和15min采集方式，其中0点统一采集。

未来新业务带来用电信息数据（准）实时上报的新需求。同时，终端数量级进一步提升。未来的用电信息采集将进一步延伸到家庭，能够获取所有用电终端的负荷信息，以更精细化地实现供需平衡，牵引合理错峰用电。例如，当前欧美等国已经实行的电价阶梯报价机制，需要实时公示通知电价，以便用户能够按需预约采购。

低压用电信息采集对通信网络的关键需求如下：

① 海量接入：千万级终端接入。

② 高频率、高并发：未来秒级（准实时数据上报）。

（4）场景4：分布式电源。

风力发电、太阳能发电、电动汽车充换电站、储能设备及微网等新型分布式电源是一种建在用户端的能源供应方式，可独立运行，也可并网运行。随着我国能源变革发展的深入推进，对于清洁能源的快速并网与全消纳也成为电网企业迫切需要解决的难题。

我国分布式电源发展迅速，占比逐年增加，年均增加近1个百分点。2020年，分布式电源装机容量达1.87亿千瓦，占同期全国总装机的9.1%。分布式电源接入是坚强智能电网发展中不可缺少的重要环节。分布式电源集成到电网中可带来巨大的效益。除了节省对输电网的投资，它可提高全系统的可靠性和效率，提供对电网的紧急功率和峰荷电力支持。同时，它也为系统运行提供了巨大的灵活性，如在风暴和冰雪天气下，当大电网遭到严重破坏时，这些分布式电源可自行形成孤岛或微网向医院、交通枢纽和广播电视等重要用户提供应急供电。

分布式电源并网给配电网的安全稳定运行带来了新的技术问题和挑战。由于传统配电网的设计并未考虑分布式电源的接入，在并入分布式电源后，网络的结构发生了根本变化，将从原来的单电源辐射状网络变为双电源甚至多电源网络，配网侧的潮流方式更加复杂。用户既是用电方，又是发电方，电流呈现出双向流动、实时动态变化。

因此，配电网急需发展新的技术和工具，增加配电网的可靠性、灵活性及效率。分布式电源监控系统是可以实现分布式电源运行监视和控制的自动化系统，具备数据采集和处理、有功功率调节、电压无功功率控制、孤岛检测、调度与协调控制及与相关业务系统互联等功能，主要由分布式电源监控主站、分布式电源监控子站、分布式电源监控

第 7 章 5G 融合创新应用

终端和通信系统等部分组成。

分布式电源对通信网络的关键需求如下：

① 海量接入：百万级至千万级终端接入。

② 低时延：分布式电源管理包括上行数据采集和下行控制，其中下行控制流需要秒级时延。

③ 高可靠性：99.999%。

2）智能电网 5G 网络切片方案

智能电网作为典型的垂直行业的代表对通信网络提出了新的挑战。电网业务的多样性需要一个功能灵活可编排的网络，高可靠性的要求需要隔离的网络，毫秒级超低时延需要极致能力的网络。

基于智能电网的应用场景和 5G 网络切片的架构功能，设计出 5G 智能电网多切片设计和管理的总体架构，如图 7-28 所示。

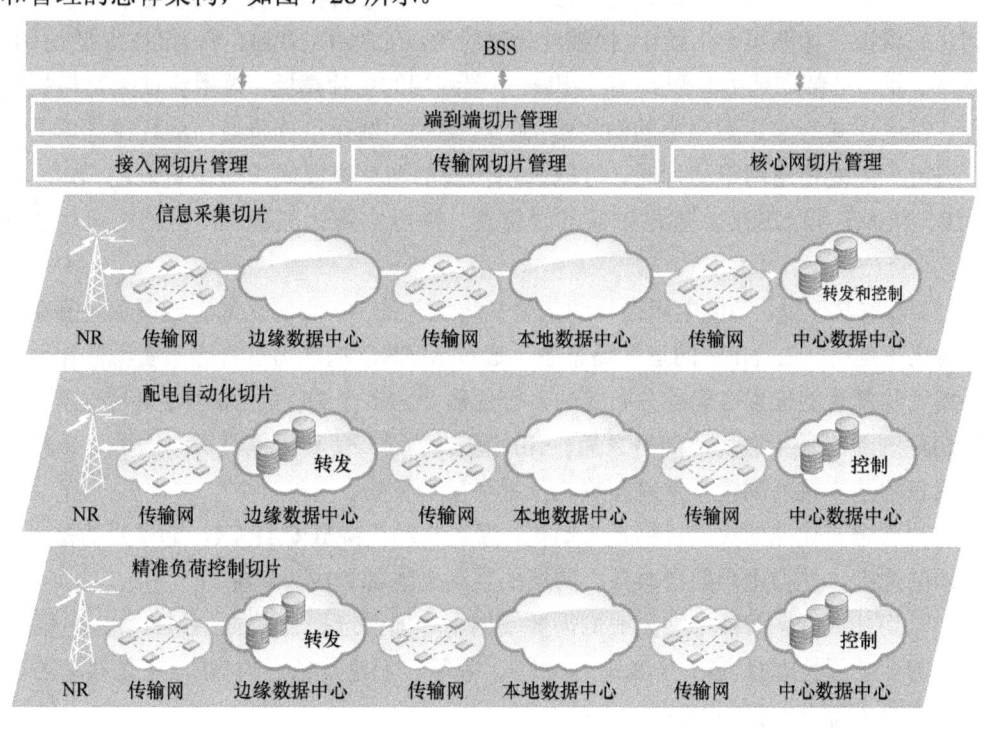

图 7-28 5G 智能电网网络切片构架

针对不同业务场景要求，分别考虑信息采集切片、配电自动化切片和精准负荷切片等不同切片满足对应场景的技术指标要求，实现分域的切片管理，并整合为端到端的切片管理，保证业务要求。

5G 网络切片全生命周期管理包括切片设计、部署与使能、切片运行、闭环优化、运维监控、能力开放等，如图 7-29 所示。

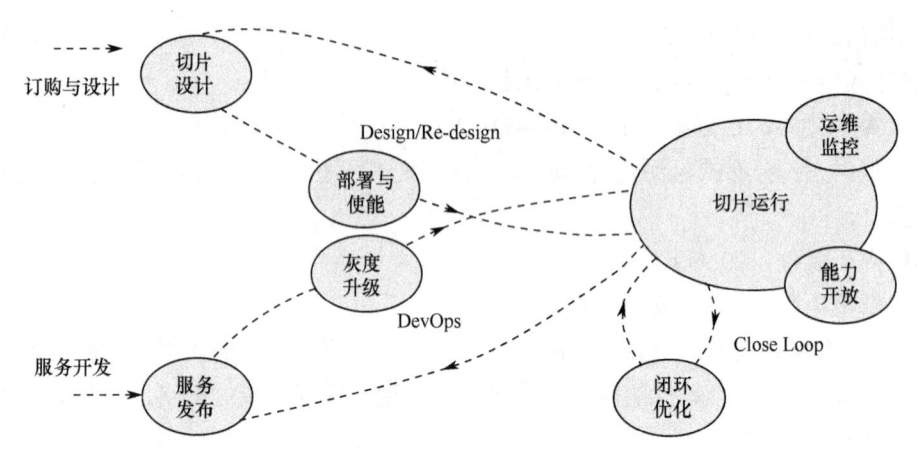

图 7-29　5G 网络切片全生命周期管理

（1）切片设计。为了保证切片的敏捷特征和业务独特性，切片可以定制化设计，包括切片的模板设计和实例化设计。模板设计阶段通过 CSMF、NSMF 和 NSSMF 的协同（能力通报、能力分解和能力匹配），组装出一个端到端的切片模板，再用测试床对模板进行验证，以保证其能够达到预想的网络能力。在切片实例化设计阶段，从具体订单需求出发，当用户需要使用网络切片时，可以选用预置的切片模板或进一步定制的模板，通过 CSMF、NSMF 和 NSSMF 逐层确认部署信息，进行实例化部署，产生一个可用的切片网络。

（2）部署与使能。智能电网切片的部署是将切片的 NF 实例化部署到虚拟化基础设施层资源之上运行。在 NFV 的运行场景下，通过 MANO 的能力进行虚拟资源的申请。由于网络切片部署的位置可能是分布式的，因此需要与多个 DC 的 MANO 进行交互。

切片的使能是指在切片部署之后，完成基础配置，使其可提供网络服务。典型的基础配置包括基本组网配置、全局参数、预置环境变量等。

切片部署与使能的关键目标是自动化，通过自动化降低 CAPAX，更重要的是大幅提高开网的速度，使得用户的自服务、网络的自动动态部署成为可能。

（3）切片运行。智能电网无线侧需要根据用户属性选择合适的 AMF，AMF 需要根据用户的业务属性选择合适的 SMF 和 UPF，等等。无论是独占的 NF，还是共享的 NF，在业务流程中都有选择的过程。

切片选择的实现方式需要结合整个 SBA 架构，在 NF 注册阶段向 NRF 导入切片相关信息，加上策略，指导 NSSF 对切片的具体选择。

（4）运维监控。智能电网切片的运维，不仅面向运营商，还面向电力公司。考虑到行业用户的知识技能、运维习惯、维护要求等都与运营商有明显差异，因此需要针对性地设计两类运维，如表 7-3 所示。

表 7-3　智能电网 5G 网络切片的两类运维模式

项　　目	面向运营商	面向电力公司
界面	结合传统 EMS，保持习惯	简单，易懂
目的	全面网络感观	SLA 协约确认
呈现数据	全面的状态与统计，固定	定制的关键信息，可变
控制范围	全面的业务与资源配置	限定的业务配置
切片范围	跨切片	切片内

总之，面向运营商，需要继续提供完整的 FCAPS 能力，使运营商运维人员能够在整体业务能力和网络效率上同时获得广度和深度。面向用户，需要开发出简单、易用的运维界面，帮助用户以最快的速度、最自然的体验入门，应用网络结合产生价值。

（5）闭环优化。为了在复杂的网络环境下实现电力用户体验最优和网络资源利用率最优，需要实现切片的闭环优化。

所谓闭环，就是监控网络和业务状态，当发生目标偏差时，以一定方式进行修正，对系统进行迭代调整，使得网络和业务表现符合预期。

网络切片的闭环优化分为近端闭环和远端闭环两类，如表 7-4 所示。

表 7-4　智能电网 5G 网络切片的两类闭环优化模式

项　　目	近端闭环	远端闭环
触发源	SLA 感知	网络效率及 SLA 感知
目的	迅速改善和提升 SLA	全网效率最优，全网 SLA 最佳
输入数据	局部信息	全局信息
实时要求	实时/准实时	非实时，慢速
运行模式	一定规则下的 best effort	基于数据分析产生最优解

近端闭环与远端闭环同时存在，相互结合，兼顾实时的业务保障和整体的网络效率提升。近端闭环在控制面和用户面预置策略和调整逻辑，当判断业务能力即将达到门限或已经受损时，迅速调整网络部署和网络参数，使得当前和后续的业务体验得到改善。例如，对于智能电网切片，当某一区域由于出现新的用电设备或接入新的分布式电源，需要就近进行负荷调整，网络可以自动进行边缘区域功能节点的扩/缩容或新增部署，将电网负荷调整功能部署到本地，提高区域 SLA 保障能力。远端闭环通过收集和分析网络长期运行数据，寻找规律，得到优化方向，自动周期性地对网络进行调整，或者触发对网络进行重设计，以持久性地提升网络服务能力。

（6）能力开放。切片能力开放是达成"应用与网络结合"的关键手段，目标是使网络能力易于被电力行业应用。其具体体现在以下三个方面。

① 网络能力可编排。基于服务化的理念，将网络的能力原子化，每个原子能力都可以成为行业业务流程的一部分，按照不同用户的要求进行灵活组装变化。

② 网络能力灵活开放。通过 NEF 向电力行业提供安全、可管控的开放能力，包括业务和数据。采用 REStful 接口，电力行业可以按需调用某类用户和某类业务参数。

③ 应用集成。除了将网络的能力开放到电力行业，也基于电力行业的要求集成某些能力到网络中。由电力行业提供某类网络服务原子能力（如安全等），成为终端用户业务流程的一部分。

从基于智能电网的应用场景分析可见，不同场景下的业务要求差异较大，体现在不同的技术指标要求上。运营企业和网络设备商应针对这些行业的技术指标要求，进一步量化网络的技术指标和架构设计，包括进一步量化切片安全性要求、业务隔离要求、端到端业务时延要求、协商网络能力开放要求、网络管理界面等，以及探讨商业合作模式、未来生态环境等，提供满足电力行业多场景差异化的完整解决方案，并进行技术验证和示范。

7.3 基于车路协同的 5G 自动驾驶业务

百度对自动驾驶的定义为："自动驾驶汽车（Autonomous Vehicles；Self-driving Automobile）又称无人驾驶汽车、计算机驾驶汽车或轮式移动机器人，是一种通过计算机系统实现无人驾驶的智能汽车。"自动驾驶不仅需要智能的车，还需要智慧的路相配合，即所谓的车路协同。道路环境异常复杂及雷达、摄像头和激光雷达等本地传感系统受限于视距、环境等因素影响，要实现 100%安全性，自动驾驶需要弥补本地传感器所欠缺的感知能力。

7.3.1 单车智能向车路协同的必然发展

自动驾驶分为 6 个等级，如表 7-5 所示。

表 7-5 自动驾驶等级划分

自动驾驶等级	自动驾驶能力	能 力 描 述
Level 0	人工驾驶	无驾驶辅助系统，仅提醒
Level 1	辅助人工驾驶	可实现单一的车速或转向控制自动化，仍由人工驾驶（如定速巡航、ACC 等）
Level 2	部分自动驾驶	可实现车速和转向控制自动化，驾驶员必须始终保持监控
Level 3	有条件自动驾驶	可解放双手（Hand Off），驾驶员监控系统并在必要时进行干预
Level 4	高级自动驾驶	可解放双眼（Eyes Off），在一些预定义的场景下无须驾驶员介入
Level 5	全自动驾驶	完全自动化，不需要驾驶员（Driverless）

自动驾驶实现的前提是传感器收集全面的环境信息，通过信息融合处理，做出接近 100%安全性决策。如图 7-30 所示为单车智能自动驾驶车辆的基本组成。

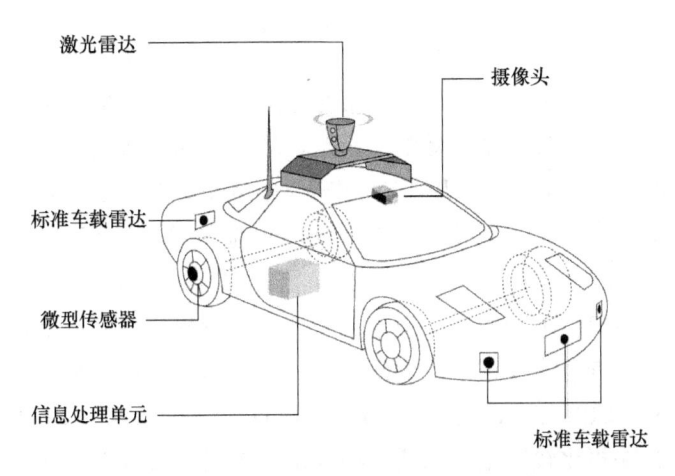

图 7-30　单车智能自动驾驶车辆的基本组成

自动驾驶需要的传感器系统主要包括摄像头、标准车载雷达和激光雷达。

（1）摄像头。摄像头是自动驾驶必备的传感器，包括前视、后视和 360°摄像系统。其中，后视和 360°摄像头主要提供 360°外部环境呈现，前视摄像头主要用于识别行人、车辆、道路、交通标志等。

（2）标准车载雷达。自动驾驶需要多个雷达传感器，其功能是无线探测和测距，主要用于盲点检测、防碰撞、自动泊车、制动辅助、紧急制动和自动距离控制等应用。当前车载雷达主要使用 24GHz 和 77GHz 等毫米波频段，该频段在测量距离和速度时具有更高精度和更高角分辨率，且具有天线尺寸小、干扰小的优势。

（3）激光雷达（LiDAR）。作为自动驾驶车辆的核心传感设备，激光雷达（Light Detection And Ranging，LiDAR）可以精确获得障碍物的三维位置信息，包括发射系统、接收系统、信息处理等基本组成部分。激光雷达利用激光反射和接收来探测物体，借助激光雷达特性，车辆可以 3D 建模进行环境感知，对障碍物的距离、高低和表面形状进行更高精度的估计，在克服摄像头和传统雷达三维视觉分析的弊端，大幅提高障碍物检测的准确度，降低视觉算法复杂度的基础上，同时满足智能驾驶信息处理的实时性需求。如何克服在雨、雪、雾等环境影响下识别较远距离的物体，并降低计算量和设备成本，成为激光雷达应用于自动驾驶所面临的主要挑战。

（4）数据融合（Data Fusion）。数据融合是将雷达、摄像头等不同传感器的冗余数据，通过智能化合成实现不同信息源的互补和协同，从而做出更准确和更安全的决策。例如，在恶劣天气环境下，摄像头受光线影响会出现信息分辨率下降，利用雷达雨雾穿透的优势，互补融合的信息有利于做出更精确和更可靠的决策。

（5）100%安全性决策。一旦出现交通事故，重则导致人员伤亡。自动驾驶对技术安全的要求相当苛刻，需实现接近 100%的安全可靠性。

目前，常见的自动驾驶系统是基于汽车本地传感器和数据融合来实现决策，即单车智能，该方式在相对封闭的道路或相对简单的高速公路场景中，出现诸多试点运营的案例，但由于无法保证100%的安全可靠性，始终无法进入大规模商用阶段。标准车载雷达、摄像头和激光雷达等本地传感系统受限于视距、环境等因素影响，自动驾驶需要弥补本地传感器所欠缺的感知能力方能实现100%安全性。例如，车辆以130km/h自动行驶在高速公路场景时，由于摄像头/雷达均无法安全检测到前方120m距离外的障碍物，需要触发超过5m/s的紧急制动，易于造成车辆驾驶危险的同时，将极大影响乘坐者的舒适感。此外，在汽车十字路口会车场景中，由于自动驾驶车辆预知不到处于盲区的左侧路口的行驶车辆，无法实施减速或停车；受到雨、雪、雾、强光等环境影响，摄像头无法始终准确识别指示牌和红绿灯信息，这都将无法保障自动驾驶的100%安全性决策。

对于交通设施缺损比较严重、部署不很规范的道路，或者在交通流量比较大且车速较快的高速公路等复杂场景，单车智能还很难完成复杂道路环境的感知和实时决策，这成为单车智能发展的瓶颈。随着5G的部署和应用，为自动驾驶汽车突破发展瓶颈提供了可能性。基于网络的车联网技术通过车路协同，车与周边物体"无话不谈"，将大大降低误判和漏判的概率。

车路协同智能系统具有以下优势。

（1）单车车载传感器感知范围有限，存在感知盲区，在特殊环境下（雾、雨、雪天等）易受干扰，无法保障复杂环境下的安全性。车路协同通过车、路和网络可获得更完善的环境感知能力。

（2）复杂道路环境对计算能力、建模和决策等任务提出了更高要求，由于车体空间、能耗、散热等问题存在计算能力局限。通过网络使得具备车路系统的车辆具有更高性能的计算能力。

（3）随着车辆的智能化发展，车车协作也愈加重要，车辆编队行驶等复杂场景下无法满足多车信息交互、协作的需求，网络可以为多车信息交互和协作提供能力。

（4）车载传感和计算单元的性能要求较高，成本居高不下，阻碍了自动驾驶车辆的大规模商用和普及，车路协同方式通过降低对单车自身的需求，具备更低成本和快速普及的能力。

通过强大的网，使得智能的车与智慧的路开始协同，自主式与网联式的融合成为自动驾驶的发展趋势。以"车—路—云"强大智能提升智能网联汽车整体的感知、决策和控制能力，最终实现降低自动驾驶成本和提升自动驾驶安全性等目标，是智能网联汽车技术路线的必然选择。

7.3.2　面向自动驾驶的车路协同系统架构

车路协同系统是采用先进的无线通信和新一代互联网等技术，全方位实施车车、车路和人车动态实时信息交互,在全时空动态交通信息采集与融合的基础上,开展车辆协同安全和道路协同控制,充分实现人、车、路的有效协同,保证交通安全,提高通行效率,从而形成安全、高效和环保的道路交通系统。

典型的车路协同系统架构纵向划分为 4 层,自下而上依次为基础设施、网络中枢、交通大脑云平台、智能服务,如图 7-31 所示。

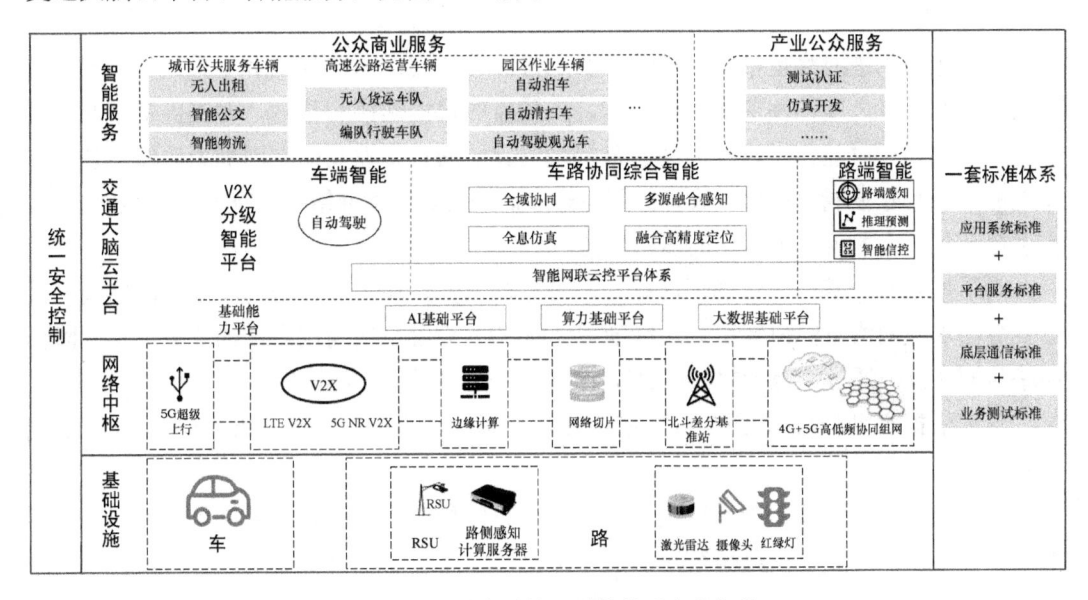

图 7-31 智能车路协同系统体系参考架构

1. 基础设施

车路协同的基础设施部分主要包括网联车辆与路侧设备等。智能网联汽车是交通参与者的代表,是整个系统的主要服务对象。

车端物理架构包含保障车辆基本安全功能及通信功能的各种设备,主要由基础感知和定位传感器、基础计算平台、人机交互设备及通信设备(网关)组成。其中,基础传感器采集、接收的数据,通过总线进行集成,再通过数据的融合和智能化处理,输出自动驾驶所需的环境感知信息,主要用于支持车辆的基本安全功能。车载计算平台由高性能车载集成计算平台(硬件)、智能车载操作系统及运行在其上的应用软件和中间件组成。车载计算平台融合了传感器、高精度地图、V2X 的感知信息进行认知和决策计算,硬件处理器可以有 GPU、FPGA、ASIC 等多种选择,主要用于基本的安全功能感知、决策与控制,更高级别的感知、决策在边缘侧完成并通过网络经过车载网关传输给车辆底层执行。而智能车载操作系统融合了车内人机交互、运营服务商、内容服务商的数据,为乘客提供个性化服务,真正把智能车变成下一个"互联网入口"。最后,决策信息进入车辆总线控制系统,完成执行动作。

路侧部分由部署于路侧、分布于不同地理空间位置的智能协同感知、通信、交通调控设备组网而成，依托边缘计算平台、AI 打造异构多源交通数据感知融合能力，构建高精度全局交通感知、推理预测，并通过灵活的通信方式和准确实时的调控，实现人、车、路等交通参与者的全面连接。

2．网络中枢

智能化的先进网络是整个系统的中枢，利用 4G、5G、C-V2X 和卫星通信构建"车—路—云"三者之间的高速率、低时延、广覆盖的数据连接和传输，并提供基于北斗的高精度定位和授时能力，以及网络切片提供的灵活的垂直端到端专网能力保障，从而具备能够基于实际智能网联驾驶具体应用进行实时调度、管理网络及保证网络安全的能力，实现全天候、全覆盖、定制化的多网协同。

为了增强基于基站通信的低时延、高可靠性业务，加强对自动驾驶业务的掌控，根据业务需求在网络不同位置引入边缘计算（MEC）设备，实现用户面的业务下沉，降低网络传输时延。通过边缘计算（MEC）设备可以实现以下功能。

（1）依据自动驾驶数据的类型完成数据分流，数据或分流至本地处理，或转发至云端。

（2）边缘设备获取路侧辅助信息、道路状态信息、环境信息、区域车辆状态信息，通过多源感知信息融合构建动态高精度地图。

（3）根据动态高精度地图，完成区域交通规划，如交通信号灯控制规划、动态限速规划等。

（4）根据动态高精度地图，完成决策辅助、驾驶建议等。

（5）完成 RTK 差分信号下发或根据接收到的 GPS 信号、RTK 差分信号完成真实位置解算等。

3．交通大脑云平台

V2X 分级智能平台和基础能力平台是交通大脑云平台的核心。V2X 分级智能平台融合全域协同、多源融合感知、全息仿真、融合高精度定位、智能网联云控平台体系。其中，智能网联云控平台体系连接单车、路侧智能与车路协同云端服务，具有实时信息共享、实时云计算、实时应用编排、大数据分析、信息安全等基础服务机制，提供包含车辆运行、交通环境、基础设施在内的实时动态基础数据，以及大规模网联应用实时协同计算环境。基础能力平台包括算力基础平台、大数据基础平台、AI 基础平台。

4．智能服务

根据不同服务对象，智能服务应用主要包括公众商业服务和产业公共服务两大类。其中公众商业服务涵盖城市公共服务车辆、高速公路运营车辆和园区作业车辆等典型场景，包括无人出租、智慧公交、智慧物流、无人货运车队、自动泊车等应用服务。服务方式主要包括预见性协同感知服务、提示与预警服务、单车驾驶增强服务、协同驾驶服务、交通状态感知与预测服务、多车协同诱导服务、交通瓶颈消解服务、交通流优化服务等。产业公共服务主要包括测试认证、仿真开发等服务。两者依托智能交通大脑云平台提供的海量实时数据、车路协同模型、应用运行环境协同工作，实现车辆微观驾驶行为、交通宏观调控组织、产业协同的可持续优化运行。

实际上应用服务器既可以部署在平台层，也可以部署在边缘计算网元上，前者重点完成宏观的数据服务、道路规划和管理，以及初始规划、宏观交通调度、车辆大数据监管、全局路径规划和全局高精度地图管理。例如，实时生成每个自动驾驶车辆的道路级规划，优化整个道路交通网的车流。

7.3.3 关键能力分析

围绕典型系统总体架构，构成了基于"云—管—端"协同布局网络、平台、终端等能力的车路协同关键技术体系。其中，车路云一体化融合控制系统和"车—路—边—云"多源异构数据融合系统成为车路协同的核心子系统。

1. 车路云一体化融合控制系统

车路云一体化融合控制系统（简称云控系统）是指基于当前单车自动驾驶技术、车路协同技术和车联网云服务技术的现状与演进趋势，设计车辆、基础设施与云服务无缝协同的交通系统，即智能网联云控平台系统。它包括云控基础平台、云控车端环境、网联应用等部分，各部分紧密协同。云控系统具有实时信息共享、实时云计算、实时应用编排、大数据分析、信息安全等基础服务机制，集众多学科领域于一体，复杂度、技术难度较大，目前业内暂未形成统一规范标准及标杆应用案例。云控系统的基础技术架构如图 7-32 所示。

其具体组成与实现方式如下：

（1）云控基础平台。云控基础平台分为基础设施、平台环境与应用层。基础设施是按边缘云、区域云与中心云等级在多地部署的数据中心，逻辑统一，物理分散，分工协作。平台环境是云控基础平台的核心技术集合，提供智能网联汽车云控系统的核心服务。应用层是智能网联汽车云控系统中部署在云控基础平台上的应用集合。

边缘云与区域云主要负责实时闭环车路运行优化相关业务，其中边缘云主要负责车辆运行相关实时业务，区域云主要负责交通运行相关实时业务。运行这些业务需要平台环境的支持，包括通信链路、动态基础数据与实时计算资源，从而保障网联应用的实时性和可靠性。

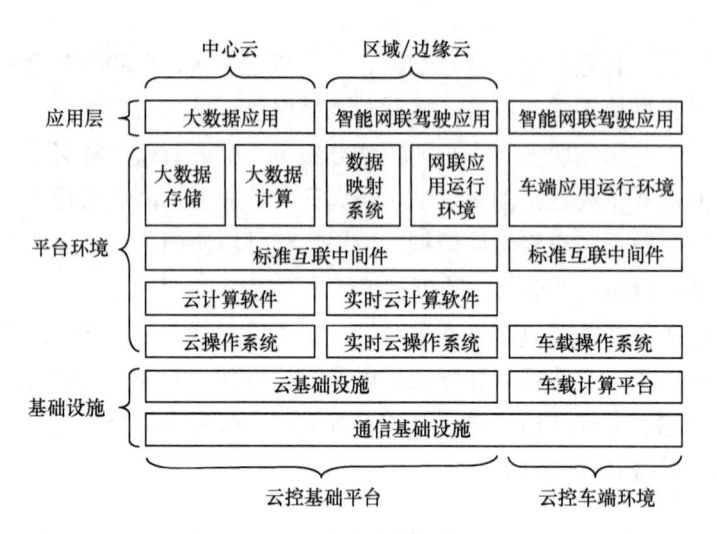

图 7-32 云控系统的基础技术架构

中心云主要负责车辆与交通相关大数据业务,基于大数据存储与大数据计算,实时性要求满足分析业务需求。

三级分层架构有利于满足智能网联驾驶应用对实时性与服务范围的各级要求。边缘云服务街或区,区域云服务市或省,中心云服务全国。从中心云到边缘云,前一级统筹后一级,服务范围逐渐聚焦,服务实时性逐渐提高,服务粒度依次精细化。

(2)云控车端环境。不同级别的智能网联汽车需要在车载计算平台部署云控操作系统、标准互联中间件及与之匹配的应用运行环境,从而支撑车端运行的网联应用计算车辆控制指令,可以仅使用云控系统下发的实时动态基础数据自行计算,也可以结合云控系统下发的控制指令运行。

(3)网联应用。网联应用是智能网联汽车云控系统的车与交通运行优化功能的主要载体。网联应用根据其服务范围与粒度、计算复杂度、实时性等要求,完整或分布式地部署于智能网联汽车、路侧智能系统、边缘云或区域云上,或者运行于用户平台。

为了实现云控系统的技术架构,涉及的关键技术如下:

(1)实时数据交换与实时协同计算技术。车路云在数据交换与应用计算层面,须保证满足自动驾驶的实时性要求,减少底层时延,保证互操作性,提高易用性。技术工作包括:制定统一标准通信协议并开发基础接口、优化存储数据模型、车路云各节点计算环境保证实时性与透明性、优化上报与下发的通信链路等。

(2)智能网联汽车与交通协同调控技术。通过对车辆与交通行为进行调控,提升行车与交通运行的安全、高效、舒适、节能等性能。技术工作包括面向各类智能网联汽车驾驶与智能交通应用,基于群体智能原则研发单车、多车、车与路及交通的协同感知、协同预警、协同决策与控制算法,满足应用根据工况自动运行的要求,相互协同,共同服务于全域车辆与交通。

第 7 章　5G 融合创新应用

2. "车—路—边—云"多源异构数据融合系统

1）高度自动驾驶的环境感知瓶颈

一方面，自动驾驶发展到今天，特别是在这一轮新基建风潮下，车路协同已经深入人心。如前文所述自动驾驶有两条实现路径：一是单车智能，二是车路协同。单车本身除了成本高外，有很大的环境感知瓶颈，这也是现阶段自动驾驶虽然陆续在港口、矿区、物流园区、高速公路等封闭和半封闭场景落地，但是在城市场景却实现困难的原因。分析相关原因主要有两方面，其一是道路开放，结构复杂，机非混行，密度大，行为差异显著，对环境感知的要求更高；其二是自动驾驶车载核心传感器感知距离有限，且为视距的类人感知，无法满足超远距离及交叉口、遮挡区等非视距环境的感知需求，如图 7-33 至图 7-35 所示。

图 7-33　超远距离感知　　　图 7-34　交叉路口感知　　　图 7-35　遮挡区感知

基于路上传感网络的车路协同，其先行条件即路的智能化当前在商业价值方面也存在质疑和困惑，主要表现在两方面：其一，路侧基础设施建设存在困难，投入大、成本高、建设和运营主体不确定、商用效益不明显、商业模式不清晰；其二，路侧基础设施建设需先行。车载通信终端的普及过程漫长，低普及率情况下，主动安全作用不显著，需要通过路侧基础设施为已装载客户提供服务，促进车载通信终端的普及率提升。笔者认为解决上述质疑和困惑的关键是发掘不可替代的、高价值的数据和服务，从而提升车与路的效率和收益，使各方共赢，其关键落脚点在数据服务上，因此构建多级、多源数据融合感知分析体系成了关键任务之一。

此外，将国内道路智能化改造目标路径与单车智能发展路径结合来看车路协同发展，道路智能化改造目标路径中智能感知分析是关键一环，如图 7-36 所示。

道路智能化发展划分为以下 4 个阶段。

第一阶段为信息交互阶段：目标是实现车车、车路等信息交互和共享。

第二阶段为感知、预测和决策协同：即协同感知阶段，协同完成信息交互、数据融合、状态预测和行为决策。

第三阶段为协同控制阶段：协同完成信息交互、感知、预测与决策，实现如高速公路专用道路等限定场景的协同控制功能。

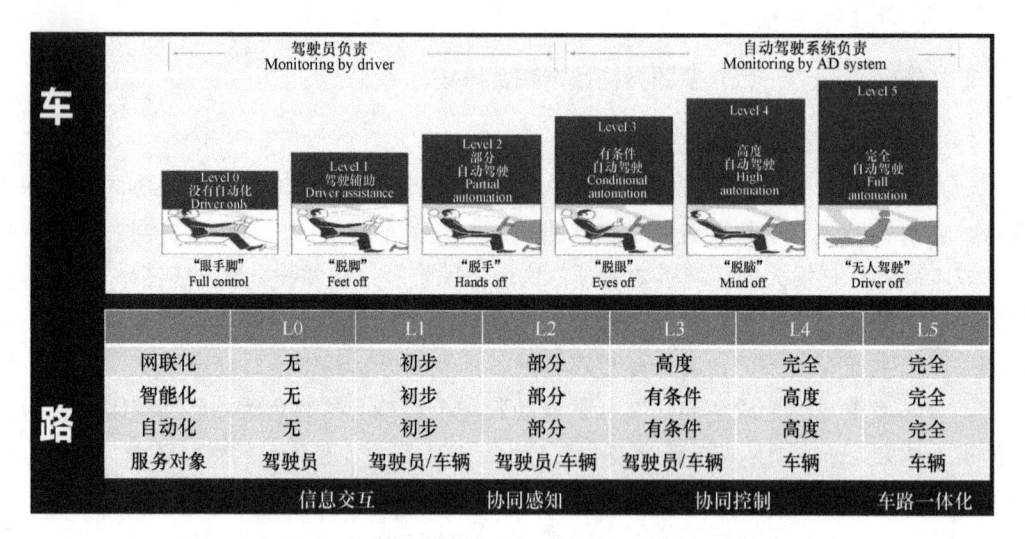

图 7-36　国内道路智能化改造目标路径与单车智能发展路径对比

第四阶段为车路一体化阶段：协同完成自动驾驶所有关键功能，增强道路的智能作用，实现与车辆的全面智能协同和配合。

2）纯视觉、雷达+视觉辅助两大类主流感知技术对比

现阶段，自动驾驶感知数据主要以视觉数据和雷达数据为主，对应包括两类技术流派，分别是纯视觉、雷达+视觉辅助。视觉（摄像头）与雷达特性分析如表 7-6 所示。

表 7-6　视觉（摄像头）与雷达特性分析

传感器	优势	劣势	最远距离
摄像机	可以分辨出障碍物的大小和距离，而且能识别行人、交通标识牌	受视野和恶劣天气影响，逆光和光影复杂情况效果差	6～100m
超声波雷达	防水、防尘、监测距离在 0.1～3m 之间	测试角度较小，需要在车身安装多个	3m
毫米波雷达	不受天气情况和夜间影响，可以探测远距离物体	行人的反射波较弱，难以探测	>200m
激光雷达	测距精度高，方向性强，响应快，能快速复建出目标的三维模型，满足 90%的三维工况	成本高，容易受天气的影响，如雨、雪、大雾，但随着算法和激光器的改进，可以解决	100～200m

由表 7-6 可知，视觉（摄像头）与雷达各有所长，随着自动驾驶 L1 到 L5 级别升高，对检测精度的要求也越来越高，仅仅使用单一的视觉或雷达技术不足以适应高精度的主动安全驾驶需要；同时各类感知设备对环境适应性不一。因此未来视觉、雷达感知技术必定要走向有机的融合和结合，取长补短提高判断的准确性，实现协同互补，感知无死角，实现道路环境信息更精确、更丰富的全天候感知。

业内各大视觉、雷达 ADAS 主流电子设备商/方案解决商，已经开始了二者融合的研发。研发方案主要有两大类，包括硬件层面的融合方案及纯数据的交互和融合方案。其

中，硬件层面的融合方案是将视觉（摄像头）和雷达集成在整个整个印制电路板上（Printed Circuit Boards，PCB），全部的信号传输都在 PCB 内完成，直接在控制视觉系统的 BSD 或微处理器及控制雷达的微处理器之间进行数据的交换，通过视觉处理把环境或目标信息细节的东西提升给相关算法之后，可以提升整个传感器对 ADAS 功能的性能。纯数据的交互和融合方案是独立的两个传感器通过数据总线进行数据的交换。例如，视距分析会将其在目标识别及车道线方面收录的信息通过总线发送给雷达处理器，雷达处理器在进行环境建模或车道线预测、行驶轨道预测的情况下去收集视觉分析上的数据，从而获得更准确的 ADAS 数据。当前业界难点主要集中在视觉扮演更关键的角色方面，挑战主要来自算法、软件部分及国内较为多样和复杂的路况。

3）路侧多源智能感知系统构思

车路协同典型应用场景可分为安全、效率、定位、视频、信息服务五大类。每类里面有多个典型的应用。各功能场景按照道路交通信息来源数量划分，对于"单一信息来源接口"的动态高精度地图、车辆在线诊断等需要协同地图厂商、整车厂商定义适配协议规范接入；对于"多信息源融合接口"，如智慧交叉路口功能以视频为核心的多源数据融合通过信号处理、视频识别、激光雷达信号识别、信息综合等应用功能对交叉路口周边内的车辆、行人等位置、速度、方向角度等进行分析和预测，需要针对不同场景下信息输入输出格式，对应信息交互内容、交互协议能力及开放 API 标准化，从上述业务需求出发，给出具体南北向互通系统架构、功能需求、流程、API 技术接口及其他技术要求等。多源数据融合感知系统架构如图 7-37 所示。

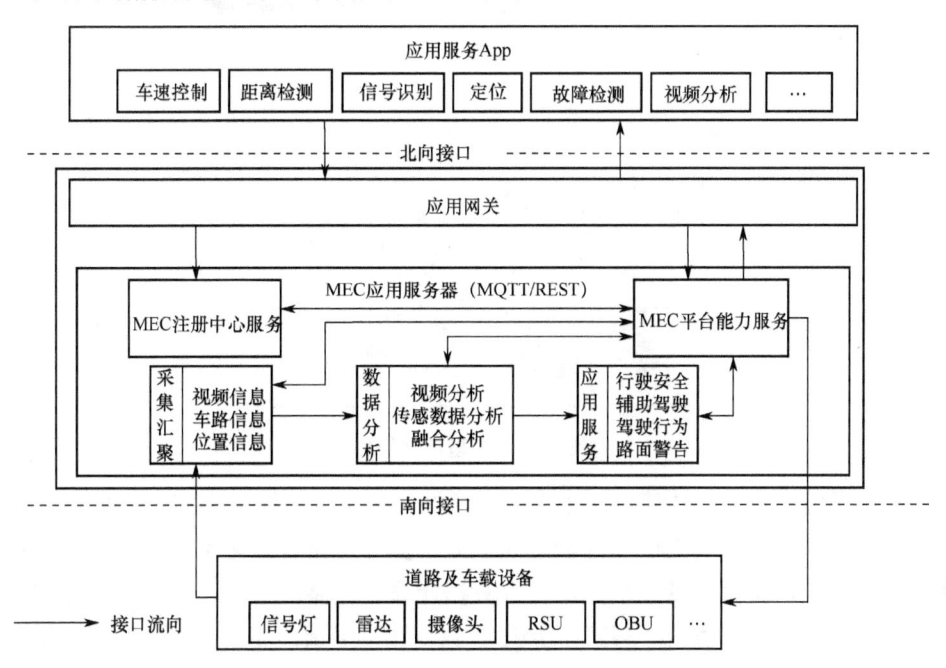

图 7-37 多源数据融合感知系统架构

互通服务能力框架主要包括基于边缘计算的多源融合应用服务器（MEC 应用服务器）、应用网关、南/北向接口，通过南/北向接口对接道路及车载设备、应用服务 App。其中，应用网关主要负责认证鉴权及请求、响应消息转发，北向接口主要为外部应用提供服务能力接口，以支持相关应用场景；南向接口主要适配各大厂商的设备及应用的接入，对接传感器数据。规范针对北向接口的 API 传输协议，车路协同 C-V2X 应用可根据自身需求调用基于不同协议（如 MQTT 协议、CoAP 协议和 XMPP 协议等）的 API 进行数据传输。

路侧感知设备、路侧单元（RSU）等将传感器原始数据集信息上传到 MEC 应用服务器进行分析处理，路侧单元接收输出的数据集下发给车辆、行人等交通参与者。上传到 MEC 应用服务器中的数据集分为三个层次，包括传感器原始数据集、中间件数据集（融合感知计算结果标准化）和输出数据集（与车辆的数据接口），可依据不同的 C-V2X 应用场景，调用相关的数据集。

综上所述，路侧多源智能感知系统的核心功能是赋予道路感知能力，提升道路智能化水平，构建动态高精度地图，用车路协同服务自动驾驶，革新 4G/5G 在车联网领域的应用模式。例如，路基激光雷达+摄像头+边缘计算 MEC+V2X RSU+5G 的路侧智能感知系统架构是典型部署架构，如图 7-38 所示。

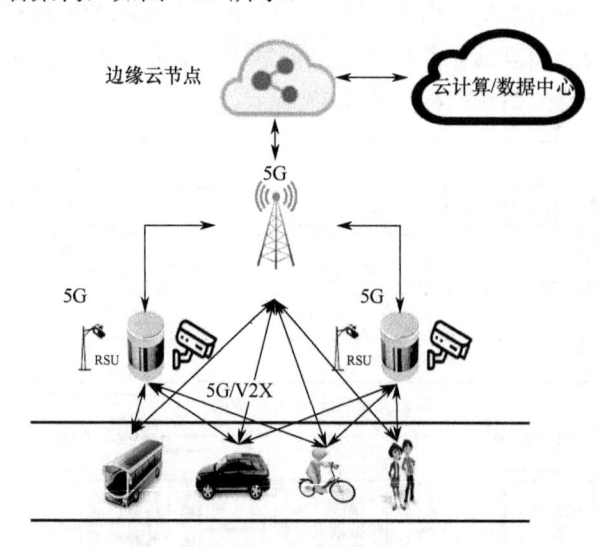

图 7-38 典型部署架构

其核心思路是将各类传感器从车端移至路端，实现感知单元"组网覆盖"，赋予道路实时、精确、动态、无缝的交通环境感知能力，提升道路智能化水平。另外，通过"边缘计算"平台，汇集区域感知信息，进行数据计算、存储、运营、服务，构建动态高精度地图，实现区域有效协同；利用 5G/V2X 建立传输通道，实现高可靠、低时延的信息传递，用"网联"方式服务"智能"驾驶。

3. "车—路—边—云"的四级边缘计算融合数据处理子系统架构

1) 车端+路侧+边缘云+区域/中心云四级边缘计算架构

前文描述路侧多源智能感知系统中特别提到边缘计算平台,其主要汇集区域感知信息,进行数据计算、存储、运营、服务,构建动态高精度地图,实现区域有效协同。实际上 V2X 应用场景众多且对云网边端能力要求各异,包括安全类、效率类、视频类、定位类、信息服务类五大类近 40 个应用场景对算力、时延、安全、管控等要求各异,如图 7-39 所示。车端+路侧+边缘云+区域/中心云四级边缘计算架构,能够确保低时延处理,适应各类场景 V2X 应用部署,参与各方均有商业模式,边云协同能更好地落地,如图 7-40 所示。

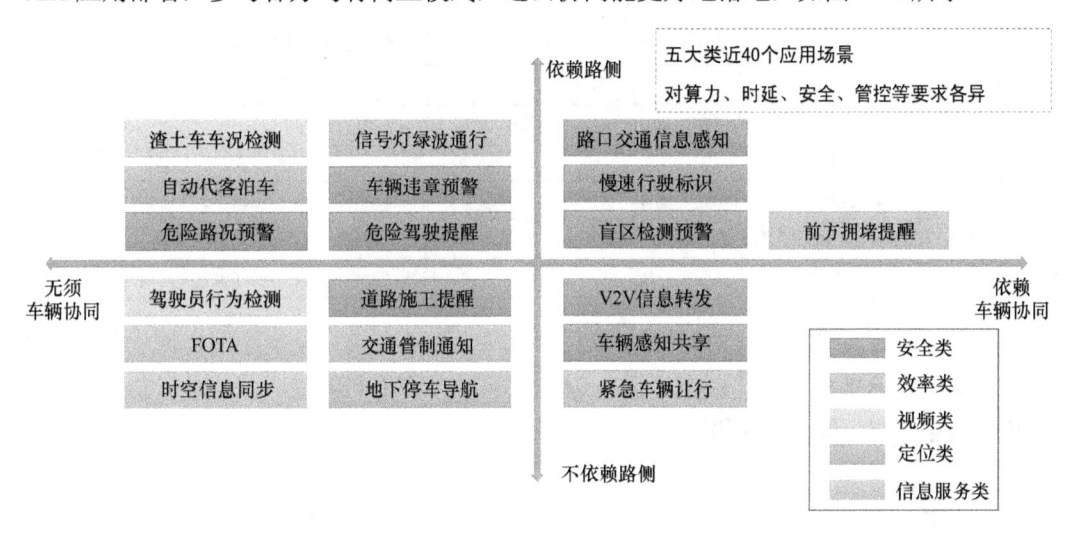

图 7-39 车路协同 V2X 应用场景众多且对云网边端能力要求各异

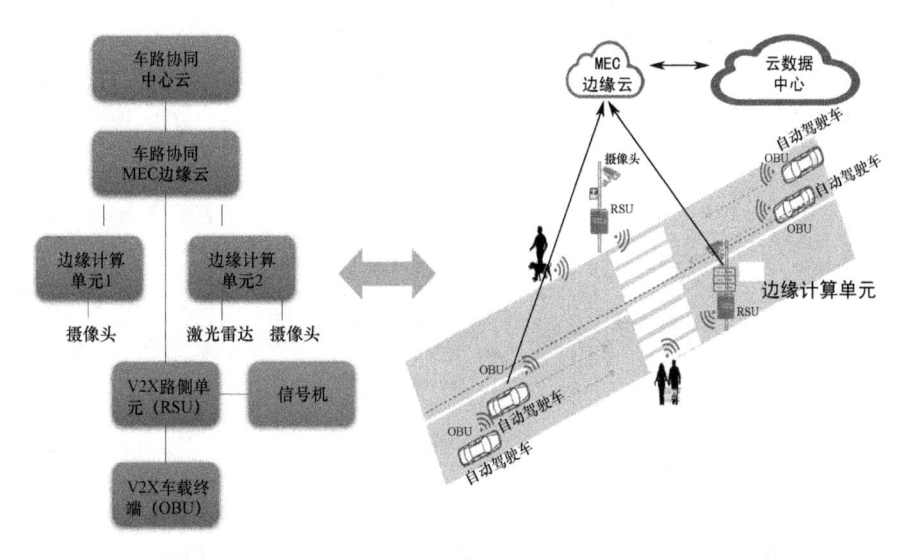

图 7-40 车端+路侧+边缘云+区域/中心云四级边缘计算架构

新基建——5G引领数字经济

同时，采用四级融合架构从技术角度仍然有以下考虑：第一是路侧多源智能感知系统具体要求大带宽、低时延、高算力的需求和特点，与边缘计算功能匹配；第二是采用集中式计算、存储、运营、服务，降低了分布式计算平台建设和维护成本；第三是汇集一定区域内多感知终端数据，实时多传感器数据融合拼接，实现区域协同；第四是将服务和功能脱离核心网络，能够降低传输时延，优化流量，降低核心网负荷。

2）基于边云协同的多级多源感知分析能力软件体系目标框架

四级融合计算系统的核心功能是视频、点云等各类感知数据处理，动态高精度地图构建。四级融合计算系统处理步骤、功能要求、关键技术分析如表7-7所示。

表7-7 四级融合计算系统处理步骤、功能要求、关键技术分析

处理步骤	功能要求	关键技术
道路建模	识别路侧激光雷达所在区域的固定结构区域：固定灯杆、路面、道路边界等	基于自学习的边界提取
目标分割	识别道路环境中的非固定物体	深度学习
目标聚类	目标分类：大型车辆、小型车辆、行人、非机动车、其他障碍物	自适应聚类算法
目标跟踪	目标连续跟踪，输出目标位置、大小、速度、方向，推算目标轨迹	粒子滤波、卡尔曼滤波

考虑到车路协同各场景对时延、安全、可靠的需求各异，面向车路协同的融合分析能力也将根据场景需求，部署在"云—边—路—端"的不同位置。基于边云协同的多级多源感知融合分析能力目标框架如图7-41所示。

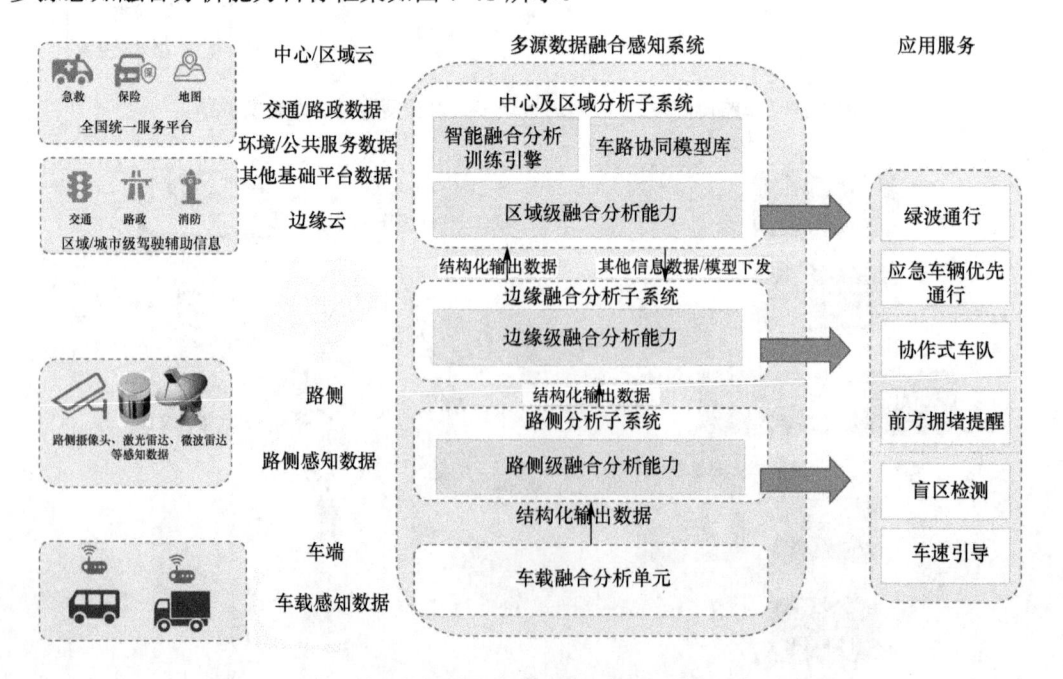

图7-41 基于边云协同的多级多源感知融合分析能力目标框架

多源感知融合分析能力按照边云协同的架构，可以分为以下几部分。

（1）车载融合分析单元：部署在车端，采集车辆自身感知单元数据，融合分析输出结构化数据。

（2）路侧级融合分析能力：部署在路侧分析子系统，通过对路侧摄像头、激光雷达、微波雷达等感知数据及车载融合分析单元输出的结构化数据进行融合感知分析，为车路协同路侧级别事件/应用（盲区检测、车速引导等）提供智能融合分析能力。

（3）边缘级融合分析能力：部署在边缘融合分析子系统，通过对路侧子系统上传的结构化数据，以及中心子系统下发的第三方平台结构化数据进行融合分析，为边缘级别事件/应用（协作式车队、前方拥堵提醒等）提供智能融合分析能力。

（4）区域级融合分析能力：部署在中心及区域分析子系统，包括：智能融合分析训练引擎，完成融合分析模型的分布式 GPU 训练；车路协同模型库，实现智能融合分析模型的搭建、管理及模型向边缘的自动化下发部署。对接收到的第三方平台结构化数据，以及边缘融合分析子系统上传的结构化数据进行融合分析，为区域级别事件/应用（绿波通行、应急车辆优先通行等）提供智能融合分析能力。

3）多源数据智能化融合分析关键技术

分析完基于边云协同的多级多源感知分析能力目标框架，接下来分析相关智能化融合分析关键技术，其研究路线包括数据类型分析、融合分析关键技术及融合分析能力研发。

（1）数据类型分析。按照交通参与要素分层，包括局部 4 层动态数据，如图 7-42 所示，以视觉数据和雷达数据为主，各有优劣，形成互补，提供全面智能分析能力。

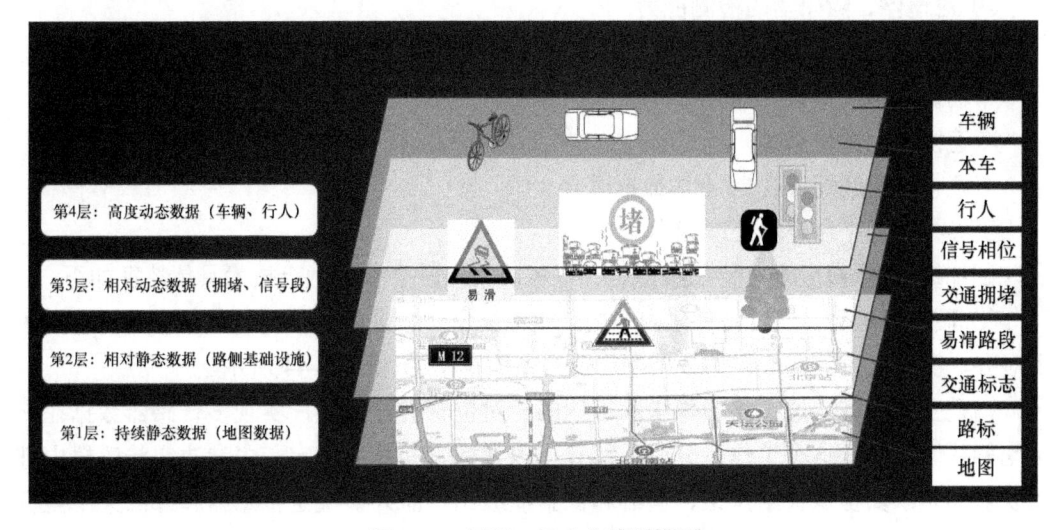

图 7-42 局部 4 层动态数据模型

局部动态地图（LDM）是统一描述道路动态环境的高精度地图，是判断车辆是否处于危险状态的重要参照。局部动态地图包括 4 个层级。第 1 层级为持续静态数据层，主要是地图数据。更新频率约为 1 个月。第 2 层级为相对静态数据层,包括交通标志、标线、护栏、临时路标(如占路施工)等交通管理设施,以及其他交通基础设施的信息。更新频率为 1h。第 3 层级为相对动态数据层,包括信号灯灯色(相位、配时)、交通拥堵的情况、交通事故情况和其他交通事件等状态过程。更新频率应小于 1min。第 4 层级为高度动态数据层,包括汽车、摩托车、自行车、行人等运动的实体,需要知道实体的瞬时位置、移动的方向和移动的速度。更新频率为小于 1s[52]。

(2)融合分析关键技术。业内以硬件级+数据级(硬件级是数据级基础)融合、特征级融合、任务决策级融合 3 类[24]搭配融合为主。

视觉及雷达感知分析能力既有共性能力也有差异化能力,需要面向具体场景,针对共性能力,以技术成熟度、准确性作为传感器分析能力选择的原则。视觉 AI 分析的差异化能力主要为具备对摄像机拍摄区域内的机动车、行人、非机动车等交通参与者及红绿灯、车牌等交通标志的识别和分类能力;雷达感知的差异化能力主要为具备对某交通参与者经纬度、尺寸、速度、航向角等信息的感知能力。

视觉 AI 分析与雷达感知两者的共性能力主要为:

① 对某交通参与者的测速能力。视觉 AI 分析可识别交通参与者种类;测速准确性相对较低;雷达对交通参与者种类不感知,测速准确性较高。

② 对某交通参与者的追踪及行为预测能力。视觉 AI 分析仅具备相对位置追踪能力,行为预测能力相对较低;雷达感知具备绝对位置(经纬度)追踪能力;行为预测相对准确。

③ 对违停、障碍物的检测能力。

面向具体场景,搭配融合举例。如车辆防追尾及引导应用,对应融合选择方案如下:

车辆识别→视觉 AI 能力

车速检测→雷达感知

车辆与车速匹配→视觉/雷达数据融合

引导→业务平台逻辑处理能力

硬件级+数据级融合、特征级融合、任务决策级融合 3 类融合技术具体特征如下:

① 硬件级融合:通过硬件融合方式,将激光雷达、视觉等传感器数据在时间和空间上对齐,实现点云数据与视觉数据初步融合,如图 7-43 和图 7-44 所示。

一是空间对齐,通过将摄像机和雷达的相对位置进行固定,实现多传感器数据在一个坐标系中对齐。这个工作可分成两部分:内参标定和外参标定,内参决定传感器内部的映射关系,如摄像头的焦距、偏心和像素横纵比,而外参决定传感器和外部某个坐标系的转换关系,如姿态参数(旋转和平移 6 自由度)[53]。

二是时间对齐,通过控制多个传感器的触发时机,确保传感器信息采集同步,输出点云数据和图像数据。

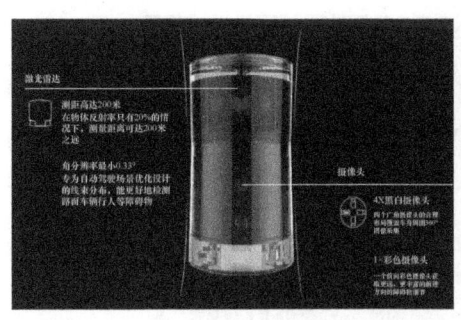

图 7-43　硬件级融合产品形态

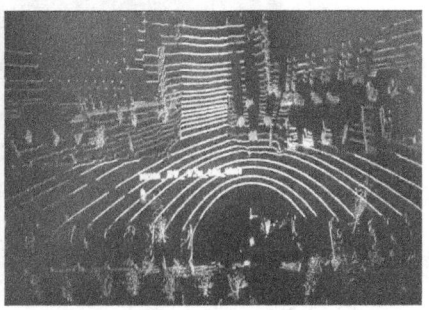

图 7-44　点云与视觉数据融合呈现

② 数据级融合：在硬件融合（激光雷达的点云可以校准投影到摄像头的图像平面）的基础上，实现激光雷达和摄像头的数据融合。

一是视觉分析（目标检测等）能力与雷达分析（测速、跟踪等）能力的融合，如图 7-45 所示。

图 7-45　视觉分析与雷达分析能力融合

二是激光雷达点云投影在摄像头图像平面形成的深度和图像估计的深度进行结合，用于基于深度的无人驾驶领域研究，如图 7-46 所示。

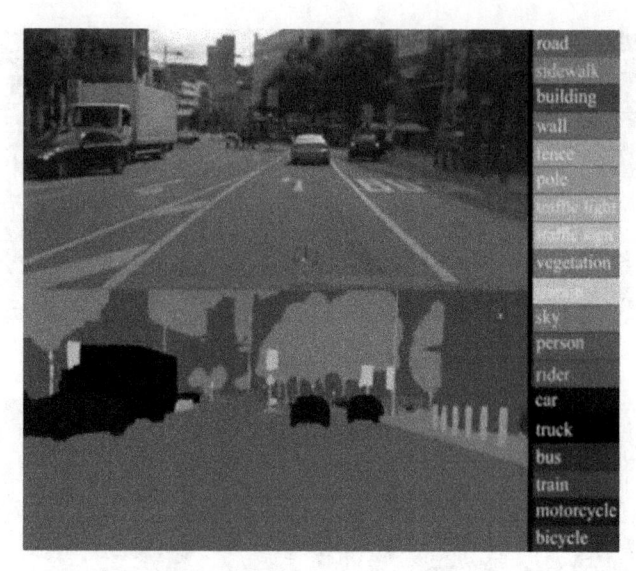

图 7-46　点云投影在摄像头图像平面形成的深度和图像估计的深度结合[16]

数据级融合分析流程如图 7-47 所示。

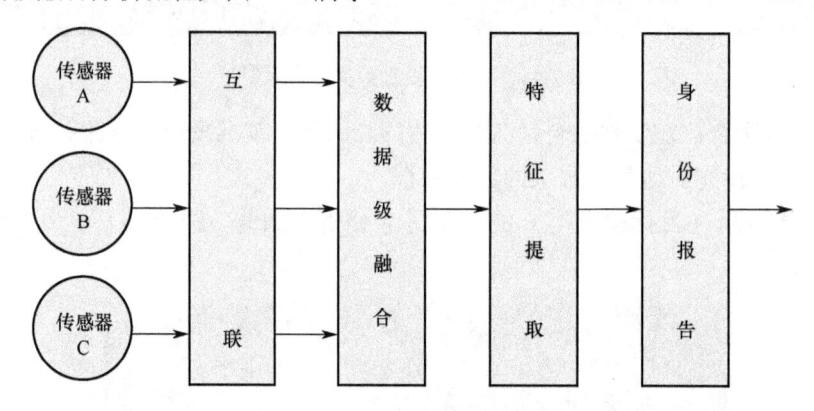

图 7-47　数据级融合分析流程

数据级融合层次最低，直接在采集的原始数据层上进行融合。采用多传感器数据自适应加权融合/估计算法进行处理，算法特点[54]如下：

一是不要求知道传感器测量数据的任何先验知识；

二是及时调整各传感器的权系数，使系统均方误差最小；

三是融合结果的精度、容错性优于传统的平均值估计算法。

③ 特征级融合：对来自传感器的原始信息进行特征提取。特征级融合分析流程如图 7-48 所示。

特征级融合处理包括神经网络、聚类算法、模板法。其特点为[55]：一是实现可观的信息压缩；二是利于实时处理；三是最大限度地给出决策分析所要的特征信息；四是通信带宽要求低；五是准确性因数据丢失会有所下降。

第 7 章　5G 融合创新应用

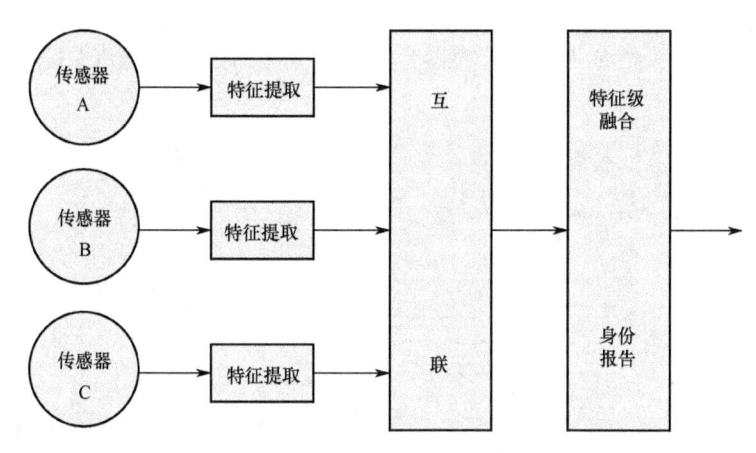

图 7-48　特征级融合分析流程

④ 任务决策级融合：针对包括障碍物检测、车道线检测、分割、跟踪及车辆定位等任务决策，实现视觉分析算法与雷达分析算法的融合，以提升检测等任务的准确性。

一是采用传统融合方法，涵盖代数法、卡尔曼滤波、贝叶斯决策理论和 D-S 证据理论[22]。传统的做法是先获得目标的三维 Bounding Box，再与毫米波雷达的数据融合，获得目标的速度和方位角，再通过激光雷达进行目标追踪。我们并不需要对目标进行精确的语义分割，只需将目标以一个三维的 Bounding Box 准确框出即可（即 Detection）。最后才是识别目标、图像识别。

二是深度学习方法，即使用 CNN 模型结合点云鸟瞰图及图像实现目标检测[59]。

采用激光雷达与摄像头融合的方法获得 3D Bounding Box 是目前业内的主流，如图 7-49 所示。这种密集 Point Fusion 体系结构有两个特征提取器：一个是处理原始点云数据的 PointNet 变体［见图 7-49（a）］，一个是从输入图像中提取视觉特征的 CNN［见图 7-49（b）］。两种融合：一种是预测 8 个角中每个角相对于输入点的空间偏移［见图 7-49（c）］；对于每个输入点，网络预测从角落到输入点的空间偏移（白色箭头），并选择具有最高分数的预测作为最终预测［见图 7-49（e）］；另一种是直接回归盒角位置的香草全局结构［见图 7-49（d）］。

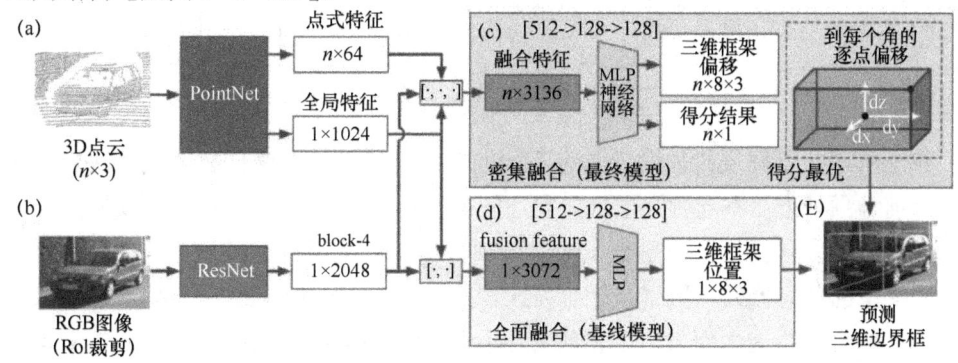

图 7-49　传统融合方法[61]

255

激光雷达和摄像头融合贝叶斯分类器合并两个检测器的结果送进跟踪器算法流程如图 7-50 所示。

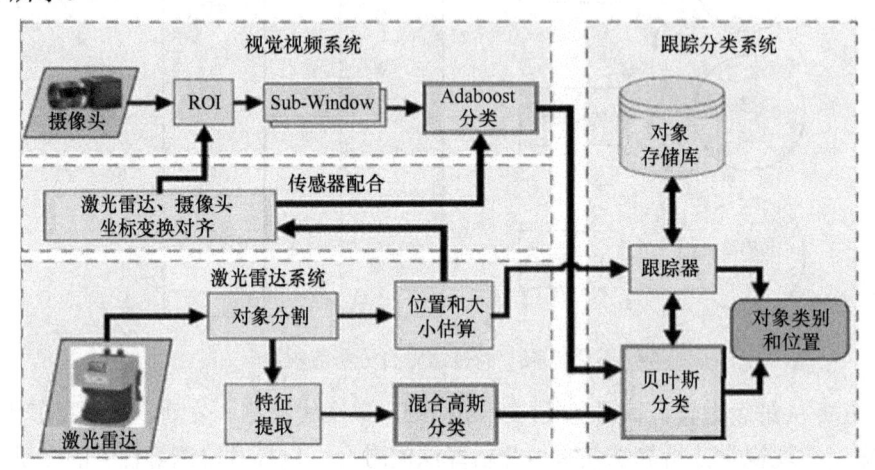

图 7-50 激光雷达和摄像头融合贝叶斯分类器合并两个检测器的结果送进跟踪器算法流程[62]

任务决策级融合分析流程，在层次方面是按照一定的准则及每个传感器的可信度进行协调，做出全局最优决策[21]，如图 7-51 所示。使用方法涵盖贝叶斯推理、D-S 证据理论、模糊集理论、专家系统，具有高灵活性、传输带宽要求低、传感器可以同质可以异质等特点。

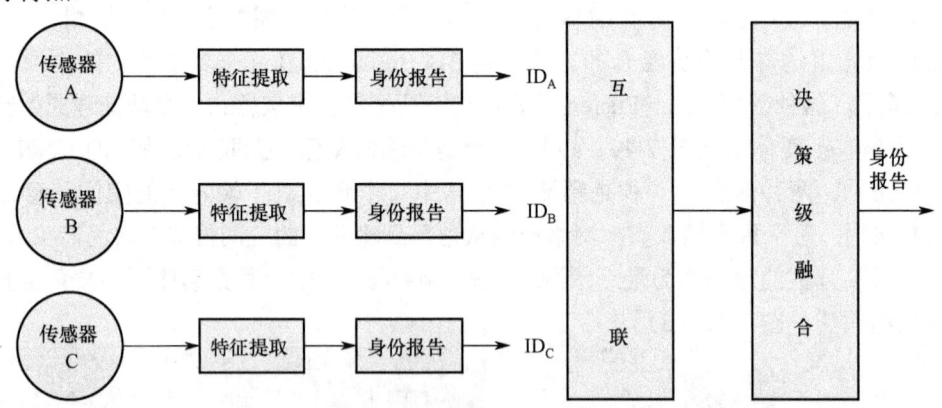

图 7-51 任务决策级融合分析流程

综上所述，不同层次的融合具有不同的特点、原理、算法；融合层次决定对原始信号进行何种预处理；不同融合层次方案适应不同场景 V2X 需求。因此在实际工程中应该是"混合式"多传感器信息融合框架，即部分传感器采用特征级融合、任务决策级融合方式，剩余的传感器采用数据级融合方式，来满足不同场景 V2X 需求。

（3）融合分析能力研发。多源感知融合分析能力的研发按照云边协同的架构，可以分为路侧融合分析能力、边缘融合分析能力、中心云/区域融合分析平台。

4）基于边云协同的多级多源感知融合分析能力研发数据处理流程

基于边云协同多级多源感知分析能力目标框架，典型数据处理流程如图 7-52 所示。

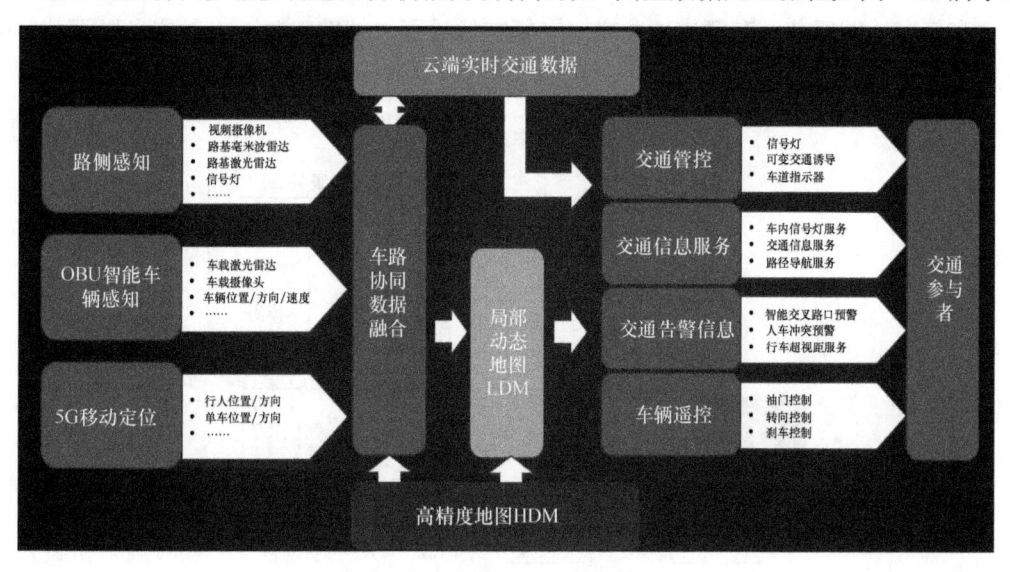

图 7-52 典型数据处理流程

车载/路侧数据：通过车载/路侧的感知设备获取的视觉、雷达、定位等数据，其数据类型可以是原始数据（视频数据、雷达点云数据），也可以是车载/路侧融合分析单元输出的结构化数据。

云端实时交通数据包括交通/路政数据、环境/公共服务数据等。其中，交通/路政数据是通过与交通管理平台对接获取的交通信号灯状态、交通事故、临时管制数据信息，其数据类型通常是结构化数据；环境/公共服务数据是通过与气象平台、物联网平台、医疗平台等对接获取的气象、道路、医疗等数据信息，其数据类型通常是结构化数据。

上述各类型数据经图 7-52 所示流程处理后给交通参与者提供交通管控、交通信息服务、交通告警信息、车辆遥控等服务。

4. 基于边云协同多级多源感知融合分析能力组网方式

多接入边缘计算（MEC）技术将计算、存储、业务服务能力向靠近终端或数据源头的网络边缘迁移，具有本地化处理、分布式部署的特性。MEC 与车路协同 C-V2X 的融合是将 C-V2X 业务部署在 MEC 平台上，借助 Uu 接口（蜂窝通信接口）或 PC5 接口（直连通信接口）支持实现"人—车—路—云"协同交互。面向车联网的 MEC，一方面通过将业务部署在边缘节点，减少数据传输路由长度，以降低 C-V2X 网络的端到端通信时延；另一方面 MEC 作为本地服务托管环境，能够提供强大的计算、存储资源，支持部署本地更具地理和区域特色、更高吞吐量的车联网服务。

车路协同应用以容器化方式部署在 MEC 平台,如图 7-53 所示,借助 MEC 平台提供的位置能力、流量引导能力、视频处理能力、AI 处理能力等进行融合感知分析,为用户提供高精度地图服务、车辆感知共享、车辆在线诊断、辅助驾驶、车载信息增强及协同调度等一系列能力。

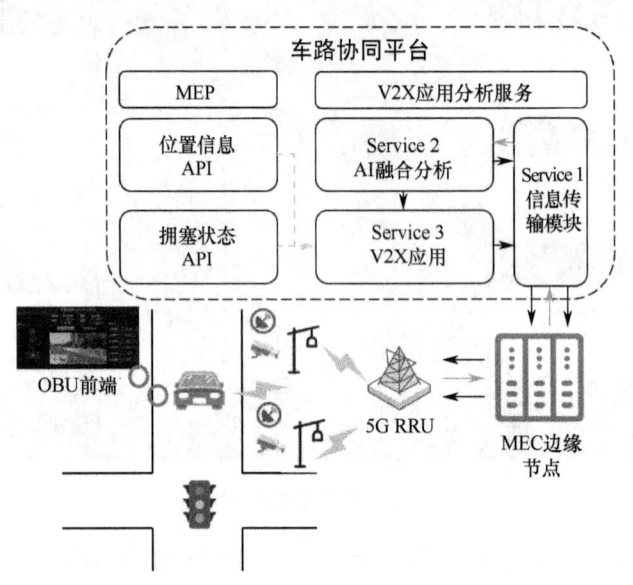

图 7-53 基于 MEC 的车路协同平台

其中,云端融合感知平台应用是关键应用之一,需要研发针对道路数字孪生和交通治理多源数据的快速融合感知系统,基于大数据和 AI 技术,毫秒级完成交通相关的视频图像、雷达星云图、传感数据、信息服务数据等多源数据的归一化融合,构建"车—路—边—云"四级融合数据处理系统,实现"车、交通、环境"多要素全天候、全覆盖、全方位精细化分析。

车路协同云边协同融合分析组网方式如图 7-54 所示。

在边缘计算硬件环境及 MEC 基础平台上同时部署集成 AI 视频能力和其他计算控制能力的融合感知分析平台、车路协同业务应用系统可承载自主研发应用,也可加载第三方应用,以及部署提供可对全部在网 V2X 设备进行管理的 V2X 专网网络运营平台,并为云控平台、视频监控平台、融合定位平台预留外部接入接口。

边缘计算平台主要服务器资源包括核心业务服务器、设备接入服务器、流媒体服务器、存储处理服务器、GPU 服务器、维护服务器等,一般可同时支持多路视频大流量码流分发,可同时对多路人或车进行结构化分析。

5. 两种边云协同多级多源感知分析部署架构实践

典型的边云协同多级多源感知分析部署有激光雷达+摄像头+MEC+V2X RSU 开放架

构和激光雷达+摄像头+计算单元+V2X RSU 一体化架构等。

图 7-54 车路协同云边协同融合分析组网方式

1）激光雷达+摄像头+MEC+V2X RSU 开放架构

激光雷达+摄像头+MEC+V2X RSU 开放架构如图 7-55 所示。

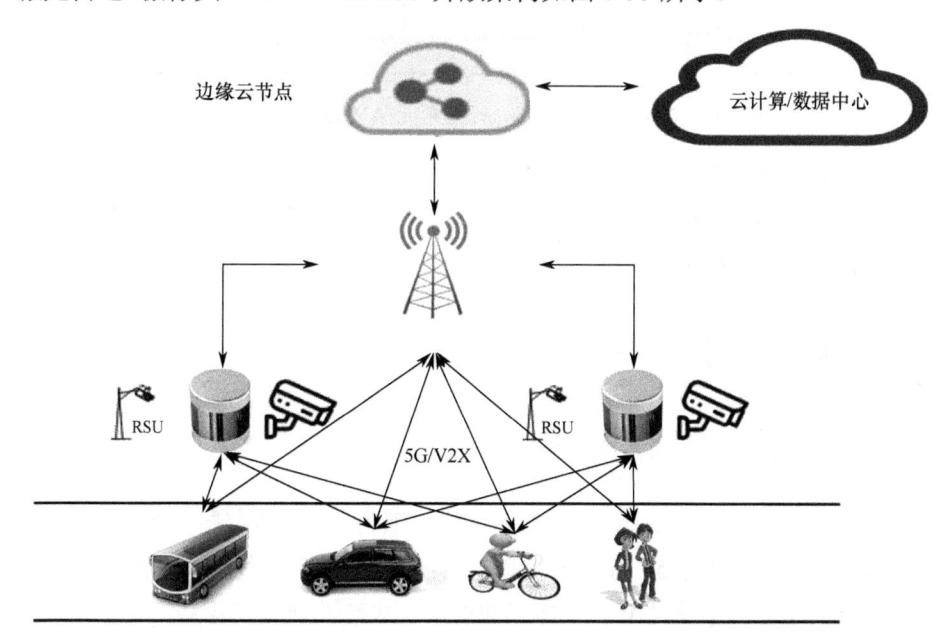

图 7-55 激光雷达+摄像头+MEC+V2X RSU 开放架构

边缘节点汇集一定区域范围内的道路环境感知信息，对数据进行计算、融合，将处理后的信息进行信息分发、本地存储、云端上报，实现动态高精度地图的构建。其中，路侧传感器（如激光雷达）获取的原始点云数据，传输至 5G 基站/V2X RSU；5G 基站/V2X

RSU 将原始点云数据传输至 MEC；MEC 一路将处理后的道路环境数据传输至 5G 基站/V2X RSU，另一路传输至云中心；自动驾驶车辆向 5G 基站/V2X RSU 发起服务请求，5G 基站/V2X RSU 为请求者提供数据服务。

2）激光雷达+摄像头+计算单元+V2X RSU 一体方案

激光雷达+摄像头+计算单元+V2X RSU 一体方案如图 7-56 所示。

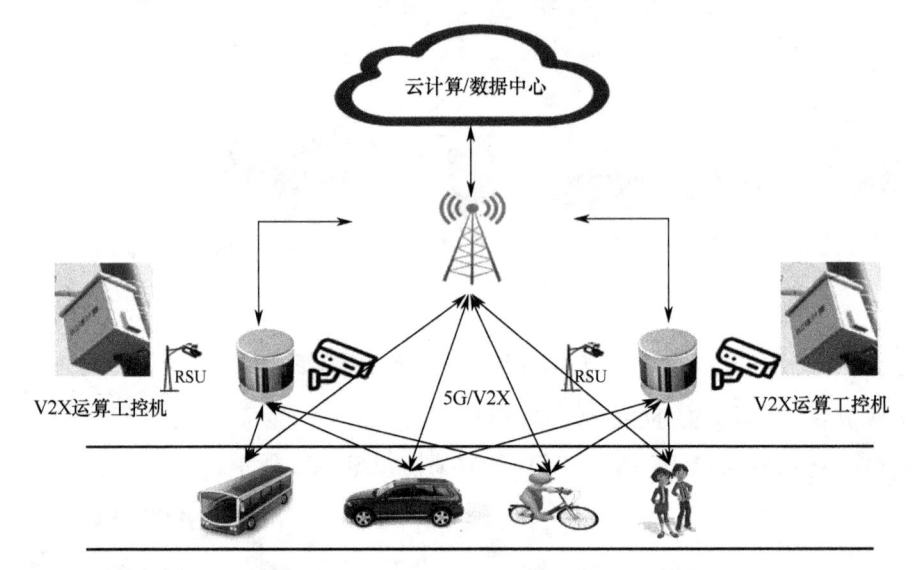

图 7-56　激光雷达+摄像头+计算单元+V2X RSU 一体方案

本地计算单元（V2X 运算工控机）替代 MEC 服务器执行数据融合计算；本地光纤网络取代 5G/5G-V2X 实现局部传输；LTE-V2X 执行处理结果实时分发，解决交叉口或复杂路段的超远视距和非视距道路环境感知难题。

7.4　5G 垂直行业应用场景与解决方案

7.4.1　5G 垂直行业应用场景

目前，我国 5G 技术已经处于全球领跑地位，国内 5G 整体布局动作加快。2020 年，国内三大移动运营商将新建 50 万个 5G 基站，实现地级以上城市规模化商用。5G 的商用将全面构筑经济社会数字化转型的关键基础设施，从线上到线下、从消费到生产、从平台到生态，将有力推动我国数字经济发展迈上新台阶。在 5G 垂直行业应用层面，将形成丰富的应用场景，包括智能制造、智慧医疗、智慧交通、智慧教育、智慧文旅等。5G 将开启新一轮信息产业革命，重塑传统产业发展模式，改变人们生活方式，助力产业升级。

移动通信技术不断进步，1G 出现移动电话、2G 萌生数据、3G 催生应用、4G 促进

第 7 章　5G 融合创新应用

数字化万物互联。伴随着移动通信的发展，新的业务层出不穷，极大地改变了人们的生活。5G 除了拥有更高速的连接体验和更大容量的连接能力，还将开启万物智联时代，并渗透进各个行业。

基于 5G 三大应用场景，5G 与云计算、人工智能、XR 等基础技术相互结合，产生或优化了大量的通用功能，提供应用于智慧城市、智慧生产、智慧生活的应用场景解决方案，可为用户带来更好的使用体验。

（1）在智慧城市的应用场景下，5G 网络从公共安全、电网管理、出行等多个角度赋能城市的智慧化管理和运行，推动城市的可持续发展[63]。

① 在智能电网行业，5G 网络在电网的远程操作、并网优化、智能配电和精准负荷控制方面有所优化。例如，在高危的电力施工现场上，5G 连接远程控制设备与高清摄像头，实现远程维护与操作；利用 5G 网络低时延将海量的分布式新能源发电参数及时传输至控制主站，进行整合以完善并网系统；通过 5G 配电线路及设备的数据连接，实现运行状态检测、故障诊断、定位等，恢复非故障区正常供电，进行智能配电；同时，根据用电终端负荷信息实时反馈进行电力切片，精准地控制不同用电需求，实现高效和错峰用电。

② 在智慧交通行业，5G 网络大大促进了高铁通信娱乐、导航 AR 辅助、智能交通规划、车辆编排形式、远程驾驶与自动驾驶应用的发展。借助 5G 的高速率传输，实现高效通信和娱乐；通过 5G 高效率通信，为驾驶员提供 AR 辅助的实时路况精确导航，减少导航误判；根据统计车流量来调节红绿灯的时间，对出入口进行规划，道路疏导，提前拥堵预警等；根据道路高清摄像头低时延地传回实时图像来进行室内远程驾驶，可提供自由度更高的出行服务；同时，5G 的低时延高可靠性可支持全部形式的车对万物的连接（V2X），实现车辆自动驾驶。

③ 在智慧安防领域，结合人脸识别等技术，利用 5G 网络通过安防摄像头实时传输超清视频，实现对潜在危险任务与行为进行提前识别；同时，巡检无人机可以实时传输数据至云端，辅助侦察，并对火灾等紧急情况进行巡检，做出实时预警。

（2）在智慧生产的应用场景下，5G 将改善工业和农业生产条件，降低危险环境下进行作业对人力的依赖，提高生产的远程操作和可控性，推动传统生产向智慧生产转型升级。

① 在智能工业领域，5G 可以实现工厂的场外物流追踪与配送、远程监控与调测、大范围调度管理、多工厂联动及远程作业。对于场外物流追踪与配送场景，更高速稳定的 5G 网络可以显著提升无人机实时精准定位能力，确保配送的准确性与及时性，降低人工成本；设备商可以通过 5G 对销往不同区域的设备仪器的状态进行实时监控，实现故障预警，并且进行远程调试；5G 可以服务于港口、矿区等占地范围较大的区域，支持货物甚至运输设备本身的大区域智能调度；5G 实现了多家工厂之间的全面数据互联，打破信

息孤岛,实现不同工厂间、不同设备之间的数据交互链接;通过 5G 网络利用 VR 和远程触觉感知技术设备,遥控工业机器人在现场进行故障诊断、修复与作业,可降低维护成本。

② 在智慧农业领域,5G 推动了智能种植、智慧畜牧及农业无人机作业的发展。在种植业,5G 通过传感器实时监控湿度、光照等影响农作物生长的因素,将采集的数据上传至云端做出实时分析诊断,及时精确地操控农业设备自行灌溉、施肥;在畜牧业,5G 网络通过传感器随时采集牲畜生理状况、位置等信息,结合语音识别、图像分析、人工智能等手段监测分析其健康和安全;同时,农业植保无人机依托 5G 网络将扩大飞行范围,进行大面积农作物护养,如喷洒种子、药剂等作业。

(3) 在智慧生活的应用场景下,5G 技术的应用将打破空间的局限,从医疗、教育、文娱消费及智慧家居等多个生活场景优化人们的生活。

① 在智慧医疗行业,5G 技术使得移动医疗设备的数据互联、远程手术示教、远程手术及高阶远程会诊等医疗手段成为现实。5G 网络支持实时传输大量人体健康数据,协助医疗机构对非住院穿戴者实现不间断身体监测,并通过医疗平台,对医院所有设备,如医疗监护仪、便携式监护仪等进行数据的统一传输;同时,利用 5G 网络的高清/VR/AR 视频传输,对手术画面和医疗画面等进行远程直播,帮助基层医生实现手术环节的异地实习,或者结合触觉感知系统,远程操作机器人,实现远程手术;通过传输的高清视频与力量感知与反馈设备结合,为医生提供更真实的病况,为患者提供高阶远程会诊。

② 在智能家居领域,5G 能够实现更多的家居设备互联,并且提升设备间的响应速度,在 4G 的基础上实现更加智能化、自动化的互联,如通过感知室内温度自动开关空调、结合室内光线设定开关窗帘等。

③ 在文化娱乐上,5G 结合 4K、8K、VR 的高清视频传输,实现身临其境的参与网络游戏中人物的扮演、远程互动教学与体验式的教学场景、大型体育/文化赛事的 360° 全景高清的直播,以及在任何时间任何地点的远程购物、试衣等新奇体验。

1. 智能制造行业应用场景

数字经济成为经济高质量发展新引擎。我国政府通过数字产业化、产业数字化,创造和拥抱新模式、新业态,引导数字经济和实体经济深度融合,实现我国经济的高质量发展[1]。在工业领域,智能制造是工业企业实现数字化转型,实现工业经济高质量发展的重要抓手。工业数字化、网络化、智能化是实现智能制造的基础要求。5G 和工业互联网是承载工业数字化、网络化、智能化的关键新型信息基础设施,是发展工业数字经济的重要驱动引擎。

自 2012 年工业互联网概念的正式提出,全球传统工业企业、IT 企业、通信设备商、互联网企业、通信运营商纷纷涌入工业互联网的建设浪潮,各类企业依靠自身在行业的主营业务积累、专业领域的优势，从工业知识及信息技术等方向切入，构建了不同类型的工业互联网体系。目前，我国工业企业正逐步进入新一代智能制造发展阶段[2]。新一代智能制造对 5G 和工业互联网提出了更高要求[64]。

（1）充分满足工业企业生产业务对 5G 和工业互联网的个性化要求。不同于 2C 个人市场，工业垂直领域对 5G 和工业互联网的功能调整、自运维等服务能力具有鲜明的个性化需求。这也是 5G 和工业互联网在工业垂直领域全面落地难的重要因素。

（2）充分满足工业企业生产业务对 5G 和工业互联网的数据安全性要求。目前，我国明确数据是企业的生产要素之一。因此，5G 和工业互联网必须考虑工业企业对数据安全性的担忧，如数据不出园区、核心数据完全私有等。工业企业对数据安全性的担忧会深刻影响 5G 和工业互联网的部署形式。

（3）充分认识 5G 和工业互联网在新一代智能制造发展阶段将扮演工业智慧底座的要求。作为智能制造的关键新型信息基础设施，5G 和工业互联网需要不断聚焦工业垂直领域的共性需求和个性化需求，充当工业企业数字化转型的智慧底座，低成本满足工业用户共性需求，高效率满足工业用户个性化需求。

当前，国内工业数字化水平参差不齐，工业基础能力弱，工业互联网的应用场景主要以生产过程管控分析、资源配置优化及设备管理服务为主。从工业行业角度来看，不同的垂直行业，对工业互联网的需求及应用情况也呈现出显著的差异化，整体上可以分为离散制造业与流程工业[3]。

（1）离散制造业，如航空、船舶、工程机械等产品以多品种、小批量为主。其对工业互联网的需求及应用场景在于以数据互通、数据分析为基础的生产工艺优化，依托系统集成的供应链管理优化，以数据模型分析为核心的设备健康管理，以及基于物联+分析的售后服务市场。

（2）流程工业，如钢铁、石化、能源等行业，其具有连续生产、资产价值高、工艺过程复杂的特点。此类行业信息数字化基础较好，数据采集能力非常强，对安全要求较高。对工业互联网的需求及应用场景主要体现在数据可视化，提升数据+模型驱动的生产管理优化，融合各层级如生产系统 MES 和应用系统 ERP 等，实现跨厂区、企业和集团的综合管控能力，基于数据的全供应链优化，即更好地实现产销对接。

2．智慧医疗行业应用场景

近些年我国医疗卫生机构配置的不均衡，催生了 5G 加速医疗卫生行业发展，国家"十三五"将推进健康中国建设独立成篇，提出智慧医疗和健康服务业的总体目标是通过医疗信息化，全面创新未来的健康理念和医疗体系。而 5G 的到来将开创全新的智慧医疗模式，实现优质医疗资源远程共享和实时交互，打破了医疗资源匮乏、医护人员短缺、医疗水平分布不均等问题，极大地满足了人们对高端医疗资源的需求[65]。

5G网络与医疗行业中的融合业务落地，将通过5G网络超高速率、极低时延的实时通信，利用5G无线空口的高速通信能力、网络切片技术和精细化的QoS保障提供高清图像、视频传输能力，并结合MEC和网络切片等新兴5G网络技术，移动网络能力开放技术，移动网络与人工智能、云计算、区块链、大数据等IT技术相结合的ICT融合技术等，开展应用于以移动网络重塑为核心的救护车急救途中协同诊治，院间会诊、实时远程手术、远程监护、远程导诊、远程医学示教等市场需求较为旺盛的具体业务场景。

未来5G等移动通信技术与智慧医疗行业的深度结合将促进医院联合医疗保险、社会服务等部门，在诊前、诊中、诊后及医疗支持等各个环节，对患者就医及医院服务流程进行简化，也使得医疗信息在患者、医疗设备、医院信息系统和医护人员间随时随地流动共享，实现医疗业务移动办公，极大地提高医疗工作效率。同时让患者也打破时间与空间的限制，随时随地地获取医疗服务，开创了全新的行业模式，增强我国人民群众健康获得感、幸福感和安全感。

3. 智慧能源行业应用场景

全球管理咨询公司埃森哲在日前发布的《中国能源互联网商业生态展望》报告预测中指出，到2020年中国能源互联网的总市场规模将超过9 400亿美元，约占当年GDP的7%。当前，能源发展正体现出多元化、移动化、碎片化的新特征，能源供应与社会需求之间的矛盾、能源供应与环境治理之间的矛盾、人类现代生活方式与节能减排之间的矛盾正催生一场前所未有的能源革命，互联网、物联网、大数据等技术的发展正带领能源社会进入智慧能源时代。

为此，以电网、发电、煤矿、油气为龙头的能源产业，均提出了数字化转型的需求，通过应用先进通信技术与现代信息技术，未来将逐步实现互联感知、安全管控、远程智能的能源互联网。

云计算、大数据、物联网等新一代数字技术为能源智能化提供了技术支撑，尤其5G网络的成熟，更是作为电力行业数据采集、传输、分析、安全的基础保障而不可或缺。5G以一种全新的网络架构提供10倍于4G的用户体验速率，峰值速率高达20Gbps（毫米波），低至1ms的空口时延，99.999%的超高可靠性，100万/km^{2}的连接密度。针对行业应用定义了mMTC和uRLLC两类全新场景，使得VR、大数据等运用到能源领域成为现实，方便监控现场、事故预报与诊断，实现了从数字化到智慧化的跨越，改变了以往的运行管理模式，实现了从人工决策到类机器决策的过程。

运营商率先针对能源行业的需求，充分挖掘5G核心关键技术在能源行业应用中的价值体现，结合自身能力与业务场景需求，打造基于5G能源作业集控平台为核心的产品服务体系，向下沉淀5G网络及业务产品，研发5G能源网关、5G能源专用模组、5G多功能巡检机器人、5G巡检头盔、5G能源控制终端等产品；向上使能电网、火电、风电、煤炭、核电五大场景应用，具备面向用户交付场景化应用能力，助力推动能源行业安全、清洁、协调和智能发展，提升能源行业信息化、智能化水平，为能源互联网建设提供了坚实的基础。

4．智慧交通行业应用场景

交通运输是国民经济的基础性、先导性、战略性产业和重要服务性行业。在产业数字化、智能化的背景下，新型智慧交通业务不断涌现，智能驾驶发展日新月异，智慧道路建设需求迫切。习近平总书记在十九大报告中提出建设"网络强国、交通强国、数字中国、智慧社会"。因此，提供安全可靠、便捷畅通、经济高效、绿色低碳、智慧网联的人民满意交通，是当前交通建设的重要任务之一。

车联网的发展遇到了前所未有的机遇，国家政策大力扶持车联网发展，在2020年2月，发改委、工信部、交通运输部等11个国家部委联合签章，出台《智能汽车创新发展战略》，充分表明发展智能汽车对我国的重要战略意义，并突出"车用无线通信网络（LTE-V2X等）及新一代车用无线通信网络（5G-V2X）在网络建设、标准研究、技术演进等方面需要加大投入力度"。同时指明5G与车联网的密切关系，战略要求"结合5G商用部署，推动5G与车联网协同建设。统一通信接口和协议，推动道路基础设施、智能汽车、运营服务、交通安全管理系统、交通管理智慧系统等信息互联互通"。

在5G+C-V2X技术基础上，车联网主要业务类型包括辅助驾驶、远程驾驶及自动驾驶，可以应用于矿山、园区、公共交通等多个交通场景，实现智慧交通建设逐渐从基础设施信息化向感知、决策、控制一体化发展，助力"智慧交通、绿色交通、平安交通、综合交通"四个交通发展战略。

5．智慧教育行业应用场景

随着互联网的发展，云计算、大数据、人工智能的逐步应用，教育逐步从传统教育向智慧教育变革，开启了教育信息化新时代。智慧教育在全面关注"物、人、教、育"的基础上，借助互联网、物联网、云计算、大数据、人工智能等新一代信息技术打造智能化、感知化、泛在化的教育新模式，通过个性化、精细化、沉浸式学习教学，提高课堂教学效果，增强学生学习兴趣，提升学习效率。智慧教育+5G应用服务有助于教育行业改革，人工智能、虚拟现实、全息互动教学的应用及物联网校园管理流程的优化等可以提升教育资源的协作，助力教育智能化发展。5G网络在以下两个方面为智慧教育赋能。

（1）虚拟现实教育。VR/AR与教育结合所呈现的全新的教学体验，极大地提升了学生的学习兴趣及对知识的快速吸收。例如，提供的沉浸式教学场景使教育更加丰富生动，在虚拟情况下提供的亲临现场感"实操"体验，通过100%三维立体形象还原，提供更直观的教学体验等。

5G+虚拟现实教育云平台融合 5G 网络、平台、内容、终端为一体。在网络层融合 5G 网络、MEC、云渲染等关键技术；在平台层提供分布式部署及多场景访问能力；在内容层吸纳全学科的优质资源；在终端层支持虚拟现实设备、手机、Web 多终端访问，从而不仅让学习因为虚拟现实应用变得有趣而高效，也真正实现了教育部倡导的全时域、全空域、全受众的教学要求。

（2）远程互动教学。以学生为中心的多种形式的互动教学，能更好地激发学习兴趣，提升教学质量，促进有质量的教育目标实现。泛在课堂的发展，使学校学习和家庭学习建立连接，家校学习形成闭环，更好地促进了教与学的质量；同时也可促进公平教育，解决教育资源不足的问题，促进教育公平和均衡发展。

目前打造了 5G+全息远程互动教学和 5G+4K 远程互动教学两款应用。5G+全息远程互动教学通过 5G 传输全息信号，实现教师画面一比一的远程传输效果，从而构建一个虚拟的、境界逼真的教学环境，让用户身临其境地学习及互动。5G+4K 远程互动教学融合 5G 网络、4K 技术、云化多点控制单元（Multi Control Unit，MCU）技术、增强空域可分级编解码（Scalable Video Coding，SVC）技术等优势，利用高清显示器、计算机、手机等终端展开互动课堂，实现大并发量在线互动学习。主讲教室实时直播，采集超清视频和高品质的音频数据，互动教室实现超清、无感知延时、随堂互动学习，直播课堂包括固定教室、移动教室和学生终端等实现随时随地想学就学。

6. 智慧文旅行业应用场景

5G 技术叠加大数据、AI、AR/VR、MEC、高清视频、物联网等先进技术的发展，给旅游体验、旅游服务、旅游管理等方面将带来巨大影响。在游客业务体验方面，5G 将全面提升游客的旅行体验，让出行更有品质。在 5G 支撑下，基于大数据、VR、AR 和人工智能等技术，突破原有旅游局限，为游客带来出行全新的、更惊艳的文化和旅游产品体验。在旅游目的地智能化管理与服务方面，5G 的应用将加速提升旅游目的地各行业、各部门的数字化程度，让旅游目的地智能化管理有"数"可依；借助 5G、AI、MEC 和高清视频等技术，为游客带来更多的便捷服务，旅游目的地管理将更智能。

（1）5G+AR 导游导览。游客在游览景区时由于缺乏了解景点的手段和途径，往往需要导游导览服务，而人工导游制定的游玩路线固定，忽略了游客的个性化需求，使得游客出游体验大打折扣。AR 智能导游更像是一个私人定制导游，只需要手机接入 5G 网络就可以全方位自主了解景区的游览事宜，极大地满足了游客对个性化服务的要求。

5G+AR 远程导览产品，以 5G 网络为基础、以文旅内容云为平台、以 AR 空间云为形式，聚合高质量导游及文化内容，为景区提供动态的远程导游服务。旅游景区接入 AR 导游服务，让线路在视觉上更加清晰易懂，同时还附有景区信息、人流量信息、位置信息及周边信息等。在参观景点时，游客还能体验 AR 文物修复、个性化的智能讲解等服务。对于外国游客而言，利用 5G 网络的特性实时提供低时延的翻译功能，加深游客在游玩时对展品和文物建筑背后历史文化的理解。

（2）5G+4K/8K/VR 旅游直播。随着通信技术的发展，4K/8K/VR 互动式直播正逐步走进普通用户的生活娱乐里，5G 网络的接入可以实现零延时、无卡顿及超高清的沉浸观看，提供身临其境的观看感受，甚至更丰富的自主交互。

打造 5G+高清直播产品，景区借助 360°全景高清视频作为呈现方式，把传统景点运营模式与最前沿的信息化技术结合起来，为游客提供一种更快捷、更易获得、更酷炫的实时沉浸式旅游体验项目，使景区焕发新的传播活力。在直播内容上，景区也可以充分利用最新技术进行各方面的创新。景区内的各个景点都部署有摄像无人机，画面通过 5G 高清回传使得直播内容的质量和形式不再受困于客观条件的限制，让游客无论何时何地都可以全身心沉浸式地感受各种形式的美景和文化，坐在室内也可尽情观赏各地景区美景。

（3）5G+旅游社交分享。5G 结合人工智能技术，在线上线下全方位串联游客的各种游玩场景，满足游客在旅游出行时的各种内心诉求。5G 为文旅传播注入新能量，内容质量的提升能激发游客自主分享传播的动力，游客之间爆炸式的传播分享可以吸引更多游客到景区进行体验。同时这种全民媒体、全民流量、全民生产的 5G+旅游社交分享模式更有利于增益景区的口碑，扩大景区品牌的社会影响力。

打造 5G+AI 游记助手产品，通过 5G+边缘计算+AI 相结合，从多个维度收集素材，为游客提供个性化游记服务。AI 游记助手系统通过与景区现有业务系统对接，或在现状基础上叠加专用系统，用于游客游览轨迹素材的获取，利用 AI 及云端能力进行多种类型游记的自动编制工作。基于 5G 网络，游客可即时将包含高质量视频内容的游记进行分享，与好友们一同享受旅行的快乐与感动。

（4）5G+景区多维度安防。5G 技术助力智慧景区安防建设，打造多维度安防系统。5G+人脸识别+高清摄像头可以实现景区全方位的安防布控，高清摄像头的拍摄范围可覆盖景区入口、人流密集通道、景区商业区、危险区域、工作区等，结合动态识别和 5G 技术实现景区对危险对象预警。

通过打造 5G 移动执法产品，景区管理人员以轻便型智能眼镜终端作为工具，提供一个能够对视野内人脸、车牌识别的安卓客户端，后台系统提供一个能够对人脸、车牌识别数据结构化存储、管理的应用业务系统，方便景区人员直观实时进行人像识别，对游客进行人像识别记录管理、车辆管理等工作，支持离线数据库管理/推送、用户管理、应用升级管理等工作。移动执法人员在景区移动巡逻过程中，可以简便快捷地操作眼镜进行采集、识别、现场视频回传、接收后台人员提示信息。5G 移动执法系统支持与视频监控系统数据联动，为景区提供全方位的安全执法手段。

7.4.2　5G 垂直行业解决方案

1．5G 智能制造行业解决方案

1）行业现状与发展趋势分析

近年来，随着中国经济的快速发展，中国制造业迅速崛起，逐渐追赶传统工业强国，成为新的世界工厂。中国制造遍布全球，代表实体经济的中国工业企业快速成长，并走向世界。根据世界钢铁协会统计，2019 年，中国粗钢产量份额占世界比重为 53.3%，全球产量排名第一，如图 7-57 所示。

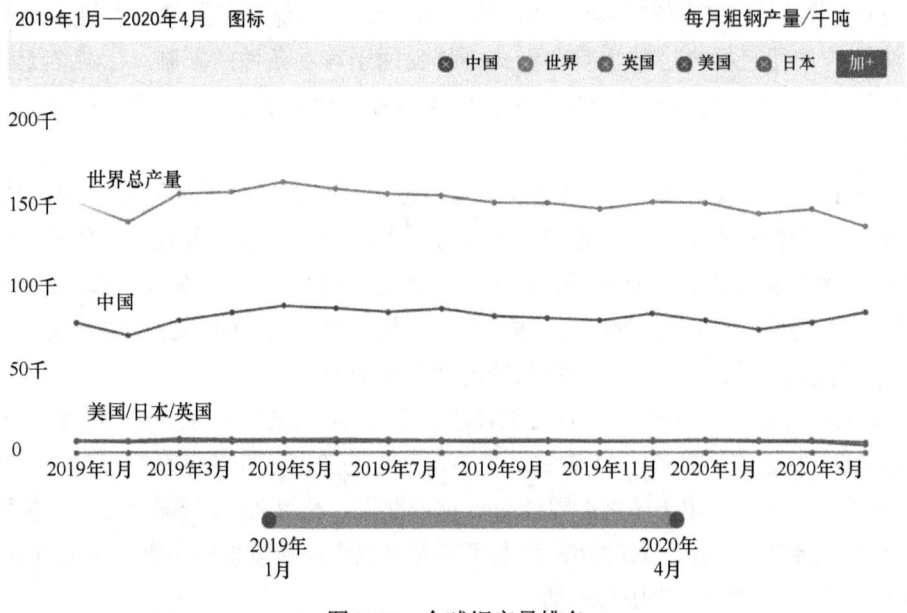

图 7-57　全球钢产量排名

虽然中国制造的体量巨大，但仍存在现实的瓶颈问题。现阶段，中国制造的特点是大而不强，总体依赖人力优势，所生产的工业产品多处于产业链的中低端，亟须向高端制造方向发力。传统工业制造领域发展模式依赖自然资源和人力资源，不是可持续发展之路，伴随着以新能源为代表的新一代工业革命的推进，传统生产模式将逐渐被淘汰；另外，以钢铁、化工为代表的重型工业领域产能过剩，由此带来诸多问题，亟须找到新动能和新方向，同时优化供给流程，助力产业的转型或升级。

不止中国，传统工业强国同样面临工业发展的问题，工业制造作为实体经济，代表的是国家硬实力，以美国、英国、德国和日本为代表的传统工业国家开始思考工业复苏之路。2013 年，德国政府提出工业 4.0 概念，旨在通过信息通信技术和物理系统结合，提升制造业的智能化水平，推进制造企业的智能化转型。美国在通用电气、IBM 等公司的推动下，成立了工业互联网联盟，希望利用互联网技术再一次激活传统工业。德国由于传统制造业比较强大，生产线、自动化是其传统优势，所以德国工业4.0也是强调这种硬实力，更多的偏向智能制造环节。而美国更多强调的是软实力，由于在云计算、大数据和AI等领域具备技术优势，美国工业互联网策略偏重如何在工业领域提供软件服务。

中国在2016年印发《关于深化制造业与互联网融合发展的指导意见》，明确指出，制造业是实施互联网+行动的主战场；2017年印发《关于深化"互联网+先进制造业"发展工业互联网的指导意见》，提出发展中国工业互联网三大体系，分别是网络、平台和安全，并在网络体系中强化5G等新技术的战略作用。一系列的战略文件为发展我国智能制造的发展指明了大方向。

2015年，国家发改委、能源局发布了《关于促进智能电网发展的指导意见》，意见指出通过集成新能源、新材料、新设备和先进传感技术、信息技术、控制技术、储能技术等新技术形成的新一代电力系统，具有高度信息化、自动化、互动化等特征，可以更好地实现电网安全、可靠、经济、高效运行。2016年，国家发改委、能源局发布了《关于推进"互联网+"智慧能源发展的指导意见》，其中指出，能源互联网是推动我国能源革命的重要战略支撑，对提高可再生能源比重，促进化石能源清洁高效利用，提升能源综合效率，推动能源市场开放和产业升级，形成新的经济增长点，提升能源国际合作水平具有重要意义。

5G作为新兴通信技术被给予厚望，战略地位逐渐加强。5G将有可能打通工业IT网络和工业OT网络，实现整个工业内网从设备级到工厂级的端到端拉通，彻底激活底层的工业数据，从而借助人工智能、大数据分析等手段，实现柔性重构、预测性维护等全新的工业应用。

5G提出的网络与业务深度融合，按需提供服务的新理念，为能源行业的多个环节带来全新的发展机遇。通过5G网络能够实现超高速率、极低时延的实时通信，利用5G无线空口的高速通信能力和精细化的QoS保障提供高清图像、视频传输能力，实现能源生产管理环节中对设备的实时视频监控、无人机巡检、机器人/VR/AR巡检、VR仿真培训等多个行业应用场景。基于5G网络的低时延、高可靠性特点和网络切片技术，可有效加强配电自动化、智能分布式馈线自动化、分布式电源、毫秒级精准负荷控制4类电网控制类业务的能力。利用5G大连接的特点，可实现用电信息采集、电网状态监测等设备密集型采集类业务。故此，5G无线通信技术与电力电网为代表的能源行业应用的结合，将能够有效地助力智能电网的建设发展，从而保障国家能源安全、促进节能减排、带动技术创新与产业协同发展的目标。

2）5G制造行业应用场景及技术需求

5G智能制造行业的业务类型主要分为管理控制类、数据采集类和信息交互类业务，不同类型的业务对于网络性能的要求不尽相同。对于管理控制类业务，需要毫秒级的端到端时延，以及微秒级的时延抖动，数据传输成功率可靠性需达 99.999%。对于数据采集类业务，需要百万连接/平方千米内的强大接入能力及低功耗、抗干扰能力。信息交互类业务的需求以高速率传输、大带宽为主。5G 技术的三大性能（eMBB，uRLLC，mMTC）结合人工智能、大数据、边缘计算、云计算等技术，将全方位为智能制造赋能。

（1）智能巡检应用场景。目前，电力人员需定期到现场查勘输变电设备、线路情况，及时了解故障现象，消除隐患，确保电力系统的安全稳定运行。但随着电网的日益扩大，巡线的工作量也日益加大，100km 的巡线工作需要 20 个巡线人员工作一天才能完成。因此传统的巡线方式已经满足不了现代电力系统的广泛需求。

借助 5G 网络+巡检机器人、网联无人机、高清视频监控等新技术的融合可以实现电力系统设备的远程监控及巡检。此类技术具有成本低、灵活性强、安全度高、受自然环境及地形影响较小、视角更优的特点，从而实现对输变电线路（站）的安全高效的数据采集、智能遥控的智能化运维管理。

设备和控制台与就近的 5G 基站连接，在 5G 基站侧部署边缘计算服务，实现视频、图片、控制信息的本地卸载，直接回传至控制台，保障通信时延在毫秒级，通信带宽在每秒兆字节以上。同时，还可利用 5G 高速移动切换的特性，使设备终端在相邻基站快速切换时保障业务的连续性，从而扩大巡线范围到数千米范围以外，极大提升了巡线效率。

对于移动应用类业务，对网络的需求体现在大带宽上，业务模型与移动视频类业务类似，随视频清晰度的增加，其带宽需求成倍增加，覆盖区域主要在线路沿线或热点区域。电网移动应用业务对通信网络的关键需求如表 7-8 所示。

表 7-8 电网移动应用业务对通信网络的关键需求

业务分类	业务名称	通信需求				
^	^	时延	带宽	可靠性	安全隔离	连接数
移动应用类	配电房移动视频监控	≤200ms	30~100Mbps	99.9%	管理信息Ⅲ区	局部区域 5~10 个
^	输电线路无人机巡检	≤200ms	4~10Mbps	99.9%	管理信息Ⅲ区	局部区域 1~2 个
^	变电站机器人巡检	≤200ms	4~10Mbps	99.9%	管理信息Ⅲ区	局部区域 1~2 个

（2）远程控制应用场景。目前，港口、钢铁厂、制造车间大部分吊车仍采用人工模式操作作业，人工成本高，工作效率低。已实现远程控制的智能化吊车采用光纤+LAN 智能模式操作作业，工作效率得到大幅提升，但是光纤通信需要对吊车设备进行改造，设计安装巨型光缆转盘，使设备结构复杂，成本较高。此外，吊车作业过程中拖着光纤移动，存在光纤容易被折断、磨损等不完全因素，故无线智能化传输代替有线传输需求迫切。

第 7 章　5G 融合创新应用

以港口为例，港口每台吊机上需要配备 3 名操作员 24 小时轮班工作，即便暂时无起吊作业时也需要有人值守，空机室操作，条件艰苦，易疲劳，存在安全隐患；桥吊操作室在起吊设备的上方，操作流程复杂，劳动强度大，工作效率低，时间长，利润低。龙门吊是移动吊，有线部署成本高、不灵活、易损耗，线缆+电缆每个桥吊需要 200 万元以上，且线缆每两年需要更换一次，并在整体设计时需要做系统级让步，如放大相关安全距离、降低设备运行速度。码头区域内需要大量数据（监控视频、图像识别集装箱编号等）上传到网络，WiFi 部署覆盖盲区大、稳定性差，不能很好地支持大范围多客户端移动覆盖。

港口岸桥装卸区和堆场区等场景中对于网络性能有不同需求，如表 7-9 所示。

表 7-9　港口场景对于网络性能的需求

应用场景分类	序号	场景描述	5G 网络需求			
			整体需求描述	时延/ms	带宽/Mbps	可靠性/%
控制级通信	1	起重机远程操作场景（控制部分）	超低时延，高可靠性，少遮挡	10～20 内	50～100	99.999
		起重机远程操作场景（视频部分）	低时延，高可靠性，大带宽，少遮挡	50～80 内	30～100	99.9
	2	港区内自动集卡的场景	低时延，高可靠性，多客户端，多遮挡，大范围运动	50 内	5～20	99.9
监控级别通信	3	大数据流量监控场景	带宽、容量要求高	200 内	2	90
	4	低功耗传感器通信数据采集场景	容量要求高	尽量保障	尽量保障	90

3）5G 制造行业解决方案

（1）5G 工业边缘物联方案。基于 5G 技术的工业边缘物联平台，通过整合工业现场各类离散实时系统及散落的智能装备，实现"物物互联"，为生产管控、供应链管理、设备管理、能源管理、安全管理及环境管理等业务提供底层全面感知，为全过程调度提供全面、实时及可视的技术支撑。

5G 工业边缘物联平台，集成火灾自动报警、可燃气体监测、门禁系统、周界报警、环保在线监测、大机组监控、实验室分析、实时数据库、能源在线监测及 GIS（基于 5G 的厂区位置服务）等工厂现场各类智能化设备、传感器、仪表、阀门及在线监测系统统筹互联互通。

利用 5G+AIoT 技术，按照国家数据传输标准，并与现有的污染源监控、环境质量监测、监测数据平台应用端等系统形成有效的互补完善，改变污染源监控数据与环境质量监测数据关联关系不对等、环境质量刚性指标单方压制、污染源被动承受不明责任等现状问题，实现对排污企业实施全过程监控，将生产、治理、排放数据精准接入。

5G 工业边缘物联平台主要具备如下功能。

① 设备接入管理：提供对不同类型的设备的连接管理功能，包括设备的接入鉴权、协议适配、通信管理。通过对不同接入类型，接入协议的适配，物联网技术组件可以提供接入网关的设备接入能力和统一设备管理能力。

② 数据管理：建设实时数据库、物联数据库、多媒体数据库、物联设备主数据库及物联规则库，提供数据转换、存储，结合"数据服务组件"的大数据分析，数据监控与展示功能；数据传输主要通过 5G 网关+5G-NB-IoT 大链接技术实现，包括带有边缘计算功能的移动边缘云 5G MEC。

③ 技术引擎：提供公共技术组件处理能力，如定位引擎、时钟服务、音频处理、视频处理等专业处理引擎。

④ 技术服务：提供公共技术服务组件处理，如人员定位、设备定位、身份识别等，为业务组件、数据组件提供物联业务编排/规则引擎。

⑤ 嵌入式系统：除了部署在云端的物联技术组件外，还有可以部署在接入侧的物联网软件开发包。通过在接入侧的网关或终端上部署物联网软件开发包，可以实现加速不同异构设备的集成接入速度，将部分平台的功能下沉到接入侧，实现近端的一些功能逻辑，提升整体的方案可靠性和运行效率。

（2）5G 边缘协同控制方案。在工业现场存在大量高危险、高污染、重复性的生产环境下，结合 5G 网络大带宽、低时延、大连接的特点，建设 5G 网络和边缘计算平台升级工厂内的传统工业控制和信息传输网络，提升工厂通信网络基础设施能力，解决工业大数据实时采集、传输及存储等问题。利用 5G+MEC 的超低时延与高可靠性，通过对关键生产设备的相关改造，可以实现对设备 PLC 的远程实时控制。通过部署在 MEC 上的工业协同控制平台能力，实现多业务间的协同控制和优化控制。

5G 边缘协同控制方案由工业控制云平台、5G 工业网关设备等组成，主要提供基础服务能力和应用服务能力。基础服务能力包括设备管理能力、运维能力、安全能力、协同控制能力、数据存储分析能力。应用服务能力主要提供在线监视控制过程可视化、数据分析结果可视化、并支持远程操作可视化控制等，对现场设备状态进行预警处理。

5G 边缘协同控制功能架构如图 7-58 所示。

通过 MEC 边缘业务平台进行本地用户数据的识别和分流，在本地网络进行处理，连接到 5G 工业网关（控制端），分别传输给视频服务器、控制室大屏，通过控制台对设备进行远程操控，最终实现通过 5G 网络进行天车作业任务的远程操控。

5G 边缘协同控制组网如图 7-59 所示。

第 7 章　5G 融合创新应用

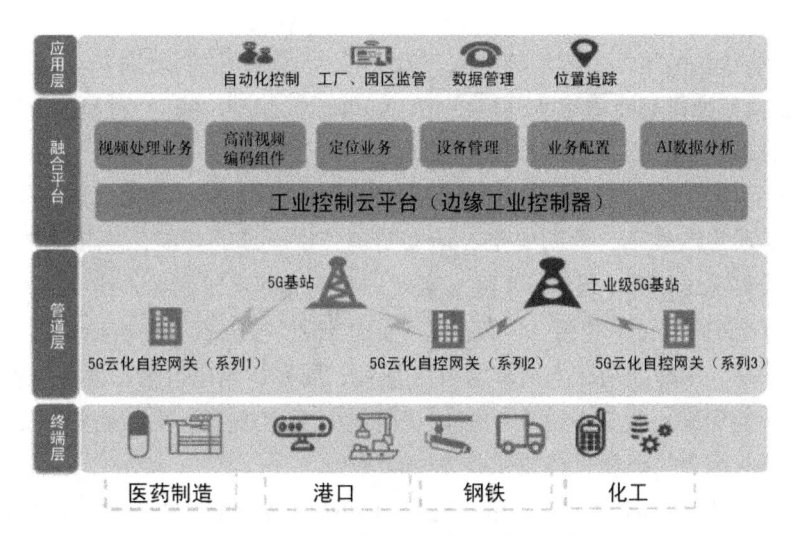

图 7-58　5G 边缘协同控制功能架构

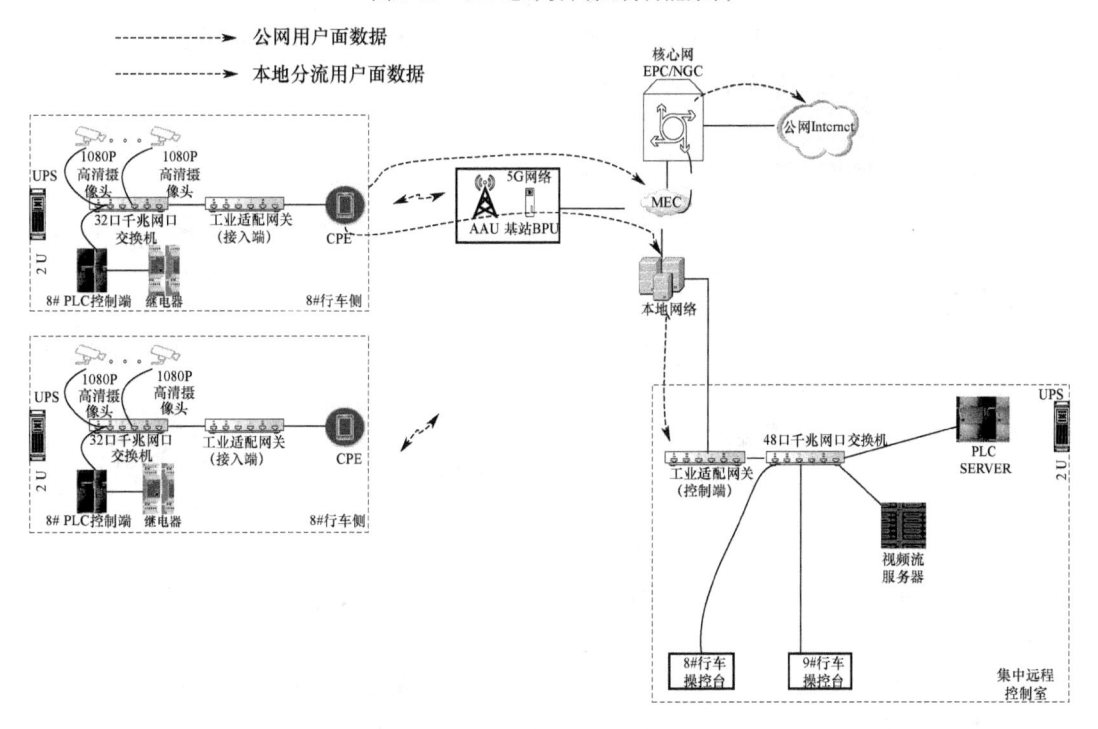

图 7-59　5G 边缘协同控制组网

现场作业数据流如下：

① PLC 控制数据流包括现场设备运行控制指令、现场设备停止控制指令、现场设备运行速度挡位控制指令、现场设备运行方向控制指令。

② 视频数据流包括现场设备及周边监控视频流数据。

实现功能主要包括如下：

① 控制信号双向超低延时传输（包括控制信号下达和控制反馈），实时远程操控。
② 现场设备操作高清摄像头视频回传，辅助远程控制，实时监控现场环境。
③ 敏感数据不出作业厂区，通过 MEC 本地化分流。

（3）5G 智能工业视觉方案。在大型工业园区、厂区，5G 边缘计算技术结合人工智能应用可以实现生产安全、消防安全、治安防范三位一体的智能化视频监控。利用前端高清摄像头采集现场视频，通过 5G 网络实现视频的高速实时回传，结合 AI+计算视觉技术对视频进行结构化分析，利用 AI 模型进行实时推理，根据视频分析结果输出相应指令，可实现人脸识别、车牌识别、人员异常行为识别、周界智能化报警、设备运行状态监测、火焰和烟雾智能识别、视觉追溯等功能，从而为大型工业园区和企业生产安全、消防安全、治安防范的综合治理和管控提供技术保障基础。

通过在生产线上部署专业工业摄像机和图像处理器，可以实现对产品表面、工艺过程、安装质量、焊接质量等进行视频检测，结合 AI+计算视觉技术对视频进行结构化分析，可以快速找到产品品质缺陷，提升产品合格率，降低质检人员劳动强度。

5G 智能视频监控方案如图 7-60 所示。

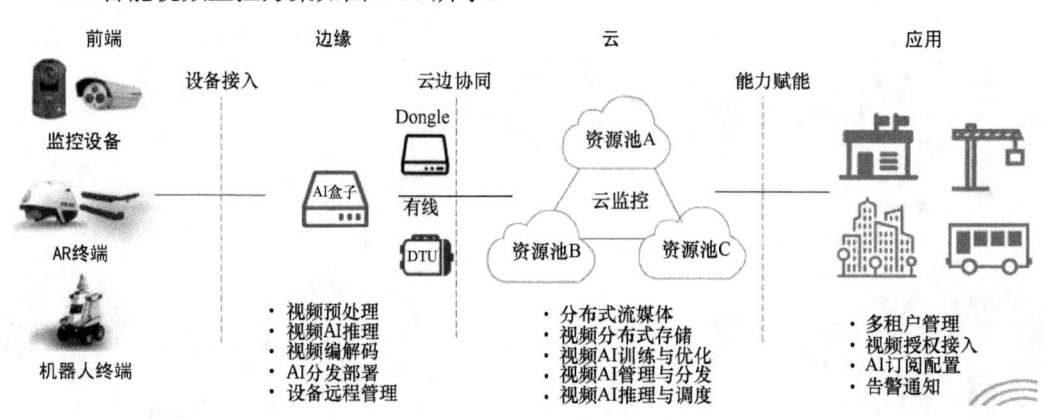

图 7-60　5G 智能视频监控方案

① 视频联网平台。对接园区下属企业现有视频监控平台，对企业重大危险源现场、中控室、设备运行情况、企业工作人员工作情况、重要装置设施环境等进行实时监控，提升危险源监测预警和事故隐患排查、治理能力，把事故隐患消灭在萌芽状态，从而杜绝及防范事故的发生；同时，为事故救援提供及时、准确的救援信息，大大提升了事故救援能力。

② 智能视频分析系统。5G 高清视频+AI 相结合可以带来更为丰富的智慧化应用，从而提高实际场景管理效率，节约成本。AI 在视频场景下的落地，会遇到带宽、时延、成本的挑战，而边缘存储、边缘计算可以有效缓解这种压力，让 AI 能够更快地在视频的场景下应用。基于企业已有的大量视频数据，利用 AI 图像识别技术，可以解决视频监控

系统中实时视频资源浪费严重、视频情报缺乏、内容检索效率低下等问题。

5G 的到来将减少高清及 4K 智能安防使用场景的限制,可使能更广范围的高清/4K 布控。园区高清视频安防监控系统运用了智能视频分析技术,深度学习人工智能核心算法,可对视频信息进行实时分析,支持自动报警、自定义分析区域、异常事件视频自动存储等;通过高效准确的判别人员行为、环境异常,从而协助监管人员对园区进行实时监控、自动预警、快速响应。人脸识别是对网络、清晰度等要求最高的智能化场景,4K 可提供更精确的脸部识别,图像高清晰度使后端智能分析更准确,区域划定更精确,从而避免误报警。当出现满足检测要求的事件时,系统主动触发告警提示,并通过短信、电话、报警语音进行通知。同时,它可与工业现场 SCADA、PLC、DCS 等系统对接,当获取到设备数据异常时,主动联动异常设备区域相机进行弹屏显示,为园区安全管理提供了先进技术手段,构建了智能监控和防范体系,从而能有效弥补传统方法和技术在监管中的缺陷,变被动"监督"为主动"监控",有效提高园区管理水平。

工业视觉检测:基于 5G 网络,对上料传输皮带进行实时的监控分析,分析异物突然出现情况,通过 AI 智能分析平台发出报警,提醒值班人员;并且可以通过视频智能识别算法识别皮带位置形态,监测皮带是否跑偏,当出现跑偏时,即可发送报警,调度室人员指派相关人员处理生产风险,实现对主运输系统的保护。

人脸识别:陌生人入园区阻拦;有权限进入的人员录入白名单后,可与闸机联动,对有权限的人员放行;黑名单人员入园报警。

周界入侵报警:通过对园区设定警戒围墙区域,一旦有可疑人员靠近或攀越围墙时,系统将锁定目标,并自动调用实际场景中声光报警装置,对可疑人员发出告警。

翻越围墙检测:通过对人体行为进行分析,当攀爬、下降、跨越等行为连续发生时就可认为发生人员翻越围墙行为,并进行告警,通知园区管理员进行查看。

人员摔倒监测:对重点区域进行视频监控,当发现有人员摔倒后且在规定时间内未起身,系统就会实时告警。

烟火检测:通过烟雾检测算法,对园区重点区域进行火灾、烟雾预防,配合烟火传感器进行双重消防保险。火焰报警和烟雾报警可以在火灾发生的第一时间得到报警信息,在火灾发生前做到防患于未然。

车辆统计/车辆识别:通过视频监控识别进出园区的车辆,防止未经允许的车辆擅自进入园区,避免潜在安全隐患发生,并统计进出园区的车辆数。

(4)5G 智能巡检机器人。智能巡检作为智能电网及泛在电力物联网建设的关键一环,近年来迎来了发展的广阔空间。为了满足对电网运行安全稳定性的要求,灵活实用的变电站机器人巡视系统得到了广泛应用。

5G 智能巡检机器人在现有变电站巡检机器人的基础上,运用先进的通信及控制等技术手段,通过 5G 对其功能进行了增强和扩展,具备"灵活、实时、高清、全景"四大特点。该产品作为一个智能化的移动平台，能充分发挥 5G 技术大带宽的优势。该产品不仅能提高普通电力巡检的效率，而且能普遍应用于检修、抢修、施工等多种场景中，提高现场管控和操作水平及作业效率和安全性。

① 5G 电力设备巡检。5G 智能巡检机器人能够实现变电站的表计、开关状态的智能识别，以及红外测温、气体检测、振动检测、声音分析等监测，对变电站关键设备状态进行全覆盖监测，使运维人员及时掌控设备运行状态。

通过 5G 网络快速回传现场视频、图像及环境监测数据，保证了数据传输的连续、稳定。

② VR 全景视频监控。5G 智能巡检机器人配置有适用于户外使用的三防 VR 全景摄像机，分辨率达到 8K，能实现现场的高清全景视频回传。它支持通过 VR 眼镜和监控大屏两种方式进行观测，同时 VR 流媒体平台连接至企业内网，还能将视频流推送至多个办公地点，实现作业现场的多点监控和会商。

③ 作业现场立体监控。5G 智能巡检机器人箱体内集成移动摄像机，在复杂作业现场可以进行灵活部署。移动摄像机拍摄的视频统一通过 5G 智能巡检机器人内部配置的 5G 模组进行回传。

4）5G 制造行业应用案例

5G 技术加速了工业企业从传统制造到智能制造转型的步伐，利用 5G 技术优势，使能工业场景差异化的业务需求，实现生产制造流程的优化升级。中国联通深入探索 5G 在工业领域的应用，发挥运营商智能连接的优势，结合云网融合和数据能力，与工业企业联合创新，携手阿里、腾讯、格力、海尔、华晨宝马、首钢、宝钢、三一重工、徐工潍柴动力等企业，在家电制造、钢铁冶金、港口、汽车制造、重型装备、制药等多个工业场景下进行 5G 示范性应用，积极构建 5G+工业联网新生态。

（1）5G 智慧工厂。为工厂建设高速 5G 无线网络覆盖环境，搭建私有云平台，通过 5G+MEC 实现内外网隔离，保障网络安全，满足 5G 工业应用的端到端的网络需求。基于 5G 网络为某飞机制造有限公司打造高端装备制造智慧车间应用，建成国内第一个数控车间 6I（产品、物料、设备、工装、刀具、人员）全连接工厂，实现飞机制造的数字化转型。

① 全连接工厂。基于 5G 大连接、高并发能力，将原本离散的人、机、物、料进行全面无线互联互通，建立全连接平台，通过多样化的工业协议转换接口，利用条形码、二维码、RFID、UWB 定位标签等数字化技术，结合智能终端与物联网系统，实现对生产要素的全面感知。对工厂复合材料进行全生命周期管控，包括物料的实时跟踪、生产环境温湿度的全面监控、物料寿命实时监测，并将实时数据在云平台进行智能分析决策，实现全连接工厂的生产优化，设备利用率可提升 30%以上，工厂运营水平可提升 30%以上。

② 基于 5G 质量检测。利用 5G 大带宽和低时延，结合人工智能、机器视觉技术，实现对飞机零部件产品质量的无人化和快速检测，产品检测效率提升 5 倍以上，保障了零件质量。应用 8K 超高清视频的飞机紧固件检测系统，在云端完成缺陷智能识别分类和测量等任务，将检测结果生成报告，回传至现场的智能终端辅助质检人员完成检测工作，并将结果归档；基于机器视觉的复合材料智能拼缝检测，使用工业相机对自动铺带过程进行拍摄，基于 5G 大带宽的特点，将拼缝和多余物快速传输到云平台，依托高性能服务器和识别算法，对拼缝宽度和多余物情况进行快速精确分析，基于 5G 低时延特点，把结果及时反馈给铺贴工位，及时优化铺贴路径[6]。

③ 基于 5G 的增强现实（AR）辅助装配与远程协助应用。应用 AR 技术实现 EWIS 线缆连接器端接插头的快速定位与追踪，基于 5G 和云平台的数据实时传输，通过自动识别导线号，AR 眼镜将端接信息与连接器实物虚实叠加。远程协助信息通过 5G 网络实现设计、工艺、操作人员的实时交互实现基于 AR 的远程协助设备维保，提高装配效率可达 80%。

（2）5G 智慧码头。在"工业 4.0""互联网+"大发展的时代背景下，港口也在进行数字化、全自动的转型升级。目前，港口自动化采用的光纤与 WiFi 等通信方式存在建设和运维成本高、稳定性与可靠性差等问题。5G 技术的低时延、高带宽、高可靠性、大容量等特性结合基于 5G 虚拟园区网的港口专网方案、端到端应用组件，为智慧港口自动化改造注入了新动力。

① 重型吊车设备 5G 远程控制。利用 5G 技术的大带宽、低时延、高可靠性，配合港口对传统设备进行自动化改造，在不改变客户原有系统设置的情况下，借助 5G+MEC 网络和工业 5G 网关设备，实现码头重型吊车设备的远程实时操控、自动化控制应用，完成货箱的自动化抓取和搬运，满足毫秒级时延的工业控制要求及大带宽的视频传输，满足不同类型业务的差异化需求；在港口园区部署 MEC，降低端到端时延，实现业务数据不出港口，保障数据的安全性。该方法在多个港口进行了试点应用，利用 5G 网络取代现场光纤、波导管实现岸桥区、堆场区吊车设备的远程控制、自动化控制，降低了现场高空作业安全风险，节省了 70%人力成本，作业效率提升 30%。

② 5G 无人集卡监控及远程遥控。将码头集卡车载高清视频通过 5G 网络和 MEC 分流回传本地控制中心实现远程监控。同时，在智能集卡异常状态时，管理人员可以直接借助 5G 网络低时延的特性，远程接管车辆控制。

③ 驾驶员防疲劳系统。上线防疲劳系统，对司机驾驶行为进行检测分析。在吊车驾驶室安装摄像头，通过 5G 网络将驾驶室视频回传至防疲劳系统服务器上，对驾驶员操作行为进行实时监控、智能检测，当驾驶员出现违规行为及时告警，包括分神提醒、危险驾驶、行车途中吸烟、脱岗报警、遮挡报警、语音通话、超速提醒、换人提醒等。

④ 5G 智能巡检。码头现场操作人员佩戴 5G 智能头盔，采集作业现场的高清视频、图像，智能头盔支持压缩和解压缩技术，具备语音对讲功能，可以双向通信、群呼，并利用 GPS+北斗对人员进行实时定位，后台工作人员将利用这些实时信息协助操作人员解决生产作业现场遇到的问题；在码头堆场区应用 5G 智能巡检机器人，巡检机器人配备 4K 摄像头，监控港口作业情况、采集货箱型号、检查货箱堆放是否合规等，同时机械臂可以伸缩完成一些简单设备操作，通过 5G 网络实现对巡检机器人的远程控制，大幅度提高了巡检效率，做好码头现场的安全保障。

（3）国网浙江电力在杭共战疫情。2020 年农历春节来临之际，中国联通接到了国家电网杭州电力关于在电缆隧道 5G 智能巡检机器人系统的重点保障需求。在春节期间防疫保电人员不足、物资紧缺、隧道内密闭空间容易造成病毒交叉传染的情况下，这台由中国联通 5G 创新中心自主研发和国家电网杭州电力公司共同落地的全国首个 5G 智能电力巡检机器人，在这场突如其来的疫情保卫战中充当了电力保障工作的奇兵，充分发挥了其实时监测、智能可控、无人作业的特点。

位于浙江杭州的湘湖隧道内共有 4 条 220kV 电缆，是浙江省疾病预防控制中心、浙江大学医学院附属儿童医院、杭州市滨江医院等 5 家重点医院及杭州滨江、萧山等区域约 40 万百姓的重要电力通道。然而湘湖电缆隧道作为封闭的地下管廊空间，巡检中存在水灾塌陷等安全威胁、巡检任务琐碎繁重等问题，在过往的日常巡视工作中必须由两人以上共同执行隧道巡检工作。疫情暴发期间，保电运维作为抗击疫情的重点后备保障工作，一方面需要加大巡检力度提高巡检质量，另一方面也要避免工作人员在高强度工作接触中的交叉传染。联通 5G 智能电力巡检机器人临危受命，自上岗无故障、无调休、无替代地为国网杭州供电公司完成隧道巡检工作，为疫情防控保驾护航。

该巡检机器人依托 5G 大带宽、低时延特性，搭载 4K 超高清摄像头、红外摄像头、温湿度探测仪、危险气体检测器等多种设备，巡检人员在几十千米外的控制中心部署的巡检平台即可全面实时查勘现场情况。通过人工智能算法预警预判，及时发现线路隐患，减少线路故障，大大降低了输电线路风险发生的概率，确保电网安全。在这场疫情阻击战中，巡检机器人提高了电力巡检工作效率，减少了人工巡检频率，保障了疫情中电力供应。

2. 5G 智慧医疗行业解决方案

1）行业现状与发展趋势分析

随着全球人口老龄化的不断加剧和医疗资源的日益紧张，各国政府和民众都越来越重视健康产业，推动着国家各大医疗政策的落地与改革。据相关数据显示，2016—2019 年全球智慧医疗服务支出年复合增长率约为 60%。当前国内医疗行业资源发展不平衡、不充分与人民健康需求之间的矛盾仍然较为突出，面临医疗卫生资源相对稀缺、人口老龄化加快、慢性病患者增多等挑战巨大。随着技术的进步和经济条件的改善，人们生活方式的改变和健康意识的增强，本就稀缺的医疗资源越发难以满足市场的旺盛需求，获得更好的医疗资源的需求会催生远程医疗产业的壮大[66]。

因此党的十九大报告将"实施健康中国战略"作为国家发展基本方略中的重要内容，"分级诊疗"成为"十三五"时期医疗卫生改革的首要任务，国务院印发《"十三五"深化医药卫生体制改革规划》《关于促进和规范健康医疗大数据应用发展的指导意见》等一系列促进医疗改革和医疗信息化文件，大力推行医联体和远程医疗，利用信息技术手段推进分级诊疗、提升院间诊疗和教学互动水平，积极推动5G技术、云计算、大数据和人工智能在医疗中的应用，已经发展成为国家战略，这是对基于时间和空间界限的传统医疗体系的颠覆[7]。当前，我国5G智慧医疗的发展尚处于起步阶段，在顶层架构、系统设计和落地模式上还需要不断完善，但是5G医疗健康前期探索已取得良好的应用示范作用，实现了5G在医疗健康领域包括远程会诊、远程超声、远程手术、应急救援、远程示教、远程监护、智慧导诊、移动医护、智慧院区管理、AI辅助诊断等众多场景的广泛应用。

2020年，新冠肺炎疫情暴发，远程医疗和互联网诊疗在疫情的防控中发挥了重要作用。以5G网络为手段，大型医院的优质专科资源面向疫区患者提供互联网医疗服务，在当前抗战病毒时期为患者提供了有效的医疗手段，更好地解决了不聚集就能看病的问题，从患者的日常咨询、到疑似病例的确诊、再到重症患者的研判。疫情期间国家卫生健康委办公厅发布《关于加强信息化支撑新型冠状病毒感染的肺炎疫情防控工作的通知》指出：积极开展远程医疗服务。充分发挥各省份远程医疗平台作用，鼓励包括省级定点救治医院在内的各大医院提供5G网络下的远程会诊、防治指导等服务，借助信息技术下沉专家资源，提高基层和社区医疗卫生机构应对处置疫情能力，缓解定点医院诊疗压力，减少人员跨区域传播风险。加强基础和安全保障。加快基础网络升级改造，保障医疗信息系统平稳运行，确保疫情防控指挥体系稳定畅通。有条件的地方可运用5G等信息技术，提高定点救治医院网络稳定性和传输质量，满足患者救治工作需要。

2）5G医疗行业应用场景及技术需求

5G提出的网络与业务深度融合，按需提供服务的新理念为医疗行业的各个环节带来了全新的发展机遇。通过5G网络能够实现超高速率、极低时延的实时通信，利用5G无线空口的高速通信能力、网络切片技术和精细化的QoS保障提供eMBB大带宽能力高清图像、视频传输能力，支持高清医疗影像快速传输，能保证病人X光片和视频等高带宽图像实时传输至医院，应用于救护车急救途中协同诊治、院间会诊、实时远程手术等场景。医疗与5G无线通信技术、大数据、人工智能等新技术的结合，能够实现患者与医务人员、医疗机构、医疗设备之间数据的互联互通，从而对促进智慧医疗的发展，实现医疗资源均衡共享具有重大意义。

早筛技术、人工智能、医疗机器人等新技术的快速发展为疾病筛查与监测等服务应用提供了培育土壤。据统计，影像设备、体外诊断和高值耗材占据医疗器械市场的前三大部分，而随着医疗器械年复合增长率的提高，为实现实时慢病健康管理及实时急病医疗救助，海量医疗器械对联网的需求越来越多。

5G 无线医疗服务主要包括三大应用场景，一是基于无线采集类的监测与护理类应用，如无线输液、移动护理、患者实时位置监测等；二是基于图像与视频实时交互的诊断指导类应用，如实时远程会诊、无线手术示教等；三是基于力反馈的远程操控类应用，如远程机器人手术等。另外，从医疗机构的使用场景来看，可将 5G 智慧医疗业务分为院前、院内、院间三大主要应用场景，全方位赋能医疗行业。

5G 网络系统主要由 5G 基站无线接入网、核心网、传输网三部分组成。基于 5G 演进验证系统和验证环境，对 5G 关键技术、网络覆盖、边缘速率、用户感知、互操作、业务部署、边缘计算、网管、计费等多方面进行验证；并且针对不同组网性能、网络指标，针对医疗行业不同创新融合应用、不同机构用户提升体验等方面进行试验验证。

现有无线医疗业务较为全面地覆盖了 5G 的三大应用场景。eMBB 场景应用主要有 5G 急救车，给急救车提供广域连续覆盖，实现患者"上车即入院"的愿景，通过 5G 网络高清视频回传现场的情况，同时将患者体征及病情等大量生命信息实时回传到后台指挥中心；还可以完成病患及老人的可穿戴设备数据收集，实现对用户的体征数据做 7×24 小时的实时检测。uRLLC 场景主要应用在院内的无线监护、远程检测应用、远程手术等低时延应用场景。其中，无线监护通过统一收集大量患者的生命体征信息，并在后台进行统一的监控管理，大大提升了现有的 ICU 病房的医护人员的效率。远程 B 超、远程手术等对于检测技术有较高要求，需要实时反馈，消除现有远程检测的医生和患者之间的物理距离，实现千里之外的实时检测及手术。mMTC 场景主要集中在院内，现有的医院有上千种医疗器械设备，对于医疗设备的管理监控有迫切需求，未来通过 5G 的统一接入方式，可实现现有的医疗器械的统一管理，同时实现所有的设备数据联网。

虽然 5G 带宽、速率、时延能满足现有医疗行业的应用场景需求，但是医疗行业还需要融合 5G 切片技术和边缘计算技术且满足行业客户业务、连接、计算、安全等需求的专用网络——医疗专网。医疗专网实际部署需满足以下几点。

（1）运营商公网频谱局域专用。目前可提供虚拟专网和物理专网两种方案，虚拟专网其实就是医疗行业和公众用户共享现有运营商的频谱资源，物理专网则是提供专用的频点给医院建设 5G 网络。

（2）等级化隔离。现有的医院对于医疗数据安全性有迫切需求，因此完成 5G 网络建设要充分考虑医疗行业的数据安全隔离性诉求，现阶段医院对于医疗数据出医院较为敏感，因此希望数据直接保留在本地院内[9]。

（3）定制化服务。现阶段医院内部的业务存在大量的上行大带宽业务，如远程超声，以及大量 IoT 设备上传患者生命体征数据信息，基于现有运营商的网络无法满足现有的上行大带宽，因此需要定制化的灵活帧结构，差异化无线服务满足垂直行业的需求，同时开发丰富的基站站型来满足医院内的各种场景部署。

（4）网络要具备智慧化运营能力，满足现有医院内的设备可管理、业务可控制、业务可视化、故障易排查等能力。

3）5G 医疗行业解决方案

（1）辅助院前。基于 5G 网络急救车的医疗监护设备的数据实时采集、存储与传输，实现随车医生与目标医院、中心医院的多地多专家实时会诊的功能，便于专家实时指导随车医生开展紧急救治，提高急救效率，为急救患者打开绿色生命通道。

（2）5G 智慧急救。基于 5G 网络提供医疗监测服务，及时掌握患者身体状况；在发生紧急情况时，基于 5G 网络开展远程急救，实现院前急救和院内救治无缝对接。

当前，急救医学在我国的发展还处于初级阶段，且农村与城市地区发展极不平衡，诸多地方有待改善，急救医务人员结构不合理、设备配置不足等情况仍较严重，在现场没有专科医生或全科医生的情况下，通过无线网络能够将患者生命体征和危急报警信息传输至远端专家侧，并获得专家远程指导，对挽救患者生命至关重要，同时远程监护也能够使医院在第一时间掌握患者病情，提前制定急救方案并进行资源准备。

基于 5G 网络发挥移动医疗车的移动优势，深入应急救灾现场，实现"现场－急救车－当地医院－支持医院"的连续、实时、多方协作的远程急救。通过 5G 网络实时传输医疗设备监测信息、车辆实时定位信息、超高清音视频实况和患者生命体征监测数据，便于实施远程会诊和远程指导，对院前急救信息进行采集、处理、存储、传输、共享，充分提升了管理救治效率，使急救中心和医院能够提前快速准确获取病情、制定急救方案、及时指导在途救治、部署急救资源，提高了急救治疗效果，优化了服务流程和服务模式，为急救患者打开绿色生命通道。基于大数据技术充分挖掘和利用医疗信息数据的价值，并进行应用、评价、辅助决策，服务于急救管理。

5G 智慧急救如图 7-61 所示。

（3）院内智能运维。通过 5G 网络支持与智能化医疗器械相结合，保障患者安全、药品安全、治疗安全、设备安全等，提升医疗服务水平，增强医院运营效率。

① 可视化医院资产管理。基于 5G 智慧物流机器人平台创建物资供应全流程闭环管理，通过 5G、物联网、云计算等技术，打通物资供应和使用的信息孤岛，使精细化管理贯穿医院物资使用的全流程，所有物资信息"一查到底"。同时，通过研发激光雷达和多传感器混合定位导航模组，实现基于 4G/5G 网络实现室内与室外环境的无缝定位。

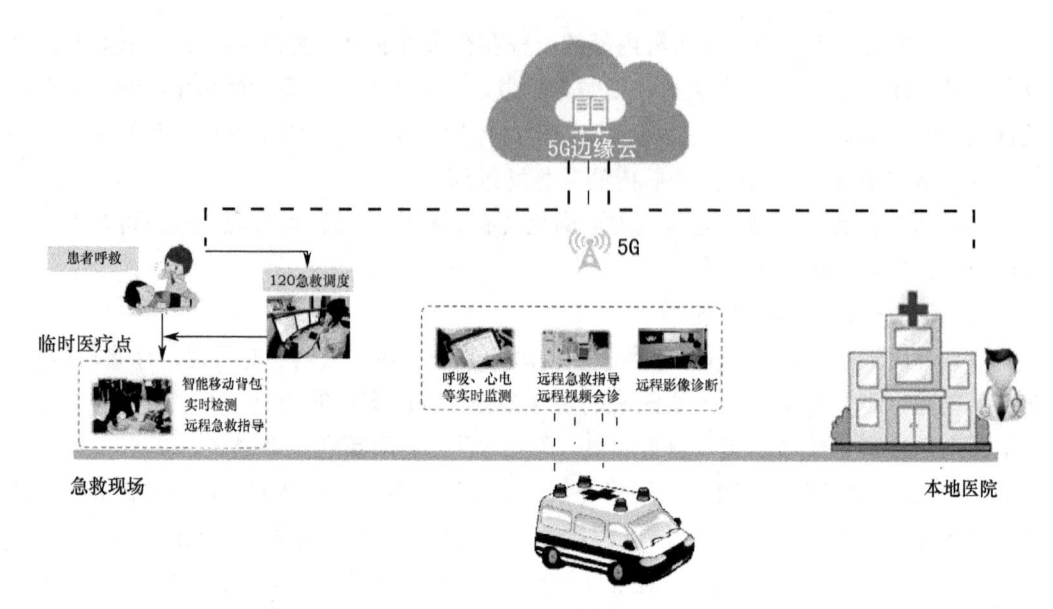

图 7-61　5G 智慧急救

利用 5G 海量连接的特性,构建院内医疗物联网,将医院海量医疗设备和非医疗类资产有机连接,基于"5G+多网融合"的"一张网"架构,结合终端产品和云平台,对医院医护人员、患者、设备等实施精细化管理,提升资产利用效率,降低运维成本,提升服务质量,实现院内设备、人员的信息互通,数据存储、分析与共享,多样化业务应用部署与运行,从而提升管理效率和运营效率,如图 7-62 所示。

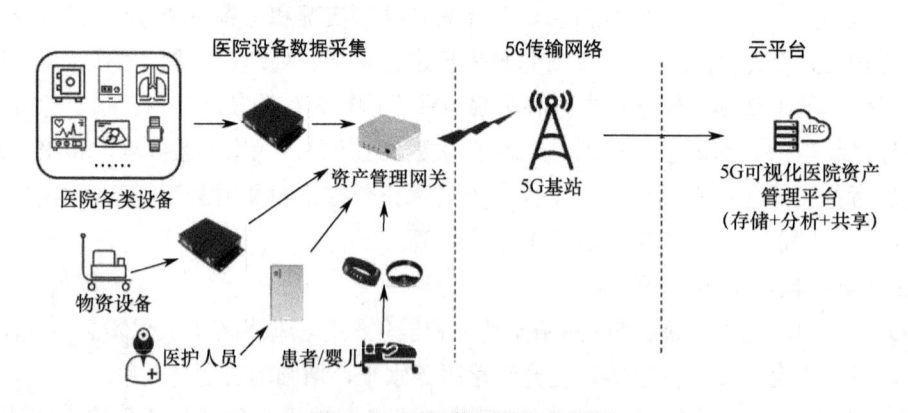

图 7-62　可视化医院资产管理

② 智能导诊。随着医疗体制改革的不断深入,利用现代医疗信息化手段,优化就医流程,让广大患者有序、轻松就医已成为医院提高服务水平的迫切需求。医院通过部署采用"云—网—机"结合的 5G 智能导诊机器人,在 5G 网络覆盖下,通过语音交互、触屏、人脸识别等方式,开展挂号咨询、医事咨询、院内导航、医生查询、智慧安防等多

种服务，适用于医院及卫生服务机构大厅、社区养老服务中心，如图 7-63 所示。5G 智能导诊机器人移动更加安全灵活，交互效率更高；可根据现场回传的视频进行远程实时监控，处理各种紧急情况。

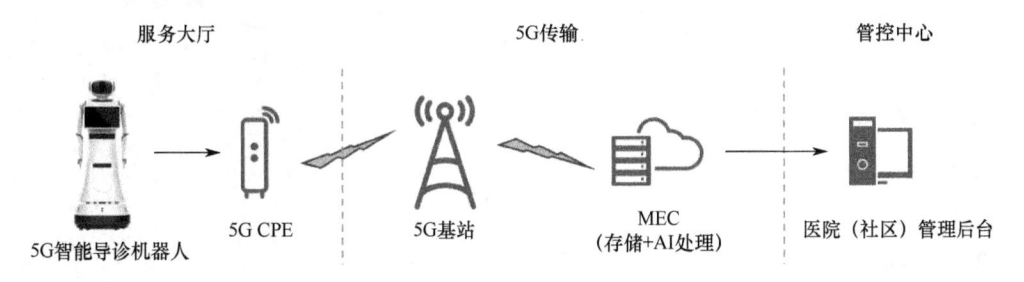

图 7-63 智能导诊

③ 移动阅片。利用 5G 网络连接，医生在查房中使用手持终端，可随时随地访问医疗信息系统，能够实时查看、修改患者的电子病历，查看医疗影像报告，使研讨病情、患者查房等过程更加灵活便捷，实现无纸化办公，如图 7-64 所示。同时，通过在影像云平台上搭载 AI 算法，对采集到的影像进行人工智能辅助诊断，可以快速给出诊断建议，减轻医生工作负担，提高工作效率。

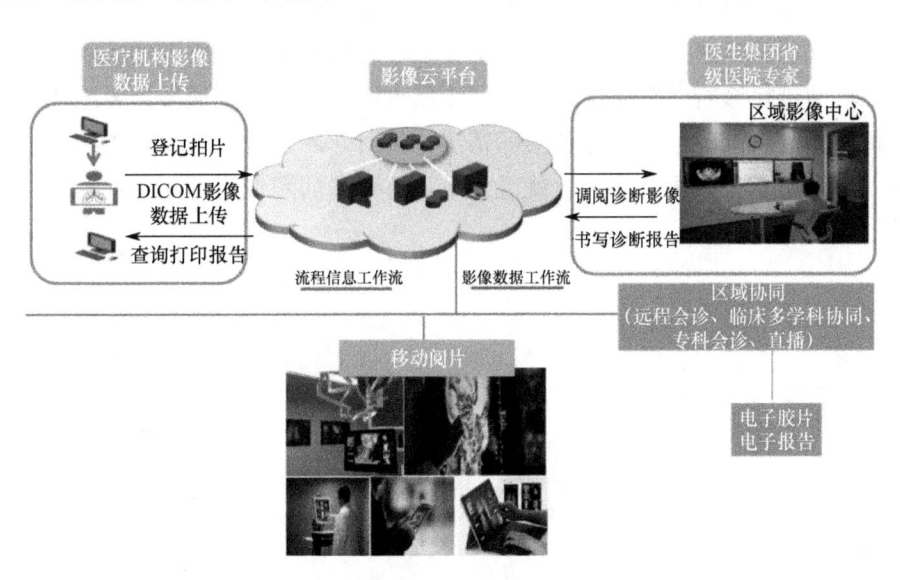

图 7-64 移动阅片

④ 远程机器人查房。医生通过远程控制机器人对患者进行查房，可以显著提升工作效率。医疗联合体内大型医院医疗专家可以对基层小型医院收治的患者进行远程查房，实现优质医疗资源下沉，提高医疗服务水平。产品基于 5G 网络传输高清视频及影像报告，画面清晰度更高且不会出现卡顿或明显时延，医患间沟通交互体验更好；集成了人脸识

别等智能算法，使患者信息自动调取和更新、遗漏自动提醒，查房更加便捷，如图 7-65 所示。

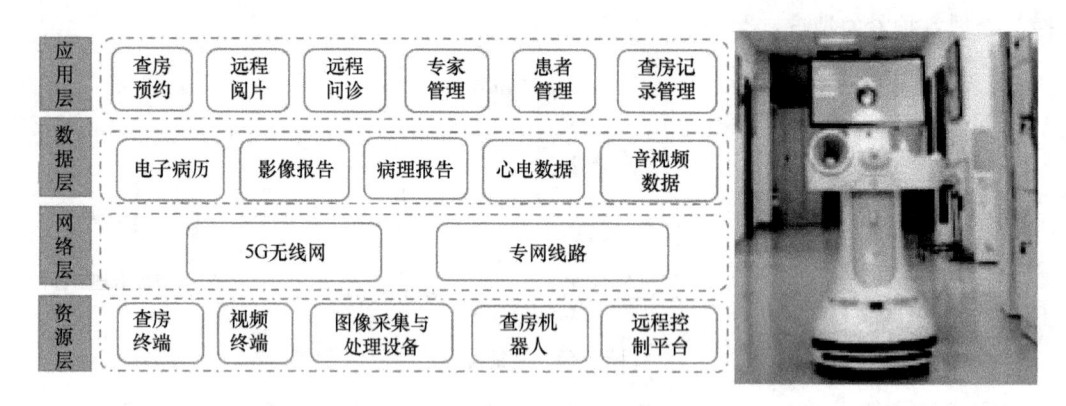

图 7-65 远程机器人查房

（4）远程院间协同。借助 5G 网络大力发展智慧移动医疗服务，如远程医学示教、机器人超声、远程影像诊断等，可以缓解医疗资源分配不均、地区经济发展不均、交通条件受限等问题。

① 远程高清视频会诊。如图 7-66 所示，医生通过患者端传输过来的高清视频及从医疗云下载的医疗影像、电子病历，全方位了解患者病情，与现场医生开展实时远程会诊，辅助进行诊断。在会诊过程中，专家可通过远程控制调整患者端的摄像头角度及焦距，更清晰准确地查看患者实际情况。同时，可通过 AR/VR 眼镜混合虚拟现实功能，整合患者各类影像报告及就医记录，对传输的图像进行指点、标注，实现精准指导。

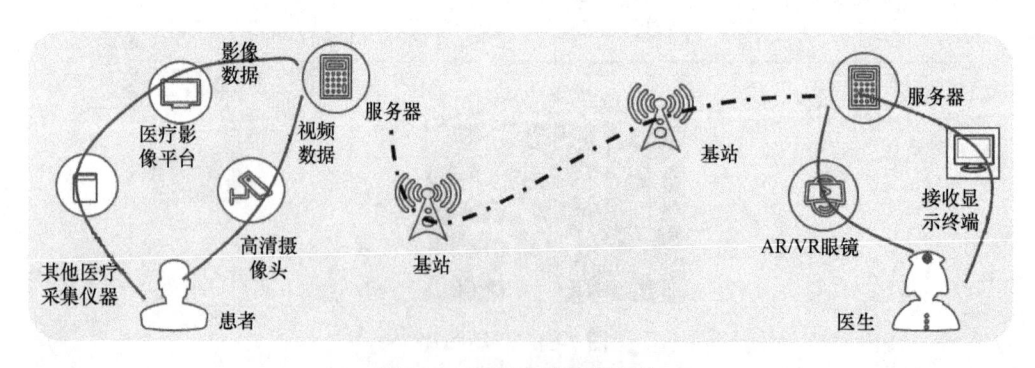

图 7-66 远程高清视频会诊

② 远程医学示教及指导。5G+4K 远程医学示教采用了 5G 技术，通过中心云+边缘云的部署方式，可按照实际场景需求在直播教学的同时兼顾信息安全保密，支持院内直播、同一地区医共体内部直播、跨区域远端直播、重大会议现场转播等多种应用场景，

让医学示教突破空间限制；采用 H.265 视频编解码技术，最大可支持 2 路 1 080P 全高清和 4 路 4K 超高清画面的同步传输，可在保证远程教学画面质量的同时，降低教学视频存储所需空间；支持包括生命体征监护仪、超声机、OCT、DSA、手术机器人等多种医学设备接入，采集手术视野画面、手术室全景画面等，远端用户可选择切换某一路画面，灵活控制[67]，如图 7-67 所示。

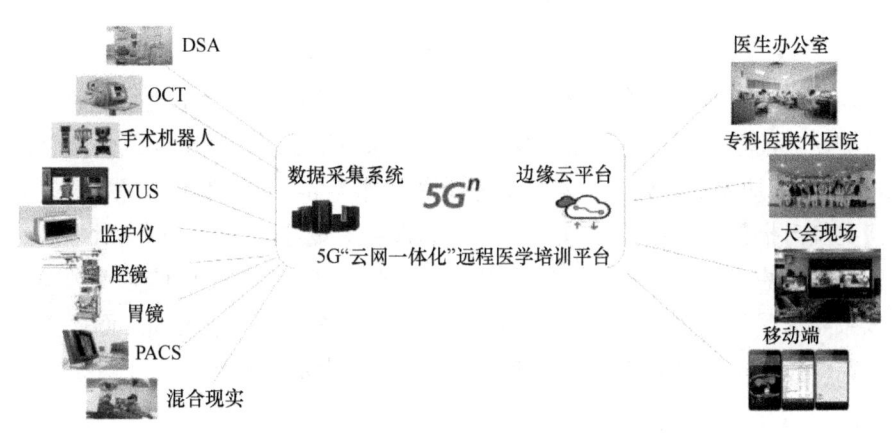

图 7-67　远程医学示教及指导

采用 5G 技术，通过数据采集系统实现手术室内多路高清、超高清影像及医疗数据的同步集中回传，利用医疗云平台，可对院内医生办公室、专科医联体医院等进行双向会诊、直播，可实现面向公网的大会现场和移动端的直播/转播。同时，借助 AR/VR 系统完成智能化实时手术指导服务，提高手术沟通效能，降低高危手术难度。手术现场医生可以通过高清视讯设备和远端会诊专家或学员进行视频实时交流，远端医疗专家或学员可以同步看到手术环境和患者实时的医疗信息。

③ 远程影像会诊。5G 远程超声 AI 辅助诊断通过 5G 网络和 AI 算法能力，帮助基层医生提高医技诊断水平，辅助医生临床诊断。基于 5G 网络的大带宽和低时延的特点，基层和上级医院专家的超声图像传输延迟控制在 10ms 以内，专家第一时间掌握基层患者的实时医疗影像，并在 AI 的辅助判断下提供更加专业的指导意见，辅助基层医生提高医技水平。

患者端医生将静态心电图和医学影像等医疗检查信息上传到远程医疗平台，医疗专家通过移动医疗终端从远程医疗平台获取医疗检查信息并出具诊断意见报告，然后再回传到远程医疗平台供下载使用，从而实现远程辅助诊断，如图 7-68 所示。相比传统诊断，远程影像辅助诊断借助移动医疗终端利用医疗专家碎片化时间开展医疗服务，充分发挥了优质医疗资源的服务效力。产品基于 5G 网络传输数据，数据传输效率更高，数据安全性得以保障，体验更好。

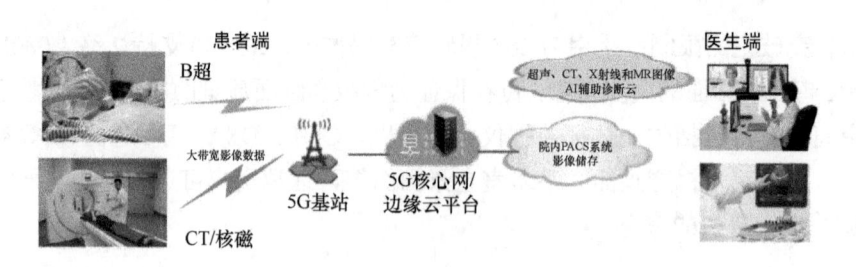

图 7-68　远程影像会诊

④ 远程监护。利用 5G 技术辅助医疗监护，对患者的生命体征进行实时、连续和长时间的监测，并将监护仪、呼吸机等医疗设备获取的生命体征数据和危急报警信息通过 5G 网络传送给医护人员，通过引入人工智能算法或产品，对采集数据进行智能分析，如有异常情况及时报警，如图 7-69 所示。通过远程监护系统，医生可以一对多同时监护多个重症监护室，患者的电子病历、影像报告等信息，以及全方位的监控视频和仪器数据以高清效果实时呈现给监护端；医生可以通过远程监护系统与患者面对面交流，了解患者最新情况；患者也可以向值班医生和护士实时咨询或发出预警。

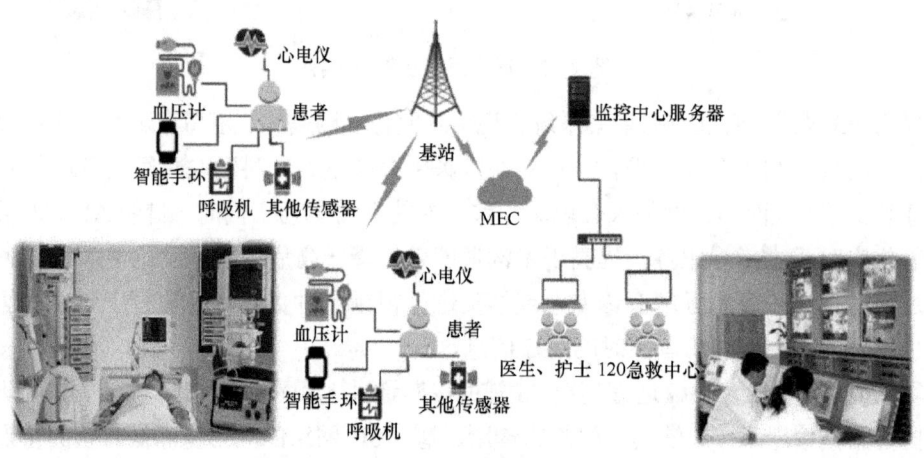

图 7-69　远程监护

⑤ 远程病理诊断。通过 5G 提供便捷的组网连接和大带宽的上行速率，实现远程病理会诊中的核心内容——全载玻片成像（Whole Slide Imaging，WSI）的快速无损上传，可有效解决医院现有网络条件较差导致的传输慢、系统体验差、用户不愿使用的弊端。WSI 的快速无损上传，可提高远程病理会诊时效，特别适用于远程术中冰冻这种实时性要求较高的场景，为基层医院准确高效开展手术业务提供了技术保障，如图 7-70 所示。

第 7 章　5G 融合创新应用

图 7-70　远程病理诊断

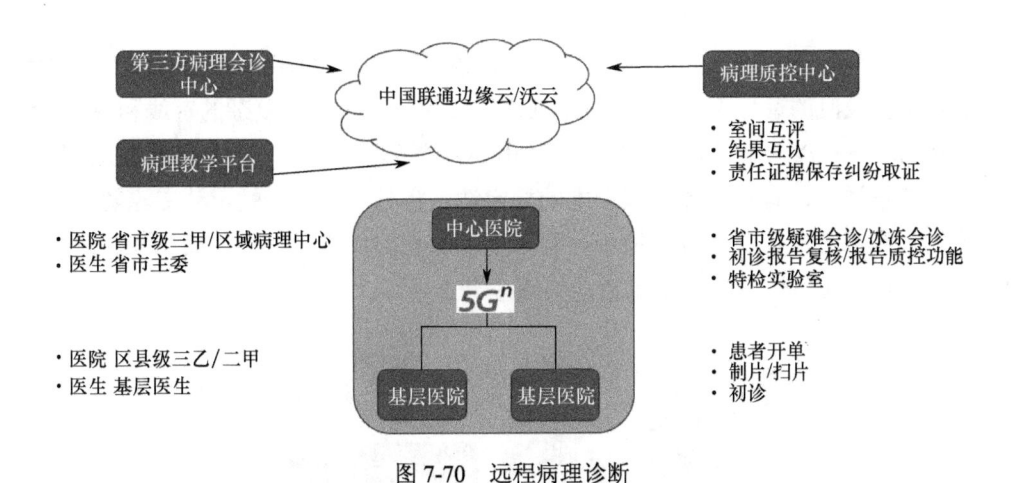

⑥ 远程机器人超声。远程机器人超声由远端专家操控机械臂对基层医院的患者开展超声检查，可应用于医联体上下级医院及偏远地区对口援助帮扶，提升基层医疗服务能力。医疗专家根据患者端视频和力反馈信息，远程操控机器人开展超声医疗服务。视频交流通过医生端和患者端的摄像头及超声影像实现，力反馈信息通过患者端机器人机械臂传感器采集和反馈实现，远程操控通过操作摇杆完成，如图 7-71 所示。

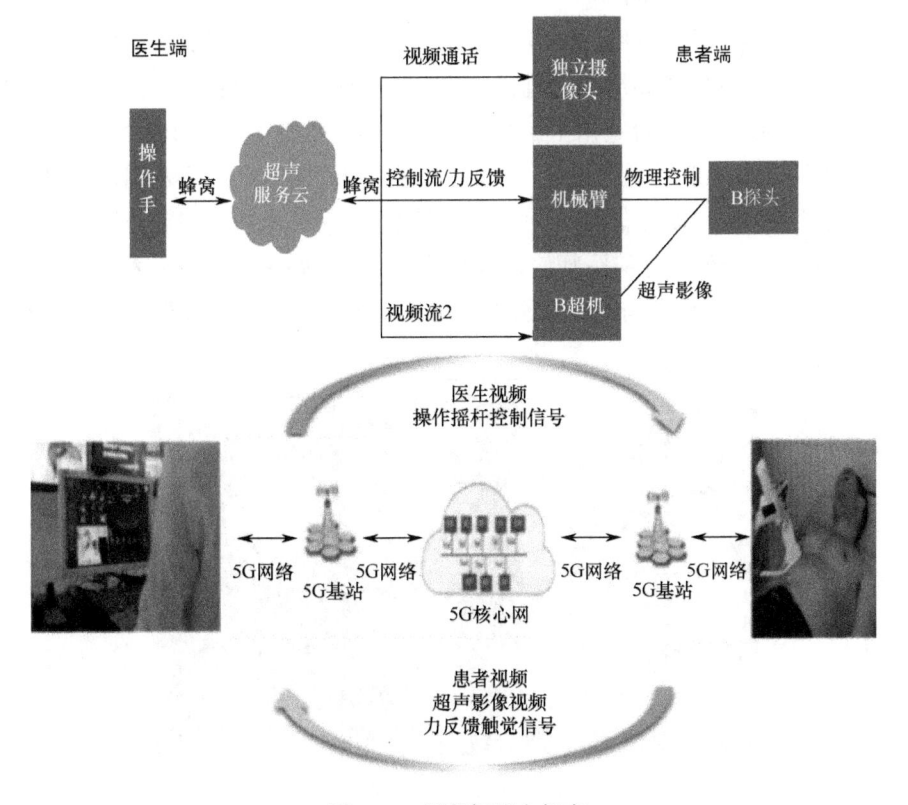

图 7-71　远程机器人超声

⑦ 远程手术。利用医工机器人和高清音视频交互系统，远端专家可以对基层医疗机构的患者进行及时的远程手术救治。5G 网络能够简化手术室内复杂的有线和 WiFi 网络环境，降低网络的接入难度和建设成本。利用 5G 网络切片技术，可快速建立上下级医院间的专属通信通道，有效保障远程手术的稳定性、实时性和安全性，让专家随时随地掌控手术进程和患者情况，实现跨地域远程精准手术操控和指导，对降低患者就医成本、助力优质医疗资源下沉具有重要意义，如图 7-72 所示。

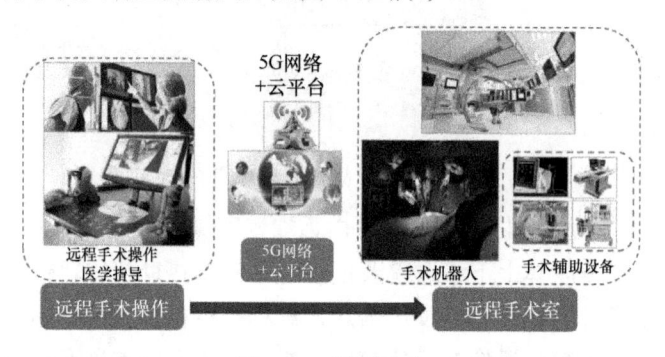

图 7-72 远程手术

4）5G 医疗行业应用案例

（1）华山医院 4K 手术直播。2019 年 4 月，上海华山医院基于联通 5G 开展垂体瘤内镜手术及显微镜手术的 4K 高清即时直播。手术地点设在华山西院，一台是由陈亮教授主刀的垂体瘤内镜手术，另一台是由王镛斐教授主刀的显微镜手术。随着 20km 外华山医院西院手术室里两台高难度手术的进行，通过 5G 网络传输的超高清手术图像实时地被传到主会场内，在主会场的 4K 屏幕前，华山医院毛颖教授对手术的关键部分进行了详细讲解和指导，近 60 位神经外科专科医师培训基地的学员"零距离"观摩手术过程，聆听顶尖专家的专业讲解，没能到现场的专家医生也可以通过移动终端在线观看整个手术过程，如图 7-73 所示。

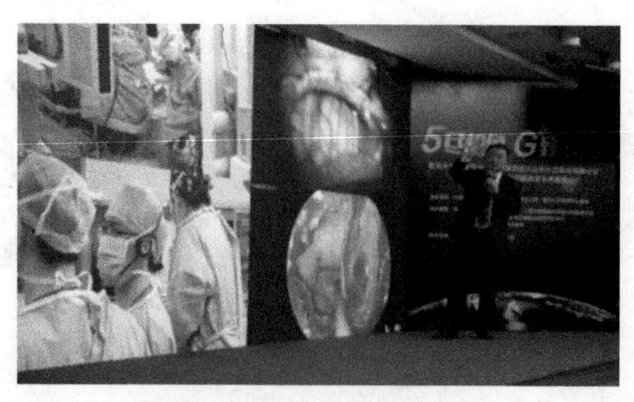

图 7-73 华山医院 4K 手术直播

(2)"一带一路"跨国手术直播。2019年4月,在第4届巴基斯坦国际心脏病学会年会上,北京阜外医院专家受邀在青岛阜外医院成功进行了心脏介入手术5G直播。这是中国首次向"一带一路"国家现场跨国直播心脏介入手术,如图7-74所示。

本次手术直播的技术方案由中国联通与青岛联通精心设计完成,针对医院手术室的无线信号覆盖的特征,通过部署5G数字化室分系统,打造面向智慧医院的3G/4G/5G共模网络,单用户速率可超1Gbps。本次5G网络与手术直播平台的打通互联,是5G数字化室分实现的首个行业应用部署,是对5G时代面向智慧医院场景下网络覆盖方案的全新探索,为未来智慧医院的构想提供了可靠的技术保障。

(3)海峡两岸手术直播。2019年5月,宁波市第一医院心律失常诊疗中心首次通过中国联通5G网络技术,携手台湾亚东纪念医院联合进行了左心耳封堵手术高清直播,如图7-75所示。这不仅是浙江省首次将5G成功用于医学交流,更是5G首次联通海峡两岸,并用于心脏手术高清直播。

图 7-74 "一带一路"跨国手术直播   图 7-75 海峡两岸手术直播

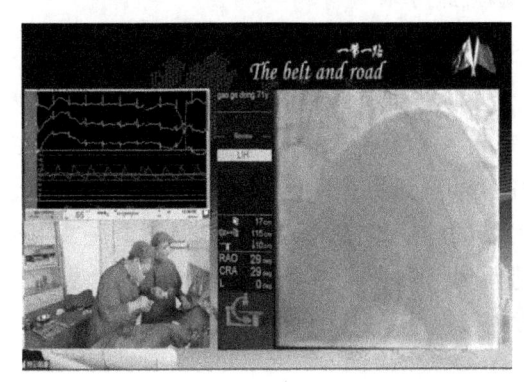

与传统手术直播相比,本次手术宁波联通在第一医院开通5G基站,并根据手术室无线覆盖的特性进行了信号优化,使得直播画面清晰稳定、流畅无卡顿。本次活动是海峡两岸首次通过5G网络实现远程手术直播和互动。此次会议带动了两岸的医学技术交流,也促进了海峡两岸的情感沟通。

(4)多中心远程协同手术。2019年3月,北京清华长庚医院与相距2 200km的深圳市人民医院,通过5G网络实现无延时直播。

深圳市人民医院肝胆外科日前接治了一例复杂肝脏肿瘤患者,由于病情危重,手术难度较高,特向国际知名肝胆外科专家董家鸿求助手术策略及手术现场指导。替代以往专家往返现场指导的模式,京深两地医生本次通过混合现实手术规划系统,直接对患者病灶位置、病灶与肝内血管的解剖进行线上精准评估,同时对手术的方式、路径、技术要点进行了精确设计。经过充分的术前讨论,手术过程中得益于5G网络的大带宽、低延时优势,两地实时共享手术高清画面,董家鸿院士在手术视野上进行诊查,对目标病灶进行确认，对手术路径予以标注，通过线上的无缝互动实现对深圳市人民医院肝胆外科医生的指导，如图 7-76 所示。

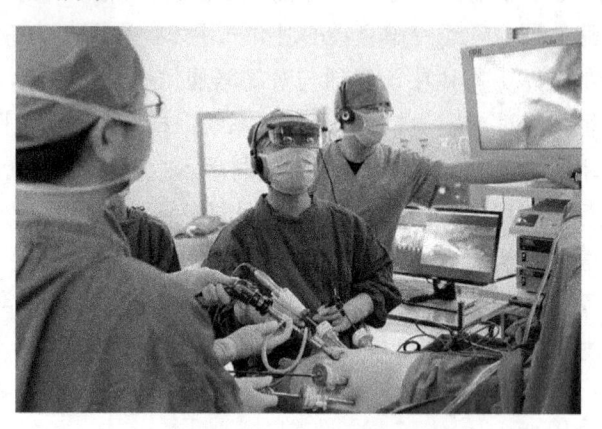

图 7-76 多中心远程协同手术

（5）广东首例远程机器人超声。2019 年 5 月 6 日上午，广州市第一人民医院联合中国联通成功开展全省首例 5G 远程超声诊断。一场原本需要跨越 60km 才能实现的诊断，通过 5G+AI+4K 技术，只用了短短 20 分钟就完成了诊断全过程。在现场可以看到，远在南沙院区影像室的患者平躺在 AI 远程超声设备旁，在越秀主院区，影像科专家胡医生通过一台 AI 超声机械臂和 4K 摄像头对患者进行实时诊断操作，如图 7-77 所示。在 5G 网络下，远程超声设备可以在患者的腹部表面进行灵活扫查，患者的每一个细节都清晰、流畅地展现在医生眼前。通过中国联通 5G 网络传输，相隔几十千米的两个院区间实现了医生端到患者端的全程极速同步。

图 7-77 广东首例远程机器人超声

（6）多点协同远程机器人手术。2019 年 9 月，解放军总医院联合中国联通进行"多点协同 5G 远程机器人手术"。在本次实验中，专家团队分别位于相隔 1 100km 的北京和苏州两地，北京专家通过中国联通 5G 网络操控手术机器人，为苏州手术室的实验动物相继实施肠切除和肝切除手术，手术期间通信时延低于30ms，机械臂响应及时稳定，实验动物的生命体征平稳。这是世界上首例多点协同5G远程机器人手术实验，为未来机器人网络系统协同操作远程手术奠定了技术框架。

（7）5G移动卒中车三方会诊。2019年5月16日，张家口市北方学院附属第一医院出诊的移动卒中车通过中国联通5G网络，与远在北京的脑血管病专家实现了信息互通和音视频互联，移动卒中车内和一附院内的4K高清视频、CT影像信息、电子病历信息等数据实时传输到会诊现场，专家实时进行远程急救指导和远程会诊，如图7-78所示。患者在转运过程中就能及时做出筛查及诊断治疗，将救治工作由院内转到院外，治疗"前移"，极大地保障了患者的生命安全，降低了死亡率和致残率。

基于5G技术的移动卒中车应用正式落地，这一重大突破将为前移急性脑卒中溶栓窗提供快捷、稳定、精准的技术保障。"5G卒中急救"模式极大地缩短了危急病患的急救时间，提高了救治效果。移动卒中车应用的落地预示着中国联通5G在行业应用的又一次成功探索，将为我国的疾病筛查和卒中急救带来极大的便利，可为冬奥等重大活动提供相应的应急保障。

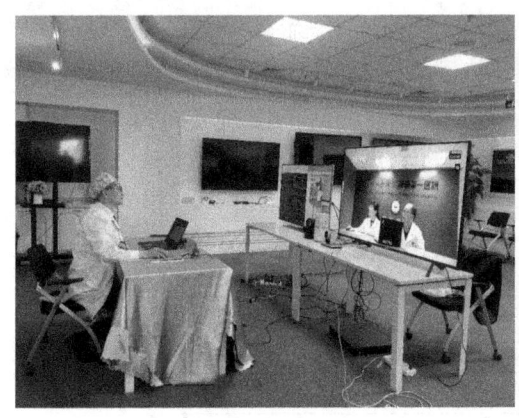

图 7-78　5G 移动卒中车三方会诊

（8）冬奥会省级卫生应急专家队伍综合演练。2019年12月10日至12月12日，河北省卫生健康委员会应急办与河北省疾病预防控制中心、河北省委综合监督服务中心、河北省胸科医院、河北省鼠疫防治所一同在张家口崇礼区翠云山银河滑雪场举行了冬奥会省级卫生应急专家队伍综合演练，如图7-79所示。中国联通作为2022年冬奥会和冬残奥会唯一官方通信合作伙伴，全程保障5G网络覆盖，并联合张家口赛区急救保障指定医院——河北省胸科医院顺利完成5G智慧急救应用演练。在现场温度-16℃极寒天气下成功实现急救车—演练指挥车—河北省胸科医院远程会诊中心三点的实时数据传输，确保医疗数据传输和高清视频会诊流畅稳定，为冬奥演练提供有力保障。

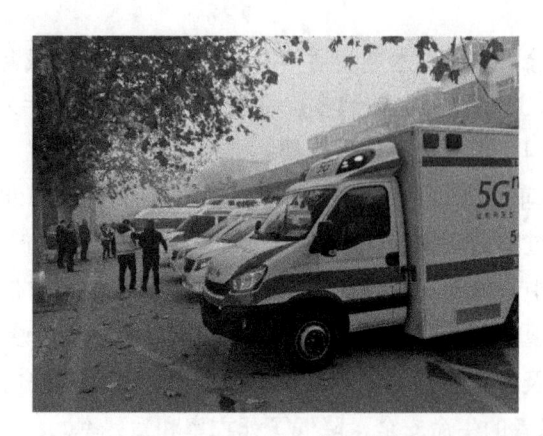

图 7-79　冬奥会省级卫生应急专家队伍综合演练

3．5G 智慧交通行业解决方案

1）行业现状与发展趋势分析

我国交通建设发展迅速，取得了巨大成就。高速公路的建设，由 1996 年的 5 300km，增加到 2017 年的 136 000km，如图 7-80 所示。2018 年，中国汽车保有量达到 2.4 亿辆，驾驶人达到 4.09 亿人；道路的监控系统、收费系统及通信系统基本形成，并逐渐向数字化、自动化及智能化升级演进；交通的基础设施网络初步形成，ETC 全国联网，新能源汽车推广加速。

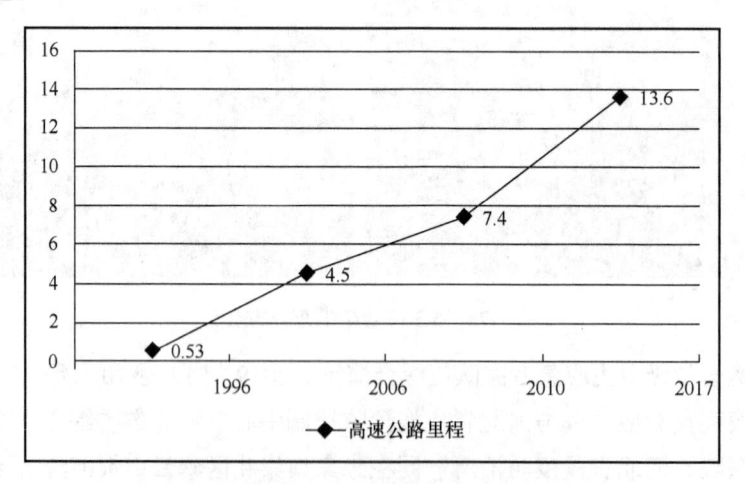

图 7-80　中国高速公路发展里程（单位：万千米）

然而目前的交通系统仍然存在很多问题，主要包括出行安全、交通效率及绿色环保三个方面。其中，交通安全与交通效率尤为受到关注。根据国家统计局发布的 2014—2017 年交通事故统计，如图 7-81 所示，中国交通事故发生率一直居高不下，其中 2017 年发生交通事故 203 049 起，造成的死亡人数达 63 772 人，直接财产损失 121 311 万元。据高德发布的《2018 Q2 中国主要城市交通分析报告》，北京作为中国十大堵城榜首，高峰拥堵延时指数为 2.095，平均车速为 22.4km/h。根据中华人民共和国生态环境部发布的《中国机动车环境管理年报（2018）》，2017 年全国机动车 4 项污染物排放总量初步核算为 4 359.7 万吨。

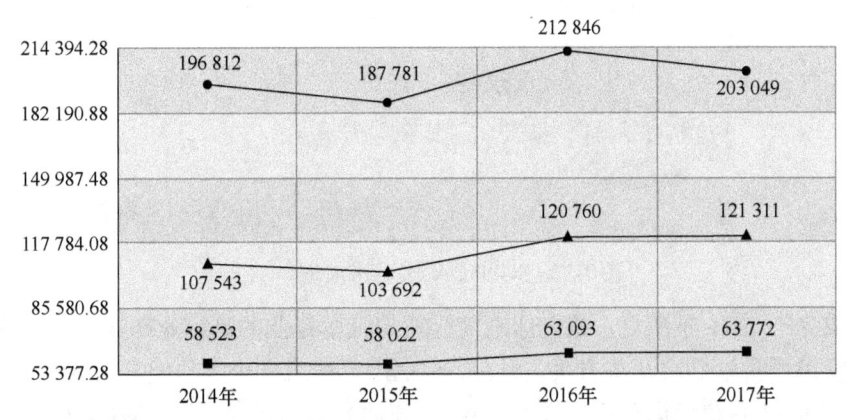

图 7-81　国家统计局 2014—2017 年交通事故统计

国家层面高度重视车联网行业，国家近期发布一系列相关政策，支持智慧交通的建设与发展。智慧交通建设已经成为我国"十三五"规划的重要内容。2017 年，中华人民共和国国务院关于印发的《"十三五"现代综合交通运输体系发展规划》中，明确指出要"开展新一代国家交通控制网、智慧公路建设试点，推动路网管理、车路协同和出行信息服务的智能化"。在中华人民共和国交通运输部（简称交通运输部）印发的《交通运输信息化"十三五"发展规划》中表示"信息化是实现智慧交通的重要载体和手段，智慧交通是交通运输信息化发展的方向和目标"。2018 年，交通运输部发布《关于加快推进新一代国家交通控制网和智慧公路试点的通知》，要求在北京、河北、吉林、江苏、浙江、福建、江西、河南、广东 9 省市开展车路协同、高精度定位、交通控制网建设等一系列智慧交通试点工作。2017 年，中华人民共和国交通部发布关于印发《智慧交通让出行更便捷行动方案（2017—2020 年）》的通知，旨在推动企业为主体的智慧交通出行信息服务体系建设，促进"互联网+"便捷交通发展。在国家政策牵引下，目前全国也涌现出包括北京、上海、重庆、无锡、常州、长沙等大量示范区，进行智慧交通车路协同的业务应用示范。

在车联网标准方面，3GPP 作为国际的通信标准组织，分别在网络架构（SA2）、安全（SA3）及无线接入（RAN）各小组立项开展 V2X 标准化研究。3GPP V2X 研究主要分为三个阶段，目前正在进行第三阶段 NR-V2X 标准技术研究，主要是在 R15 中完成对 NR-V2X 技术的研究（SI 阶级），并在 R16 中完成对 NR-V2X 的标准化（WI 阶段）[10]，如图 7-82 所示。

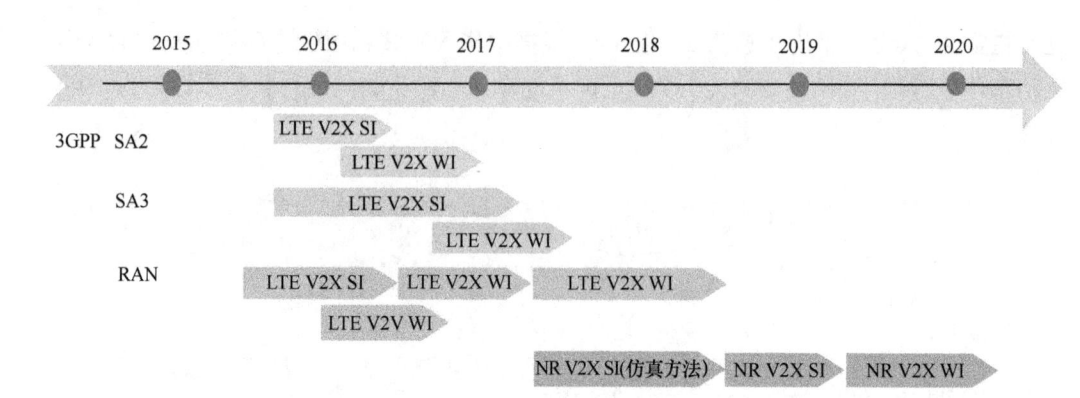

图 7-82　3GPP C-V2X 标准演进

5GAA 成立于 2016 年 9 月，是全球电信行业与汽车行业的跨行业产业联盟，旨在研究未来移动交通服务端到端解决方案。目前，5GAA 已成立 7 个工作组，包括 WG1 业务场景和需求、WG2 系统架构和解决方案、WG3 评估方法和试验试点、WG4 行业标准化和频谱、WG5 商业模式和市场策略、WG6 监管和公共事务及 WG7 安全和隐私，如图 7-83 所示。另外，针对特殊需求，5GAA 也会成立跨工作组的项目。

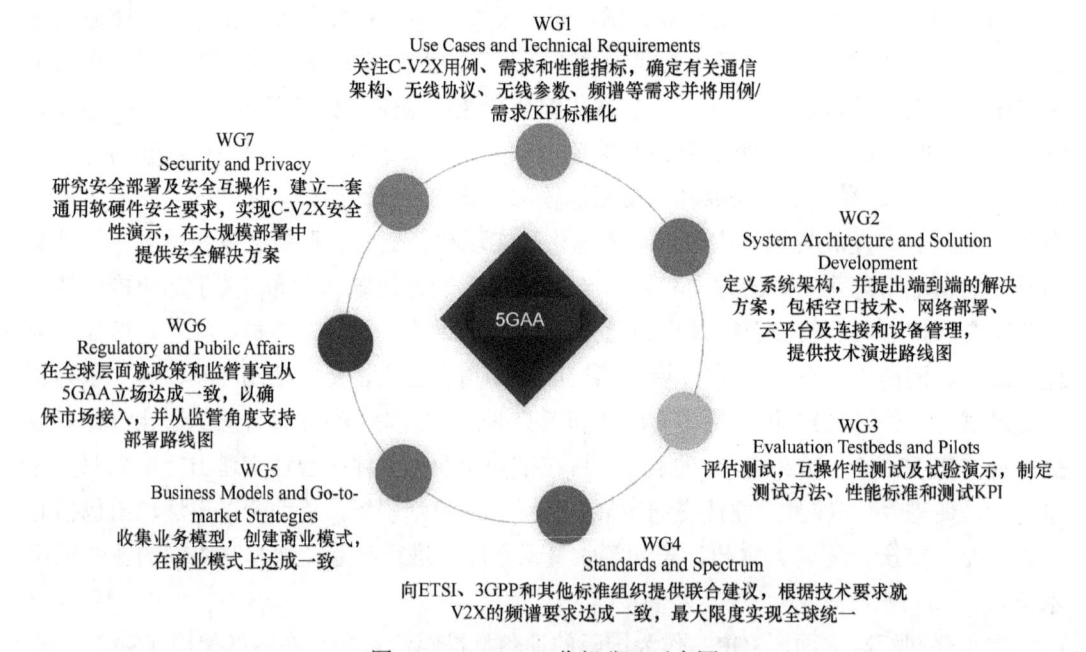

图 7-83　5GAA 工作组分工示意图

中国各标准组织也正在加快推进智慧交通相关技术标准化。中国通信标准化协会（CCSA）、全国智能运输系统标准化技术委员会（TC/ITS）、中国智能交通产业联盟（C-ITS）、车载信息服务产业应用联盟（TIAA）、中国汽车工程学会（SAE-China）及中国智能网联汽车产业创新联盟（CAICV）等都已积极开展 C-V2X 相关研究及标准化工作。

第 7 章　5G 融合创新应用

在频谱方面，2018 年工信部印发的《车联网（智能网联汽车）直连通信使用 5 905—5 925MHz 频段管理规定》中指明"规划 5 905～5 925MHz 频段作为基于 LTE-V2X 技术的车联网（智能网联汽车）直连通信的工作频段"。

目前，智慧交通各产业链均已成熟，涉及通信芯片、通信模组、终端设备、整车制造、平台与运营、前期与测试及高精度定位和地图等，在各方面都已形成一定规模的竞争与合作共存的态势。IMT2020 C-V2X 工作组总结了车联网产业地图，如图 7-84 所示。

图 7-84　C-V2X 车联网产业地图

产业化路上，在国家政策的大力引导下，车联网标准体系基本建成，通信企业、主机厂、互联网企业均推智慧交通相关产品，已完成多种安全、效率及信息类的应用开展，产业链中的芯片、终端、平台、应用等元素构成闭环系统。同时，全国各地均在开展车联网的业务示范和应用，但由于车联网建设前期投资成本高，同时商业模式不明晰，因此当前车联网产业进展仅止步于业务能力示范，而商业化进展缓慢。车联网产业的进一步发展仍存在以下问题。

（1）车联网模组/设备需要持续演进。目前，车联网模组主要以 LTE Uu+LTE-V2X PC5 为主，随着 5G 的全面商用，车联网作为 5G 的一个重要场景，将一进步推动网联化自动驾驶的发展。同时，C-V2X 也在从 LTE-V2X 向 NR-V2X 演进，NR-V2X 将更为车联网提供更多的业务场景。另外，安全通信成为车联网关注的重要方案，基于加密技术的模组终端将是车联网发展的必然趋势。

（2）车联网应用场景较为单一。目前，C-V2X 的应用开发主要以《合作式智能运输系统 车用通信系统应用层及应用数据交互标准》规定的 17 个业务场景为主，而实际应用的又是其中的少数，多数的业务场景受基础设施建设、终端渗透率、互联互通等因素影响，没有得到充分的开发应用。

（3）缺乏统一的综合管理运营平台建设。当前车联网业务仍以小规模的演示为主，基础设施运维管理平台由设备厂家提供，业务应用平台根据测试和演示需求开发，跨平台的融合是当前的难点。建立城市级的 C-V2X 车联网业务应用平台，定义平台功能及接口规范，有利于促进车联网产业化进程。

（4）亟须建设公共车联网测试集及数据库。车联网的部署和应用规划，需要大量测试作为支撑，而目前车联网测试范围较小，仅包括模组、设备测试及小范围的业务验证，且数据只掌握在设备厂家及少量应用开发商手中，缺少大规模数据库作为支撑。

2）5G 交通行业应用场景及技术需求

（1）智慧交通总体架构。通过交通网、信息网、能源网的"三网合一"，基于智能驾驶汽车等新型载运工具，实现车车、车路智能协同，提供"车路云"协同的一体化智能交通服务。如图 7-85 所示，在新型交通体系中，路端实现基础设施全面信息化，构建全方位数字化镜像映射交通系统；车端实现交通工具智能化，建立智能驾驶系统、智能物流系统；云端实现智能交通的一体化管控，包括大数据的收集、共享、分析，以及全局交通动态的智能管控等。其中，车联网、物联网及 5G 都发挥了重要作用。

图 7-85 "车路云"协同一体化智慧交通体系

第 7 章　5G 融合创新应用

未来智慧交通将是智能的立体化架构,包括终端层、网络层及平台应用层,如图 7-86 所示。终端层,即基础设施层,是智慧交通的神经末梢,实现道路的全面感知与检测,同时实现感知数据的结构化处理;网络层,是基础设施层与平台应用层连接的管道,一方面,将基础设施的结构化数据上传到平台应用层;另一方面,根据不同的业务需求提供隔离的网络资源。平台应用层,是智慧交通的大脑,实现连接管理、业务及应用服务。通过"端—管—云"的架构,实现地面交通在云端的数字孪生映射,利用人工智能实现快速、高效的智慧交通业务应用。

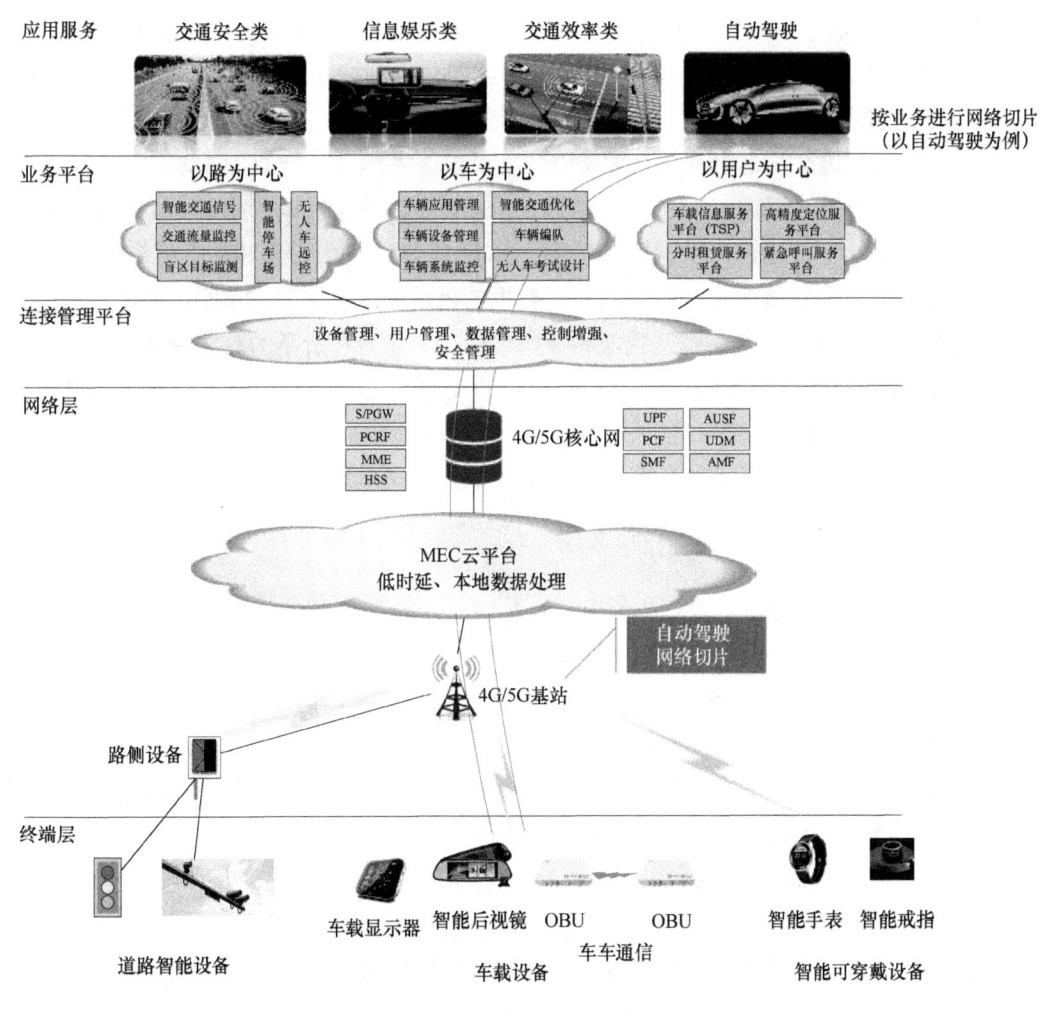

图 7-86　智慧交通架构体系图

综上所述,从通信的角度,构建智慧交通的关键技术包括 RSU 部署、边缘云、网络切片、网络安全、交通设施信息化、人工智能及平台的分层部署。

(2)智慧交通关键技术。

① RSU 部署。3GPP 标准中定义了 RSU 支持 V2X 通信,可实现交通和路况信息的收集和播发。根据目前工信部发布的频谱规定,RSU 占用 5.9GHz 的 20MB 带宽,最大发射功率为 29dBm,覆盖范围依据环境不同在 100~1 000m 范围内。而实际中,RSU 可以搭载更多的功能,包括 5G 通信和云平台。RSU 集成 5G 通信,可实现与大网的实时互动,满足上层应用平台对数据的收集、分析和处理;同时 5G 与 C-V2X 联合组网可构建广覆盖与直连通信协同的融合网络,保障智慧交通业务的连续性。通过分析,RSU 与 5G 蜂窝结合,密集城区一个基站可支持 4 个 RSU 的数据回传。另外,RSU 可实现对路边感知设备(摄像头、雷达等)信息的格式转换和结构化处理,实现数据的回传、处理和分析,并搭载简单的业务应用。

② 边缘云。边缘云是一种具有大带宽、低时延、本地化等特点的技术,可在各类移动网络边缘提供服务环境和计算能力,通过平台功能下沉靠近移动用户来减少网络操作和服务交付的时延[12]。边缘云可以满足车联网技术超低时延、超大带宽和超高可靠性的要求。车联网业务是边缘云的典型应用场景之一。数据的就近处理和下发在车联网的应用中极为重要,边缘云不仅可以降低时延,也能减少网络回传的压力和所需的数据带宽[13]。

在实现业务和管理分层的同时,各级平台的互联互通也是建设智慧交通的关键。下层平台对上级平台及时报告、上级平台对下层平台动态配置,尤其是 RSU 部署在不同的场景(如十字路口、高速公路),其平台功能也有所不同,通过上层的边缘云平台实现对 RSU 平台功能的实时配置十分必要。而实现此功能的前提是实现平台功能的模块化及建立平台互动的场景库。

③ 网络切片。网络切片是 5G 的典型特征之一,将运营商的物理网络划分为多个虚拟网络,每一个虚拟网络根据不同的业务需求(时延、带宽、可靠性等)来划分,以灵活应对不同的智慧交通应用场景,如图 7-87 所示。

相较于 2G/3G/4G 网络,5G 网络的 CP/UP 分离,使得网络部署更加集约、灵活,控制面的重构让会话管理和移动管理功能可以按需独立部署。一个网络切片将构成一个端到端的逻辑网络,按客户的需求灵活地提供一种或多种切片网络服务。网络切片并不是单一的技术,其集成了云计算、虚拟化、软件定义网络、分布式云架构等几大核心技术体系,通过上层统一的编排让网络具备管理和协同的能力。

④ 人工智能与大数据。智慧交通的核心充分利用海量交通数据,在负责的交通环境中利用人工智能进行实时决策和控制。大数据的应用已经催生了 DaaS 服务(Data-as-a-Service,数据即服务),实时、快速及预测能力为智慧交通带来了新契机,可实现深度的交通管理。人工智能是实现智慧交通必不可少的技术之一,是城市大脑的核心决策部分。人工智能已经在智慧交通中发挥了重要作用。2017 年,由阿里推出的杭州城市大脑 1.0 接管了杭州 128 个信号灯路口,试点区域通行时间减少 15.3%,萧山救护车

到达现场的时间缩短一半,并实现视频实时报警,准确率达 95%以上。2018 年,杭州城市大脑 2.0 的管辖范围扩大了 28 倍,覆盖面积达 420km^2,可实时指挥 200 多名交警的日常工作。同时,在以大数据和人工智能为核心的智慧交通平台上,应充分引入和发挥互联网思维的作用,实现网络平台的开放,吸引各方参与者加入智慧交通的建设中,使智慧交通能朝着开放、多元的方向健康发展。

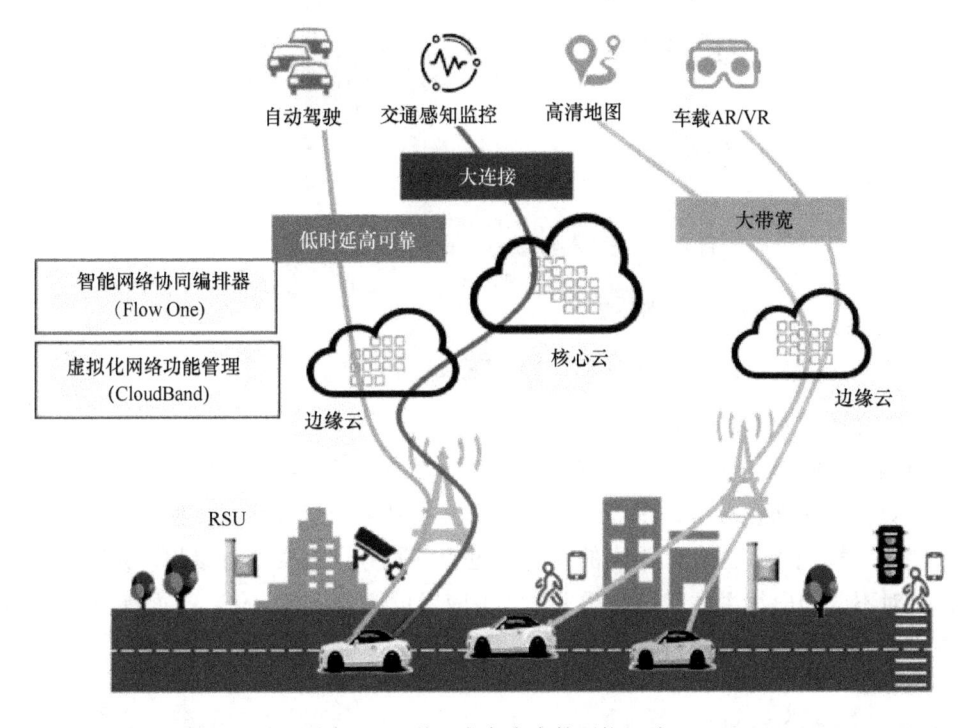

图 7-87 基于业务应有的网络切片

⑤ 高精度定位。车辆高精度定位是实现智慧交通、自动驾驶的必要条件。随着 C-V2X 服务从辅助驾驶到自动驾驶的发展,其性能要求从可靠性、时延、速度、数据速率、通信范围及定位精度等方面发生了变化。与其他服务不同,定位信息是保证车联网业务安全的基本要素之一。根据环境及定位需求的不同,定位方案是多种多样的。GNSS 或其差分补偿 RTK 方案是最基本的定位方法。考虑到 GNSS 在隧道或密集城市等场景中性能较差,其应用场景仅限于室外环境。GNSS 通常要与惯导结合以增加其定位稳定性。基于传感器的定位也是车辆定位的另一种常见定位方法。但高成本、对环境的敏感性及地图的绘制和更新限制了传感器定位的快速普及和推广。GNSS 或传感器等单一技术无法保证车辆在任意环境下的高精度定位性能,因此会结合其他一些辅助方法(如惯性导航、高清地图、蜂窝网等)来提高定位精度和稳定性。其中,蜂窝网络对于提高定位性能至关重要,如 RTK 数据和传感器数据的传输、HD 地图的下载等。5G 为车联网提供高可靠

性和低时延通信外,也为车辆高精度定位技术增加了一种可能,尤其是满足室内定位需求,如图 7-88 所示。

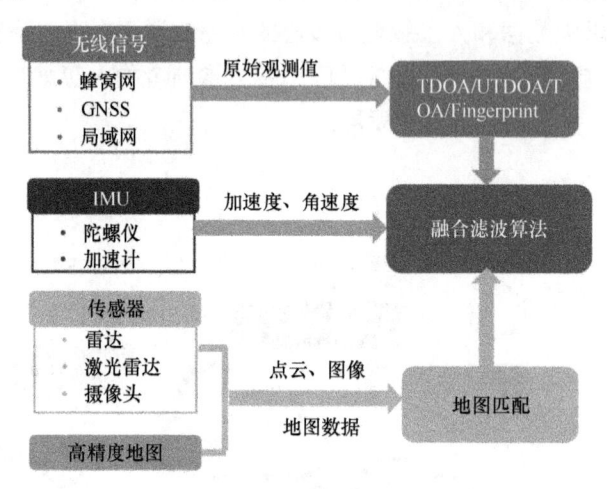

图 7-88 车辆高精度融合定位

3) 5G 交通行业解决方案

不断丰富的智慧交通业务均以方便人们的出行为出发点,提供更加安全、便捷的出行环境。更多的交通参与者,多模式的出行方式及复杂的交通环境,使得业务应用更偏向于数字化、智能化。因此,不同的智慧交通业务服务,需要多方参与,共同打造行业平台。针对不同的出行主体和出行需求,业务应用也偏向于多元化。下面提出了 6 种典型智慧交通业务案例的解决方案,如图 7-89 所示。

1. 智慧高速路况监测
√通过5G+V2X通信网络实时采集城市路况信息实现道路环境监控、流量分析、基础设施故障监控、智慧执法等业务

2. 智能驾驶辅助服务
√针对目前自动驾驶车辆成本过高,且有感知盲区,通过5G/MEC/V2X,路侧提供协同感知,驾驶异常监测,高精度地图实时更新等,提供更加安全、高效、经济的通行

3. 自动驾驶专用车道
√建设全城智能感知的无人驾驶专用车道,基于5G网络实现无人驾驶车辆的监控,通过V2V、V2I等技术增强道路智能化及车路协同能力

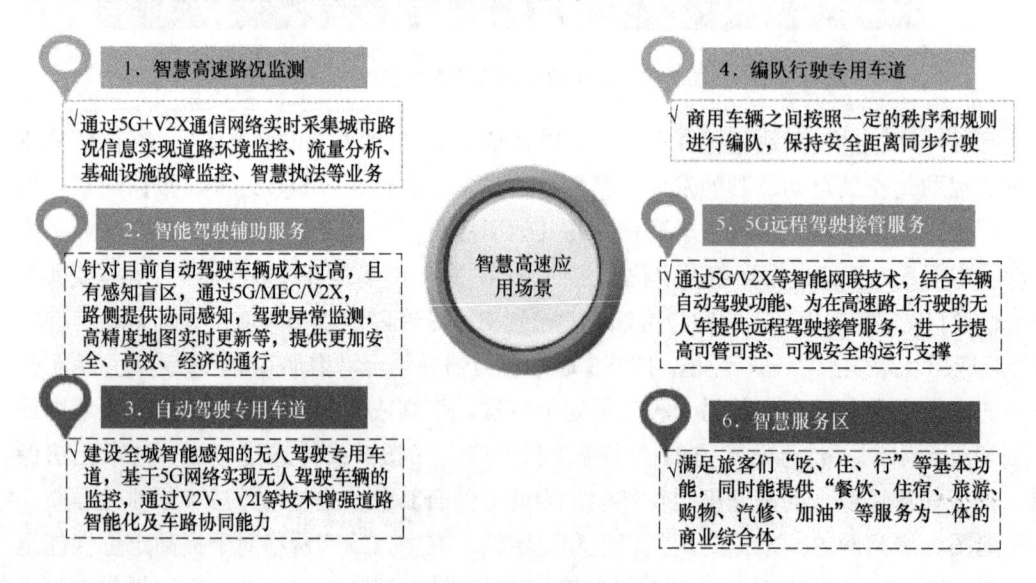

4. 编队行驶专用车道
√商用车辆之间按照一定的秩序和规则进行编队,保持安全距离同步行驶

5. 5G远程驾驶接管服务
√通过5G/V2X等智能网联技术,结合车辆自动驾驶功能,为在高速路上行驶的无人车提供远程驾驶接管服务,进一步提高可管可控、可视安全的运行支撑

6. 智慧服务区
√满足旅客们"吃、住、行"等基本功能,同时能提供"餐饮、住宿、旅游、购物、汽修、加油"等服务为一体的商业综合体

智慧高速应用场景

图 7-89 智慧道路业务场景

第 7 章　5G 融合创新应用

（1）智慧高速路况监测解决方案。基于 5G+C-V2X 网络构建的智慧高速路况监测平台可实现道路环境监控、流量分析、基础设施故障监控、智慧执法等业务。智慧路侧设备对路面积水、路面结冰、雾霾天气、施工维护、隧道实景、车道异物、事故提醒、车速管控、交通路况实施采集，通过 5G 网络将信息上传至云平台实时分析决策后，再通过 5G 和 C-V2X 将信息下发给车辆和行人，用于恶劣天气预警、道路施工预警、限速预警、闯红灯预警、车内标牌、拥堵提醒、绿波通行等场景。对于交通部门可用于道路精准监控、智能交通流量分析、路段环境同步监测、可变限速信息发布、交通事件预警、违章抓拍、迅速响应指令的下发和执行，有效规避、减少交通拥堵和事故，保障出行安全，提高通行效率。

智慧高速路况监测平台包括信息采集层、信息传输层、信息决策层。

信息采集层：主要通过路侧设备进行实时信息采集，实现道路特殊事件发现和交通管控。路侧设备主要包括如下：

① 摄像头，实时识别车辆、行人、障碍物。

② 微波检测器，感知交通运行状态。

③ 气象站，获取天气情况和路面条件。

④ 智能红绿灯和电子路牌，获取信号灯显示情况、道路限速提示等。

信息传输层：5G 网络实现采集信息的传输，LTE-V 实现车路云之间的信息交互。

信息决策层：一般包括边缘云和中心云平台：边缘云下沉到网络层对低时延的业务进行实时分析并快速决策；远端的中心云平台则汇聚各类信息，实现路径的整体动态规划、管控及驾驶行为分析。

智慧高速路况监测业务流如图 7-90 所示。在上行业务流中，路侧感知设备（如高清摄像头、激光雷达等）与 5G 终端对接，通过 5G 网络将信息实时发送给智慧交通业务平台；在下行业务流中，智慧交通业务平台通过光纤直连 RSU 设备，将路况相关事件信息通过 RSU 实时推送给车辆，通过车载终端和手机 App 给车主提示或预警。如不具备光纤环境，也可以通过蜂窝网络（5G 或 LTE-V）与 RSU 连接。

（2）智能驾驶辅助服务解决方案。针对目前自动驾驶车辆成本过高且有感知盲区，通过 5G/MEC/V2X 技术，基于路侧提供的协同感知能力，实现驾驶异常监测、高精度地图实时更新、在线诊断等功能，保障车辆更加安全、高效、经济的通行。

智能驾驶辅助服务架构如图 7-91 所示。一方面，路侧设备 RSU 实时观测车辆及周围的情况，将实时采集的数据通过 5G 网络上报到智慧交通业务平台。该平台具有极强的算力，可以实现对上报数据的实时分析和预判，再通过 5G 网络及时回传到车辆终端；另一方面，该平台实时更新路况及地图信息，可为终端车辆提供实时的高精地图、本地信息的分发及在线诊断等服务。

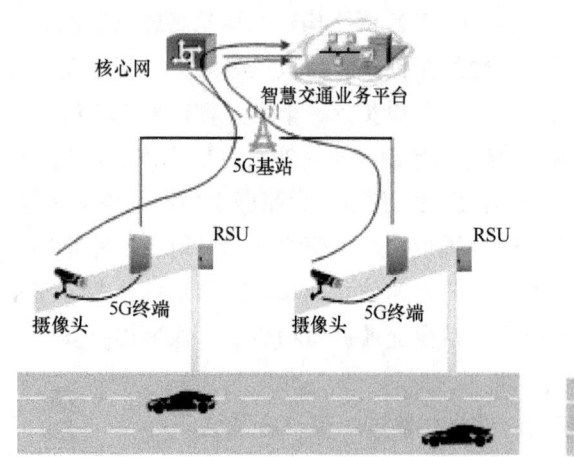

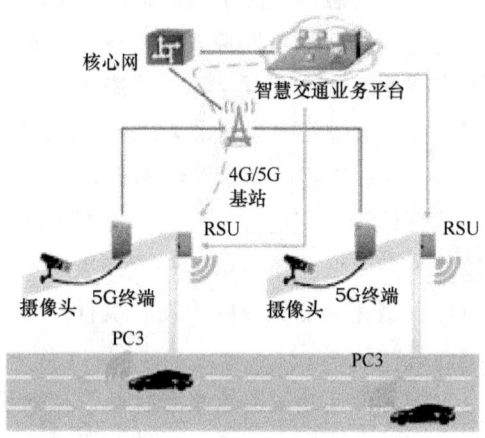

图 7-90 智慧高速路况监测业务流

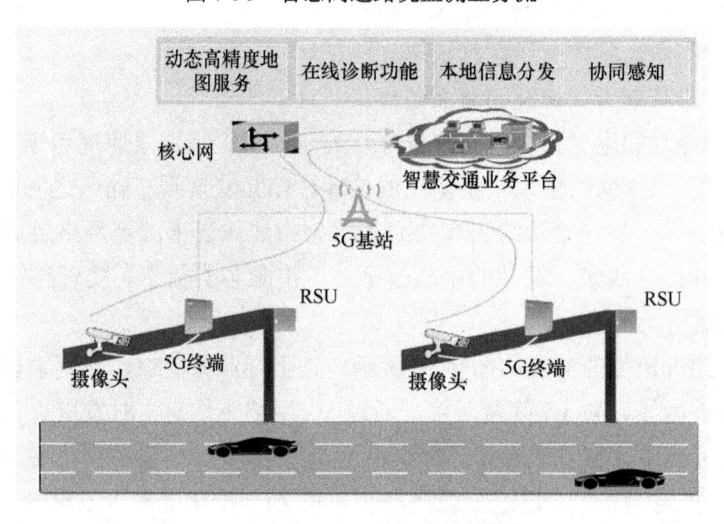

图 7-91 智能驾驶辅助服务架构

（3）自动驾驶专用车道解决方案。建设全域智能感知的自动驾驶专用车道，基于 5G 网络实现自动驾驶车辆的监控，通过 V2V、V2I 等技术增强道路智能化及车路协同能力。

如图 7-92 所示为自动驾驶业务框架，车载控制器通过 5G 网络与远端的自动驾驶平台双向连通。

上行方向上，摄像头、雷达等车端设备将它们所"看"的、"感受"的一切信息由车载控制器进行数据融合，通过 5G 网络的超低时延、高速传输，最终给自动驾驶平台提供实时、准确的信息。

在下行方向上，自动驾驶终端根据接收到的车端信息，对数据进行分析和判决，并将命令通过 5G 网络下达到车端的车载控制器，从而实现无人干预的驾驶。

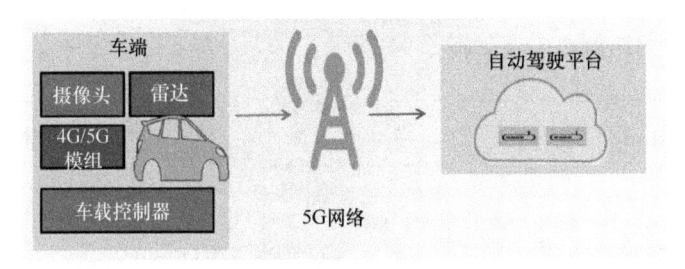

图 7-92　自动驾驶业务框架

（4）编队行驶专用车道解决方案。智慧高速编队行驶指在高速专用道路上，将多辆车编成队列连接行驶，领队车辆为有人驾驶或一定条件下的无人驾驶，跟随车队为基于实时信息交互的无人驾驶车，编队车辆之间按照一定的秩序和规则进行编队，保持安全距离同步行驶。

如图 7-93 所示，OBU 实现车、车之间的信息交互，便于同步行驶；RSU 实现车、路之间的信息交互，获取路况信息，辅助车队行驶，提高编队行驶效率；车、云通信，云端可以收集车辆行驶信息及路侧监控信息，用于数据分析和驾驶行为分析等；云端管控系统基于车端和路端信息进行驾驶决策。5G 超低时延<10ms 与超大带宽下行 500Mbps/上行 100Mbps 的网络能力可显著提升物流运输效率，大幅降低油耗，实现节能环保驾驶。

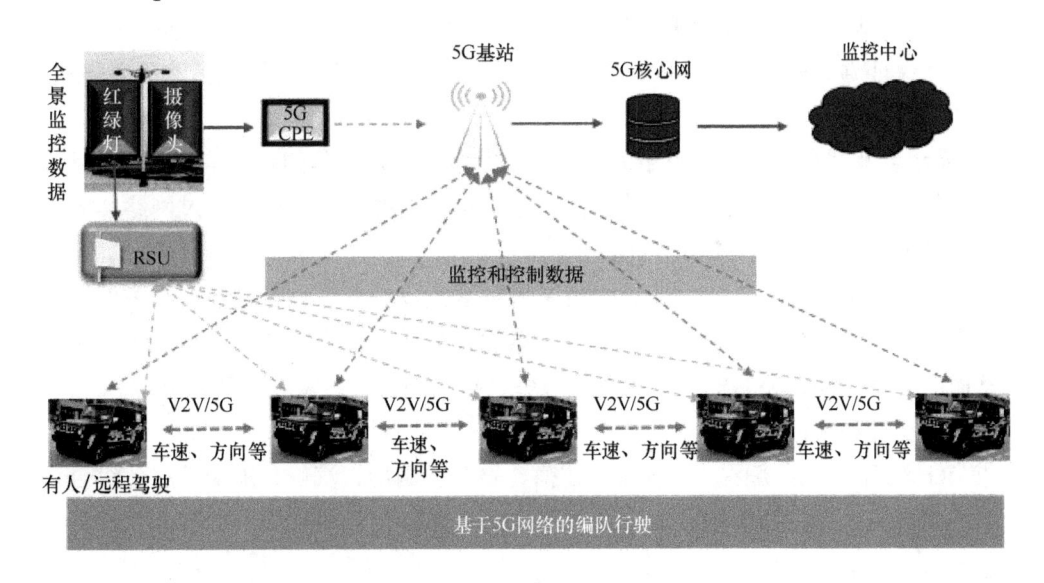

图 7-93　基于 5G 编队行驶解决方案

（5）5G 远程驾驶接管服务解决方案。通过 5G/V2X 等智能网联技术，结合车辆自动驾驶功能，为在高速路上行驶的无人驾驶车提供远程驾驶接管服务，进一步提高可管可控、可视安全的运行支撑。远程驾驶的可行性和可靠性依赖于 5G 网络的端到端的低时延（低于 50ms）和高速率传输（大于 1Gbps）。

5G 远程驾驶网络解决方案如图 7-94 所示。

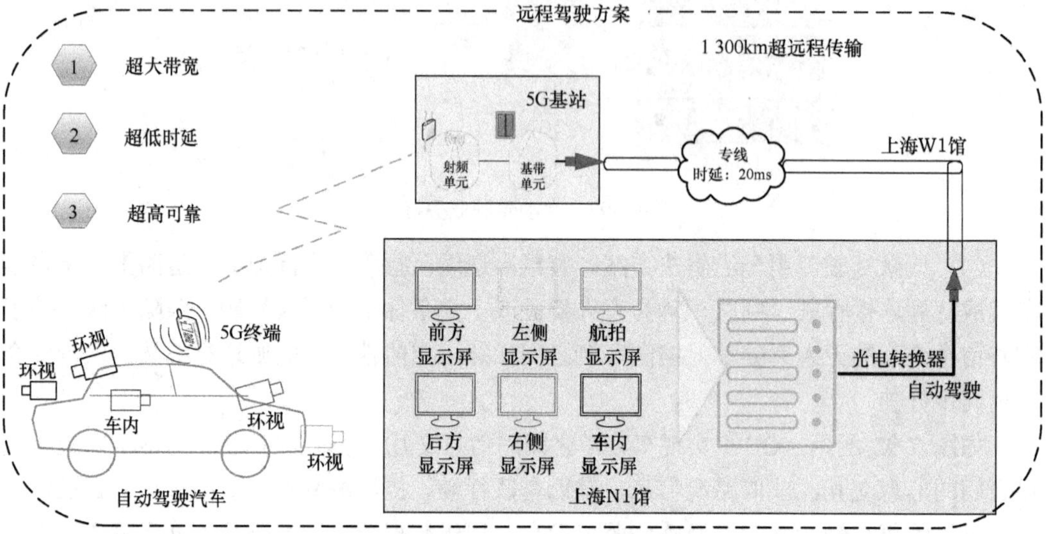

图 7-94　5G 远程驾驶网络解决方案

远程驾驶的大致步骤如下：

① 远端车体在车内布置摄像头实时拍摄各角度的路面视频，将视频实时同步到驾驶舱屏幕，为保证驾驶视频同步体验，摄像头要求 1 080P，5 路摄像头包括路前方、左方、右方、全景、车内等。

② 显示屏及驾车控制组件位于驾驶员一侧，接收车端回传的各类信息，实时呈现给驾驶员，供其及时判断车况、路况等；同时接收驾驶员的各种操作，通过网络实时下发到车端，完成对远程智能汽车的控制。

（6）智慧服务区解决方案。建设"智慧服务区"以提升过往驾驶员及乘客的服务体验为核心，充分运用信息和通信技术手段，感测、分析、整合服务区运营的各项关键信息，从而对包括环保、公共安全、服务区服务等在内的各种需求做出智能响应。

具体的实施如下：

① 5G 注智高速服务区，将餐饮、住宿、停车、购物、汽修、加油等服务综合到管理中心，将服务区各项服务整合为一体的商业综合体，从而实现服务的精准化，管理的集中化。

② 高速行驶车辆通过 5G 网络或 RSU 访问服务区集中管理中心平台，提前获知服务区提供各种服务的准确情况和信息，从而达到提高服务区服务效率和客户满意度的目的。

4）5G 交通行业应用案例

（1）编队行驶落地顺义奥运水上公园。2019 年 3 月，联通与北汽在顺义奥运水上公园进行自动驾驶的编队行驶试验，如图 7-95 所示。首车是人工驾驶，紧随其后的 4 车为无人驾驶。通过车载雷达和云端监控技术,无人驾驶车可跟随领航车实现自动驾驶。队列自动驾驶可应用在救灾巡查、旅游观光等多种场景。测试场景包括:加速、减速、停车、转弯,外部车辆编导插队,紧急情况下切换人工驾驶模式。

图 7-95　联通与北汽开展编队行驶演示

(2)远程驾驶落地内蒙古宝利煤矿。远程驾驶主要用于在极端环境下,通过远程驾驶车辆的方式取代现场司机,保证司机的人身安全。基于 5G+C-V2X 的解决方案,远程驾驶车端配备 5G 终端、高清摄像头、车载控制器,当作业生产需要远程驾驶系统时,主动向机群管控中心提出接管请求,机群管控中心通过 5G 网络实现远程控制。自动驾驶系统通过 V2X、多种传感器信息融合计算和决策实现超视距融合感知,结合车辆自身的定位和地图信息进行决策规划,自主作业。该方案落地于内蒙古宝利煤矿开展智慧矿山建设,解决了矿山行业高度危险、工作环境恶劣、危害身体健康、人力成本高等问题。

(3)无人派送落地首钢园区。该项目提出了基于 5G+C-V2X 的无人物流车配送解决方案,配送车配置激光雷达和 3 路摄像头,5G 网络将无人配送车的感知视频数据和远程控制信息实时传输到平台,实现平台远程控制配送车,并且能够灵活穿行于 S 形路障,食品在配送过程中安全可控。另外,利用车路协同解决方案,在路侧架设全景摄像头,全景路况环境数据可通过 5G 网络实时传输到平台,给无人配送车提供更为全面的环境感知,增强无人配送的安全性。该方案应用于 MWC 上海通信展及首钢园区无人配送,受到广泛关注。

(4)基于 5G 的车路协同落地厦门 BRT 快速公交系统。该项目组与厦门联通、中国信科联合提出的基于 5G 的快速公交系统解决方案,通过路侧感知、车路协同及 5G 大带宽、低时延传输,实现超视距防碰撞、实时车路协同、智能车速策略、安全精准停靠、智慧远程驾驶、运力调度优化等功能,成果落地于厦门的 5G BRT 项目。2019 年 5 月 17 日,厦门市正式发布 5G BRT 公交站系统,展示一期示范路段成果:实现了 V2X 车路协同、安全防撞等典型车路协同应用。

7.5　小结

5G作为引领数字化转型的通用技术，通过与工业、交通、农业等垂直行业广泛、深度融合，催生了更多创新应用及业态，进一步推动了全社会数字经济发展。本章在概述5G网络对智慧城市、智慧生产、智慧生活带来的影响和变革后，详细论述了5G智能制造、5G智慧医疗和5G智慧交通三个领域的行业应用现状与发展趋势、应用场景与技术需求、解决方案与应用案例。

4G改变生活，5G改变社会，5G技术的到来推动着各产业链的创新与变革，各大行业纷纷探寻5G+行业的融合发展路径，5G将在更多行业酝酿出更深、更广、更新的应用。

缩 略 语

2B	To Business	面向行业的
2C	To Consumer	面向消费者的
3GPP	The 3rd Generation Partnership Project	第三代合作伙伴计划
5GDN	5G Deterministic Networking	5G 确定性网络
AAU	Active Antenna Unit	有源天线单元
ACB	Access Class Baring	接入等级限制
ACC	Adaptive Cruise Control	自适应巡航
ACL	Access Control List	接入控制列表
ADAS	Advanced Driver Assistance Systems	先进驾驶辅助技术
ADC	Analog to Digital Converter	模数转换器
AGV	Automated Guided Vehicle	自动导引车辆
AI	Artificial Intelligence	人工智能
AKA	Authentication and Key Agreement	认证与密钥协商协议
AMF	Access and Mobility Management Function	接入控制和移动性管理功能
AMPS	Advanced Mobile Phone Service	先进移动电话业务
AMRS	Automatic Meter Reading	自动抄表系统
API	Application Programming Interface	应用程序编程接口
AR	Augmented Reality	增强现实
ASK	Amplitude Shift Keying	振幅键控调制
ASTM	American Society for Testing and Materials	美国材料与试验协会
BBU	Building Baseband Unit	室内基带处理单元
BOSS	Business & Operation Support System	业务运营支撑系统
CA	Carrier Aggregation	载波聚合
CALM	Communication Access for Land Mobiles	陆地移动访问通信
CAN	Controller Area Network	控制器局域网络
CAZAC	Constant Amplitude Zero Autocorrelation	恒幅度零自相关序列
CBRS	Citizens Broadband Radio Service	公民宽带无线电服务
CC	Component Carrier	载波单元
CCSA	China Communications Standards Association	中国通信标准化协会
CD	Carrier Sense Multiple Access	冲突检测

CDD	Cyclic Delay Diversity	循环延时分集
CDD	Code Division Duplexing	码分双工
CDF	Cumulative Distribution Function	累积分布函数
CDN	Content Delivery Network	内容分发网络
CDR	Charging Data Record	计费数据记录
CIO	Cell Individual Offset	小区偏置参数
CMAS	Commercial Mobile Alert Service	商用移动警报系统
CN	Core Network	核心网
CO	Certification Organization	认证组织
CoAP	Constrained Application Protocol	受限应用协议
CQI	Channel Quality Indicator	信道质量指示
CRE	Cell Range Extension	覆盖范围扩展
CRS	Cell-specific Reference Signals	小区特定参考信号
CS	Circuit Switched	电路域交换
CS	Cyclic Shift	循环移位
CS/CB	Coordinated Scheduling/Beamforming	协作调度/波束赋形
CSFB	Circuit Switched Fallback	电路域回落
CSI	Channel State Information	信道状态信息
CSI-RS	Channel State Indication Reference Signals	信道状态指示参考信号
CSG	Close Subscriber Group	封闭用户群
CSMA	Carrier Sense Multiple Access	载波侦听多路访问
CU	Centralized Unit	集中式处理单元
DAC	Digital to Analog Converter	数模转换器
DCI	Downlink Control Information	下行控制信息
DCS	Dynamic Cell Selection	动态小区选择
DM	Device Manage	终端管理
DMP	Device Management Platform	设备管理平台
DMRS	Demodulation Reference Signals	解调参考信号
DRX	Discontinuous Reception	非连续接收
DSP	Digital signal Processor	数字信号处理器
DSRC	Dedicated Short Range Communication	专用短程通信
DU	Distributed Unit	分布式处理单元
EAB	Extended Access Control Barring	扩展的接入控制限制
EC	Edge Computing	边缘计算
ECC	Electronic Communications Committee	欧洲电子通信委员会
EDGE	Enhanced Data rates for GSM Evolution	GSM 数据速率增强演进技术
eDRX	Extended Discontinuous Reception	扩展的不连续接收
EESS	Earth Exploration Satellite Service	卫星地球探测业务
eHRPD	Enhanced High Rate Packet Data	增强型高速分组数据业务
eMBB	Enhanced Mobile Broadband	增强型移动宽带
EPC	Evolved Packet Core	演进分组核心网

EPL	Ethernet Private Line	太网专线业务
EPS	Evolved Packet System	演进分组系统
ERP	Enterprise Resource Planning	企业资源计划
ETSI	European Telecommunications Standards Institute	欧洲电信标准化协会
ETWS	Earthquake and Tsunami Warning System	地震和海啸预警系统
E-UTRAN	Evolved Universal Terrestrial Radio Access Network	演进通用无线接入网络
EVM	Error Vector Magnitude	误差向量幅度
EVS	Enhanced Voice Services	增强型话音业务
FCC	Federal Communications Commission	美国联邦通信委员会
FDD	Frequency Division Duplex	频分双工
FEC	Forward Error Correction	前向纠错
FFT	Fast Fourier Transformation	快速傅立叶变换
FSTD	Frequency Switched Transmit Diversity	频率切换传输分集
FSS	Fixed Satellite Service	固定卫星业务
FTP	File Transfer Protocol	文件传输协议
FWA	Fixed Wireless Access	固定无线接入
GGSN	Gateway GPRS Support Node	网关 GPRS 支持节点
GIS	Geographic Information System	地理信息系统
GNSS	Global Navigation Satellite System	全球卫星导航系统
GO	Government Organization	政府组织
GPRS	General Packet Radio Service	通用分组无线业务
GSM	Global System for Mobile Communications	全球移动通信系统
GSMA	Global System for Mobile Communications Association	全球移动通信系统协会
GT	Global Title	全局码
HA	Host Aggregation	主机组
H2H	Human to Human	人与人通信
HARQ	Hybrid Automatic Repeat Request	混合自动重传请求
HetNet	Heterogeneous Network	异构网络
HSDPA	High Speed Downlink Packet Access	高速下行分组接入
HSPA	High Speed Packet Access	高速分组接入
HSS	Home Subscriber Server	归属签约用户服务器
HSUPA	High Speed Uplink Packet Access	高速上行分组接入
HTTP	Hyper Text Transport Protocol	超文本传输协议
IAB	Integrated Access and Backhaul	接入回传一体化
IBC	Identity-Based Cryptography	基于标识的密码技术
ICI	Inter-Carrier Interference	子载波间干扰
ICIC	Inter Cell Interference Coordination	小区间干扰协调技术
ICN	Information Centric Network	信息中心网络
ICT	Information and Communication Technology	信息与通信技术
IEEE	Institute of Electrical and Electronics Engineers	美国电气和电子工程师协会
IETF	Internet Engineering Task Force	互联网工程任务组

IFDMA	Interleaved Frequency Division Multiple Access	交织频分多址
IFFT	Inverse Fast Fourier Transform	快速傅立叶反变换
IGV	Intelligent Guided Vehicle	智能导引车辆
IIoT	Industry Internet of Things	工业物联网
IMS	IP Multimedia Subsystem	IP 多媒体系统
IMSI	International Mobile Subscriber Identification Number	国际移动用户识别码
IO	Industry Organization	行业组织
IoT	Internet of Things	物联网
IPv4	Internet Protocol Version 4	第四版互联网协议
ISIM	IP Multimedia Services Identity Module	IP 多媒体业务身份模块
ISM	Industrial Scientific Medical	工医科频段
ISO	International Organization for Standardization	国际标准化组织
IaaS	Infrastructure as a Service	基础设施即服务
ITS	Intelligent Transportation System	智能交通
ITU	International Telecommunications Union	国际电信联盟
ITU-R	ITU Radiocommunication Sector	国际电信联盟无线电通信组
ITU-T	ITU Telecommunication Standardization Sector	国际电信联盟通信标准化组
IWF	Inter Working Function	互联互通功能
LAA	License Assisted Access	授权频谱辅助接入
LADN	Local Area Data Network	本地区域数据网络
LBS	Location Based Service	基于位置的服务
LIPA	Local IP Access	本地 IP 存取
LTE	Long Term Evolution	无线接口长期演进
LTE-A	LTE-Advanced	长期演进技术升级版
LLN	Low-power and Lossy Networks	低功耗有损网络
LPWA	Low Power Wide Area	低功耗广域覆盖
M2M	Machine-to-Machine	物与物通信
MAC	Medium Access Control	媒体接入控制
MANO	Management and Orchestration	管理和编排器
MBMS	Multimedia Broadcast and Multicast Service	多媒体广播和多播业务
MCG	Master Cell Group	主小区组
MCM	Multi-Carrier Modulation	多载波调制
MCU	Micro Controller Unit	微控制单元
MD	Machine Type Communication Device	机器类通信设备
MDT	Minimization of Drive Tests	最小化路测
MEC	Mobile Edge Computing	移动边缘计算
MEMS	Micro-Electro-Mechanical Systems	微机电系统
MES	Manufacturing Execution System	制造企业生产过程执行系统
MIB	Master Information Block	主信息块
MIMO	Multiple Input Multiple Output	多输入多输出
MME	Mobility Management Entity	移动管理实体

MMS	Multimedia Message Service	多媒体信息服务
mMTC	massive Machine Type of Communication	海量机器类通信
MPS	Multimedia Priority Service	多媒体优先级业务
MQTT	Message Queuing Telemetry Transport	消息队列遥测传输
MR	Measurement Report	测量报告
MRO	Mobility Robustness Optimization	移动鲁棒性优化
MSC	Mobile Switch Center	移动交换中心
MSISDN	Mobile Station International ISDN Number	移动台识别号码
MTC	Machine-Type Communication	机器类型通信
MTU	Maximum Transfer Unit	最大传输单元
MU-MIMO	Multi-User MIMO	多用户多入多出
NAS	Non Access Stratum	非接入层
NB-IoT	Narrow Band Internet of Things	窄带物联网
NF	Network Function	网络功能
NFV	Network Function Virtualization	网络功能虚拟化
NFVO	Network Functionality Virtualization Orchestrator	网络功能虚拟化编排器
NGN	Next Generation Network	下一代网络
NIDD	Non-IP Data Delivery	非 IP 数据传输
NS	Network Slicing	网络切片
NS	Network Service	网络服务
NSaaS	Network Slice as a Service	网络切片即服务
NSMF	Network Slice Management Function	网络切片管理功能
NSSMF	Network Slice Subnet Management Function	网络切片子网管理功能
NOMA	Non-Orthogonal Multiple Access	非正交多址接入
NR	New Radio	新空口
NRF	NF Repository Function	网络功能库
NRZ-L	Non Return to Zero Level	非归零电平编码
NSSF	Network Slice Selection Function	网络切片选择功能
NSSAI	Network Slice Selection Assistance Information	网络切片选择辅助信息
NTN	Non-Terrestrial Networks	非地面网络通信
OAM	Operation Administration and Maintenance	操作维护管理
OBU	On Board Unit	车载单元
OCC	Orthogonal Cover Code	叠加正交码
OCF	Open Connectivity Foundation	开放互联基金会
OFDM	Orthogonal Frequency Division Multiplexing	正交频分多路复用
OFDMA	Orthogonal Frequency Division Multiple Access	正交频分多址
OMA	Open Mobile Alliance	开放移动联盟
OOK	On-Off Keying	开关键控调制
ONS	Object Name Service	对象名称解析服务
OTA	Over the Air	空中下载
PAPR	Peak to Average Power Ratio	峰值平均功率比

PCD	Proximity Coupling Device	邻近耦合设备（读写器）
PCF	Policy Control Function	策略控制功能
PCI	Physical Cell ID	物理小区标识
PCO	Protocol Configuration Options	协议配置选择
PCRF	Policy Control and charging Rules Function	计费策略控制与计费规则功能
PDCP	Packet Data Convergence Protocol	分组数据汇聚协议
PDCCH	Physical Downlink Control Channel	物理下行控制信道
PDF	Probability Density Function	概率密度函数
PDU	Protocol Data Unit	协议数据单元
PDSCH	Physical Downlink Shared Channel	物理下行共享信道
P-GW	Packet work Gateway	分组数据网网关
PICC	Proximity Card	近耦合卡
PLMN	Public Land Mobile Network	公共陆地移动网络
PMI	Precoding Matrix Indicator	预编码矩阵指示
PMU	Phasor Measurement Unit	向量测试装置
PN	Pseudo-Noise	伪噪声
PON	Passive Optical Network	无源光网络接入
PRACH	Physical Random Access Channel	物理随机接入信道
PRB	Physical Resource Block	物理资源块
PRP	Pseudo Random Postfix	多伪随机后缀
PS	Packet Switched	分组域
PSM	Power Saving Mode	省电模式
PTRS	Phase-Tracking Reference Signal	相位跟踪参考信号
PUCCH	Physical Uplink Control Channel	物理上行控制信道
PUSCH	Physical Uplink Shared Channel	物理上行共享信道
QCI	QoS Class Identifier	Qos 等级标识
QCL	Quasi Co-Location	准共站址
QoS	Quality of Service	服务质量
QPSK	Quadrature Phase Shift Keying	四相相移键控
RACH	Random Access Channel	随机接入信道
RAN	Radio Access Network	无线接入网
RAR	Random Access Response	随机接入响应
RAS	Radio Access System	无线接入系统
RAT	Radio Access Technology	无线接入技术
RAU	Route Area Update	路由区更新
RFID	Radio Frequency Identification	无线射频识别
RI	Rank Indicator	秩指示
RLC	Radio Link Control	无线链路控制
RNTI	Radio Network Temporary Identifier	无线网络临时标识
RO	Regional Organizations	区域组织
RRC	Radio Resource Control	无线电资源控制

RRM	Radio Resource Management	无线资源管理
RRU	Remote Radio Unit	远端射频模块
RSRP	Reference Signal Receiving Power	参考信号接收功率
RSRQ	Reference Signal Receiving Quality	参考信号质量
RSSI	Received Signal Strength Indication	接收信号强度指示
RSU	Road Side Unit	路侧单元
SA	Service and System Aspects	系统和业务
SAE	System Architecture Evolution	系统结构演进
SAS	Spectrum Access System	频谱接入系统
SBA	Service-Based Architecture	服务化架构
SCEF	Service Capability Exposure Function	服务能力开放功能
SCG	Secondary Cell Group	辅小区组
SC-FDMA	Single Carrier Frequency Division Multiple Access	单载波频分多址
SCTP	Stream Control Transmission Protocol	流控制传输协议
SDMA	Space Division Multiple Access	空分多址
SDN	Software Defined Network	软件定义网络
SFBC	Space Frequency Block Code	空频块编码
SGSN	Service GPRS Supporting Node	GPRS 业务支持节点
S-GW	Serving Gate Way	服务网关
SI	Study Item	研究组
SIB	System Information Block	系统信息块
SIP	Session Initiation Protocol	会话发起协议
SIPTO	Selected IP Traffic Offload	选择 IP 流量卸载
SISO	Single Input Single Output	单输入单输出
SIM	Subscriber Identity Module	客户识别模块
SIMO	Single Input Multiple Output	单输入多输出
SINR	Signal- to- Interference plus Noise Ratio	信干噪比
SLA	Service Level Agreement	服务等级协议
SMF	Session Management Function	会话管理功能
SMS	Short Message Service	短消息业务
SNR	Signal Noise Ratio	信噪比
SOAP	Simple Object Access Protocol	简单对象访问协议
SoC	System on Chip	系统级芯片
SON	Self-Organized Network	自组织网络
SORTD	Spatial Orthogonal Resource Transmit Diversity	正交掩码
SRAM	Static Random-Access Memory	静态随机存取存储器
SRS	Sounding Reference Signal	信道探测参考信号
SRVCC	Single Radio Voice Call Continuity	单射频语音连续切换功能
SSB	Synchronization Signal Block	同步信号块
STBC	Space Time Block Code	空时块编码
SU-MIMO	Single User MIMO	单用户多入多出

TaaS	Transportation as a Service	运输即服务
TAU	Tracking Area Update	跟踪区更新
TB	Transport Block	传输块
TCP	Transmission Control Protocol	传输控制协议
TDD	Time Division Duplex	时分双工
TDI	Transmit Rank Indication	发射秩指示符
TDMA	Time Division Multiplex Access	码分多址
TEDS	Transducer Electronic Data Sheet	电子数据表单
TN	Transport Network	传输网
TSO	Technology Standards Organization	技术标准组织
TRS	Tracking Reference Signal	跟踪参考信号
TSN	Time Sensitive Network	时间敏感网络
UDR	Unified Data Repository	统一数据库
UE	User Equipment	用户设备
UPF	User Plane Function	用户面功能
UICC	Universal Integrated Circuit Card	通用集成电路卡
UMB	Ultra Mobile Broadband	超移动宽带
UMTS	Universal Mobile Telecommunications System	通用移动通信系统
URL	Uniform Resource Locator	统一资源定位符
uRLLC	Ultra Reliable&Low Latency Communications	高可靠低时延通信
URSP	UE Route Selection Policy	UE 路由选择策略
USB	Universal Serial Bus	通用串行总线
UDSF	Unstructured Data Storage Network Function	非结构化数据存储功能
USIM	Universal Subscriber Identity Module	全球用户识别卡
USSD	Unstructured Supplementary Service Data	非结构化的补充业务数据
USN	Ubiquitous Sensor Network	泛在传感网络
UTDOA	UpLink Time Difference of Arrival	上行链路到达时差
V2I	Vehicle to Infrastructure	车与后台通信
V2P	Vehicle to Person	车与人通信
V2R	Vehicle to Road	车与路通信
V2V	Vehicle to Vehicle	车与车通信
V2X	Vehicle to X	车用无线通信技术
VDC	Virtual Data Center	虚拟数据中心
VNFM	Virtualized Function Manager	虚拟网络功能管理器
VICS	Vehicle Information Communication System	车辆信息通信系统
VIM	Virtualized Infrastructure Manager	虚拟基础设施管理器
VoIP	Voice over Internet Protocol	IP 网络电话
VoLTE	Voice over Long-Term Evolution	长期演进语音承载
VoNR	Voiceover New Radio	新空口语音承载
VR	Virtual Reality	虚拟现实
WAP	Wireless Application Protocol	无线应用协议

WCDMA	Wideband Code Division Multiple Access	宽带码分多址
WGSN	Work Group of Sensor Networks	传感器网络标准工作组
WI	Work Item	工作组
WLAN	Wireless Local Area Network	无线局域网
WMAN	Wireless Metropolitan Area Network	无线城域网
WPAN	Wireless Personal Area Network	无线个域网
WRC	World Radiocommunication Conference	世界无线电通信大会
WWAN	Wireless Wide Area Network	无线广域网

参 考 文 献

[1] 恒大前瞻产业研究院. 新基建起舞: 2020 年中国新基建产业报告[EB/OL].[2020.5]. https://bg.qianzhan.com/report/detail/20040710442070 86.html.

[2] 中国信通院."5G+云+AI":数字经济新时代的引擎[EB/OL].[2019.12]. https:// www.sohu.com/a/359206663_735021.

[3] 中国信通院. 中国数字经济发展与就业白皮书[EB/OL].[2019.4].https:// www.sohu.com/a/308964159_120025397.

[4] 中国信通院. 中国数字经济发展白皮书[EB/OL].[2020.7]. https:// www.sohu.com/a/405910047_468661.

[5] 侯宏. 从消费互联网寡头格局迈向产业互联网生态共同体[J]. 清华管理评论, 2019, 7(4): 72-83.

[6] 程欣. 消费互联网对传统产业链的重构[J]. 今日印刷, 2019, 19(7): 20-22.

[7] 孙健."新基建"为数字经济赋能[J]. 互联网天地, 2020, 18(4): 44-47.

[8] 中国信通院. 5G 经济社会影响白皮书[EB/OL].[2017.6]. http://www. caict.ac.cn/xwdt/ynxw/201804/t20180426_157297.htm.

[9] IMT-2020(5G)推进组. 5G 概念白皮书[EB/OL].[2015.2]. https://wenku. baidu.com/view/8a131165c281e53a5802ffbe.html.

[10] IMT-2020(5G)推进组. 5G 愿景与需求白皮书[EB/OL].[2014.5]. http://www.ccidcom.com/yaowen/20140530/BpWHLBnwFM5bIjId.html.

[11] IMT-2020(5G)推进组. 5G 网络架构设计白皮书[EB/OL].[2014.5]. https://www.sohu.com/a/79214695_354878.

[12] 朱浩, 项菲. 5G 网络架构设计与标准化进展[J].电信科学, 2016, 32(4): 126-132.

[13] 3GPP. Study on Architecture for Next Generation System (release14): TR23.799 V14.0.0[S]. 2016:48.

[14] 3GPP. Study on New Radio Access Technology: Radio Access Architecture and Interfaces (release 14) TR38.801 V14.0.0[S]. 2017:103.

[15] 3GPP. System Architecture for the 5G System (release 15) TR 23.501 V1.0.0[S].2017:89.

[16] 朱雪田, 夏旭, 齐飞, 等. 5G 网络关键技术和业务[J]. 电子技术应用, 2018, 44(9): 1-4.

[17] 孙震强, 朱雪田, 等. 蜂窝物联网频率使用与干扰分析[J]. 移动通信, 2017, 47(3): 10-13.

[18] 刘超, 王丹. 5G 服务化网络架构研究[J]. 信息通信技术与政策, 2018, 25(11): 31-35.

[19] 3GPP. Base Station(BS)Radio Transmission and Reception(release 10)TS 36 104[S].2010:77.

[20] 尤肖虎, 潘志文, 等. 5G 移动通信发展趋势与若干关键技术[J]. 中国科学: 信息科学, 2014, 6（5）: 551-563.

[21] 高秋彬, 孙韶辉. 5G 新空口大规模波束赋形技术研究[J]. 信息通信技术与政策, 2018, 25(11): 7-14.

[22] 高程, 朱雪田, 等. 大规模天线标准化进展[J]. 中国电子科学研究院学报, 2018, 15（2）: 18-25.

[23] 3GPP. User Equipment（UE）Radio Transmission and Reception TS 36 101[S].2011: 68.

[24] 中国电信. 网络架构重构白皮书[EB/OL].[2016.7]. https://wenku.baidu.com/view/d11934c6453610661fd9f421.html.

[25] 赵明宇, 严学强, 等. SDN 和 NFV 在 5G 移动通信网络架构中的应用研究[J]. 移动通信, 2015, 45（14）: 64-68.

[26] Satyanarayanan M, Bahl P, Caceres R, et al. The case for VM-based cloudlets in mobile computing [J]. IEEE Pervasive Computing, 2009,8（4）: 14-23.

[27] 杨飞. 基于 SPICE 协议的虚拟桌面设计与实现[D]. 西安：西安邮电大学, 2016.

[28] 边缘计算联盟, 工业互联网联盟. 边缘计算参考架构 2.0[EB/OL]. [2017.11]. https://wenku.baidu.com/view/b68b1420ba68a98271fe910ef12d2af90242a8f3.html.

[29] 中国联通. 边缘计算技术白皮书 [EB/OL]. [2018.6]. https://wenku.baidu.com/view/a26396c089d63186bceb19e8b8f67c1cfad6eefd.html.

[30] 中兴通讯. MEC 边缘计算白皮书[EB/OL]. [2019.10].https://www.sohu.com/a/351404992_104421.

[31] Future Mobile Comunication Forum. 5G Mobile Multi-Access Edge Computing[EB/OL]. [2017.11]. http://www.pudn.com/Download/item/id/ 3409183.html.

[32] 楚俊生, 张博山, 等. 边缘计算在物联网领域的应用及展望[J]. 信息通信技术, 2018, 12(10): 31-39.

[33] 乌云霄, 戴晶. 面向 5G 的边缘计算平台及接口方案研究[J]. 邮电设计技术, 2017, 24（3）: 10-14.

[34] 中国联通. 5G 网络切片白皮书[EB/OL]. [2018.6]. https://wenku.baidu. com/view/ee82121e3d1ec5da50e2524de518964bcf84d281.html.

[35] 张涌, 陈丹, 等. 中国联通边缘计算技术演进规划与部署方案[J]. 邮电设计技术, 2018, 25（4）: 42-47.

[36] 3GPP. Study on Architecture for Next Generation System(release 14).TR23.799[S].2018: 177.

[37] 3GPP.NR and NG-RAN Overall Description Stage 2(release 15) TS 38.300, V15.6.0[S].2019: 34.

[38] 王强, 廖国庆, 等. 面向 5G 承载的网络切片架构与关键技术[J]. 中兴通讯技术, 2018, 24(1): 58-61.

[39] 毛斌宏. 5G 网络切片管理架构探讨[J]. 移动通信, 2018, 48（10）: 13-18.

[40] 中国电信. 5G 技术白皮书[EB/OL]. [2018.6]. https://www.sohu. com/a/238209799_353595.

[41] 中国信通院, 等. 5G 数字蜂窝移动通信网 无线接入网总体技术要求（第一阶段）YDT 1618-2019. 北京:中国通信标准化协会, 2019:1.

[42] 汪丁鼎, 许光斌, 等. 5G 无线网络技术与规划设计[M]. 北京：人民邮电出版社, 2019.

[43] Cavdar I. A Statistical Approach to Bertoni-Walfisch Propagation Model for Mobile Radio Design in Urban Areas[C]. Vehicular Technology Conference. IEEE, 2001.

[44] 高鹏, 周胜, 涂国防. 一种基于路测数据的传播模型校正方法[J]. 华中科技大学学报（自然科学版）, 2019, 41（3）: 72-75.

[45] 3GPP. Study on Channel Model for Frequencies From 0.5 to 100 GHz TR 38.901.V16.1.0[S]. 2019:42.

[46] 张志荣, 李志军, 朱雪田, 等.5G 网络共建共享技术研究[J]. 电子技术应用, 2020, 46（4）: 1-5.

[47] 贺琳, 周瑶, 朱雪田, 等.5G 网络共享技术方案对比研究[J]. 电子技术应用, 2020, 46（5）: 14-17.

[48] 高谦, 贺琳, 朱雪田, 等.5G NSA 接入网共享技术演进方案研究[J]. 电子技术应用, 2020, 46（5）: 9-13.

[49] 中兴通讯, 等. 网络切片分级白皮书[EB/OL]. [2020.3]. http://www.360doc.com/content/20/0404/09/39548115_903739601.shtml.

[50] 中国信通院, IMT-2020（5G）推进组.绽放杯 5G 应用征集大赛, 5G 赋能民用飞机制造[EB/OL], [2019.6].https://baijiahao.baidu.com/s?id=1647721057091514316&wfr=spider&for=pc.

[51] 局部动态地图（LDM）的介绍[EB/OL]. [2019.3]. https://blog.csdn.net/weijimin1/article/details/88709293.

[52] 曾暄茗.激光雷达和摄像头如何合二为一[EB/OL]. [2019.7]. http://www.elecfans.com/d /788140.html.

[53] 张娜, 柳运昌. 面向云平台的物联网多源异构信息融合方法[M]. 北京；清华大学出版社, 2019.

[54] 罗俊海, 王章静. 多源数据融合和传感器管理/信息、控制与系统技术[M]. 北京；清华大学出版社, 2015.

[55] 串联起 PDF 和卡尔曼滤波的关系[EB/OL]. [2020.4]. https:// zhuanlan.zhihu.com/p/96896719.

[56] 自动驾驶系统的传感器标定方法[EB/OL]. [2020.7]. https:// zhuanlan.zhihu.com/p/57028341.

[57] 自动驾驶的挑战和发展-传感器融合-数据篇 [EB/OL]. [2020.3]. https://zhuanlan.zhihu.com/p/109895639.

[58] 王凌凤, 卢国潇. 面向 SA 网络架构的 5G 无线网参数规划研究[C]. 5G 网络创新研讨会（2019）论文集, 2019（8）: 29-34.

[59] 多传感器融合的核心算法[EB/OL]. [2018.10]. https:// kuaibao.qq.com/s/20181028B1JY2I00?refer=cp_1026.

[60] K Park, S Kim, K Sohn. High-precision Depth Estimation with the 3D LiDAR and Stereo Fusion[C]. ICRA, 2018.5.

[61] 多传感器信息融合（标定, 数据融合, 任务融合） [EB/OL]. [2018.8]. https://blog.csdn.net/qq_17256689/ article/details/100037699.

[62] 兰筱琳, 黄茂兴. 工业 4.0 背景下中国制造业转型升级的现实条件与发展策略[J]. 中国矿业大学学报（社会科学版）, 2018, 20（5）: 47-59.

[63] Striffler T, Michailow N, Bahr M. Time-Sensitive Networking in 5th Generation Cellular Networks-Current State and Open Topics[C]. 2019 IEEE 2nd 5G World Forum (5GWF). IEEE, 2019.

[64] 蒋未娜, 邱智渊, 王佳飞, 等. 医院"互联网+医疗"服务现状及 5G 时代医院信息化发展战略研究[J]. 中国医药导报, 2020, 24（10）: 169-172+176.

[65] 吕长顺. 医疗新基建已成重点，医疗信息化、医疗器械领域蕴藏千亿投资机会[J]. 财富时代, 2020, 2（5）: 5-7.

[66] 侯佳. 基于边缘计算的 5G 专网在医疗信息化中的应用[J]. 电子技术与软件工程, 2019, 8（11）: 23-24.

[67] 王瑞, 李正民, 等. 物联网系统安全威胁和风险评估[J]. 北京邮电大学学报，2017, 41（Z1）: 135-139.

反侵权盗版声明

电子工业出版社依法对本作品享有专有出版权。任何未经权利人书面许可，复制、销售或通过信息网络传播本作品的行为；歪曲、篡改、剽窃本作品的行为，均违反《中华人民共和国著作权法》，其行为人应承担相应的民事责任和行政责任，构成犯罪的，将被依法追究刑事责任。

为了维护市场秩序，保护权利人的合法权益，我社将依法查处和打击侵权盗版的单位和个人。欢迎社会各界人士积极举报侵权盗版行为，本社将奖励举报有功人员，并保证举报人的信息不被泄露。

举报电话：（010）88254396；（010）88258888
传　　真：（010）88254397
E-mail： dbqq@phei.com.cn
通信地址：北京市万寿路173信箱
　　　　　电子工业出版社总编办公室
邮　　编：100036